U0115299

哲學研究叢書・學術思想叢刊

當一片落葉飄下時

——王陽明「心外無物」的思想探蹟

張雅評　著

目次

推薦序
陽明心學是本體實踐學

> 這是人之作為一「活生生實存而有」所開啟的生活世界，生
> 者，生生之謂易、天地之大德曰生，活者，源泉滾滾、沛然莫
> 之能禦，即此生活世界，這樣所成的本體實踐學。

　　年少十五，初接陽明心學，喜其簡易直截，充滿實踐動力也。當時，我在臺中一中讀高中一年級，於宋明儒學並無多大理解，只因讀了牟宗三先生的《生命的學問》，進一步在臺中一中的圖書館借得牟先生的《王陽明致良知教》；努力閱讀，老實說，仍是懵懵懂懂，卻直覺得陽明學有一股清新俊逸之氣。就這股清新俊逸之氣吸引了我，高二時，又在臺中中央書局購得鄭繼孟先生的《王陽明傳》，寫得很是生動。陽明一生充滿著傳奇，這傳奇吸引著我，至於他的義理思想，也就如其存在的浸潤到生命之中了。

　　生命的存在實感總比理論的建構吸引人，隱約地有種生命貼近的體驗式理解。體驗者，驗之以體，以體驗之也。驗之於體，由生命實存的經驗，調適而上遂於形上之道體也。以體驗之，由此存在的形上之道體，落實於生命實存的經驗之中也。進入生命，如其本然的理解，讀傳記是個好辦法。鄭繼孟先生《王陽明傳》寫得活潑動人，後面又摘錄了許多《陽明傳習錄》，我讀之甚覺有味，順此寫了一篇〈從心學及中國文化談起〉（一九七三），發表在當時臺中一中的校刊《育才街》上面。後來，又讀了蔡仁厚、唐君毅、牟宗三諸位老師的

文章，對中國哲學稍稍進入了些。一九七五年上臺灣師大，參加了《鵝湖》，一九七六年，任執行編輯與主編曾昭旭先生時相往來，生命的對話日多；昭旭先生，他精研船山學，但生命的底色卻是唐君毅式的陽明學，溫潤、真切、明白、透澈，自然而然，薰陶結果，就這樣，陽明心學思想成為我日後哲學思考即實踐的主流思考之一。

值得一提的是，蔡仁厚先生的《王陽明哲學》析理清澈，對我啟發極大。儘管當時我也讀荀子、也喜歡朱子，到臺灣大學攻讀碩士時，論文題目選的是船山學。我在論文中，特別著重人性與歷史的辯證關係，撰成了《王船山人性史哲學之研究》一書。這書順著船山，對朱子、陽明都有所評斷、批導。不過，陽明心學的實踐動能，應該早已進到生命之中，起著經常性的作用，不離活生生的生活世界。在我長久的中國哲學思想的修習中，宋元明清，一直到當代，我認為這是一部極為宏偉的交響樂章。道學、理學、心學、氣學，這些概念逐漸在我的思想圖譜中有了定位，我發覺到這裡有個清楚的脈絡可說，那是從「總體的根源性」（周濂溪、張橫渠），進到「超越的形式性」（程伊川、朱子），再進到「內在的主體性」（王陽明），進而轉出「純粹的意向性」（劉蕺山），進入「存在的歷史性」（黃梨洲、王船山）。梨洲是由心學進而集大成，船山則回歸橫渠的道學而集大成。順著黃梨洲、王船山，到清末民初的熊十力，再轉折而開出了唐君毅、牟宗三，在花果飄零之際，尋求靈根自植，又重新回到了內在的主體性，強調主體的實踐動能。

八○年代末，我重新深刻閱讀了唐君毅先生《人生之體驗》、《人生之體驗續編》、《病理乾坤》等書，又因講學之便，逐漸深入陽明心學，因而寫成了王陽明的本體實踐學，將陽明心學導入了弗蘭克（Viktor Emil Frankl, 1905-1997）的「意義治療學」（Logotherapy），開啟了「儒家型的意義治療學」。九○年代，因緣際會，與傅偉勳先

生多有往來，問學請益，順著這思維方向，繼續作了「道家型的存有治療學」，以及「佛教型的般若治療學」，後來總結為《中國宗教與意義治療》一書。將儒道佛三教思想開發出來，參與到人類文明的交談與對話，是我學問的方向之一。

九〇年代初，在哲學的締構上，我順著熊十力的《新唯識論》，做了體用哲學的詮釋與重建，寫成了博士論文，後來稍更其名，出版為《存有、意識與實踐》一書。我嘗試從業師牟宗三先生所締造的「兩層存有論」，回溯到熊十力、王船山，另外開啟了「存有三態論」的哲學新向度。從清華大學，而美國的威斯康辛大學，嘉義南華大學，後來又回到清華大學，再轉任臺灣師範大學，並應老友顏崑陽教授之邀，到花蓮東華大學為中文系博士班講授「現代人文學方法論」。光陰荏苒，時序已由二十世紀末進到二十一世紀初，就在東華任課時，雅評雖然是碩士生，但修讀了我所開的「現代人文學方法論」博士課程。雅評認真努力、孜孜不倦，看她對學問十分執著，我擔心她用力太過，常勸她要有從容些，才能悠遊任化。我常拿學習經典要「感其意味、體其意韻、明其意義」，這三步驟必須順著來，才得深入箇中三昧。雅評心思較切，不免生出許多問題來，但我總覺得這生命功課，要去面對的，只要誠懇真摯，沒有渡不過的。雅評真是個勇猛精進的學生，雖有困厄，卻是愈挫越勇。

二〇〇五年在東華大學，雅評完成了《王陽明「格物致知」繼承古本《大學》之詮釋與發微》碩士論文，畢業後進到中學教書，成家後更是家庭學校兩邊忙碌，但她始終奮力不懈。二〇〇九年，她又進入中央大學中文系繼續攻讀博士學位，由我與楊自平教授一起聯合指導。自平是我在中央大學收的第一個博士，學問穩實、思想嚴密，於文獻工夫下得很深，對生命的體驗也極為切中，我常稱讚她是曾子型的人物，襟懷弘毅、任重道遠。果真如此，她對於雅評的教導真可謂

傾囊相授，督促有加。在這嚴格的學習過程裡，雅評除了修我與自平教授的課，她轉益多師，還聽了許多位先生的課，特別是她還認真地上了劉述先教授的課。她的學養也因之而日有增進，於二○一七年終於完成了她的博士論文《王陽明「心外無物」的思想探賾》。

而今博士論文修改後決定出版，吾人認為此書釐清王陽明心物關係的特色，亦深入探究王陽明「心外無物」的思想。本書對宋明理學中所講的心物關係，是一具體而深入的研究，主要有幾點貢獻：

一、具體回應牟宗三先生與劉述先先生對陽明學的研究。本書對牟先生與劉先生的陽明學有整體的掌握，並針對心物問題作出具體的回應與評論。本書指出：牟先生的「致良知」的存在性有其討論空間，對於牟先生的陽明學有獨特見解。此外，本論文從劉先生對陽明學的中西研究比較中得出道德體驗式的研究方法。劉先生認為，王陽明心學並非是侯外廬先生所認為的貝克萊「主觀唯心論」，實則更接近胡塞爾現象學的「意向性」。本書從中西比較研究中，選擇以王陽明的生命經驗與道德體驗，探討心外無物的路徑，此研究方法對中國哲學的心物關係以及陽明學、朱子學這三大範疇有其貢獻。

二、具體融通「心即理」、「良知即是天理」、「良知即是易」的理論關係。掌握王陽明「心即理」有其鮮明的特色，將王陽明的「心即理」，帶入良知系統的論述。本書清楚釐清陽明的「心即理」、象山「心即理」、朱子「心具理」的理論差別，對宋明理學有其貢獻。

三、具體提出王陽明心物關係的思想歷程是從「格物致知」到「心外無物」，最後臻至「致良知」的生命歷程。從「格物致知」提出王陽明「親情聯結」、「自然聯結」的具體實踐，指出陽明學的「格物致知」，是天地人三才，本末為一體之仁。中國哲學天地人三才的視角，研究「格物致知」與王陽明的「親情聯結」、「自然聯結」的具體實踐，是難得一見的原創性研究。

　　本書在結論中提出重要問題：「致良知在時代下的落空」。並提出：心外無物的思想，如何面對「自然」與「親情」的危機。並就：人與「自然聯結」的危機、人與「親情聯結」的危機提出具體實踐的方向。此亦涉及當代新儒家所關心的議題：儒學與環境倫理以及儒學與家庭倫理的問題。

　　整體而言，本書以王陽明道德體驗式的生命經歷，研究王陽明的心物關係：是從「格物致知」到「心外無物」，最後臻至「致良知」的生命歷程。此研究彰顯中國哲學心物關係的特色，並將陽明學的人文關懷帶入現代的環境倫理、家庭倫理，延續中國哲學的慧命與當代儒學研究。

　　雅評博士自一〇四學年度起於中央大學任教，目前擔任中央大學中國文學系兼任助理教授。目前已出版學術專書《王陽明「格物致知」繼承古本《大學》之詮釋與發微》（德國，薩爾布呂肯市：金琅出版社，2017年），以及詩集《被揍的白鍵與黑鍵》（臺北縣：潛龍文化，2007年）。期刊論文有〈《王陽明全集》謝氏刻本考（上）〉、〈《王陽明全集》謝氏刻本考（下）〉、〈陽明學「施氏刻本」及其價值〉、〈論王陽明「心即理」、「良知即是天理」與「良知即是《易》」的理論關係〉、〈李栗谷、成牛溪「四端七情」論辯〉、〈漢譯佛典研究的相關問題〉、〈試論儒家生死哲學——以論語為中心開展〉等篇。會議論文有〈王陽明與湛若水交遊考——以「一見定交，共倡聖學」展開〉、〈王陽明「格物致知」符合古本《大學》之可能性〉等篇。

　　雅評博士自畢業後，仍繼續致力於陽明學的比較研究。值得一提的是，她參與中研院近史所呂妙芬教授主持「近世儒學與社會研究」工作坊，於二〇一八年十一月三十日進行成果發表。發表〈王陽明與湛若水交遊考——以「一見定交，共倡聖學」展開〉一文。綜觀雅評博士的整體研究，從早期碩論王陽明「格物致知」與古本《大學》的

關係，到中期博論王陽明「心外無物」到「致良知」的心物關係，以及旁及當代新儒學的環境倫理、家庭倫理。近期的研究，致力於王陽明與湛若水及其後學的交遊與論學。在學術研究的基礎上，有扎實的考據以及有系統的研究脈絡，在研究主題方面，仍是聚焦在陽明學的心物關係，近期與未來的重心則是從陽明學的比較研究展開，自湛若水至陽明後學，乃至王、湛兩人後學的交遊與論學，此為有系統的研究脈絡，對於王門與江門的研究可望有所發展與貢獻。

自本世紀初東華大學起，雅評從學於余近二十年，她從碩士論文《王陽明「格物致知」繼承古本《大學》之詮釋與發微》（2005年1月畢業）開始研究王陽明的心物問題，到博士論文《王陽明「心外無物」的思想探賾》，更深入地從整體的學術宗旨探討陽明的心物問題，闡明「心即理」、「格物致知」、「心外無物」、「致良知」等論題，回應中國哲學「天地人三才」的基本論述，並置入陽明的「一體之仁」的宏偉建構之中。

心物問題是中國儒學的核心論題之一，值得注意的是，這問題並非西方式的知識論、存有論的問題而已。它並不是在「存有與思維的一致性」下，來思考這問題的。它是在「存在與價值的和合性」下，來思考此問題的。它不是在「神人、物我、人己」分而為二的格局下，思考這問題的；它是在「天人、物我、人己」通而為一的格局下，思考此問題的。它不是在「存有的斷裂觀」下，來思考的；它是在「存有的連續觀」下，來思考的。正因如此，中國傳統哲學，知識論的問題也就涉及於修養工夫論，存有論的論題也就涉及於心性論，也就涉及於實踐論、價值論的論題。這麼說來，朱子之學當然不會只是知識論的論題，不會只是橫攝的靜涵靜攝系統。朱子將「格物致知」與「涵養主靜」絪合為一，朱子強調的格物，「格之既久，一旦豁然貫通焉，則眾物之表裏精粗無不至，吾心之全體大用無不明」，

這分明是一「橫攝歸縱」的系統。相對來說，陽明是將心性論、良知學，上升到了宇宙造化之源，它強調的「致吾心之良知於事事物物」、「正其不正以歸於正」，這是一「縱貫橫推」的系統。

　　雅評的博士論文就要在萬卷樓圖書公司出版了，她希望我能寫篇序文，我慨然允之。起先，我敘述了自己學習陽明心學乃至中國哲學的因緣，並點出了東華、中央的緣分。之後，我採擇了雅評的論文大要並敘述了她的研究歷程及其貢獻。最後，指出陽明心學是從朱子哲學的「橫攝歸縱」轉而為「縱貫橫推」的系統，陽明心學是本體實踐學的系統，「心外無物」是就此本體實踐學來理解的，這是「心無體，以天地萬物感應之是非為體」，這是「一體之仁」下的本體實踐學。「承體達用，即用顯體，體用不二」。「心者，物之心也。物者，心之物也」，這樣心外無物的哲學。這是人之作為一「活生生實存而有」所開啟的生活世界，生者，生生之謂易、天地之大德曰生，活者，源泉滾滾、沛然莫之能禦，即此生活世界，這樣所成的本體實踐學。這樣的本體實踐學，帶著中國傳統文明的色調，有著現代化之後的關懷，在二十一世紀人類文明的交談與對話中，定然會起著一定的作用的。是為序。

林安梧

二○二○年七月十七日　寫於　元亨書院臺北分院

自序
當一片落葉飄下時

　　在撰寫王陽明「心外無物」的思想時，我感到相當困難，它帶給我的是一套思想，一套解決困境的思路，而不是一套靜攝的認知系統……

「掃水事件」，埋下了一個哲學問題的種子

　　二〇〇一年，那一年九月，我成為東華大學中國語文學系碩士班的新生，但是九月開學之際，卻遇上納莉颱風，颱風久久不散，還沒有開學，但我已經上了一課震撼教育。

　　當時，我的家當已經陸續寄到花蓮的宿舍。這些紙箱，有的已經開封，有的還沒；有的是乾的，有的是濕的；有的是書籍，有的是鍋碗瓢盆；有的東西放在架上，有的東西落在水上飄著……。是的，我的宿舍泡水了，水從外面流進來，從窗戶飛進來，從四面八方而來，就這樣，我在泡水宿舍住了一星期。我以為，來到花蓮後，我也許會捧著書本在大樹下讀書之類的，沒想到，我幾乎整天都在房間掃水，還有掃水，然後掃水。我一方面掃水，另一方面積極地陳情，終於在一星期後，我得以離開泡水宿舍。

　　我當時就想：「我大老遠從北部來到東部掃水，一定有什麼原因」。當然，我那時沒想到答案，不過，「掃水事件」，在我心中早已定位為「東華大學的第一堂課」。

我與王陽明先生的相遇

開學後的不久，有一天，我在東華大學圖書館閒晃，我遇見了一個人，一位古人，一位明朝的人──王陽明先生。是這樣的，我在書架上看到一本書《精校斷句王陽明傳習錄》（廣文書局出版），我拿起來翻閱，不知過了多久，才發現圖書館快要閉館了。此後，王陽明先生便像是活在我的生活當中。我很幸運的是，我在開學不久，便已選定日後碩士畢業論文的主題。我之所以選定王陽明先生作為研究主題，是因為我很喜愛《傳習錄》。

碩士畢業之後，我仍然沒有找到「掃水事件」的答案，我匆忙地從東部搬回北部，成為一位高中國文老師，這一教就是四年。這段時間，我沒有間斷過抄書的習慣，我抄《王陽明全集》、《四書章句集註》，抄書能讓我感到平靜，抄書能讓我尋找答案的問題，也尋找問題的答案。雖然我已完成碩士論文《王陽明「格物致知」繼承古本《大學》之詮釋與發微》，但我時常想著：我如何與眼前的花草樹木「一體」？或許是，教學的生活相當忙碌，我不僅難以感受與天地一體，我甚至難以感受與自己一體，教學的那一段時間，我很少創作，但我仍然把過去在花蓮創作的新詩整理出來，出版了《被揍的白鍵與黑鍵》。

颱風又來了

二〇〇九年，那一年九月，我成為中央大學中國文學系博士班的新生，這一次開學前的八月，颱風又來了，莫拉克颱風降下異常多的雨量，我想起多年前的泡水宿舍，大自然的力量，真的是不容小覷，自然的驅動，它不僅僅只是被記載在白紙黑字的書籍裡，更是活生生

地在我們的生活當中，是眼前或生或死的一瞬間。如果說，生命的學問，就是生死的學問，就是生活的學問。那麼，生命的學問，它一定不會離開人的生死，也一定不會離開人的生活。但關於「一體」的疑問，我卻仍然沒有頭緒。

我沒找到的答案，就快要撥雲見日了

二〇一六年，劉述先先生六月六日過世。六月二十日，我參加了劉述先先生的公祭。我在筆記寫下：

> 終於來到這最後一堂戶外課，山路很蜿蜒，原來，人生最後一段路的風景是這樣的，車子將要駛近終點時，在最後一個彎處，我見到一片落葉飄下來，雖然只是樹上的一葉，但落下的時候相當優雅。[1]

那一段時間，我正在撰寫博士論文。我想，如果王陽明的生命和所有人的生命是相通的，那麼，所有人的生死，應該有一以貫之的基本問題；如果，王陽明能夠感受與天地萬物一體，那麼，所有人也應該都能夠感受與天地萬物一體。王陽明在格竹的摸索之中尋找答案，在龍場石墎思索「聖人處此，更有何道？」一直以來，我沒想通的問題，我沒找到的答案，似乎就快要撥雲見日了。

除了對於文獻有一定的熟悉程度之外，所有的問題與答案，一定是要自己有所感受的。有時候，答案已經在眼前了，但那個問題，必

1　張雅評：〈劉述先老師的最後一課〉，《鵝湖月刊》第42卷第1期總號第493號（2016年7月），頁20-21。

須是自己去問的,答案才有可能明朗起來。有時候,問題已經在眼前了,但那個答案,必須是自己去找的,問題才有可能明朗起來。當公祭的小巴「在最後一個彎處,我見到一片落葉飄下來」時,我似乎「一時明白起來」。

我眼前的一草一木,如何與我一體呢?就在我見到落葉飄下,我感受到生命逝去的優雅姿態,那種感受,就是一體。反之,如果巨木在我眼前倒下,而我沒有感受,麻木不仁,那麼天地萬物與我,便不是一體的。天地萬物與我一體,在於,我感受到「仁」的真存實感。所以,一體之仁並非是時時刻刻發生的,只有當人的精神世界,在「仁」的狀態下,才會「一體」。在王陽明,「致良知」,便能使人在「仁」的狀態下。

我在第二章所寫的「王陽明的思想依據:從『道心』到『天地之心』」,這一章,便是在整天思考王陽明心學的問題之下寫出來的。王陽明心學很多人寫,但是要寫出王陽明的精神,我認為,這從來不是一件簡單的任務。

「生得過麻油香,生不過四塊板」

那麼,所有人的生死,一以貫之的基本問題是什麼呢?一個人活在時間、空間當中,活在宇宙當中,活在天地之間,人與自然是生死連在一起的關係。一個人自母體生出,有父母、親人、手足等,人與親情也是生死連在一起的關係。人會因為大自然的天災而死亡,但人會因為親情的關係而死亡嗎?答案是肯定的,人打從出生之際,生死便與母體相連,「生得過麻油香,生不過四塊板」,再者,白髮人送黑髮人,那不是猶如從身上割去一塊肉那樣,生不如死嗎?

人生存在天地之間,一定有其生命的經歷,當我們看他人的生命

經歷，油然生起的同情共感，兩者的生命經歷將會產生情感聯結。這個聯結雖然存在於不同時間，但是卻存在於同一個天地之間，天地萬物一體，並非僅有天地與我，那是連著前人的生死一起的，前提是，有其「油然生起的同情共感」，那便是「一體之仁」的意思。就像是在冬天，拿了一把火，升起一堆柴。你不能說，我沒有火，所以柴升不起來。只要你想要得到一把火，就能夠得到火，「我欲仁，斯仁至矣」，如果一個人的良知無法發動，通常是連升火的欲望都沒有。

「格物致知」是朱子的工夫，也是王陽明工夫的起點。「格物致知」串連著王陽明的生命，也串連著「致良知」的思考脈絡。我在第三章所寫的「從『格物致知』到『親情聯結』、『自然聯結』的具體實踐」，便是從王陽明的生命歷程而來，一以貫之的是，透過個人生命的體驗，體驗個人與親情的聯結、體驗個人與自然的聯結，從而產生王陽明生命經歷的同情共感，內在處於「一體之仁」的身心狀況下所寫的。

「致良知」是不是萬靈丹？

我時常想，為什麼讀中文系，讀了這麼多的聖賢書，有時候仍然無法克服生活中的困境呢？「致良知」是不是萬靈丹？還是，我根本沒有把王陽明讀懂呢？王陽明的「致良知」自然是一個克服困境的方法，無庸置疑。有問題的是，或許是，我沒有弄清楚「困境」這件事情。或許，很多事情不是馬上就能夠「致良知」，不是一步到位，必須明白自己內心的真正想法、事情的來龍去脈，「格物致知」還是有其必要的，「格物致知」的「物」，不僅僅是外在的事事物物，更重要的是釐清內在情感、情緒的種種感受。

那麼，循著王陽明的思考脈絡，首先是「格物致知」，「格物致

知」便是徹底地認識我們眼前的困境到底是什麼？王陽明在「格物致知」之後，發展的脈絡是「心外無物」，那便是要使我們的良知作用在生活世界之中，也就是讓我們的心，與生活周遭發生的事情有同情共感，所謂「物」，是泛指一切物、事物、狀態的代名詞，你的心必須在意這個「物」，才有可能發動「同情共感」，當萬事俱備的情況下，「致良知」便是最後的那一把火，柴才有可能升得起來。有一件事尤其重要，那便是：你的心必須在意這個「物」，才有可能發動「同情共感」。

舉例來說，有時候，在日常酬酢的忙碌之中，我們簡直無法思考，沒辦法坐下來寫一篇論文，甚至是寫一段文字，那不是沒有時間，也不是文筆的問題，而是腦袋還沒有準備好，王陽明稱為「一個靈明」或「大頭腦」，如果，我們的身心狀態時常準備好，那便是有了「靈明」、「大頭腦」，心的感受狀態在比較好的情況下，便能夠感受到天地萬物與我的聯繫。相反的，當我們身心狀況不好，對任何事物麻木不仁，那麼，天地、鬼神、萬物，什麼也感受不到。最明顯的就是，一個死去的人，什麼也感受不到，當他沒有感受到身邊周遭的事物時，周遭的事物對那個人而言，就算是存在，也是沒有意義的。

聽見良知的聲音

在陽明學，一個人處於理性的狀態下，王陽明稱為「良知」、「一個靈明」、「大頭腦」；弄清楚自己內心的真正想法、事情的來龍去脈，王陽明稱為「格物致知」；能感受內心，以及自身以外的事物、狀態，王陽明稱為「心外無物」；能對自身、自身以外的事物、狀態發生同情共感，王陽明稱為「一體之仁」；我們的心會告訴我們，這個困境該怎麼做，王陽明稱為「致良知」。

　　我們沒有聽見良知的聲音，我們不知道困境該怎麼解決，不是因為沒有良知，人人都可以致其良知，只有愚夫愚婦不能致良知，愚夫愚婦指的是一個人的心麻木不仁，不用心在某個狀態之中。

　　因此，我們在源頭要先「格物致知」，弄清楚狀況，然後「心外無物」，一旦這個對象物與我產生相聯繫的一種關係，仁的力量在我的生活世界中，才有可能「致良知」，我們自然會知道解決困境的方法。困境，不會自己命名說「我是困境」，它可能是一個物品、一件事或是一個狀態。在陽明學，「物」沒有固定的名稱，「心外無物」自然也沒有固定的名稱，也可能稱為「心外無理」、「心外無事」。我在第四章所寫的「論『心外無物』的思想」，便是從王陽明對心物關係的特色來寫，王陽明的心物關係，不能去定義它，也沒辦法去定義，若是去定義，便會失去原來的意義，有一種「道可道，非常道」的邏輯在其中。

　　因此，在撰寫王陽明「心外無物」的思想時，我感到相當困難，它帶給我的是一套思想，一套解決困境的思路，而不是一套靜攝的認知系統。

哲學不能「照著說」，要「接著說」

　　在博士論文即將付梓之際，內心仍有些忐忑，忐忑的是，在這本著作中，是一個階段性的學習成果，有一些問題未能完全解決，還有許多問題值得繼續討論。感謝的是，感謝林安梧教授、楊自平教授、萬卷樓總編輯張晏瑞先生、編輯亦勤等工作人員，在出版過程中的諸多協助。由於，我是在家庭與課務蠟燭兩頭燒之際出版論文，有勞於萬卷樓的工作團隊耐心地等待與不厭其煩地協助，真的十分感謝。

　　博士論文付梓，最感謝的是恩師林安梧教授、楊自平教授，我想

起林安梧教授勉勵我，作學問要「專注志定，心安身勤」，並且「因病立方」，要我時時確實「格物致知」。甚是！王陽明先生的「四句教」也說道：「無善無惡心之體，有善有惡意之動，知善知惡是良知，為善去惡是格物」。因此，我以林安梧先生的教誨與論述[2]，結合王陽明先生的「四句教」，作「新四句教」，以此四句，期以自勉，作為本書序文的結語。

　　無善無惡是心安身勤；有善有惡是心隨身意；
　　知善知惡是身隨心志；為善去惡是身心一如。

張雅評

二〇二〇年六月三日謹序於桃園潛龍居

2　林安梧：〈從「以心控身」到「身心一如」——以王夫之哲學為核心兼及於程朱、陸王的討論〉，《國文學報》第30期（2001年6月），頁77-95。

第一章
緒論

　　王陽明[1]，名守仁，字伯安，因築室陽明洞[2]，自號陽明子、陽明山人，學者稱陽明先生。生於明憲宗成化八年（壬辰）九月三十日（癸亥）（1472年10月31日星期六），生肖龍，生在浙江餘姚（今浙江省寧波市），所生樓曰「瑞雲樓」[3]。王陽明的祖先，最早推溯西晉光

1　本書所敘述的王陽明生平以及王陽明文獻，以《王陽明全集》為主，版本為：〔明〕王守仁撰，吳光、錢明、董平、姚延福編校：《王陽明全集》（上海市：上海古籍出版社，2015年）。另參考：以謝氏刻本為主的《四部叢刊》本、《四庫全書》本、《四部備要》本、正中書局的《王陽明全書》、上海古籍出版社的《王陽明全集》1992年版、2011年版、2012年版、2014年版的四十一卷本、浙江古籍出版社的《王陽明全集》2010年版的五十四卷本；以施氏刻本為主的《陽明先生集要》。此外，本書使用王陽明佚文，參考束景南先生的《陽明佚文輯考編年‧增訂版》、《王陽明全集補編》、《王陽明年譜長編》1-4冊，以及參考吳震先生、錢明先生、陳來先生、鍾彩鈞先生、楊正顯先生、張文朝先生、日人水野實、永富青地、三澤三知夫等學者輯佚、繫年、辨疑等研究。

2　王陽明在越城築室陽明洞，這個陽明洞的位址有三種說法，一說在會稽山，一說在宛委山，一說在四明山。而王陽明所築過的陽明洞，有三處與四處兩種說法。參見：倪鎮封：〈陽明洞考〉，《浙江學刊》（1982年5月）第2期，頁120。陳來：〈王陽明與陽明洞——王陽明越城活動考〉，《孔子研究》（1988年7月）第2期，頁87-93。張克偉：〈陽明洞有四處〉，《陝西師大學報》（1990年12月）第4期，頁80。錢明：〈王陽明第十六世孫王詩棠先生訪談錄——兼論紹興陽明世家及遺存〉，《中國文哲研究通訊》（2000年3月）第10卷第1期，頁203-214。

3　《年譜》記，王陽明出生在「瑞雲樓」，此樓於清代乾隆年間部分焚毀，毀壞時間沒有定論，依葉樹望先生研究，「瑞雲樓」毀於乾隆十九年至四十三年期間。火燒遺址留存至今，一九九六年、二〇〇五年皆進行修復，二〇〇七年四月中旬竣工。可參考：葉樹望：〈王陽明出生處瑞雲樓考〉，收入錢明、葉樹望主編：《王陽明的世界：王陽明故居開放典禮暨國際學術研討會論文集》（杭州市：浙江古籍出版社，

祿大夫王覽[4]（字玄通，西元205-278年），瑯琊臨沂人（今山東省臨沂市）。至王覽的曾孫東晉王羲之[5]（字逸少，西元321-379年），自瑯琊臨沂遷居浙江山陰（今浙江省紹興市）。傳至二十三世迪功郎王壽[6]，

2008年10月），頁151-155。諸煥燦：〈王陽明故里與瑞雲樓〉，《寧波通訊》（2008年6月）第6期，頁30。

4　《年譜》記：「其先出晉光祿大夫覽之裔，本瑯琊人」。《王陽明全集》〈年譜一〉卷33，頁1000。又，查繼佐：「晉王覽之裔」。〈王守仁傳〉，《王陽明全集》〈誥命・祭文增補・傳記增補〉卷40，頁1280-1283。

5　王氏祖先與紹興的關係，依《年譜》記載，王陽明的祖先東晉王羲之自瑯琊臨沂（今山東省臨沂市）遷居浙江山陰（今浙江省紹興市）一事。但，王陽明的祖先王羲之是否遷居山陰，以及王羲之是否為王陽明的祖先等問題，學者對《年譜》的記載提出不同的意見，錢明先生、諸煥燦先生等學者，認為王羲之不是王陽明的祖先。參見：傅振照、邵九華：〈王陽明先世與後裔考略〉，《浙江學刊》（1990年8月）第4期，頁57-59。張克偉：〈王陽明先世及家世考實〉，《浙江學刊》（1991年6月）第3期，頁85-91。錢明：〈王陽明的世家及後裔〉，《陽明學的形成與發展》（南京市：江蘇古籍出版社，2002年），頁1-15。錢明：〈王陽明遷居山陰辨考──兼論陽明學之發端〉，《浙江學刊》（2005年1月）第1期，頁91-98。錢明：〈王家衰落的過程及其成因──王陽明家事辨考〉，《浙江學刊》（2007年11月）第6期，頁63-71。錢明：〈關於王陽明譜牒搜考的幾個問題〉，收入張新民主編：《陽明學刊》第三輯（成都市：巴蜀書社，2008年），頁33-48。諸煥燦：〈為陽明尋根〉，收入錢明、葉樹望主編：《王陽明的世界：王陽明故居開放典禮暨國際學術研討會論文集》（杭州市：浙江古籍出版社，2008年10月），頁156-172。褚納新：〈從譜牒記載看王陽明家世〉，收入錢明、葉樹望主編：《王陽明的世界：王陽明故居開放典禮暨國際學術研討會論文集》（杭州市：浙江古籍出版社，2008年10月），頁371-378。王傳龍：〈王陽明家庭事項考辨──與錢明先生商榷〉，收入國際陽明學研究中心主辦：《國際陽明學研究》第參卷（上海市：上海古籍出版社，2013年），頁65-78。諸煥燦：〈王陽明不是王羲之的子孫〉，收入國際陽明學研究中心主辦：《國際陽明學研究》第參卷（上海市：上海古籍出版社，2013年），頁79-106。

6　《王陽明全集》〈年譜一〉對王壽的記載僅「又二十三世迪功郎壽，自達溪徙餘姚」寥寥數字。而張廷玉〈明史王守仁傳〉、黃宗羲〈文成王陽明先生守仁傳〉、查繼佐〈王守仁傳〉、紹廷采〈明儒王子陽明先生傳〉皆不提王壽。參見：《王陽明全集》〈誥命・祭文增補・傳記增補〉卷40，頁1270-1297。依《元史》記載，王壽，字仁卿，涿郡新城人（今河北省徐水縣），生年不詳，卒於元武宗至大三年（？-1310）。官至兵部員外郎、吏部郎中、集賢大學士。參見：〔明〕宋濂等：〈王壽

自山陰達溪遷居餘姚之後，王氏自此定居餘姚。陽明幼時，自餘姚遷居越城[7]（今浙江省紹興市）。卒於明世宗嘉靖七年（戊子）十一月二十九日（丁卯）（1529年1月9日星期六），是日「大寒」，病逝於江西南安青龍鋪（今江西省大餘縣），臨終之際所留遺言：「此心光明，亦復何言？」辰時，瞑目而逝，終年五十七歲，自此結束陽明傳奇的一生。陽明葬於嘉靖八年（己丑）十一月十一日（癸卯）（1529年12月11日星期六），是日「冬至」，安葬地點在浙江山陰洪溪（今浙江省紹興市蘭亭鎮），墓地位於「洪溪去越城三十里，入蘭亭五里，先生所親擇也」[8]。陽明歿後三十九年，明穆宗隆慶元年（丁卯）五月，降慶皇帝下詔，追贈「新建侯」，諡號「文成」[9]。明萬曆十二年（甲申）（1584），從祀孔廟[10]。綜觀王陽明一生之著作，自八歲起，有〈資聖

傳〉，《元史》（北京市：中華書局，1997年）卷176，頁4103-4104。按：不知何故，《全集》中的〈王守仁傳〉皆不提王壽，又，《元史》王壽和王陽明祖先王壽，是否為同一人還有待研究。

7　王陽明出生於浙江餘姚，是浙江餘姚人，後來遷居越城。王陽明與越城（今浙江紹興市）的關係相當密切，《年譜》記：「先生十歲，皆在越」，可推估陽明十歲以前「皆在越」，但《年譜》上沒有明確記載陽明出生後，究竟是幾歲遷居越城的，這個問題目前並無定論，依董平先生研究，遷居的時間應當在王陽明五歲至十歲之間較為合理。參見：董平：〈泛覽博覽，止心聖學〉，《王陽明的生活世界》（北京市：中國人民大學出版社，2009年10月），頁5-20。

8　《王陽明全集》〈年譜三〉卷35，頁1093。

9　依文獻，王陽明贈「新建侯」、諡號「文成」的時間有二說，二種說法相差一年。一是，依據《年譜附錄一》：「今上皇帝隆慶元年丁卯五月，詔贈新建侯，諡文成。」參見《王陽明全集》〈年譜附錄一·自嘉靖庚寅建精舍於天真山至隆慶丁卯復伯爵〉卷36，頁1116。二是，依據四部備要本之《陽明全書》，內有隆慶二年〈聖旨〉一篇。內容記載：「奉　天承運，皇帝制曰：……原任新建伯南京兵部尚書兼都察院左都御史王守仁……特贈為新建侯諡文成錫之……隆慶二年十月十七日」。參見〔明〕王守仁撰，謝廷傑編：《陽明全書》（臺北市：臺灣中華書局，1985年，據明隆慶六年〔1572〕謝氏刻本之四部備要本）。

10 依學者楊正顯先生研究，錢德洪於嘉靖年間完成的《年譜》單行本，與「謝氏刻本」之《全書》內的《年譜》內容有異，楊氏曰：「以錢德洪為主導的陽明弟子修

寺杏花樓〉[11]、〈寓資聖僧房〉[12]、〈棋落水詩〉[13]、〈金山寺〉[14]、〈蔽月山房〉[15]等諸多詩文留世。[16]而王陽明生前所編輯之《傳習錄》，可推溯至正德十三年（1518），薛侃刻《傳習錄》於虔州，稱《初刻傳習錄》或「薛本」、「虔本」。以及嘉靖三年（1524），南大吉、南逢吉刻《傳習錄》於越，稱《續刻傳習錄》或「南本」。又，王陽明生前所編輯之《文錄》，可推溯至嘉靖六年（1527），鄒守益刻《陽明先生文錄》於廣德州，稱為《陽明先生文錄》「廣德本」。王陽明歿後，陽明著作由錢德洪等弟子編輯不輟，《全書》編輯完成，則至隆慶六年（1572），由謝廷傑集結《傳習錄》、《陽明先生文錄》、《陽明先生文錄續編》、《年譜》、《陽明先生家乘》（後更名《世德紀》）等陽明著作之單行本，刊刻為《王文成公全書》，為《四部叢刊》所收錄，稱為「謝氏刻本」或「謝廷傑刻本」[17]，「謝氏刻本」亦為後世編輯《王陽明全集》的主要依據。

改《年譜》的動作是為了讓陽明能夠從祀孔廟。」參見氏著：〈王陽明《年譜》與從祀孔廟之研究〉，《漢學研究》第29卷第1期（2011年3月），頁153-187。按：嘉靖42年（1563），以陽明弟子錢德洪為主的王門弟子，完成《年譜》單行本。隆慶六年（1572），御史謝廷傑集王陽明著作，集為《全書》。萬曆十二年（1584），王陽明從祀孔廟。由上，從錢德洪等人完成《年譜》，到王陽明從祀孔廟，前後時間長達二十年。

11 〈資聖寺杏花樓〉，《陽明佚文輯考編年》，頁3-7。

12 〈寓資聖僧房〉，《陽明佚文輯考編年》，頁8。

13 〈棋落水詩〉，《陽明佚文輯考編年》，頁9-10。

14 〈金山寺〉，《陽明佚文輯考編年》，頁11。

15 〈蔽月山房〉，《陽明佚文輯考編年》，頁12-13。

16 可參見本書之〈附錄一：王陽明著作「文目繫年」〉。

17 可參見本書之〈《王陽明全集》「謝氏刻本」〉以及〈附錄二 王陽明著作「編輯繫年」〉。

第一節　章節概述

　　《易傳》〈繫辭上〉：「探賾索引，鈎深致遠」[18]。職是，本書以王陽明「心外無物」的思想探賾為研究主題，王陽明早期思想以「格物致知」為起點，中期思想提出「心外無物」，晚期思想提出「致良知」之後，學術宗旨以「致良知」為主。「致良知」之直截簡易，雖解決朱子格致誠正的工夫次第的種種問題，但也引起當時門人對王陽明心學的疑問，以及後人認為王陽明思想有禪學的傾向，此問題至目前仍未有定論，顯見，王陽明心學仍有值得釐清的多方面向。以下分別概述章節重點。

　　第一章，緒論。第一節是，章節概述。透過章節概述，陳述本書之旨要；第二節是，牟宗三先生、劉述先先生之陽明學述評。站在巨人的肩膀上，透過前輩學者的重要研究，作為本書的研究起點；第三節是，《王陽明全集》「謝氏刻本」。本文考訂《王陽明全集》「謝氏刻本」成書經過；第四節是，《王陽明全集》「施氏刻本」。本文考訂「施氏刻本」未受重視的原因；第五節是，「在親民」與「在新民」。本文比較「謝氏刻本」、「施氏刻本」的用法，以及各出版社之《王陽明全集》、《傳習錄》單行本的用法，不知何故，在所有的文獻中，竟皆未說明，「然非『親』字義」或「然非『新』字義」，所依據的版本與原因為何。吾人提出，現行《王陽明全集》版本，自一九九二年之後，「然非『親』字義」可能是筆誤，由「施氏刻本」可推論出，「然非『新』字義」可能是王陽明之意。吾人首先點出，現行版本二〇一二年、二〇一五年，上海古籍出版社皆已改為「然非『新』字義」。

---

18 「探賾」一詞，出自《易傳》〈繫辭上〉。參見〔宋〕朱熹：《周易本義》（臺北市：大安出版社，1999年）卷3，頁248。

　　第二章，敘述王陽明的思想依據：從「道心」到「天地之心」。本章從王陽明心學的三個面向切入，以釐清陽明「心外無物」的思想。王陽明心學的三個面向：第一節是，自精一而言，道心即是良知；第二節是，從「心即理」、「良知即是天理」與「良知即是易」的理論關係展開良知即是易之理；第三節是，以人作為天地之心，確立三才中，人在天地之間的主體性。王陽明以天命即良知，將儒家之天命收攝於心之本體。本章探究陽明心學的三個面向，自精一而言道心，是一種收攝關係；從道心到天地之心，是一種推擴關係。吾人認為，從王陽明心學的三個面向切入，可以釐清「心外無物」的思想。

　　第三章，敘述王陽明從「格物致知」到「親情聯結」、「自然聯結」的具體實踐。本章從王陽明對於「物」的兩個面向切入，以釐清陽明「心外無物」的思想。王陽明對於「物」的兩個面向：第一節是，以王陽明探究「格物致知」的生命經歷，自十八歲「謁婁一齋」、二十一歲「取竹格之」、二十七歲「讀晦翁疏」、三十七歲「龍場悟道」，闡述他對格物致知有別於朱子的解釋；第二節是，從王陽明生命中的三個事件，分別是「禪僧坐關事件」、「遇鐵柱宮道士事件」、「龍場悟道事件」，說明王陽明對於物的「親情聯結」到「自然聯結」的具體實踐。吾人認為，從王陽明對於「物」的兩個面向切入，可以釐清陽明「心外無物」的思想。

　　第四章，論王陽明「心外無物」的思想。首先，探究王陽明心物關係的特色；其次，從「岩中花樹與我心」、「鬼神萬物與靈明」釐清王陽明「心外無物」的思想。第一節說明的是，王陽明心物關係的特色：一是，物是心的作用；二是，物無具體之形；三是，物無固定之稱，「心外無物」亦不是固定的名稱。第二節說明的是，從「岩中花樹與我心」來說，深山中的花樹無論如何都是存在的，「心外無物」是意義上的問題，不是存在性的問題，只有良知作用於生活世界，生活世

界才有意義；從「鬼神萬物與靈明」來說，人之靈明是在一個存有的
實體作用下，天地萬物方才起作用。吾人認為，釐清王陽明心物關係
的特色，透過爬梳重要文獻，可以探究王陽明「心外無物」的思想。

　　第五章，結論與反思。本書王陽明「心外無物」的思想探賾，重
要的研究結論是：由王陽明心學的三個面向，到王陽明對於物的兩個
面向，釐清王陽明心物關係的特色，進而探究王陽明「心外無物」的
思想。王陽明早期思想以「格物致知」為起點，中期思想提出「心外
無物」，到晚期思想提出最重要的學術宗旨「致良知」。從收攝關係而
言之，良知是人的本心；從推擴關係而言之，人是天地之心，人是三
才之道的主體，王陽明彰顯了人是天地萬物行仁的主體。從王陽明的
心物關係而言，良知行為之落實，不僅僅只在個人的心中作工夫，而
是以親親為本的「親情聯結」，推擴至天地萬物一體為末的「自然聯
結」，本末為一體之仁。易言之，王陽明「心外無物」的思想，強調
「致良知」是落實於天地萬物的生活世界。

第二節　牟宗三先生、劉述先先生之陽明學述評

一　「三系說」並未終結朱王公案

　　牟先生提出「三系說」，主要見於《心體與性體（一）》、《中國哲
學十九講》[19]等書，牟先生提出此說，主要是處理宋明理學的課題。
牟先生提出宋明儒的課題是，宋明儒者把《論》、《孟》、《大學》、《中
庸》、《易傳》劃為孔子傳統中內聖之學的代表。牟先生認為，宋明儒

---

19 牟宗三先生提出「三系說」，參見氏著：〈宋明儒之分系〉，《心體與性體》（一）（臺
　北市：正中書局，1996年2月），頁49。以及氏著：〈第十八講 宋明儒學概述〉，《中
　國哲學十九講》（臺北市：臺灣學生書局，2002年8月），頁393。

者大多以《論》、《孟》、《中庸》、《易傳》為中心，只有伊川、朱子以《大學》為中心。牟先生以宋明儒者的學說發展與《論》、《孟》、《中庸》、《易傳》、《大學》的趨歸，進而提出「三系說」。「三系說」的主要內容分為：

一、五峰蕺山系：由周濂溪、張橫渠、程明道之圓教模型（一本義）而開出。客觀地講性體、道體，以《中庸》、《易傳》為主。主觀地講心體，以《論》、《孟》為主。由《中庸》、《易傳》回歸於《論》、《孟》，工夫重視「逆覺體證」。

二、象山陽明系：此系不順由《中庸》、《易傳》回歸《論》、《孟》，而是以《論》、《孟》為主，以《論》、《孟》攝《易》、《庸》。此系「只是一心之朗現，一心之申展，一心之遍潤」。工夫亦重視「逆覺體證」。

三、伊川朱子系： 此系以《大學》為主，以《中庸》、《易傳》與《大學》合，於《中庸》、《易傳》所講的性體、道體，是「只存有而不活動」之理，主要思想在伊川提出「涵養須用敬，進學在致知」，朱子工夫落實處在「格物致知」，工夫重視後天的涵養，是「順取之路」。

簡言之，「三系說」中，牟先生將王陽明定位於陸王一系。這也是在宋明理學領域裡，經常被討論的「分系問題」，說明如下：

（一）二系說

所謂「分系問題」，是由牟先生「三系說」而來，牟先生的「三系說」來自於宋代以來的「二系說」。實際上，此為宋明儒學的學術公案，自宋有之，即是朱陸異同的問題，亦是所謂「二系說」，以陸王為「心學」，以程朱為「理學」，分「程朱」、「陸王」為二系。「二系說」以程朱、陸王異同為主要論述，調和「二系說」的前輩學者，

有幾種觀點：

一、朱陸有同處，即是同在尊德性與道問學之工夫論上說，此為唐君毅先生所主張。唐先生主要的觀點在融通朱陸，在一些論述上，主張道問學當在尊德性之工夫上去說，應以尊德性為主，其觀點略顯滑轉。[20]

二、從「道德的觀點」和「倫理的觀點」匯通朱陸之說，此為陳榮灼先生所主張。[21]

三、認為陽明景仰朱子，《傳習錄》之依據來自朱子並力求與朱子歸一，此為陳榮捷先生所主張[22]。然而，「二系說」有所不盡之處。

(二) 三系說

牟宗三先生為彌補「二系說」提出「三系說」，即「伊川朱子系」、「象山陽明系」、「五峰蕺山系」。從「縱貫系統」來說，「象山陽明系」、「五峰蕺山系」心性為一，從「橫攝系統」來說，「伊川朱子系」心性為二，牟先生認為陸王為宋明理學發展主要脈絡，視朱子為「別子為宗」。

---

20 唐君毅先生融通朱陸之說，唐先生曰：「所謂象山發明本心之工夫，可通于朱子所謂心之體用、動靜、及已發未發，而貫澈統攝涵養與省察格物窮理等工夫。」參見氏著：〈附編：原德性工夫　朱陸異同探源〉，《中國哲學原論・原性篇》（臺北市：臺灣學生書局，1991年），頁655。唐先生又說：「朱陸之異，不宜只如世之由其一主尊德性、一主道問學，一主心與理為一、一主心與理為二去說，而當自其所以言尊德性之工夫上說。」參見氏著：〈朱陸之學聖之道與王陽明之致良知之道〉，《中國哲學原論・原教篇》（臺北市：臺灣學生書局，2004年），頁204。

21 陳榮灼：〈朱陸匯通之新途〉，《臺灣哲學研究》（2004年3月）第4期，頁19-38。

22 陳榮捷：〈陽明有得於朱子〉，《朱子新探索》（臺北市：臺灣學生書局，1988年），頁597-604。以及氏著：〈從朱子晚年定論看陽明之于朱子〉，《朱學論集》（臺北市：臺灣學生書局，1982年），頁353-383。

（三）一系三型說

勞思光先生認為「三系說」皆為儒家內聖成德之學，故提出「一系說」，在「一系說」的基礎上發展「一系三型」之說[23]。

（四）三本論

蔡仁厚先生認為「一系三型」有所不足，提出「三本論」[24]。

（五）「橫攝歸縱」、「縱貫歸橫」說

林安梧教授認為牟先生以朱子系統為「橫攝系統」需要補充，故提出朱子系統是「繼別為宗」、「橫攝歸縱」，陸王系統則是「縱貫歸橫」，補充了牟先生言朱子是「別子為宗」、「橫攝系統」的說法[25]。

以上，牟先生的「三系說」引起後續「一系說」到「橫攝歸縱」、「縱貫歸橫」說等諸多討論。值得一提的是，伊川朱子這一系。牟先生提出伊川朱子系為「別子為宗」，他認為五峰蕺山系和陸王一系可以合在一系，稱為「正宗」，而伊川朱子系為「別子為宗」。牟先生解釋道：

> （五峰、蕺山一系和陸、王一系）這兩個系統可以合成一個系統，為儒家的正宗。伊川、朱子不是儒家的正宗，我稱之為

---

23 勞思光：〈宋明儒學總說〉，《中國哲學史》三上（臺北市：三民書局，1997年），頁39-61。

24 蔡仁厚先生曾應邀到韓國參加「東洋學會議」，會中對於「理氣一元」、「理氣二元」諸詞表示意見，他提出「三本論」（性本、心本、氣本）以補「分系說」之不足。參見氏著：〈宋明理學分系問題論衡〉，《哲學與文化》（2004年8月）第31卷第8期，頁3-13。

25 林安梧：〈「繼別為宗」或「橫攝歸縱」：朱子哲學及其詮釋方法論辯疑〉，《嘉大中文學報》（2009年3月），頁1-28。

「別子為宗」。什麼叫「別子」呢？這是根據《禮記》而來的。譬如說有弟兄兩人，老大是嫡系，是正宗，繼承其父；老二不在本國，遷到他處，另開一宗，而成另一個系統，這就叫做「別子為宗」。朱子就是居於這樣的地位。現在那些擁護朱夫子的人一看到「別子為宗」，就很不高興，以為有傷朱夫子之尊嚴。其實這又傷了他什麼尊嚴呢？他能另開一個宗派，豈不很偉大嗎？朱子傳統是朱子傳統，孔子傳統是孔子傳統，兩者不必能完全相合。朱夫子距現在七、八百年，我們現在讀四書都要通過他的注疏。孔子隔我們太遠，朱子隔我們近一些，所以他得到這個便宜，被看成正宗。[26]

牟先生稱伊川朱子系為「別子為宗」，意即孔孟為儒學正宗，故象山陽明系、五峰蕺山系是延續孔孟此一正宗而發展，而伊川朱子系則是有別於孔孟的正宗。換言之，牟先生的「三系說」，其實隱含著二大正宗，這兩大正宗是孔孟一系與伊川朱子一系。由上，牟先生判朱子為別子為宗。對此，林安梧教授則認為，那麼，牟先生應也可以說是當代新儒家最大的別子為宗，林教授提到：

我說牟先生是最大的「別子為宗」的意義是，因為牟先生強調的是「心學」，而牟先生所說的那個「心」，是普遍意義的，超越意義的，而帶有抽象性的，它不夠落實、不夠具體，因為只有那樣才能夠談（intellectual intuition）「智的直覺」。這個部分牟先生就太強調，太顯超越相，我覺得儒學應該就真實的感

---

26 牟宗三：〈宋明儒學概述〉，《中國哲學十九講》（臺北市：臺灣學生書局，2002年8月），頁415。

通處說，而真實的感通是落到「氣」上來說。而牟先生講這個「良知」、「智的直覺」，講到後來變成越講越絕對，越形式化，他變成一個主智主義與形式主義的傾向。我一直覺得要把他拉回來，拉到生活世界中來。[27]

從「伊川朱子系」的進路來說，衍生出朱子是不是別子為宗的問題，如林安梧教授的研究。進而是，林安梧教授判牟先生是當代新儒家最大的別子為宗，也衍生出牟先生是不是當代最大的別子為宗的討論。[28]

從這些討論，可以知自牟先生等學者，以分系問題為進路的這些研究，溯其源者，是來自宋代以來的朱陸之異，又或是明代陽明以「朱子晚年定論」力證自己與朱子同源。而陽明此舉並未真正解決宋代以來的朱陸之異，反而引起後學爭論不休。例如：明代周汝登[29]撰《聖學宗傳》，全書大體依時間而記，在卷九〈朱熹〉一文中，記有朱子生平以及朱子語錄「瞑目靜坐，卻得收拾放心，覺得日前外面走作不少，頗恨盲廢之不早也」，頗有會通朱王之意。至清代，尊王學者李紱作《朱子晚年全論》欲提出更多文獻，論證陽明與朱子晚年同源，可惜有如曇花一現，並未引起清代學術太多的重視。此外，清代尊朱學者熊賜履[30]在《學統》一書中，以正統儒學的觀點，將儒學

---

27 林安梧：〈後新儒家的哲學向度〉，《儒學革命論：後新儒家哲學的問題向度》（臺北市：臺灣學生書局，1998年11月），頁258-259。

28 羅雅純：〈牟先生為當代最大的「別子為宗」？──對林安梧教授之判語做一請益〉，《鵝湖月刊》（2001年2月）第26卷第8期總號第308期，頁46-56。

29 〔明〕周汝登，字繼元，別號海門。浙江嵊縣人，萬曆五年（1577）進士，崇禎二年（1629）卒，終年八十三歲。著有《聖學宗傳》、《王門宗旨》、《海門先生集》、《東越證學錄》。

30 〔清〕熊賜履（1635-1709），字青嶽，又字敬修，號素九，別號愚齋。著有《學統》、《閑道錄》、《下學堂劄記》、《經義齋集》、《澡修堂集》、《樸園通語》、《些餘集》等。

分為五類，分別為：正統、翼統、附統、雜統、異統。以正統來說，
列有孔、孟、朱子等人。雜統則列：象山、白沙、陽明等人。很明顯
地，熊賜履正統的標準，恐怕是以朱學為主要的立場。另一位清代尊
朱學者張伯行[31]撰《道統錄》，宋代以後僅列周、張、二程、朱子，完
全未列象山、白沙、陽明等心學學者，同樣是以朱學為其觀點。自明
清以來，朱子學術占有官方正統的優勢，其道統是和政治上的正統相
連，若以政治上的正統而言，自是伊川朱子系為主。若以明代的講學
活動而言，朱王之學恐怕難分軒輊，從這一點來說，牟先生將「象山
陽明系」列為正宗，伊川朱子系列為別宗，以相同處而言，兩系同為
宋明儒學之大宗。以相異處而言，牟先生判「象山陽明系」為正宗，
必然不是以清代官方朱學的立場而言之，此舉似有想要扳回儒學以心
學為主要的脈絡，又比清代學者略勝一籌。可惜的是，牟先生判宋明
儒學的學術，以「三系說」為主要觀點，而「象山陽明系」、「五峰蕺
山系」皆為逆覺體證，「伊川朱子系」為順取之路，似又走回二系說
的老路，六百多年朱王異同的學術公案，恐怕仍懸而未決。

二　〈王學之分化與發展〉之內容

《從陸象山到劉蕺山》這本書主要處理的課題是王陽明的定位、
致知疑難與王學之分化。書中，〈王學之分化與發展〉一文[32]，主要將
王學定位在孟子學，基本上與「三系說」的觀點是一致的。

---

31 〔清〕張伯行（1651-1725），字孝先，晚號敬庵，諡號清恪。河南儀封人。康熙二
　　十四年（1685）進士，學宗程朱。著有《道統錄》、《伊洛淵源續錄》、《二程注
　　錄》、《續近思錄》、《性理正宗》、《廣近思錄》、《濂洛關閩書》等。
32 牟宗三：〈王學之分化與發展〉，《從陸象山到劉蕺山》（臺北市：臺灣學生書局，
　　2000年），頁216-311。

〈王學之分化與發展〉一文，牟先生不同於《明儒學案》從地域上分王門為六個學案：一是，〈浙中王門學案〉：徐橫山（徐愛）、錢緒山（錢德洪）、王龍溪（王畿）、季彭山（季本）、黃久菴（黃綰）、董蘿石（董澐）、陸原靜（陸澄）。二是，〈江右王門學案〉：鄒東廓（鄒守益）、歐陽南野（歐陽德）、聶雙江（聶豹）、羅念菴（羅洪先）、劉兩峰（劉文敏）、王塘南（王時槐）、胡廬山（胡直）。三是，〈南中王門學案〉：黃五岳（黃省曾）、周靜菴（周衝）。四是，〈楚中王門學案〉：蔣道林（蔣信）、冀闇齋（冀元亨）。五是，〈北方王門學案〉：南瑞泉（南大吉）。六是，〈粵閩王門學案〉：薛中離（薛侃）。此外，黃宗羲認為止修學派、泰州學派的作風與王門不同，僅立學案，而未立王門學案。又，〈止修學案〉：李見羅（李材）。以及，〈泰州學案〉：王心齋（王艮）、羅近溪（羅汝芳）、耿天臺（耿定向）、周海門（周汝登）。

牟先生依地域區分，將王學的發展分為三派：一是，王龍溪、錢緒山屬於浙中派，在浙江省。二是，王艮、羅近溪屬於泰州派，在江蘇省。三是，聶雙江、羅念菴等屬於江右派，在江西省。牟先生對於浙中派，他詳細詮解王龍溪的四無說，得其結論是「他大體是守著陽明底規範而發揮，他可以說是陽明底嫡系。」對於黃宗羲在《明儒學案》認為龍溪「是不得不近于禪」，梨洲暗示龍溪近禪，牟先生則認為「蓋黃梨洲于禪非禪之關鍵亦並未弄清楚也」；牟先生對於泰州派，他從陽明「樂是心之本體」處，對王艮的「樂學歌」找到王學的依據，並上溯於孔子與曾點等人於暮春之際的浴沂、風舞、詠歸之樂來肯定王艮。對於羅近溪則認為，近溪的特殊風格「一洗理學膚淺套括之氣」，是「清新俊逸」的風格。牟先生則認為，江右派之雙江、念菴，「肢解陽明之義理，弄得面目全非」。簡言之，牟先生認為王學的三派發展中，僅有龍溪與近溪是「順王學而調適上遂者」，雙江與

念菴「不得其門而入」。可知，牟先生與梨洲最大的不同在於，牟先生分判泰州派的羅近溪亦是真正的王門學者，雙江與念菴則是「不得其門而入」。

三　《王陽明致良知教》是否可廢

牟先生早年著作《王陽明致良知教》[33]，主要是處理王陽明的致良知全部課題。但二十年後，牟先生認為此小冊可作廢，此小冊可作廢的原因，是因牟先生認為：當時對其他宋明儒者或王門後學的不了解，所以凡牽涉到其他宋明儒者或王門後學方面的判斷，多半不可靠，故此小冊可作廢，只留〈致知疑難〉作為〈王學之分化與發展〉的附錄。牟先生表示，王陽明儘管可以單獨地講，「《王陽明致良知教》一小冊，大體是就《傳習錄》中之文獻隨文領義，悟解雖不致太差」，但對於王學與其他理學家、王門後學間的關係不很清楚，所涉及到其他人物相關的判斷，皆不能有諦當的判斷，故此小冊可作廢。

牟先生認為，因當時對其他宋明儒者或王門後學的不了解，所以凡牽涉到其他宋明儒者或王門後學方面的判斷，多半不可靠，故此小冊可作廢。牟先生分別在他的著作中三處提到《王陽明致良知教》這本小冊子可廢的原因。其一，於〈宋明儒學概述〉中述及：「三十八、九年我剛到臺灣的時候，就寫了一本《王陽明致良知教》的小冊子。那時我對王學與其他理學家間的關係並不很清楚。王學儘管可以獨立地講，但若要講得恰當、了解得精切明確的話，最好還是不要獨立地講。因為王陽明究竟還是屬於理學家。我那時對朱子與周濂溪、張橫渠、程明道、程伊川之間的關係弄不清楚，所以凡牽涉到這方面

---

33 牟宗三：《王陽明致良知教》（臺北市：中央文物供應社，1954年）。

而下的判斷多半不可靠。所以這本小冊子我就不要了，只保留其中的〈致知疑難〉一章，附在《從陸象山到劉蕺山》中講王陽明的那一章後面。」[34]其二，《從陸象山到劉蕺山・序》：「此書中關於王學之兩章，即第三章與第四章，實早已於一九七二年及一九七三年分別發表於新亞學術年刊之第十四期與第十五期。而第三章之附錄：〈致知疑難〉，則更早見於《王陽明致良知教》一小冊中（此小冊寫於一九五二年）。今該小冊可作廢，而〈致知疑難〉一段至今不變，故附錄於此書之第三章第一節。」[35]其三，〈王學之分化與發展〉：「二十年前吾曾寫《王陽明致良知教》一小冊，大體是就《傳習錄》中之文獻隨文領義。悟解雖不致太差，然當時於前乎王學者，如朱子，以及北宋四家，無透澈明確之理解，於後乎王學者，如劉蕺山，亦無透澈明確之理解，甚至於屬於王學而為王學之繼承者如浙中派之王龍溪，泰州派之羅近溪，以及江右派之聶雙江與羅念菴，亦無脈絡分明之了解，遂致凡有涉及皆不能有諦當之判斷。王學雖可獨立地講，然如想於限制中了解其義理系統之獨特性格，則亦究不能割截其他而不顧也。」

此外，李彥儀先生指出，牟先生認為《王陽明致良知教》可廢的原因，並非是因為牽涉到其他宋明儒者或王門後學方面的判斷，多半不可靠。而是，牟先生後來從「無執的存有論」來思考王學的問題，以此解釋何以牟先生認為《王陽明致良知教》可廢的原因。李彥儀先生對此有深刻的研究，他認為：牟先生作《王陽明致良知教》之後的二十年間，致力於《智的直覺與中國哲學》、《現象與物自身》等著作，因內容上反覆探討「執的存有論」、「無執的存有論」，所以，「雖說〈王學是孟子學〉與《王陽明致良知教》所徵引的《傳習錄》段落

---

34 牟宗三：《中國哲學十九講》（臺北市：臺灣學生書局，2002年8月），頁406。
35 牟宗三：《從陸象山到劉蕺山》〈序〉（臺北市：臺灣學生書局，2000年），頁2。

雷同，但其所展現者已是從『無執的存有論』而來的思考。至此，客
觀萬有的存在問題或因而得到了保證。又，或可從這樣的角度來解釋
何以牟先生認為《王陽明致良知教》可廢，而〈致知疑難〉可存並可
作為〈王學是孟子學〉一文的〈附錄〉。」[36]儘管牟先生認為《王陽明
致良知教》可廢，李彥儀先生仍對此仔細做了研究，實為可貴。我們
可由牟先生講《王陽明致良知教》可廢的原因背後思考，究竟我們應
該用什麼方式來講王陽明。

　　我們仔細思考，牟先生認為《王陽明致良知教》小冊可廢，一則
是牟先生認為，他對王陽明與朱子、周濂溪、張橫渠、程明道、程伊
川之間的關係，了解的程度尚未成熟，而他認為，他單獨講王陽明的
部分雖不致有誤，但若要將王陽明講清楚，最好不要單獨講。二則是
《王陽明致良知教》中，〈致知疑難〉是牟先生較為滿意的一章，而
這一章已經移到《從陸象山到劉蕺山》一書的附錄。從牟先生的觀點
來說，「講王陽明最好不要單獨講」，這可以包含很多意思，除了在宋
明之間的理學家之外，王陽明和同輩湛甘泉的關係往往被學者所忽
略[37]，以及，王陽明的思想基本上雖是他百死千難而來，而《王陽明

---

36 李彥儀：〈牟宗三對王陽明「致良知」的理解與詮釋——以〈致知疑難〉為核心的
　　討論〉，《臺北大學中文學報》（2009年3月）第6期，頁171-196。

37 和王陽明研究相比，王陽明的同輩學者湛甘泉，往往被學者所忽略，整體研究成果
　　相對少於王陽明許多。相關著作可參考：王文娟：《湛甘泉哲學思想研究》（成都
　　市：巴蜀書社，2012年12月）。游騰達：《湛甘泉哲學思想的發展與完成》（臺北
　　市：國立臺灣師範大學國文學系博士論文，2012年1月）。黎業明：《湛若水年譜》
　　（上海市：上海古籍出版社，2009年7月）。喬清舉：《湛若水哲學思想研究》（臺北
　　市：文津出版社，1993年2月）。關步勳、黃炳炎、陳裕榮、丁楓主編：《湛甘泉研
　　究文集》（廣州市：花城出版社，1993年）等書。以及期刊：鄭宗義：〈甘泉心學探
　　微〉，收入《儒學、文化與宗教——劉述先先生七秩壽慶論文集》（臺北市：臺灣學
　　生書局，2006年），頁125-156。鍾彩鈞：〈湛甘泉哲學思想研究〉，《中國文哲研究集
　　刊》（2001年9月）第19期，頁345-406。姜允明：〈三人行——論陳白沙、湛甘泉與
　　王陽明的傳承關係〉，《華岡文科學報》（1998年3月）第22期，頁1-22。

全集》中有許多文獻，不離《論》、《孟》、《學》、《庸》、《尚書》、《易傳》等經典，透過陽明對經典的理解與詮釋，我們能夠更接近王陽明的思想，所以，牟先生說：「講王陽明最好不要單獨講」，我們可以這樣理解，透過文獻與經典來理解王陽明是更為恰當的，筆者於本書中亦秉持這個原則。又，〈致知疑難〉是《王陽明致良知教》、《從陸象山到劉蕺山》兩書共同有的部分，也是牟先生在《王陽明致良知教》一書中較為滿意的章節，〈致知疑難〉中的相關問題將在下一段討論。

四　〈致知疑難〉中的十個問題

牟先生在〈致知疑難〉一文中認為，致良知的疑難，全在「物」字上，因此他對陽明的「物」以及相關的概念有詳細的說明，他認為只要了解陽明所講的「物」，便可以解決致良知的疑難。但，牟先生理解陽明的「物」及相關的概念，值得我們再仔細研究。

（一）「意」、「意之所在」、「物」的涵義

牟先生引一段《傳習錄》中的文獻，作為陽明「物」的主要涵義。如下：

> 意之所在便是物。如意在於事親，即事親便是一物；意在於事君，即事君便是一物；意在於仁民愛物，即仁民愛物便是一物；意在於視聽言動，即視聽言動便是一物。所以某說無心外之理，無心外之物。[38]

---

38 陽明言物是「意之所在便是物」，出自《王陽明全集》〈語錄一‧傳習錄上〉卷1，頁4-5。

牟先生的理解是：

> 陽明子之所謂「物」是吾日常生活所牽連之種種行為也。實即
> 具體之種種生活相也。既是生活相或生活行為，自必繫於吾之
> 心意。[39]

首先，我們了解，牟先生認為陽明所指的「意」、「意之所在」、
「物」，是來自「意之所在便是物。如意在於事親，即事親便是一
物」一段，牟先生認為，陽明所指的「意」是指吾之心意，而「意之
所在」是指吾之心意繫在於種種行為或種種生活相。那麼，牟先生認
為陽明解「物」，是事親、事君、仁民愛物、視聽言動，指「生活
相」或「生活行為」。

（二）「心外無理」與「心外無物」有不同解釋

我們知道，這一段文獻，陽明解釋「意」、「意之所在」、「物」之
後，然後，陽明依此說明「所以某說無心外之理，無心外之物」。看
似清楚的說明，實際上，仍有許多模糊的空間。而牟先生是如何理解
「心外無理」、「心外無物」呢？

> 生活行為對心而言，雖是客物，不似心律之即在天心中，然既
> 云生活行為，則自與桌子椅子電子原子不同其義，是以雖客物
> 而實在心律之主宰中，故曰心外無物也。此言離「心之意
> 及」，無可言生活行為也。是以生活行為不能離心而獨往。（此

39　牟宗三：〈致知疑難〉，《王陽明致良知教》（臺北市：中央文物供應社，1954年），
　　頁23。

與「心外無理」義異）。此蓋可以極成而無復可疑者。[40]

牟先生所理解「心外無理」以及「心外無物」意思並不相同。首先，牟先生用「天心」、「心律」來解釋「心外無理」，牟先生所講的「心律」指良知正其心意，「天心」，是指良知正其心意的狀態，「心外無理」指心律即在天心中。我們可以從中理解到，牟先生以「心律」替代「心」，以「天心」替代「良知」，而心律與天心兩者的差別，牟先生沒有嚴格的限制與說明，又以心律與天心兩者來說明心外無理，是否恰當與必要，是值得討論的。其次，牟先生解釋「心外無物」為客物而實在心律之主宰中。這是什麼意思呢？前言提及，牟先生言「物」是吾之心意、心之意及的「生活行為」，而且，牟先生認為，此「生活行為」是客物，但，是不同於桌子、椅子一類的客物。此「生活行為」之客物，之所以不同於桌子、椅子之客物，是因為生活行為是「雖是客物，不似心律之即在天心中」，「雖客物而實在心律之主宰中」。簡單來說，牟先生以為，生活行為的這個物，不似「心律之即在天心中」、「心外無理」，而生活行為的這個物，「實在心律之主宰中」，是「心外無物」。換言之，就牟先生而言，「心外無理」和「心外無物」不同，「心外無理」是心律在天心中，而「心外無物」是生活行為的客物在心律的主宰中。當我們回到陽明的《傳習錄》等文獻，我們就會發現，牟先生判定「心外無理」和「心外無物」不同，和文獻有很大的距離，這是一個問題，另外，牟先生對「心外無理」、「心外無物」的說明，以「心律即在天心中」、「客物而實在心律之主宰中」，造成致良知更大的理論疑難，愚見以為，依陽明之意，生活行為如果是意之所在，那麼，生活行為便不是「客物」，又陽明

---

40 《王陽明致良知教》，頁23。

言「所以某說無心外之理，無心外之物」，顯見，「心外無理」、「心外無物」並無不同。

接著，牟先生提出一些問題，是陽明未明確提出與處理的問題，分別是：「親」是否可以為一物？又，桌子、椅子如何云心外無物？桌子椅子是否與吾心分而為二？桌子椅子如何統攝於致良知之教？牟先生給出答案，牟先生曰：

> 此物如其為一物，有理乎？無理乎？如有理也。將何以窮之？此自非窮良知之天理即可盡。良知之天理流於生活行為中而貫之，亦流於桌子椅子中而成其為桌子椅子耶？此固甚難矣。[41]

牟先生對於這些問題，他給出答案是「此固甚難矣」。故，我們在此探究這些問題。

（三）「親」是否可以為一物？

關於「物」，牟先生問一個陽明未明確提出與處理的問題，那便是：「親」是否可以為一物？牟先生曰：

> 然則「親」是否亦可以是一物。「親」自不是吾之一件生活行為。然「親」竟不可以實是一物耶？「親」是父母，父母是關係詞。然此關係詞所指之對象究不是一物耶？吾意他終究個非有（虛無）。如不是非有，它即是個「有」矣。如是個「有」，它即是個「物」矣。[42]

---

41 《王陽明致良知教》，頁24。
42 《王陽明致良知教》，頁23。

愚見以為,陽明說「事親」是一物,若我們回頭問,「親」是否可以為一物呢?試問:「如今扮戲子,扮得許多溫清奉養的儀節是當,亦可謂之至善矣」,若吾心並非真正與「親」有心理上的聯結,有一體之仁,不論是扮演戲子的「親」,抑或是真正的「親」,恐怕皆不可謂至善,更不可謂「物」,《中庸》曰:「不誠無物」便是此意也。

(四)桌子、椅子如何云心外無物?桌子椅子是否與吾心分而為二?桌子椅子如何統攝於致良知之教?

牟先生另又問一個陽明未明確提出與處理的問題,那便是,就陽明的系統而言,我們又該如何將無生命的具體物體納入致良知之教呢?牟先生曰:

> 一、「用桌子」是一件生活行為,而「桌子」究是一個「物」。若把「物」只限於生活行為,則凡桌子椅子等等豈即非「物」耶?若亦是「物」,此將如何亦可云心外無物耶?[43]
> 二、此物(桌子、椅子)豈非與吾心為對而為二乎?[44]
> 三、此(桌子、椅子)將如何亦可順致良知之教而正之耶?若指作聖賢言,則物限於生活行為上說,自已足矣。然而不礙尚有桌子椅子等等一種物。此(物)將如何統攝之於致良知之教中?[45]

關於一,牟先生指桌子可以是一物,但,如何用桌子此物解釋心外無

---

43 《王陽明致良知教》,頁24。
44 《王陽明致良知教》,頁24。
45 《王陽明致良知教》,頁24。

物呢？愚見以為，若言意在於桌子，如此，桌子可以是一物，而此桌子已非僅是純粹一獨立客觀的物，而是與吾之意念產生聯結下的生活行為，在這個意義下，仍可以說心外無物。

關於二，牟先生提及，如果桌子是一物，那麼吾心與桌子豈非為二？愚見以為，依陽明之意，吾心與桌子原是一體的，吾意在於桌子，吾心便與桌子產生聯結，故可言心外無物。然而，吾心與桌子如何是一體呢？依陽明於〈大學問〉言：「大人者，以天地萬物為一體」，以及「君臣也，夫婦也，朋友也，以至於山川鬼神鳥獸草木也，莫不實有以親之，以達吾一體之仁，然後吾之明德始無不明，而真能以天地萬物為一體矣」，吾心與萬物之所以是一體，其關鍵在於「仁」，此「仁」是就吾之生命與其他生命或萬物之生命產生同情共感而產生之一體。由此，陽明雖未提及桌子，若依陽明之意，吾心與桌子原是一體，亦可說，吾之良知即是桌子的良知。若吾之生命不存在，桌子對吾心而言，便失去意義。就陽明而言，陽明並不否定客觀獨立存在的具體之物，他所強調的是，此具體之物體對人的意義，山高海深對生命不存在之人而言，自然失去其存在的意義。換言之，人失去生命，山高海深仍然是存在的，王陽明當不會以為，人失去生命，山高海深會從而消失，陽明所說的是一意義的問題，而非一存在的問題。如果我們換位思考，人失去生命，天下萬物對失去生命之人而言，失去其存在的意義。但是，對其他仍然存在的家屬而言，天下萬物即便和昨日一模一樣，也已是「物是人非」，人們對天下萬物的感受隨著已死之人而有所改變。此即是說，天下萬物是隨著人的心境而有所改變，隨著自己以及親人生命的歷程而有所改變，以「仁愛」之同情共感為一力量，此即是陽明所說的致良知。再說，「以天地萬物為一體」目前難以用任何數據、儀器來驗證，我們不能說因難以驗證，便認為「以天地萬物為一體」是不存在、不可能的。吾人認為，

人類有一天，將會驗證陽明所說，「以天地萬物為一體」、「山川鬼神鳥獸草木也，莫不實有以親之，以達吾一體之仁」。

關於三，桌子椅子如何統攝於致良知之教？牟先生問的可能是，獨立的客觀具體物或者意之所在之物，是不是保證良知必然發動的問題。依陽明心外無物之說，生活事件、事物與吾心必然產生聯結，此為意之所在之物，因此，我們暫時假定它們是意之所在之物為主，當我們問：意之所在之物，是否因吾心之聯結，而保證良知必然發動？例如：吾意之所在於孝親，是否保證實踐與完成孝親之行為？愚見以為，答案是否定的。「意之所在」之物，甚至是非「意之所在」之物，皆不保證良知之發動（致良知）。吾持之理由如下，從「意」而言，有善有惡意之動，「意」不能保住良知或致良知，因為意是有善、有惡的，但是請注意，意之本體即是知，「意」的本來狀態、本來面目是良知，若沒有私意之染雜，則吾心與意之所在之物的心理聯結，能夠保證良知發動的「可能性」，僅僅是開啟一個可能性而已，換言之，身而為人，是人人皆有可能發動良知的。但，要真正使良知發動，必須致良知，必須喚醒良知，吾心與意之所在之物的心理聯結，方能夠保證良知發動。良知不是架空而談，良知必然是在生活世界的事事物物上展現，離開生活世界的事事物物，良知即無從展開。

（五）「乾坤知能」命題與知識問題

牟先生將陽明的「物」、「心外無物」等相關概念劃為「乾坤知能」命題，而將桌子、椅子等客觀之物劃為知識問題。牟先生曰：

> 吾將如何對付此一種物？此自是知識之問題，而為先哲所不措意者。然在今日，則不能不有以疏解之。關於桌子椅子之一套與陽明子致良知之一套完全兩會事，然而不能不通而歸於一。

桌子椅子亦在天心天理之貫澈中，此將亦為可成之命題。然徒由吾人日常生活之致良知上則不能成立之。如成立此命題，不知要經多少曲折。蓋此為一形上學之命題，繫於客觀而絕對之唯心論之成立，即「乾坤知能」之成立，亦即「無聲無臭獨知時，此是乾坤萬有基」一主斷之成立。然無論將來如何，即使此命題成立矣，而在眼前致良知中，總有桌子椅子一種「物」間隔而度不過，因而總有此遺漏而不能盡。吾人須有以說明之。看它如何能進入致良知之教義中。此是知識問題。至「乾坤知能」一層，則是形上學問題。[46]

牟先生劃分兩種命題，其來有自，探究其因如下。如前文所提，牟先生在致知疑難的問題上，提出致良知所引起的問題全在「物」字上。依陽明之意，物即事也，此「物」字之訓，和古本《大學》、朱子《大學章句》皆相同，顯見陽明言「物即事也」，符合古訓。而陽明的詮釋則引起了「物」字的爭議，以事親為例，陽明言「意在於事親，即事親便是一物」，此處得出一個結論和一個困難：結論是，與吾之心意之所著處，即可是一物，不論是事親、事君、仁民愛物、視聽言動等皆是「物」。因此，陽明所謂「物」，是指與吾之心意有所聯結，方可稱為「物」，獨立於心之外的客觀之物不稱為「物」，《中庸》所說的「不誠無物」和陽明所說的「心外無物」，基本上是相通的。此外，陽明所謂「理」，是與吾之心意有所聯結，方可稱為「理」，獨立於心之外的客觀之理、知識，不稱為「理」。因此，陽明說「心外無理」。陽明的「心外無物」、「心外無理」亦是相通的，重在強調「與吾之心意有所聯結」。

---

46 《王陽明致良知教》，頁24。

　　回到牟先生的文本，牟先生認為生活行為與致良知的命題是「客觀而絕對之唯心論」、「乾坤知能」、「良知之天理流行於生活行為而貫之」的命題、形上學的問題。換言之，回到陽明的文獻，陽明所說的「物」、「理」，皆是與吾之心意有所聯結，故，當我們討論客觀之物，如桌子、椅子與致良知的關係，便會引起理論上的困難。因為會引起理論上的困難，也因此，牟先生稱桌子、椅子之物，如何統攝在致良知的問題，另立在知識的問題，而形成「物」的兩種命題，分別是「物」、「心外無物」等相關概念為「乾坤知能」命題，而桌子、椅子等客觀之物為知識問題。

（六）「節目時變」是一種生活行為，是一種「物」

　　牟先生引〈答顧東橋書〉中一段，討論「節目時變」。這段自然不是牟先生分類「物」的兩大命題中的知識問題，而是屬於「乾坤知能」命題。

> 夫良知之於節目時變，猶規矩尺度之於方圓長短也。節目時變之不可預定，猶方圓長短之不可勝窮也。故規矩誠立，則不可欺以方圓，而天下之方圓不可勝用矣；尺度誠陳，則不可欺以長短，而天下之長短不可勝用矣；良知誠致，則不可欺以節目時變，而天下之節目時變不可勝應矣。毫釐千里之謬，不於吾心良知一念之微而察之，亦將何所用其學乎？是不以規矩而欲定天下之方圓，不以尺度而欲盡天下之長短，吾見其乖張謬戾，日勞而無成也已。
>
> 吾子謂：「語孝於溫凊定省，孰不知之？」
>
> 然而能致其知者鮮矣。若謂粗知溫凊定省之儀節，而遂謂之能致其知，則凡知君之當仁者皆可謂之能致其仁之知，知臣之當

忠者皆可謂之能致其忠之知，則天下孰非致知者邪？以是而
言，可以知致知之必在於行，而不行之不可以為致知也明矣。
知行合一之體，不益較然矣乎？

夫舜之不告而娶，豈舜之前已有不告而娶者為之準則，故舜得
以考之何典，問諸何人，而為此邪？抑亦求諸其心一念之良
知，權輕重之宜，不得已而為此邪？武之不葬而興師，豈武之
前已有不葬而興師者為之準則，故武得以考之何典，問諸何
人，而為此邪？抑亦求諸其心，念之良知，權輕重之宜，不得
已而為此邪？使舜之心而非誠於為無後，武之心而非誠於為救
民，則其不告而娶與不葬而興師，乃不孝不忠之大者。而後之
人不務致其良知，以精察義理於此心感應酬酢之間，顧欲懸空
討論此等變常之事，執之以為制事之本，以求臨事之無失，其
亦遠矣！[47]

牟先生於此段討論生活行為與致良知的問題，進一步說，是生活行為
的「節目時變」與致良知的問題。生活行為是一種「物」，生活行為
的「節目時變」自然也是一種「物」。牟先生在此討論的是，在生活
行為中致良知，是否須討論「許多節目」、「學問思辯之功」。回到陽
明的文獻，陽明認為，「許多節目」如何不講求？只是有箇大頭腦，
陽明所說的「大頭腦」便是良知。陽明曾語鄭朝朔「若只是溫清之
節、奉養之宜，可一日二日講之而盡，用得甚學問思辯」，又說「此
則非有學問思辯之功，將不免於毫釐千里之謬」，陽明認為，溫清、
奉養等細節，可一二日講盡，故不須學問思辯之功。顧東橋恐怕是針

---

47 此段出自〈答顧東橋書〉。參見《王陽明全集》〈語錄二・傳習錄中〉卷2，頁43-
44。

對這個問題，致書陽明「今語孝於溫凊定省，孰不知之」，顯見，顧東橋不同意陽明所說的，溫凊、奉養等節目時變之細節不須學問思辯之功。顧東橋認為，溫凊、奉養等節目時變較為簡單，可一二日講盡，故不須學問思辯之功，若是換成困難的節目時變，例如：舜之不告而娶，武之不葬而興師，以及養志養口、小杖大杖、割股廬墓等這類有爭議性的問題，致良知必定也要有學問思辯之功。對此，陽明針對「今語孝於溫凊定省，孰不知之」，孝親之溫凊定省太容易，他反駁道：「然而能致其知者鮮矣」，陽明以為，能在孝親的溫凊定省上，真正做到致良知者是少數。顯見，孝親之溫凊定省並不容易，要真正做到的關鍵是「此心純乎天理之極」、「盡此心」、「去人欲、存天理」，致吾心之良知，真正做到沒有「一毫人欲間雜」，要做到這些並不容易，能真正做到的人恐怕很少，因此，孝親之溫凊定省的關鍵不是學問思辯之功。進一步追問，為什麼致良知不須學問思辯之功呢？因為學問思辯之功有其缺點，依陽明之意，「此則非有學問思辯之功，將不免於毫釐千里之謬」，學問思辯之功的缺點，不免有毫釐千里之謬。陽明曾語鄭朝朔「此則非有學問思辯之功，將不免於毫釐千里之謬」，致良知不須學問思辯之功，因為，學問思辯之功的缺點，不免有毫釐千里之謬。

顧東橋似不同意，認為「毫釐千里之謬，必待學而後知」。對此，牟先生的意見是：

（牟先生）案：顧東橋以為節目時變之詳，毫釐千里之謬，必待學而後知。如舜之不告而娶，武之不葬而興師，以及養志養口、小杖大杖、割股廬墓等事，處常處變，過與不及之間，必須討論是非為制事之本。然後心體無弊，臨事無失。此種節目時變，故不足以難陽明。故陽明解其惑如是其易也。蓋此種節

目時變亦皆吾人所自負責所自作為之生活行為也。將考之何典
耶？問諸何人耶？夫既云時變，則縱有何典可考，何人可問，
亦不可拘以為典要，惟有求諸吾心一念之良知以決之耳。參以
典要，預以定本，則良知之純之直早已喪失而無餘。故云此種
節目時變不足以難陽明。亦不可以此等時變以判良知之不足，
而有待於學問之外知。夫真有待於學問而外知者，惟桌子椅子
等物耳。良知之天理所斷制者生活行為也。其是非善惡，宜不
宜之辨，乃道德的，行為的也。[48]

牟先生於此段討論生活行為與致良知的問題，於案語中提到，顧東橋
以為，致良知於生活行為的這一種「物」，當中須注意許多節目，因
為當中的節目總有些細節需要注意，此稱為「節目時變」。這些細節
或爭議之處都需要學問思辯之功。而陽明以為，致良知於生活行為的
這一種「物」，不需要學問思辯之功，因為學問思辯之功，不免有毫
釐千里之謬，學問思辯無法窮盡，而節目時變也不可勝數，故應「於
吾心良知一念之微而察之」，真正要學問思辯之功的，是桌子椅子之
「物」，而不是生活行為之「物」，因為生活行為之「物」是關於是非
善惡的問題，是應不應該的問題，是道德的問題，不是知識的問題。

（七）行為宇宙與知識宇宙

由上，牟先生理解王陽明的「物」，區分為兩個命題，即是「乾
坤知能」命題與知識問題，並試圖以知識問題融入致良知系統。接
著，牟先生另又區分行為宇宙與知識宇宙，牟先生未說明的是「乾坤
知能」命題與知識問題是否對應行為宇宙與知識宇宙。然而，依牟先

48　《王陽明致良知教》，頁25-26。

生所述，行為宇宙與知識宇宙又可以稱為行的行為與知的行為。就此，似可以說這是牟先生對「宇宙」的區分，抑或是對「行為」的區分。愚見以為，牟先生行為宇宙與知識宇宙的區分，是就他所說的「行為物」進一步的說明，「行為物」是牟先生針對王陽明對於「物」所提出的一種理解，因為「行為物」這個概念並不是陽明所提出的，因此，牟先生借「行為物」來說明陽明知行合一的概念，牟先生企圖以分析的方式說明，換言之，牟先生以行為宇宙與知識宇宙來說明參天地贊化育，牟先生曰：

> 吾人有行為之宇宙，有知識之宇宙。全宇宙可攝於吾之行為宇宙中，故云以言乎天地之間則備矣。參天地贊化育，則天地亦不外吾心之良知。一念蔽塞，則天地閉，賢人隱。一念靈明，則天地變化草木蕃。此固吾之行為宇宙之蓋天蓋地。然而吾人亦復有知識之宇宙。全宇宙亦可攝入吾之知識宇宙中。然此必待學問而外知萬物之何所是，非良知之斷制行為者之所能斷制也。良知能斷制「用桌子」之行為，而不能斷制「桌子」之何所是。然則桌子之何所是，亦將何以攝入致良知中有以解之而予以安置耶？良知斷制吾「用桌子」之行為，亦斷制吾「造桌子」之行為。[49]

牟先生區分行為宇宙與知識宇宙。牟先生所說的「行為宇宙」，即是陽明所說的事親、事君、仁民愛物、視聽言動之「物」。陽明所說的「物」，牟先生稱為「行為物」，在此又稱為「行為宇宙」、「行的行為」、「良知系統」。此系統之特色是「全宇宙可攝於吾之行為宇宙

---

49 《王陽明致良知教》，頁26。

中」、「參天地贊化育，則天地亦不外吾心之良知」、「一念蔽塞，則天地閉，賢人隱」、「一念靈明，則天地變化草木蕃」、「能斷制用桌子之行為」、「能斷制造桌子道德之應然」。牟先生在此處所強調的，即是陽明所言「良知昏昧蔽塞而後有，若良知一提醒時，即如白日一出，而魍魎自消矣」（〈與黃宗賢　丁亥〉）。因此，我們知牟先生強調良知能使天地閉或天地變化草木繁，這可以說，是牟先生依陽明之意，對良知的一種比喻。又，牟先生欲將知識系統攝入良知系統，因此牟先生強調，「在致良知中，此『致』字不單表示吾人作此行為之修養工夫之一套」、「『致』字須有知識之一套以補充之」，亦即良知系統須有知識系統補充。顯見，在牟先生的兩個系統中，牟先生的良知系統退位於知識系統，而有「良知之自我坎陷」說。

　　牟先生所說的「知識宇宙」，與王陽明對鄭朝朔、顧東橋等人討論的「致良知是否須學問思辯之功」有同處，但又有其異處。陽明對鄭朝朔、顧東橋等人討論的是事親是否須學問思辯之功的問題，以及節目時變是否須學問思辯之功的問題，基本上陽明所討論的範疇仍是在事親、舜之不告而娶、武之不葬而興師、養志養口、小杖大杖、割股廬墓等事，不屬於牟先生的「知識系統」。或者可以說，牟先生所說的「知識宇宙」，是希望將知識系統攝入良知系統，以證成中國可以發展民主與科學。回到牟先生所說的「知識宇宙」，又稱為「知識系統」、「知識物」、「知的行為」、「知識行為」。此系統之特色是「全宇宙亦可攝入吾之知識宇宙中」、「非良知所能斷制」、「非良知天理所可給」、「必待學而知萬物之何所是」、「知桌子之何所是」。值得討論的是，牟先生在良知系統、知識系統這兩個系統中，並非是「雙向融入」，僅是「單向融入」。詳細地說，良知系統能夠融入知識系統，牟先生提出的方法是良知系統退位，「良知之自我坎陷」，此是良知系統「單向融入」融入知識系統。而牟先生提到，知識系統「非良知所能

斷制」、「非良知天理所可給」，顯見，知識系統似乎難以攝入良知系統，但是請注意，牟先生既已判定知識系統「非良知所能斷制」，卻又提到「然則桌子之何所是，亦將何以攝入致良知中有以解之而予以安置耶？」亦即，牟先生雖判定知識系統「非良知所能斷制」，又試圖找出知識系統攝入良知系統的方法，造成牟先生在說明知識系統攝入良知系統的理論困難。故牟先生曰：

> 此言將知識攝入致良知教義中。然知識雖待外，而亦必有待於吾心之領取。領取是了別。了別之用仍是吾心之所發。徒說知識攝入致良知，尚不足以盡此融攝之真實義。蓋此不過將一現成之知識參入其中耳。此融攝之真實義，須如此說：吾心之良知決定此行為之當否，在實現此行為中，固須一面致此良知，但即在致字上，吾心之良知亦須決定自己轉而為了別。此種轉化是良知自己決定坎陷其自己，此亦是其天理中之一環。坎陷其自己而為了別以從物。從物使能知物，知物使能宰物。及其可以宰也，它復自坎陷中湧出騎自己而復會物以歸己，成為自己之所統與所攝。如是它無不自足，它自足而欣悅其自己。此入虎穴得虎子之本領也。此方是融攝知識之真實義。[50]

牟先生區分良知系統與知識系統，這兩個系統分別有其特色，各有不同。此段首句說明「將知識攝入致良知教義中」，亦即是知識系統攝入良知系統中，但，因為知識系統攝入良知系統有其理論上的困難，難以自圓其說，以「良知之自我坎陷」說為主，比較接近良知系統攝入知識系統，故文末牟先生曰「此方是（良知）融攝知識之真實

---

50 《王陽明致良知教》，頁27-28。

義」。然而，若我們問：良知系統攝入知識系統與知識系統攝入良知系統，這兩者有何分別呢？

觀察牟先生所述，這兩個脈絡的確有所不同，牟先生曰：

> 在行為宇宙中成就了知識宇宙，而復統攝了知識宇宙。在知識宇宙中，物暫為外，而心因其是識心，是良知自己決定之坎陷，故亦暫時與物而為二。然及其會歸於行為宇宙而為行為宇宙之一員，則即隨行為宇宙之統攝於良知之天心天理而亦帶進來。[51]

牟先生曰：「行為宇宙中成就了知識宇宙，而復統攝了知識宇宙」，此為良知系統攝入知識系統這一脈絡，以良知系統為主，這即是牟先生提出著名的「良知之自我坎陷」說。

那麼，知識系統攝入良知系統這一脈絡，牟先生以兩組概念說明知識系統攝入良知系統，一是，造桌子、「造桌子」道德之應然、用桌子、知「造桌子」、知桌子、桌子。二是，事親、行事親、知親、知事親、親。然而，這兩組概念的說明，最終仍然難以將知識系統攝入良知系統。因此，目前在學術上仍以良知系統「單向融入」融入知識系統為主，即為人所熟知的「良知之自我坎陷」，因為牟先生欲證成中國可以發展民主與科學，因此牟先生提出良知系統退位於知識系統。若依陽明的思想發展，陽明從朱子的格物致知到主張致良知的過程來說，用牟先生的話來表示，王陽明的致良知比較接近知識系統退位，而這並未影響牟先生在宋明儒學的貢獻，牟先生言：「每一行為實是行為宇宙與知識宇宙兩者之融一」，代表良知系統並不妨礙民主科學的發展。可以說，牟先生試圖將良知系統攝入知識系統中，最終

---

51 《王陽明致良知教》，頁28。

的目標仍是在彰顯良知系統也可以融入知識系統，最終肯定的仍是良知系統。而知識系統攝入良知系統的概念則鮮少被提及。因此，以下說明知識系統攝入良知系統的兩組概念。

（八）知識系統攝入良知系統的概念之一

　　牟先生以「造桌子」的行為物替代「事親」這個行為物，在兩個系統的融攝方法上，仍然是以良知系統之退位為主。但牟先生以「造桌子」替代「事親」，又以分析的方式說明，可以顯見牟先生此處的說明比較接近知識系統攝入良知系統。牟先生曰：

> 然在此行為之成就中，不能不於桌子有知識。汝當知此桌子之結構本性之何所是，汝當知造桌子之手術程序之何所是。否則，汝有然無所措手足，雖有造桌子之誠意，而意不能達。雖有良知天理之判決此行為之必應作，然終無由以施其作。此不得答良知天理之不足，蓋良知天理所負之責任不在此。此應歸咎於對造桌子之無知識也。就此觀之，造桌子之行為要貫徹而實現，除良知天理以及致良知之天理外，還須有造桌子之知識為條件。一切行為皆須有此知識之條件。是以在致良知中，此「致」字不單表示吾人作此行為之修養工夫之一套，（就此套言，一切工夫皆集中於「致」），且亦表示須有知識之一套以補充之。此知識之一套，非良知天理所可給，須知之於外物而待學。因此，每一行為實是行為宇宙與知識宇宙兩者之融一。（此亦是知行合一原則之一例）。[52]

---

52 《王陽明致良知教》，頁26-27。

依牟先生的說明，「造桌子」亦是一物，此行為物和事親同樣有良知系統、知識系統。牟先生提到，「造桌子之行為為一超越而整全之行為」，而「知桌子為一超越而部分之行為。是以每一行為必帶著一個知識中之物的知識而為其一員」。在牟先生的描述中，至少提到造桌子、知桌子兩種行為，看似兩種行為，其實只是一種行為。進一步說，牟先生所提到的：桌子、知桌子、造桌子、知「造桌子」、「造桌子」道德之應然、用桌子等，只有造桌子一種行為，造桌子為「一超越而整全之行為」，牟先生另又發展出知桌子等行為，則是要表達出，每一個致良知的行為中，都包含了知識行為在其中。

牟先生又曰：

> 在吾之發念造此桌子也，吾之良知必自知吾此行為之是非善惡而斷制之。若知之而不為，則汝對此行為須負責。負此行為之未成為行為之責，因而自愧於意不誠心不正。若此負責之念起，自愧之心生，則必須致良知而成就此行為，以求於無愧，無自欺。此良知天理之所貫澈也。[53]

牟先生認為，「造桌子」、「造桌子」道德之應然、用桌子，皆屬於良知系統。為什麼「造桌子」之行為物，屬於良知系統呢？牟先生認為是「在吾之發念造此桌子也，吾之良知必自知吾此行為之是非善惡而斷制之。若知之而不為，則汝對此行為須負責」。進一步說，吾人造桌子之前，對於造桌子的材料必須事先掌握、了解，若材料是濫砍濫伐的違法行為、偷盜的珍貴木材、泡過傷害人體的防腐藥水、拿園林造景的次等木材製成高級寢具、家具……等不肖行為。造桌子之人因

---

53 《王陽明致良知教》，頁26。

自愧於意不誠、心不正，而導致須為此負責，以求問心無愧，此正是
因良知天理之所貫。又，良知能斷制「用桌子」之行為，透過知桌子
的過程，吾人自然不去使用傷害人體的桌子或家具。

　　什麼是造桌子之副套呢？則是知桌子、知「造桌子」。牟先生
曰：

> 一、然在此行為之成就中，不能不於桌子有知識。汝當知此桌
> 　　子之結構本性之何所是。[54]
> 二、「知桌子」為一超越而部分之行為。是以每一行為必帶著
> 　　一個知識中之物的知識而為其一員。[55]
> 三、造桌子之行為要貫徹而實現，除良知天理以及致良知之天
> 　　理外，還須有造桌子之知識為條件。[56]
> 四、汝當知造桌子之手術程序之何所是。否則，汝有然無所措
> 　　手足，雖有造桌子之誠意，而意不能達。[57]

牟先生認為，造桌子之行為要貫徹而實現，須有知識之副套以補充
之，就造桌子這一個行為物而言，牟先生對良知系統之退位鮮少說
明，也間接表示，知識系統若要攝入良知系統，有其一定的理論困
難。牟先生何以用「造桌子」取代「事親」，無非力圖證明中國哲學
也可以發展西方的民主、科學，其背後主要的原因在於，一個根深蒂
固的觀念是「中國哲學開不出發展西方的民主、科學」，所以牟先生
以此方法來證明。事實上，這些問題學者多有解釋，其中林安梧教授

54　《王陽明致良知教》，頁26。
55　《王陽明致良知教》，頁28。
56　《王陽明致良知教》，頁26-27。
57　《王陽明致良知教》，頁26。

從「實踐學習的次序」、「理論邏輯的次序」、「歷史發生的次序」說明儒學在實踐的方式，有其有不同的次序。因此，就「開出」而言之，是理論上轉折的開出，並不足以含括說明良知的自我坎陷可以開出所謂的民主、科學，因此，牟先生所講的「開出」是理論上的一個轉出的可能，邏輯上的疏清，實際上並非是經由這樣的一個過程，此說尤為中肯。

（九）知識系統攝入良知系統的概念之二

　　牟先生對王陽明所說的事親，有仔細的分疏，皆不離行為物與知識物這兩組概念，內容如下：

　　一、牟先生曰：「『事親』這個行為物，必帶著『親』這個知識物。」[58]

　　這裡區分行為物是「事親」，知識物是「親」。然而，「親」或是父母、親屬，吾人難道將「親」作為知識物，作為一客體來對待嗎？事實上，事親與親幾乎難以類比造桌子與桌子的關係。

　　二、牟先生曰：「『事親』這件行為物中必有一套致良知而成就『知親』這件事（亦是一行為物）為其一副套。」[59]

　　這裡區分行為物是「事親」、「知親」，而「知親」既是一行為物，同時也是一副套（知識物）。牟先生所表達的並非有事親、知親兩事，事親、知親只是一事，即是在事親的行為當中，必然包含了知親的行為。牟先生認為，知親的行為，是行為物，同時也是副套，意為知親包含在事親的行為中，此「知」指的是致良知，而不是將親作為一個客物、知識物去「知」。然而，知親作為事親的副套而言，同

58　《王陽明致良知教》，頁28。
59　《王陽明致良知教》，頁28。

時保有良知系統與知識系統。如此，事親包含知親，又，事親與知親皆同時保有良知系統與知識系統。若此，只講事親一物，便可包含事親、知親的兩個系統。

三、牟先生曰：「『知親』這件行為既在成就知識，故『知親』中的親就是知識中之對象，亦就是『知識物』也。是以副套之致良知的行為皆是成就知識或獲得知識之行為。」[60]

這裡強調「親」、「知親」作為致良知之副套，是成就知識或獲得知識的行為，亦即為一知識物。由前一、二點之說明，吾人認為，牟先生以「親」、「知親」是成就知識或獲得知識的行為，這恐怕非王陽明的本意。

四、牟先生曰：「在成就『事親』這件行為中，同時亦必有致良知而決定去成就『知事親』這件知識行為。」[61]

這裡區分行為物是「事親」，知識物是「知事親」。如果我們了解牟先生所講的許多名詞，指的是同一向度的問題，便能夠明白牟先生的意思。陽明所講的「事親」一詞，牟先生又稱為「行為物」、「行事親」，牟先生強調，在這一行為的一體兩面，除了「行」的層面，還有「知」的層面，便是牟先生所說的「知親」、「知事親」，牟先生認為，「知」的層面是致良知之副套。在事親這一致良知的行為物中，同時成就知識物的層面。

五、牟先生曰：「『事親』固為一行為物，而同時亦為一『知識物』。」[62]

牟先生依陽明之意「如意在於事親，即事親便是一物」，而言「事親」為一「行為物」，依陽明所講的知行合一，牟先生強調，「事

---

60 《王陽明致良知教》，頁28。
61 《王陽明致良知教》，頁29。
62 《王陽明致良知教》，頁29。

親」這一「行」為本身，同時也有「知」的層面，牟先生此說能夠切合陽明對於「物」以及知行合一的理論。但，弔詭的是，依牟先生之意，在「行」的層面，「事親」、「行事親」不僅僅是行為物，也同時是知識物。而「知」的層面，「知親」、「知事親」不僅僅是知識物，也同時是行為物。如此層層區分又同時層層互相涵攝，名詞之多難免令人混淆。

（十）〈致知疑難〉之疑難

1 「知識物」與陽明的「物」是否相應

王陽明所言之「物」並不容易理解，故牟先生將「物」稱之為「行為物」。優點是使人更清楚，陽明所說的「物」，不是客觀獨立的物件。牟先生將「物」稱之為「行為物」的缺點是，為了安置客觀獨立的物件，必須創造出「知識物」的名詞，但這個名詞與王陽明所講的「物」，似乎不完全切合。

2 「親」作為「知識物」是否適合

牟先生以「事親」之「親」或其副套「知親」，是成就知識或獲得知識的行為，將「親」、「知親」視為知識物，值得討論。以「親」而言，「親」畢竟是人，不是桌子、椅子，人很難以知識物來看待，況且，「親」最有可能的是自己的父母，若以自己的父母作為「知識物」看待，以此態度來事親，恐怕不是很恰當。以「知親」而言，吾人在事親過程，可能須知父母的體溫、血壓、家族病史等。愚見以為，若一定要在「事親」中分出「知識物」，那麼，事親之「事」作為知識物，比「事親」之「親」作為知識物，可能更為恰當一些。因為，「事」的過程中，可以了解父母的喜好、溫清定省的習慣等細

節,這些細節雖然來自於「親」,但卻是在「事」的過程中,為人子女與父母的互動,此種互動不一定是來自於某些行為,有的也來自於情感的交流,若是只有「親」,而沒有子女的「事」,那麼,事親的事實便不存在。是故,以「事親」之「親」作為知識物,恐怕非王陽明的本意,因為陽明所講的事親、仁民愛物等物,皆為知行合一的行為,而「知」指的是致良知,不是將「親」作為一個客物、知識物去「知」。依陽明,「意之所在即是物」,天地萬物的事事物物皆與人心相繫,與人心共感,此亦是「心外無物」。而牟先生所區分的行為物與知識物,兩者又相涵相攝,雖與陽明所言之「知行合一」不謀而合,但牟先生的「知識物」的層面,其實和陽明「知行合一」之「知」的層面未能彼此相應,因此,牟先生所區分的行為物與知識物,難以取代陽明所說的「知行合一」。況且,「知識物」含有客觀、獨立的特色,而親子之間的互動、相處,恐怕難以稱之為「知識物」。

3 「行為物」恐怕引起誤解

「行為物」這個名詞容易產生誤解,誤認「行為物」指的僅是一種行為,而王陽明主張「知行合一」,「行為物」恐怕與王陽明的知行合一的主旨分離。再者,陽明所言之「物」,不一定僅是一種「行為」,就「意之所在即是物」,心意之所及即可稱為「物」,此中亦包含一種思想、一個念頭,無明確的「行為」與「動作」產生,亦是一種「物」,此「物」有賴於知行合一,方是完成真知與真行。例如,陽明言「意在於視聽言動,即視聽言動即是一物」,顯見,感官之使用亦是「物」,感官之使用,不一定有「行為」的動作產生。由上,牟先生雖以「行為物」以避免誤解陽明所說的「物」僅是物件,但「行為物」本身也容易引起以上的誤解。

4 區分「行為物」與「知識物」之必要

牟先生曰:「每一致良知行為中,不但有一副套之致良知行為而去了別知識物」。[63]依牟先生之意,致良知行為的副套是成就知識、獲得知識、了別知識物。顯見,致良知行為的副套,有能力了別知識物。那麼,致良知行為本身,有沒有能力了別知識物呢?牟先生又曰:「且每一致良知行為自身即可轉化為一知識物,因而發出一致良知之行為而去知道這個知識物。」[64]依牟先生,不僅致良知行為的副套有了別知識物的能力,而且,致良知行為本身就有了別知識物的能力。換言之,致良知行為以及副套之行為,皆有能力了別知識物。由此,便是回到陽明致良知的原點,致良知行為已足夠事親,因為致良知行為本身有能力去認識、了別事親過程中節目時變的行為。進一步說,致良知的能力是完全的、完整的。我們知道,牟先生區分行為物是:事親、行事親、知親;知識物是知親、知事親、親。如此節節區分,略顯複雜,和陽明簡易直截的精神似乎不大相同。

5 致良知行為之副套為「知識物」之再商榷

牟先生曰:「造桌子之行為要貫徹而實現,除良知天理以及致良知之天理外,還須有造桌子之知識為條件」[65]。牟先生認為,造桌子之行為要貫徹而實現,須有知識之副套以補充之。牟先生雖未說明,商人的造桌子行為,有可能涉及不法行為,但現實生活中是有可能發生的,因為良知的最低限度仍無法防止不肖行為。那麼,牟先生以「知識物」作為致良知行為之副套,是否能夠喚醒良知呢?「知識

---

63 《王陽明致良知教》,頁29。

64 《王陽明致良知教》,頁29。

65 《王陽明致良知教》,頁26-27。

物」對於不肖、不法的行為，是否能夠導正而為合理、合法的行為呢？對此，不禁使人抱持著保留的態度。舉例而言，吾人造桌子之前，對於造桌子的材料必須事先掌握、了解，若材料是濫砍濫伐的違法行為、偷盜的珍貴木材、泡過傷害人體的防腐藥水、拿園林造景的次等木材製成高級寢具、家具……等不肖行為，造桌子之人因自愧於意不誠、心不正，而導致須為此負責，以求問心無愧，此是因良知天理之所貫。試問：若造桌子之前，便知有不法行為，良知是否有可能未發動呢？因此，「知識物」作為致良知行為的副套，實務上的效果可能有限，因為不肖業者可能有著極專業的「知識物」，才犯下智慧型的犯罪行為，又，若要防範與解決犯罪行為，以「知識物」作為解決方法，其範圍太過廣泛。因此，吾人以為，致良知行為的副套，或許可以限縮於「法律物」，「法律物」包含著法律的常識與實踐，社會上相當需要法律行為之副套，其有效程度可能大於「知識物」，然而，若法律行為作為致良知之副套，仍是以人性之良知為依歸，終究回到人的本質而言。例如：不肖商人濫砍濫伐、偷盜的珍貴木材做桌子、椅子或者撿拾珍貴漂流木，只要有熱心民眾目擊並起疑，可能會加以檢舉，經過新聞的報導，社會上普遍關注這類事件，一般民眾便學會相關的法律常識，偷盜的珍貴木材做桌子、椅子或者撿拾珍貴漂流木等犯罪行為便會由此減少。因此，作為致良知之副套，客觀的知識仍然和致良知行為有一段距離。就造桌子這一個行為物而言，牟先生對良知系統之退位鮮少說明，也間接表示，知識系統若要攝入良知系統，有其一定的理論困難。回到經典上而言，孔子曰「仁」，孟子言「良知」，陽明主張「致良知」，儒學在複雜的當今社會上的實踐上雖有其困難，但並非完全不可能。致良知行為副套，則需在「知識物」的範疇上限縮，集中於「法律物」。因此，致良知行為若一定要有其副套，可能以荀子所主張的禮法較為適當。但，所謂「副套」，

正是輔佐致良知行為的配套措施，致良知行為若是在實踐上便能喚醒良知，其副套亦可以不需存在。

五　劉述先教授對王學之闡釋

劉述先先生的重要著作《朱子哲學思想的發展與完成》中，主要闡釋朱子思想的完整脈絡，包括朱子思想從發展到完成，以及朱子的歷史地位、現代意義。其中，〈王學與朱學：陽明心學之再闡釋〉[66]、〈論陽明哲學之朱子思想淵源〉[67]值得我們注意。又，劉氏在單篇文章〈論王陽明的最後定見〉[68]、〈先秦儒家的宗教性〉[69]、〈孟子心性論的再反思〉[70]、〈儒學的理想與實際——近時東亞發展之成就與限制之反省〉[71]等，皆提出重要的學術見解。

（一）陸、王關係

劉述先先生肯定陽明非禪，他主要從陽明與象山的三件事情來說，一是重刻《象山文集》，二是為《象山文集》作序，三是陽明在五十一歲寫〈答徐成之〉第二書，替象山被指為禪學辯誣。劉氏說：「陽明重刻象山文集，為之作序（庚辰四十九歲時），斷定其為孟子

---

66 劉述先：〈王學與朱學：陽明心學之再闡釋〉，《朱子哲學思想的發展與完成》（臺北市：臺灣學生書局，1984年），頁485-520。

67 劉述先：〈論陽明哲學之朱子思想淵源〉，《朱子哲學思想的發展與完成》（臺北市：臺灣學生書局，1984年），頁566-598。

68 劉述先：〈論王陽明的最後定見〉，收入吳光主編：《陽明學綜論》（北京市：中國人民大學出版社，2009年10月），頁1-19。

69 劉述先：〈先秦儒家的宗教性〉，《哲學與文化》（2012年5月）第39卷第5期，頁5-20。

70 劉述先：〈孟子心性論的再反思〉，《中國文哲研究通訊》（1994年6月）第4卷第2期，頁1-14。

71 劉述先：〈儒學的理想與實際——近時東亞發展之成就與限制之反省〉，《鵝湖月刊》（1999年10月）第292期，頁2-47。

學，不可誣為禪學。」[72]劉氏認為，陽明在「精神上」與象山相接，因象山思想缺少分解的展示，故陽明以為「粗些」，因此陽明極少徵引象山。陽明和象山也有不全然相似的地方，劉氏認為，象山直訴本心，不像朱子、陽明藉著〈大學〉發揮自己的思想。劉氏所說，王學是孟子學，大抵和牟宗三先生的意見相近，牟先生曰：「（陽明）主要問題是對朱子而發則無疑，因此，不管其悟良知之主觀機緣為如何，其學之義理系統客觀地說乃屬於孟子學者亦無疑。」[73]由上，本書當中，論及陽明的思想脈絡中，自然未忽略象山。在這個地方，筆者有所繼承也有所發揮，陽明的思想從象山而來，主要是從象山的「心即理」而有發揮，陽明在「心即理」的基礎上，發揮「良知即是天理」，將「心即理」的義理，更具體的指出心的至善是在良知，而陽明又提出「良知即是易」，彰顯了天理是隨順著外在的環境而有所調整，天理的是非判斷終究是要回到良知的知是知非，換言之，道德的標準不是歸到見聞之知上頭。由此，陽明與象山精神相接無疑，此說從前輩先生得到啟發，筆者認為，從陽明的內在理路「心即理」、「良知即是天理」、「良知即是易」，也可以是論證陽明與象山在精神上相接的一個脈絡。此外，劉氏肯定「陽明非禪」，筆者在這個立場上，從陽明的親親思想，推至陽明擔任職官時的仁民思想，以此而論「陽明非禪」，陽明或有受到佛教、道教的影響，然而從儒釋道三家來說，陽明偏向儒家，而與佛教、道家的關係遠一些。然而，持不同看法的學者亦有之。

---

72 《朱子哲學思想的發展與完成》，頁485。
73 牟宗三：〈王學是孟子學〉，《從陸象山到劉蕺山》（臺北市：臺灣學生書局，2000年），頁216-244。

（二）朱、王關係

從陽明與朱子的關係上，劉氏認為，陽明不像象山直斥朱子，因為陽明看朱陸問題，知道是儒學內部的分疏。劉氏指出，朱、王有其共通點，王學是在朱學的薰陶下啟發出來的思路，因此對於朱子的思想不可能完全抹煞，陽明的提問方式也是接近朱子的方式。劉氏也指出，朱王有其相異點，劉氏認為，陽明「格竹」的經驗，雖不善理會朱子思想，卻因此打開全新思路，因此陽明要跳出朱子思想的窠臼，思想上自然對反朱子。關於朱、王與〈大學〉，劉氏認為，朱、王都是以〈大學〉在發揮自己的思想，陽明在解釋〈大學〉的原義上很有問題，果是如此，正心誠意已夠，不必再另說格致。由上，劉氏言及陽明與朱子的關係，從〈大學〉來說，〈大學〉原義是否存在，在學術上意見不同，筆者的碩士論文《王陽明「格物致知」繼承古本《大學》之詮釋與發微》中亦提出一些意見，從「考據義」而言，因考據問題今不可考，從「實踐義」而言，〈大學〉是繼承孟子學無疑。此外，陽明四十七歲刻「朱子晚年定論」。〈序〉言：「取朱子晚年悔悟之說，集為定論」。當時羅整菴便提出質疑，陽明於〈答羅整菴少宰書〉回應曰：「中間年歲早晚，誠有所未考」。劉氏說：

> 陽明此函（按：〈答羅整菴少宰書〉）直承有所未考，但還是相信自己所輯錄朱子的信函多出於晚年。然這只是一主觀的信念，經不起事實的考驗。但由這封信所透露出來陽明主觀的心境則不是不可以了解的。[74]

由此，關於「朱子晚年」，劉氏認為，陽明「相信自己所輯錄朱子的

---

74 《朱子哲學思想的發展與完成》，頁488。

信函多出於晚年」。自羅整菴以來的觀點透露，陽明為人所詬病的是太過主觀，一廂情願的相信自己的說法，「朱子晚年定論」便是一例，這些觀點認為，陽明挑出朱子的那幾封書信不是「晚年」。因此，清代尊王學者李穆堂《朱子晚年全論》捍衛陽明的觀點，李穆堂對「朱子晚年」曾作界定，他說朱子得年七十一歲，所以三十歲定為早年，三十一歲到五十歲定為中年，五十一歲到七十一歲定為晚年，李穆堂更指出，陳建對朱子妄指朱子早晚，例如：〈答何叔京〉在三十九歲，以為是早年，〈答項平輔書〉在五十四歲，以為是中年。[75]換言之，陳建固然是反陸王，但中晚年究竟是指幾歲，本無定論，宋明清的朱、陸王之爭，是經學與理學之爭，也是宋學漢學之爭，至陽明集「朱子晚年定論」欲調和此說，但成效不彰，反而引起明清「朱子晚年之爭」。前文提及，陽明與朱子的關係至近代學者，形成了所謂「分系問題」，此不再贅述。

（三）心外無物

關於《傳習錄》的三段文獻，極容易引起爭議。其一是「人的良知，就是草木瓦石的良知」一段，有「天地無人的良知，亦不可為天地矣」等句。（陳榮捷本，274條）其二是「巖中花樹」一段，有「你未看此花時，此花與汝心同歸於寂」等句。（陳榮捷本，275條）其三是「人心與物同體」一段，有「今看死的人，他這些精靈游散了，他的天地萬物尚在何處？」等句。（陳榮捷本，336條）

馮友蘭先生在陽明這幾段的文獻之後，得出陽明是唯心論的結論，馮氏曰：「陽明則以為天地萬物皆在吾人心中。此種惟心論，朱

---

75 〔清〕李紱著，段景蓮點校：《朱子晚年全論》（北京市：中華書局，2015年），頁1-3。

子實不持之。」[76]劉述先先生則認為馮氏沒有說清楚，太過籠統，劉氏曰：「但陽明持的究竟是怎樣的一種唯心論，則馮氏漫忽過去，未及深論，幫助不大。」承上，陽明並不否定客觀事實的存在，陽明並非認為，當人的心靈意識沒有與天地萬物、山中花樹相接時，則天地萬物、山中花樹便失去客觀存在的事實。值得一提的是，當一個人處於死亡的事實，陽明曰：「他這些精靈游散了，他的天地萬物尚在何處」，對已死之人而言，天地萬物對已死之人便失去意義，天地萬物並非是消失。事實上，馮氏對陽明的觀點，不僅僅是「漫忽過去」，他可能以馬克思主義的唯心論、唯物論觀點，將陽明心學套在唯心論上，而陽明並未否定客觀事實的存在，馮氏唯心論之說與王陽明並不相應。侯外廬先生對陽明這幾段的文獻提出，王陽明的「心外無物」、「心外無理」，是禪宗的再版。侯氏曰：

> 他以死人「精靈游散」，不復感知天地萬物為立論依據，用「他的天地萬物」（精神）偷換「天地萬物」（物質），從而把「人心」描繪成一種無所不包、主宰一切、絕對自由的先驗的精神實體，這在理論上無疑是錯的。[77]

侯氏又曰：

> 王陽明的世界觀的出發點和基本前提，即他所提出的「心外無物」、「心外無理」，一切都是從「心」派生出來的。這是陸象

---

76 馮友蘭：〈陸象山王陽明及明代之心學〉，《中國哲學史新編》下冊（北京市：人民出版社，2001年），頁958。

77 侯外廬、邱漢生、張豈之主編：《宋明理學史》下卷（一）（北京市：人民出版社，1987年），頁209。

山的「宇宙便是吾心，吾心即是宇宙」、「道無有外於吾心者」
的發展。也正是禪宗「心是道，心是理，則是心外無理，理外
無心」的再版。[78]

對此，劉述先先生認為，「（侯氏）這樣的論調顯然是把陸王之說與禪
宗視為相同。」[79]又曰：「侯外廬輩的結語是由樸素實在論的思想觀點
出發，這才是真正的頭腦簡單（Naive），不值一駁。」[80]劉氏提到，
侯外廬以為陽明學和西方貝克萊「主觀唯心論」相似。劉氏認為，
「根本是缺乏哲學常識」[81]。劉氏對侯氏提出的批評實在嚴厲。侯氏
認為，禪宗講心外無理、理外無心，和陽明講心外無物、心外無理相
似，因此判陽明為禪宗。本書提出，陽明講心外無物、心外無理，但
陽明的前提並非要拋棄親情倫理的關係，陽明講心外無物，天地萬物
與人的關係是相依相存，然而，陽明並未否定具體客觀事實的存在，
陽明言「你未看此花時」，並非認為花不存在，心與花的關係，也就
是心與物的關係是「此花與汝心同歸於寂」，是「寂而不動」的關
係，而不是「感而遂通」的關係，因此，侯氏判陽明為禪，可能是一
大誤解。

　　關於物，這在王陽明的思想是一個重要的問題。劉氏提到，陽明
學和西方現象學，胡塞爾「物的意向性」接近，但陽明不停留在現象
解構的部分，進而從道德體驗入手，這一點和陳來先生的意見是相近
的。劉氏說：「二十世紀羅素由物理方面的考慮而了解不能孤離的

78　侯外廬主編：《中國思想通史》（北京市：人民出版社，2011年）第四卷下冊，頁
　　884。

79　劉述先：〈王學與朱學：陽明心學之再闡釋〉，《朱子哲學思想的發展與完成》（臺北
　　市：臺灣學生書局，1984年），頁490-491。

80　《朱子哲學思想的發展與完成》，頁497。

81　《朱子哲學思想的發展與完成》，頁492。

物，只能談事，才能避免理論上的困難」[82]，以及「不意王陽明在四百多年前由道德的體驗入手就發現了同樣的道理。」[83]換言之，劉氏認為，陽明所講的物，和現象學的胡塞爾「物的意向性」相近，而陽明心外無物的工夫，是從道德的體驗入手，和二十世紀的羅素有異曲同工的共通點。陳榮捷先生則認為，陽明完全忽略客觀的研究並將實在與價值混淆：陳氏曰：

> Philosophically Wang's position is weak because it entirely neglects objective study and confuses reality with value. Readers of the *Instructions For Practical Living* will realize that Wang's idealism is very naïve indeed.（Chan, Wing-tsit）[84]

陳氏指出，「從哲學方面說，王陽明的立場是薄弱的，因為它完全忽略客觀的研究並將實在與價值混淆，傳習錄的讀者會發現，王陽明的唯心論的確是非常的幼稚（Naive）。」[85]劉述先先生肯定陳氏對陽明學的貢獻與理解，對於陳氏截然不同的意見，劉氏說：「這至少指明一點，陽明的立言顯有引人誤解之處」。劉氏說：

> 問題的困難在：中國傳統哲學的表達方式不是通過系統的論證，而是隨機指點，所重視的是道理的解悟，而不是概念的分

82　《朱子哲學思想的發展與完成》，頁494。

83　《朱子哲學思想的發展與完成》，頁494。

84　Chan, Wing-tsit (1963). *Instructions For Practical Living and Other Neo-Confucian Writings by Wang Yang-ming* p.xxxiii.

85　陳榮捷先生於一九六三年紐約哥倫比亞大學出版部出版的《王陽明之傳習錄及其他理學文章》中言及王陽明哲學的立場，依學者劉述先先生翻譯，參見氏著：〈王學與朱學：陽明心學之再闡釋〉，《朱子哲學思想的發展與完成》（臺北市：臺灣學生書局，1984年），頁491。

殊。中國的傳統思想根本就缺乏西方那種純認識論的探究，也無興趣於這一類的問題。故此從純西方的標準來看，這樣的思想不免有憾。其實這根本是另一種型態的哲學，其入手的進路與西方哲學完全不同，一開始就帶著西方哲學的有色眼鏡來看，自不免到處格格不入。[86]

由上，中國哲學並不是著重在概念的分析，因此我們恐怕不需要費力證明「鬼神也與我同體的」，進一步說，中國哲學不僅是隨機指點的方式，中國哲學所關心的，是人文的世界，而不是純粹客觀的世界，因此，孟子的「良知良能」、象山的「心即理」、王陽明的「致良知」，其所關聯的是一個向度，即是人文的向度，是精神的層面、價值的層面、意義的層面，中國哲學重視人文、仁、良知，並非意味著拋棄客觀事物、知識與科學。從這一點來說，劉氏點出陽明的這幾段文獻，確實造成許多誤解，因此，筆者認為，王陽明「心外無物」的思想，其理論和工夫，我們雖或可以找到心學與禪宗相似之處，但兩者對於家庭倫理以及天下萬物的基本觀點是不同的。

　　整體來說，劉述先先生分別提出對馮友蘭先生、侯外廬先生、陳榮捷先生的意見，這三位學者對陽明有批評，有誤解，也有同情的理解。劉氏對此，有肯定的部分，也有不同意見。他認為，侯氏以為陽明學和西方貝克萊「主觀唯心論」相似，劉氏提出，若要將陽明的心外無物與西方哲學相比較，王陽明實則更接近西方現象學，胡塞爾講的「物的意向性」。而陽明的心外無物不是知識論的問題，是道德體驗的問題。陽明心外無物從道德體驗入手，和二十世紀羅素從物理入手，可以說是不謀而合。

---

86 《朱子哲學思想的發展與完成》，頁491。

又，牟先生等人對儒學的諸多研究，是建立在對民主、科學的現實關懷下而建立，而劉述先等學者在回應牟先生的問題上，多顯精闢，顯見牟先生的著作與思想的影響甚鉅，瑕不掩瑜，可以說，牟先生的研究貢獻，至今，仍然令後輩難以望其項背。然而當今社會上，我們有新的社會問題，很多人都說，我們的社會病了，我們的地球病了，而我們的祖先很早便有天地人的三才觀念，人是活在天地之間，不離天地萬物、山川草木。現今，我們的社會病了，我們的地球病了，我們應如何因應呢？儒學不應離「仁」，儒學實踐不應離「致良知」，最大的問題恐怕是人的親情聯結出現問題，人與人失去聯結，人與天地之間失去聯結，人活在失去親情聯結、失去天地聯結的生活世界中，人的生命難以安身立命。因此，筆者在前輩重要的研究回顧下，關注王陽明以良知為主，「心外無物」的思想。

第三節　《王陽明全集》「謝氏刻本」

隆慶六年，謝廷傑彙集《傳習錄》、《陽明先生文錄》、《陽明先生年譜》、《陽明先生文錄續編》、《陽明先生家乘》（更名《世德紀》），編成三十八卷，命為《全書》，稱為「隆慶六年刻本」、「謝廷傑刻本」、「謝氏刻本」、「三十八卷本」、「原本」。之後，《四部叢刊》收錄稱為《王文成公全書》；《四庫全書》收錄稱為《王文成全書》；《四部備要》收錄稱為《陽明全書》。

「謝氏刻本」的刊行，是《四部叢刊》、《四庫全書》、《四部備要》等版本《全書》的基礎，亦是現今《王陽明全集》[87]的基礎，足見「謝

---

87 《王陽明全集》版本，主要由上海古籍出版社以及浙江古籍出版社出版。首先，上海古籍出版社，目前有1992年版、2011年版、2012年版、2014年版、2015年版、2017年升級版、2018年版，以上七種版本，皆為41卷本。此外，另有三書補「謝氏

氏刻本」是王陽明學術相當重要的版本。現今所使用的《王陽明全集》上海古籍出版社四十一卷本[88]、浙江古籍出版社五十四卷本[89]，亦是在「謝氏刻本」三十八卷本[90]的基礎上發展而成，故釐清「謝氏刻本」，有其重要的意義。

一　謝廷傑與「謝氏刻本」

謝廷傑，字宗聖，號順卿，新建縣人（今江西省南昌市），嘉靖三十八年（己未）（1559）進士[91]。王陽明歿後四十三年，謝氏彙集王陽明著作主要的單行本，共編成三十八卷，命為《全書》，於隆慶六

刻本」之佚文，亦是王陽明文獻的重要資料，分別是：束景南：《陽明佚文輯考編年‧增訂版》上、下冊（上海市：上海古籍出版社，2015年）；束景南、查明昊：《王陽明全集補編》（上海市：上海古籍出版社，2018年）；束景南：《王陽明年譜長編》1-4冊（上海市：上海古籍出版社，2017年11月）。其次，浙江古籍出版社，目前有2010年版，是54卷本。承上，不論是上海古籍出版社的41卷本，或是浙江古籍出版社出版的54卷本，皆是以「謝氏刻本」為主要依據。

88　〔明〕王守仁撰，吳光、錢明、董平、姚延福編校：《王陽明全集》（上海市：上海古籍出版社，2015年，41卷本）。又，本書以此為主要版本。

89　〔明〕王守仁撰，吳光、錢明、董平、姚延福編校：《王陽明全集‧新編本》（杭州市：浙江古籍出版社，2010年12月，54卷本）。

90　一、「謝氏刻本」之《四部叢刊》本：〔明〕王守仁撰，〔明〕錢德洪原編，〔明〕謝廷傑彙集：《王文成公全書》，收入王雲五主編：《四部叢刊‧初編縮本‧集部》第84冊（臺北市：臺灣商務印書館，1965年，據上海商務印書館縮印明隆慶刊本影印）。二、「謝氏刻本」之《四庫全書》本：〔明〕王守仁撰，〔明〕錢德洪原編，〔明〕謝廷傑彙集：《王文成全書》，收入清高宗乾隆皇帝敕纂：《景印摛藻堂四庫全書薈要‧集部‧別集類‧第68-69冊》編號415-416（臺北市：世界書局，1988年）。三、「謝氏刻本」之《四部備要》本：〔明〕王守仁撰，〔明〕錢德洪原編，〔明〕謝廷傑彙集：《陽明全書》（臺北市：臺灣中華書局，1985年，據明隆慶六年〔1572年〕謝氏刻本之四部備要本）。

91　杜信孚纂輯，周光培、蔣孝達參校：《明代版刻綜錄》第7冊（廣陵古籍印刻社，線裝書，1983-5年）。

年（壬申）（1572）刊行，稱為「隆慶六年刻本」、「謝廷傑刻本」、「謝氏刻本」、「三十八卷本」、「原本」。本文以「謝氏刻本」稱之。〈王文成公全書序〉記：

> 《王文成公全書》三十八卷，其首三卷為《語錄》，公存時徐子曰仁輯；次二十八卷為《文錄》，為《別錄》，為《外集》，為《續編》，皆公薨後錢子洪甫輯；最後七卷為《年譜》，為《世德紀》，則近時洪甫與汝中王子輯而附焉者也。隆慶壬申，侍御新建謝君奉命按浙，首修公祠，置田以供歲祀。已而閱公文，見所謂錄若集各自為書，懼夫四方正學者或弗克盡讀也，遂彙而壽諸梓，名曰《全書》，屬階序。[92]

又，〈四庫全書王文成全書總目提要〉記：

> 《王文成全書》三十八卷，明兵部尚書、新建伯餘姚王守仁撰。守仁事跡具《明史》本傳。其書首編《語錄》三卷，為《傳習錄》，附以《朱子晚年定論》，乃守仁在時，其門人徐愛所輯而錢德洪刪訂之者；次《文錄》五卷，皆雜文；《別錄》十卷，為奏疏、公移之類；《外集》七卷，為詩及雜文；《續編》六卷，則《文錄》所遺，搜輯續刊者：皆守仁歿後德洪所編輯。後附以《年譜》五卷、《世德紀》二卷，亦德洪與王畿等所纂集也。其初本各自為書，單行於世。隆慶壬申，御史新建謝廷傑巡按浙江，始合梓以傳。仿《朱子全書》之例以名之。蓋當時以學術宗守仁，故其推尊之如此。……此書明末版

---

92 徐階：〈王文成公全書序〉，《王陽明全集》〈序說・序跋增補・舊本卷首序說七篇〉卷41，頁1298-1299。

佚，多有選輯別本以行者，然皆缺略，不及是編之詳備云。乾隆四十三年五月恭校上。總纂官臣紀昀、臣陸錫熊、臣孫士毅。[93]

依徐階作〈王文成公全書序〉、紀昀作〈四庫全書王文成全書總目提要〉所言，可以反映「謝氏刻本」的主要內容，但有幾個問題需要本文加以說明與補充。紀昀、徐階兩篇文章皆提到「謝氏刻本」三十八卷之內容如下：《全書》的前三卷是《傳習錄》，附有《朱子晚年定論》。編輯的門人是「徐子曰仁輯」、「門人徐愛所輯而錢德洪刪訂之」，徐愛所輯，錢德洪刪訂。但《傳習錄》的搜集、編輯、刊刻，不僅僅只有徐愛、錢德洪，還有南大吉、閭東、陳惟濬、曾才漢等人。此外，徐階、紀昀兩篇文章皆提到，「謝氏刻本」三十八卷之內容，僅有《傳習錄》是「公存時」、「守仁在時」所編，陽明在世時所編的《傳習錄》，指的是《初刻傳習錄》與《續刻傳習錄》「南本」，而「謝氏刻本」所收之《傳習錄》，除了陽明在世時所編的內容外，還有陽明死後二十七年錢氏所編的《傳習續錄》。再者，《傳習錄》並非是「公存時」、「守仁在時」唯一所編的著作，陽明五十六歲時，鄒守益曾請示陽明，刻《陽明先生文錄》於廣德州。以上問題，本文將於後文說明與補充。

　　「謝氏刻本」的前三卷《傳習錄》之後，接著，分別有《文錄》五卷、《別錄》十卷、《外集》七卷、《續編》六卷，這二十八卷的內容，徐階、紀昀兩篇文章皆提到，「皆公薨後錢子洪甫輯」、「皆守仁歿後德洪所編輯」，前文提及，陽明五十六歲時，鄒守益曾請示陽明，刻《陽明先生文錄》於廣德州，因此，《文錄》不完全是在陽明

---

93 紀昀：〈四庫全書王文成全書總目提要〉，《王陽明全集》〈序說・序跋增補・增補序跋三十八篇〉卷41，頁1344-1345。

死後才編輯的。這二十八卷的編輯者，最關鍵的人的確是錢德洪，其中「謝氏刻本」的《續編》六卷，前身是《陽明先生文錄續編》，錢氏陸續得陽明佚文後，徐階刊刻並為之作序，錢德洪、徐階皆是重要的關鍵人物，本文亦於後文詳細說明。

　　最後是《年譜》五卷，《世德紀》二卷。徐階、紀昀兩篇文章皆提到，「洪甫與汝中王子輯而附焉者也」、「德洪與王畿等所纂集也」，主要由錢德洪、王畿等人所纂輯。依文獻所記，嘉靖二十七年可能是一次規模比較大的編輯會議，錢氏為主編，薛侃、歐陽德、黃弘綱、何性之、王畿、張元沖等人則分頭搜集，由鄒守益彙集，嘉靖二十七年過後多年，王門後學多人過世，《年譜》未能合併，嘉靖四十一年之後，錢氏將其主編的《年譜》初稿，就正於羅洪先等人，羅氏晚年多靜居於石蓮洞，足不出戶者三年，錢氏最後與王汝中、張叔謙、王新甫、陳子大賓、黃子國卿、王子健等人校閱，羅洪先則「為之刪繁舉要，潤飾是正，而補其闕軼」，說明《年譜》的完成，歷多年多時多人之手，本文亦於後文詳細說明。

二　徐階與「謝氏刻本」

　　謝廷傑囑咐任大學士徐階作序，徐階（1503-1583），字子升，號存齋，松江華亭人（今上海市）。嘉靖二年（癸未）（1523）進士，官至特進光祿大夫、柱國、少師兼太子太師、吏部尚書、建極殿大學士、知制誥、知經筵事、國史總裁。是嘉靖年間朝廷老臣，嘉靖黃帝朱厚熜去世之後，徐階與朝臣新鄭有嫌隙[94]，隆慶二年（戊辰）

94　〔清〕黃宗羲著，沈芝盈點校：〈文貞徐存齋先生階〉，《明儒學案‧南中王門學案三》卷27，頁616-617。

（1568）七月，「階復辭，致仕」[95]已辭去官職，隆慶六年（壬申）（1572）謝廷傑彙集《全書》時，徐階已辭官歸鄉，為何徐階為《全書》作序呢？外在因素是謝廷傑「屬階序」，內在因素大抵是因為徐階亦從學王學，其實，徐階非親炙陽明的學生，他曾說「階嘗從洪甫（錢德洪）、汝中（王畿）竊聞先生之學矣」[96]，又說「階生晚，不及登先生之門」[97]，徐階雖不及登陽明之門，但「聶雙江初令華亭，先生受業其門，故得名王氏學」[98]，徐階從學雙江、洪甫、汝中等人，梨洲列「南中王門」，徐階亦是王門之一，徐階所寫的序文是《全書》最早的一篇序文，故此序文所言最為可信。徐階稱《全書》為《王文成公全書》，可知謝廷傑所刻之《全書》最早稱為《王文成公全書》，為《四部叢刊》所收錄。

三　「謝氏刻本」之內容

御史謝廷傑將王陽明著作單行本集結成書，以下擇其要者論之：

（一）《傳習錄》

《傳習錄》是王陽明著作中唯一的「語錄體」，就思想上來說，「語錄體」能充分表現其人之重要思想，故《傳習錄》是王陽明思想

---

95 〔明〕談遷著，張宗祥點校：《國榷》卷65（北京市：中華書局，1958年）。轉引自麥仲貴：《明清儒學家著述生卒年表》上冊（臺北市：臺灣學生書局，1977年），頁198-199。

96 徐階：〈陽明先生文錄續編序〉，《王陽明全集》〈序說‧序跋增補‧舊本卷首序說七篇〉卷41，頁1304-1305。

97 徐階：〈陽明先生文錄續編序〉，《王陽明全集》〈序說‧序跋增補‧舊本卷首序說七篇〉卷41，頁1304-1305。

98 〔清〕黃宗羲著，沈芝盈點校：〈文貞徐存齋先生階〉，《明儒學案‧南中王門學案三》卷27，頁617。

的重要關鍵，但「語錄體」亦有其囿限，因為「語錄」之情境、對象
有其固定性。因此，必須輔以王陽明著作的其他文獻，以明其思想。
欲明陽明之思想，王陽明著作便是重要的文獻，故我們對於「謝氏刻
本」彙集王陽明的主要著作，有著不可不知的必然性。「謝氏刻本」
彙集王陽明著作的單行本之後，《傳習錄》仍以單行本的方式出版，
至今不輟。《傳習錄》在王陽明著作中的重要性不言而喻。《傳習錄》
的上、中兩部分，是王陽明在世時所編纂。謝氏所收錄的《傳習錄》
下以及錢氏最後的整理，是在陽明過世後完成的。在「謝氏刻本」之
前，《傳習錄》大抵經歷多次編纂、刊刻，最後的版本方為謝氏所收
錄。《傳習錄》的書名典故、編纂時間、刊刻過程，以下分別論之。

　　首先，關於《傳習錄》書名之典故，顧名思義，應出自《論語・
學而》第四章，「曾子曰：『吾日三省吾身，為人謀而不忠乎？與朋友
交而不信乎？傳不習乎？』」而《傳習錄》名稱之首用，陳榮捷先生
認為：「大概薛侃首用此詞。然徐愛先用，亦有可能。」[99]

　　據聶豹〈重刻傳習錄序〉提到：

　　　　《傳習錄》者，門人錄陽明先生之所傳者而習之，蓋取孔門
　　　　「傳不習乎」之義也。[100]

依聶豹之意，《傳習錄》取孔門「傳不習乎」之義，主要彰顯其傳承
意義，是否為薛侃或徐愛先用，大概不可考。我們已知《傳習錄》一
詞，是陽明或陽明門人都一致認同的。

99　陳榮捷：〈傳習錄略史〉，《王陽明傳習錄詳註集評》（臺北市：臺灣學生書局，
　　1998年），頁7-24。
100　聶豹：〈重刻傳習錄序〉，《王陽明全集》〈序說・序跋增補・增補序跋三十八篇〉
　　卷41，頁1325-1326。

其次，何以王陽明的語錄編纂時間如此之晚？甚至陽明大部分著作的編纂，都在過世之後由門人奔走，搜集佚稿而成，其主要原因很可能是出自陽明自身的立場。從徐愛這篇〈傳習錄序〉，或可看出端倪，徐愛記：

> 門人有私錄陽明先生之言者。先生聞之，謂之曰：「聖賢教人如醫用藥，皆因病立方，酌其虛實溫涼陰陽內外而時時加減之，要在去病，初無定說。若拘執一方，鮮不殺人矣。今某與諸君不過各就偏蔽箴切砥礪，但能改化，即吾言已為贅疣。若遂守為成訓，他日誤己誤人，某之罪過可復追贖乎？」[101]

由上可知，陽明並不主張門人將他的言論彙錄集結，成為定說，因為陽明與門人的對話，大多是對該弟子的弊病而發，換言之，陽明的言論是如醫用藥，因病立方，他擔心的是，若後人將其言論作為定論，拘執一方，死守成訓，恐怕是誤己誤人。但，陽明此說會不會是客套之語呢？依徐愛所記，陽明不贊成門人編纂語錄之事，並非是客套語。

徐愛又記：

> 今備錄先生之語，固非先生之所欲，使吾儕常在先生之門，亦何事於此，惟或有時而去側，同門之友又皆離群索居。當是之時，儀刑既遠而規切無聞，如愛之駑劣，非得先生之言時時對越警發之，其不摧墮廢者幾希矣。吾儕於先生之言，苟徒入耳出口，不體諸身，則愛之錄此，實先生之罪人矣；使能得之言

---

101 徐愛：〈傳習錄序〉，《王陽明全集》〈序說・序跋增補・舊本卷首序說七篇〉卷 41，頁1299-1300。

意之表，而誠諸踐履之實，則斯錄也，固先生終日言之之心
也，可少乎哉？錄成，因復識此於首篇以告同志。門人徐愛
序。

徐愛知道陽明不主張門人將他的言論彙錄集結，「今備錄先生之語，
固非先生之所欲」，其他「門人有私錄陽明先生之言者」或許早打消
念頭，但徐愛是陽明第一位學生，也是陽明的妹婿，是陽明極為親近
的門人，徐愛極力說服陽明，以告同志「誠諸踐履之實」，陽明或許
才同意門人搜集語錄，不再「私錄陽明先生之言」。門人從私錄階
段，再到得陽明同意搜集語錄階段，最後到刊刻階段，其中可能經歷
一段時間。

　　我們今日所見，徐愛〈引言〉所錄的內容，是正德七年
（1512），徐愛與陽明同舟歸越，論《大學》宗旨，《年譜》記：

> （正德7年，1512年）十二月，陞南京太僕寺少卿，便道歸省[102]。
> 與徐愛論學。愛是年以祁州知州考滿[103]進京，陞南京工部員外
> 郎。與先生同舟歸越，論《大學》宗旨。聞之踴躍痛快，如狂
> 如醒者數日，胸中混沌復開。……今之《傳習錄》所載首卷是
> 也。[104]

正德七年（1512），徐愛與陽明論《大學》宗旨的內容，卻遲至正德
十三年（戊寅）（1518）八月，方由薛侃首次刊行。正德十三年的兩

102　「便道，有即行或順路之意。歸省，回家探望父母。」《漢語大辭典》繁體2.0版。

103　「考滿，舊時指官吏的考績期限已滿。一考或數考為一任，故考滿亦常為任滿。」
　　　《漢語大辭典》繁體2.0版。

104　《王陽明全集》〈年譜一〉卷33，頁1012-1013。

件事，一是薛侃得「徐愛所遺《傳習錄》一卷，序二篇」，一是徐愛
卒。是否因為徐愛早逝，陽明方才首度答應刊刻《傳習錄》不得而
知，但，我們仍可以從文獻來看，後來鄒守益（謙之，1491-1562）
請刻《陽明先生文錄》時，同樣遭到陽明的反對，陽明反對彙集其語
錄及文章的立場，或許是王陽明文獻編纂甚晚的原因之一。

此外，《傳習錄》的刊刻過程，依文獻，刊刻過程至少歷經八個
版本。以下分別述之。

一、正德十三年（戊寅）（1518），薛侃刻《傳習錄》於虔州
（贛）（今江西省），稱為「薛本」、「虔本」、《初刻傳習錄》。《傳習
錄》最早的單行本，《年譜》記載：

> 十有三年（正德13年）戊寅，先生四十七歲，在贛。……八月，
> 門人薛侃刻《傳習錄》。侃得徐愛所遺《傳習錄》一卷，序二
> 篇，與陸澄各錄一卷，刻於虔。是年愛卒，先生哭之慟。[105]

依《年譜》所記，《傳習錄》刊刻最早的時間，是正德十三年八月，
是年王陽明四十七歲。刊刻者是門人薛侃（尚謙，？-1545），刊刻的
內容有三卷，分別是徐愛（曰仁，1487-1517）所遺陽明語錄《傳習
錄》一卷、序二篇以及陸澄（原靜，1517年進士）與薛侃各錄一卷。
其中，徐愛所遺之「序二篇」，〈序文〉其一為〈傳習錄序〉，曰：「門
人有私錄陽明先生之言者」等語，收錄於《王陽明全集》第四十一卷
本[106]，《傳習錄》單行本當中，收錄者如：〔日〕佐藤一齋編著《傳習

---

105 《王陽明全集》〈年譜一〉卷33，頁1030。
106 徐愛：〈傳習錄序〉，《王陽明全集》〈序說・序跋增補・舊本卷首序說七篇〉卷
　　41，頁1299-1300。

錄欄外書》[107]、〔日〕三輪希賢標註《漢文大系十六：傳習錄》[108]、鄧
艾民編著《傳習錄注疏》[109]、張靖傑譯注《明隆慶六年初刻版《傳習
錄》》[110]、廣文書局點校《精校斷句王陽明傳習錄》[111]、黎民文化編輯
部編著《王陽明傳習錄及大學問》[112]等。〈序文〉其二為〈徐愛引言〉
一篇，曰：「先生於《大學》「格物」諸說，悉以舊本為正，蓋先儒所
謂誤本者也」等語，置《傳習錄上》之首。以及〈徐愛跋〉一篇，曰
「愛因舊說汩沒，始聞先生之教」等語，置《傳習錄上》徐愛所錄之
末。此本《傳習錄》之內容，據學者陳榮捷先生研究，徐愛錄十四條，
陸澄錄八十條，薛侃錄三十五條，共計一二九條。但徐愛所錄，已失
散若干，應不止十四條。[113]簡言之，正德十三年（戊寅）（1518）八
月，此本最早刊刻的陽明語錄《傳習錄》，或稱《初刻傳習錄》，由門
人薛侃所刻，稱「薛本」，此本刻於虔州，又稱「虔本」。虔州位於贛
（今江西省），故閭東曾言：「《傳習錄》刻於贛」[114]，指的即是此本
《初刻傳習錄》。

　　二、嘉靖三年（甲申）（1524），南大吉、南逢吉刻《傳習錄》於
越（今浙江省紹興市），稱為《續刻傳習錄》、「南本」。《初刻傳習

---

107 〔日〕佐藤一齋：《傳習錄欄外書》（東京市：啓新書院，明治30年，1897年）。

108 〔日〕三輪希賢標註，〔日〕安井小太郎解題：《漢文大系16：傳習錄》（臺北市：
　　慧豐學會，1996年）。

109 鄧艾民：《傳習錄注疏》（上海市：上海古籍出版社，2015年5月）。

110 張靖傑譯注：《明隆慶六年初刻版《傳習錄》》（南京市：江蘇鳳凰文藝出版社，
　　2015年）。

111 廣文書局點校：《精校斷句王陽明傳習錄》（臺北市：廣文書局，1994年）。

112 黎民文化編輯部：《王陽明傳習錄及大學問》（臺北市：黎民文化，1997年）。

113 陳榮捷：〈傳習錄略史〉，《王陽明傳習錄詳註集評》（臺北市：臺灣學生書局，
　　1998年），頁7-24。

114 閭東：〈重刻陽明先生文集序〉，《王陽明全集》〈序說‧序跋增補‧增補序跋三十
　　八篇〉卷41，頁1321。

錄》之後，直到嘉靖三年十月十八日才又有續刻，《年譜》記載：

> 三年甲申，先生五十三歲，在越。……十月，門人南大吉續刻
> 《傳習錄》。《傳習錄》薛侃首於虔，凡三卷。至是年，大吉取
> 先生論學書，復增五卷，續刻於越。[115]

《年譜》記，嘉靖三年，是年王陽明五十三歲，此次續刻的《傳習
錄》，是門人南大吉（元善，1487-1541）所刻，在「薛本」三卷的基
礎上，增加陽明論學書信五卷刻於越。此事亦可見於南大吉作〈傳習
錄序〉：

> 是《錄》也，門弟子錄陽明先生問答之辭、討論之書，而刻以
> 示諸天下者也。吉也從遊宮牆之下，其於是《錄》也，朝觀而
> 夕玩，口誦而心求，蓋亦自信之篤而竊見夫所謂道者，置之而
> 塞乎天地，溥之而橫乎四海，施諸後世，無朝夕人心之所同然
> 者也。故命逢吉弟校續而重刻之，以傳諸天下。[116]

由錢氏所記之《年譜》，以及南大吉所作序文，文中字裡行間不再見
到陽明反對《傳習錄》之編纂，南大吉又記：

> 天下之於是《錄》也，但勿以聞見梏之，而平心以觀其意；勿
> 以門戶隔之，而易氣以玩其辭。勿以《錄》求《錄》也，而以
> 我求《錄》也，則吾心之本體自見，而凡斯《錄》之言，皆其

---

115 《王陽明全集》〈年譜三〉卷35，頁1059-1062。
116 南大吉：〈傳習錄序〉，《王陽明全集》〈序說・序跋增補・增補序跋三十八篇〉卷
41，頁1311-1313。

> 心之所固有，而無復可疑者矣。則夫大道之明於天下，而天下
> 之所以平者，將亦可俟也已。嘉靖三年冬十月十有八日，賜進
> 士出身中順大夫紹興府知府、門人渭北南大吉謹序。[117]

我們無法得知續刻《傳習錄》時，陽明是否仍持反對立場，但可知陽明的立場可能已趨轉化，從徐愛請刻時，陽明憂於語錄「若遂守為成訓，他日誤己誤人」，在此篇南大吉所作序文中，還是可以讀到這點擔憂，故南大吉強調「勿以《錄》求《錄》也，而以我求《錄》也」，此必然是依陽明平常之訓而言也。簡言之，嘉靖三年（甲申）（1524），此本再次刊刻的《傳習錄》，稱《續刻傳習錄》，又稱「南本」。惟刊刻者，恐非南大吉（元善，1487-1541）一人所刻，南大吉於序文中言「命逢吉弟校續而重刻之，以傳諸天下」，可見刻《續刻傳習錄》「南本」者，嚴格而論，是南大吉命其弟南逢吉（元貞，1538年進士）續校而重刻，或可說是南大吉、南逢吉所刻。

　　三、嘉靖十四年（乙未）（1535），錢德洪刻《傳習錄》於吳（姑蘇），稱為《傳習錄》「姑蘇本」。錢德洪於〈《傳習錄》下跋〉曰：

> 嘉靖戊子（嘉靖7年）冬，德洪與王汝中奔師喪，至廣信，訃告同門，約三年收錄遺言。繼後同門各以所記見遺。洪擇其切於問正者，合所私錄，得若干條。居吳（姑蘇）時，將與《文錄》並刻矣，適以憂去，未遂。當是時也，四方講學日眾，師門宗旨既明，若無事於贅刻者，故不復縈念。[118]

---

117 南大吉：〈傳習錄序〉，《王陽明全集》〈序說・序跋增補・增補序跋三十八篇〉卷41，頁1311-1313。

118 錢德洪：〈《傳習錄》下跋〉，收入錢明編校整理：《徐愛、錢德洪、董澐集》（南京市：鳳凰出版社，2007年），頁196-197。

此事亦記於《年譜》：

> 十四年乙未（嘉靖14年），刻先生《文錄》於姑蘇。先是洪、
> 畿奔師喪（嘉靖8年），過玉山，檢收遺書。越六年（嘉靖14
> 年），洪教授姑蘇，過金陵，與黃綰、聞人詮等議刻《文錄》。
> 洪作《購遺文疏》，遣諸生走江、浙、閩、廣、直隸搜獵逸
> 稿。至是年二月，鳩工成刻。

嘉靖七年，陽明歿於江西南安。隔年，錢德洪與王畿於江西廣信，訃
告同門，一方面會於門人，一方面檢收遺書。從文獻上看，陽明過世
時，錢德洪與王畿積極搜集陽明逸稿，或許是陽明甫過世，因此未編
纂陽明著作。陽明過世後，第一次編纂陽明著作，可能是嘉靖十四年
這一次，當時錢德洪居吳（姑蘇），同時刊行《傳習錄》與《文錄》。
　　四、嘉靖三十年（辛亥）（1551），蔡汝楠刻《傳習錄》於石鼓書
院（今湖南省衡陽市），為《傳習錄》「石鼓書院本」。我們可知，嘉
靖三十年，曾刻《傳習錄》。孫氏〈刻陽明先生傳習錄序〉記：

> 同志蔡子子木守衡，則已群多士，而摩之以性命之學，亦浸浸
> 乎有興矣。應奎因樂與成之，乃出先生舊所手授《傳習錄》，
> 俾刻置石鼓書院。……嘉靖三十年夏五月壬寅，同邑門人孫應
> 奎謹序。[119]

蔡氏〈敘傳習錄後〉記：

---

119 孫應奎：〈刻陽明先生傳習錄序〉，《王陽明全集》〈序說‧序跋增補‧增補序跋三十
　　八篇〉卷41，頁1316-1317。

《傳習錄》者，陽明先生之門人錄師傳之指，圖相與習之者也。先生曾以是錄手授今文宗蒙泉孫公，公按部至衡，令汝楠刻置石鼓書院，而公為之序，……時嘉靖辛亥夏日，門下後學德清蔡汝楠謹書。[120]

嘉靖三十年（辛亥）（1551），孫應奎（文宿，？-1570）命蔡汝楠（子木，1516-1565）刻《傳習錄》於石鼓書院（今湖南省衡陽市），蔡氏所刻的《傳習錄》版本，是孫氏「乃出先生舊所手授《傳習錄》」，孫氏強調，得自陽明手授《傳習錄》，若此為實，陽明手授《傳習錄》與《續刻傳習錄》「南本」，此兩版本的內容是否相近或相同，不可而知。惟孫氏記〈刻陽明先生傳習錄序〉的時間為嘉靖30年，但天干地支卻記為「壬寅」，所幸蔡氏〈敘傳習錄後〉一文記「令汝楠刻置石鼓書院」一事，記「嘉靖辛亥夏日」，孫氏記載時間錯誤，至今未改，甚為遺憾。

五、嘉靖三十三年（甲寅）（1554），閭東、劉起宗刻《傳習錄》於水西精舍（南京寧國府涇縣），稱為《續刻傳習錄》「閭東本」。《續刻傳習錄》「南本」、「姑蘇本」、「石鼓書院本」，之後有「閭東本」。《年譜》記：

三十三年（嘉靖33年）甲寅，巡按直隸監察御史閭東、寧國知府劉起宗建水西書院，祀先生。水西在涇縣、大溪之西，有上中下三寺。初與諸生會集，寓於各寺方丈。既而諸生日眾，僧舍不能容，乃築室於上寺之隙地，以備講肆。又不足，提學御史黃洪毗與知府劉起宗創議建精舍於上寺右。未就，巡按御史

---

120 蔡汝楠：〈敘傳習錄後〉，《王陽明全集》〈序說・序跋增補・增補序跋三十八篇〉卷41，頁1317-1318。

閫東、提學御史趙鏜繼至。起宗復申議。於是屬知縣邱時庸恢
弘其制，督成之。邑之士民好義者，競來相役。南陵縣有寡婦
陳氏，曹按妻也，遣其子廷武輸田八十畝有奇，以廩餼來學。
於時書院館穀具備，遂成一名區云。起宗禮聘洪、畿間年至
會。[121]

據錢德洪作〈續刻傳習錄序〉一文，錢氏曰：

洪在吳時，為先師哀刻《文錄》。《傳習錄》所載下卷，皆先師
書也。既以次入《文錄》書類矣，乃摘錄中問答語，仍書南大
吉所錄以補下卷。復採陳惟濬諸同志所錄，得二卷焉，附為續
錄，以合成書。適遭內艱，不克終事。去年（嘉靖32年）秋，
會同志於南畿，吉陽何子遷、初泉劉子起宗，相與商訂舊學，
謂師門之教，使學者趨專歸一，莫善於《傳習錄》。於是劉子
歸寧國，謀諸涇尹丘時庸，相與捐俸，刻諸水西精舍。使學者
各得所入，庶不疑其所行云。時嘉靖甲寅（嘉靖33年）夏六
月，門人錢德洪序。編者按：原文附載於嘉靖三十三年《傳習
續錄》閫東刻本卷首。閫本現已亡佚。[122]

此事亦見於鄒守益作〈水西精舍記〉：

歲戊申（嘉靖27年），緒山錢君、龍溪王君赴會青原，諸生追
隨匡廬、復古之間，議借涇邑水西三寺，以訂六邑大會，延二

---

121 《王陽明全集・年譜附錄一》卷36，頁1109-1110。
122 錢德洪：〈續刻傳習錄序〉，《王陽明全集》〈序說・序跋增補・增補序跋三十八
篇〉卷41，頁1314-1315。

君迭主講席。益偕師泉劉君沖雪臨之。每會逾三百人，僧房無
所容，乃諸生斂金，構居於寶勝之左。而當道病其隘也，拓於
殿之右，義民童生欣然各助費焉。壬子（嘉靖31年）之秋，初
泉劉侯（按：劉起宗）來蒞郡政，……東西各十三間，合而題
之，曰「水西精舍」。其田界稅米且勒於碑陰。嘉靖三十三年
甲寅秋七月。[123]

依文獻所記，陽明歿後直至嘉靖二十七年間，錢德洪、王畿多次領王
學門人聚講於水西書院。水西書院位於今安徽省宣城市涇縣，「水西
在涇縣、大溪之西，有上中下三寺」，水西書院大抵原已存在，並有
上中下三寺，原水西書院作為來自四面八方的王學門人聚講場地，聚
講期間「議借涇邑水西三寺」，亦作為門人暫住之所，因此原水西書
院曾因此擴建，「諸生日眾，僧舍不能容，乃築室於上寺之隙地，以
備講肄」。擴建之後，「又不足」，「每會逾三百人，僧房無所容，乃諸
生斂金」，門人於是募款欲籌建精舍，門人積極籌募款項，還有不少
民眾贊助，「義民童生欣然各助費焉」，在各方支持下，因此，有了第
二次的擴建計畫，此次擴建，主要是在原水西書院的基礎上增建精
舍。嘉靖三十一年（一說嘉靖32年），門人有增建精舍計畫，有賴於
提學御史黃洪毗、巡按御史閻東、提學御史趙鏜、寧國知府劉起宗、
知縣邱時庸的大力推動，規模似比第一次擴建來的要完善，不僅增建
「精舍」以備膳宿，還有民眾贈與田畝。嘉靖三十三年（甲寅）
（1554），書院擴建完成，「東西各十三間，合而題之，曰『水西精
舍』」，水西精舍落成，「於時書院館穀具備，遂成一名區」，為紀念陽
明，劉起宗禮聘錢德洪、王畿每隔幾年負責主持王門後人聚講事宜。

---

123 鄒守益：〈水西精舍記〉，收入董平編校整理：《鄒守益集》（南京市：鳳凰出版
社，2007年），頁430-431。

水西精舍落成之際,並續刻《傳習錄》,此年刊刻的《傳習錄》,亦稱《續刻傳習錄》,因巡按御史閭東的大力支持,或稱「閭東本」。

六、嘉靖三十四年(乙卯)(1555),錢德洪復刻《傳習錄》,於水西精舍(南京寧國府涇縣),稱為《傳習續錄》。《續刻傳習錄》「閭東本」之後,有《傳習續錄》。錢德洪於〈《傳習錄》下跋〉曰:

> 去年(嘉靖34年)同門曾子才漢得洪手抄,復傍為采輯,名曰《遺言》,以刻行於荊。洪讀之,覺當時采錄未精,乃為刪其重複,削去蕪蔓,存其三之一,名曰《傳習續錄》,復刻於寧國之水西精舍。[124]

據錢德洪所記,嘉靖三十四年(乙卯)(1555),曾才漢得到錢德洪手鈔本,曾氏在錢氏手鈔本的基礎上,再加上自行採輯的部分,名《陽明先生遺言錄》,錢氏讀之,刪去重複,削去蕪蔓,只存三分之一,名曰《傳習續錄》。此本《傳習續錄》和《續刻傳習錄》「閭東本」一樣,亦刊刻於水西精舍。

七、嘉靖三十五年(丙辰)(1556),錢德洪整理《傳習錄》於蘄(湖廣蘄州)之崇正書院,為《傳習錄》「三卷本」。錢德洪於〈《傳習錄》下跋〉曰:

> 今年夏,洪來游蘄,……乃復取逸稿,採其語之不背者,得一卷;其餘影響不真,與《文錄》既載者,皆削之,並易中卷為問答語,以付黃梅尹張君增刻之。庶幾讀者不以知解承,而惟

---

124 錢德洪:〈《傳習錄》下跋〉,收入錢明編校整理:《徐愛、錢德洪、董澐集》,頁196-197。

以實體得，則無疑於是錄矣！嘉靖丙辰（嘉靖35年）夏四月，
門人錢德洪拜書於蘄之崇正書院。[125]

錢氏刻《傳習續錄》之後，又取其逸稿一卷，和《陽明先生文錄》重
複者皆刪去。將整理之《傳習錄》交付黃梅尹、張君增刻於蘄（今湖
北省蘄春縣）。《傳習錄》歷經《初刻傳習錄》、《續刻傳習錄》、《傳習
續錄》等版本，透過錢氏編輯、整理、增其逸稿、刪去重複，至此年
全部編輯完成，隔年，《傳習錄》又重刻之。

　　八、嘉靖三十六年（丁巳）（1557），胡宗憲命杭二守、唐堯臣重
刻《傳習錄》於天真書院（浙江杭州府天真山）。錢氏完成《傳習錄》
「三卷本」之後，又重刻之。《年譜》記：

　　歲丁巳（嘉靖36年）春，總制胡公平海夷而歸，思敷文教以戢
　　武士，命同門杭二守、唐堯臣重刻先生《文錄》、《傳習錄》於
　　書院，以嘉惠諸生。[126]

胡公，指胡宗憲（汝真，1512-1565），「三十五年（嘉靖），宗憲多次
出戰，東南沿海倭寇患稍定」[127]，胡宗憲是明代抗倭名將，曾撰〈陽
明先生批五經序〉[128]，在戰事上有得自陽明學，嘉靖三十六年平倭歸
後，為了能夠「思敷文教以戢武士」，便命杭二守、唐堯臣重刻《陽

---

125 錢德洪：〈《傳習錄》下跋〉，收入錢明編校整理：《徐愛、錢德洪、董澐集》，頁
　　196-197。

126 《王陽明全集・年譜附錄一》卷36，頁1110。

127 〔清〕張廷玉等：〈胡宗憲傳〉，《明史・列傳第九十三》（北京市：中華書局，
　　1997年）卷205，頁5410-5415。

128 胡宗憲：〈陽明先生批五經序〉，《王陽明全集》〈序說・序跋增補・增補序跋三十
　　八篇〉卷41，頁1331-1332。

明先生文錄》、《傳習錄》於天真書院。

九、小結：本文列舉《傳習錄》多次編纂與重刻，而真正《傳習錄》及陽明其他著作的刊行，其規模可能遍及各地，超出文獻所記。如聶豹的〈重刻傳習錄序〉一文，曾言「間嘗與陳友惟濬，重加校正，刪複纂要，總為六卷，刻之於閩。」[129]《傳習錄》曾刻於閩的版本，並不見於其他文章，因此各地刊行《傳習錄》之版本甚多，極有可能是超出文獻的記載。

（二）《陽明先生文錄》

《陽明先生文錄》和《傳習錄》是王陽明在世便刊刻的著作。依文獻所記，王陽明四十七歲時薛侃請刻《傳習錄》，以及五十六歲鄒守益請刻《文錄》，王陽明一開始並未同意，在門人「復請不已」之下，陽明方才應許。陽明在世時對自己的文稿並不十分在意，他重視與門人當下的隨機指點，生活中落實實踐。這或許是王陽明編纂著作的時間落在晚年的原因之一。陽明過世後，門人廣搜逸稿，編纂重刻不輟。在「謝氏刻本」之前，《文錄》歷經幾次重要編纂、刊刻過程，以下分別論之。

一、嘉靖六年（丁亥）（1527），鄒守益刻《陽明先生文錄》於廣德州（南京廣德州廣德），稱為《陽明先生文錄》「廣德本」。《陽明先生文錄》最早的版本，是廣德本。《年譜》記載：

> 六年丁亥（嘉靖6年），先生五十六歲，在越。……四月，鄒守
> 益刻《文錄》於廣德州（南京）。守益錄先生文字請刻。先生

---

129 聶豹：〈重刻傳習錄序〉，《王陽明全集》〈序說・序跋增補・增補序跋三十八篇〉卷41，頁1325-1326。

自標年月，命德洪類次，且遺書曰：「所錄以年月為次，不復分別體類，蓋專以講學明道為事，不在文辭體制間也。」明日，德洪掇拾所遺請刻，先生曰：「此便非孔子刪述《六經》手段。三代之教不明，蓋因後世學者繁文盛而實意衰，故所學忘其本耳。比如孔子刪《詩》，若以其辭，豈止三百篇；惟其一以明道為志，故所取止。此例《六經》皆然。若以愛惜文辭，便非孔子垂範後世之心矣。」德洪曰：「先生文字，雖一時應酬不同，亦莫不本於性情；況學者傳誦日久，恐後為好事者攙拾，反失今日裁定之意矣。」先生許刻附錄一卷，以遺守益，凡四冊。[130]

此事又見於錢德洪〈刻文錄敘說〉：

德洪曰：嘉靖丁亥（6年）四月，時鄒謙之謫廣德，以所錄先生文稿請刻。先生止之曰：「不可。吾黨學問，幸得頭腦，須鞭辟近裏，務求實得，一切繁文靡好。傳之恐眩人耳目，不錄可也。」謙之復請不已。先生乃取近稿三之一，標揭年月，命德洪編次；復遺書曰：「所錄以年月為次，不復分別體類者，蓋專以講學明道為事，不在文辭體制間也。」明日，德洪掇拾所遺復請刻。先生曰：「此愛惜文辭之心也。昔者孔子刪述《六經》，若以文辭為心，如唐、虞、三代，自《典》、《謨》而下，豈止數篇？正惟一以明道為志，故所述可以垂教萬世。吾黨志在明道，復以愛惜文字為心，便不可入堯、舜之道矣。」德洪復請不已。乃許數篇，次為《附錄》，以遺謙之，

130 《王陽明全集》〈年譜三〉卷35，頁1072-1073。

今之廣德板是也。[131]

嘉靖六年四月之際，鄒謙之、錢德洪先後請刻《陽明先生文錄》。初始陽明不許，鄒謙之「復請不已」，陽明「乃取近稿三之一」，錢德洪又掇拾陽明所遺「復請不已」，陽明「乃許數篇」。陽明強調，學問應以明道為志，故舉孔子刪述《六經》為例，他認為過度愛惜文辭，「便不可入堯、舜之道」。此外，在編纂著作的方法上，「所錄以年月為次，不復分別體類」，以時間為序，不再另分文章體裁，原因是「講學明道為事，不在文辭體制間」，因此陽明在文章上自標年月，如此可以見得思想的發展，有助於明道，而標示文章體裁無益於明道。遺憾的是，陽明過世後，許多文章書信繫年困難，我們所見，陽明過世後所搜佚稿，多以文體為類，如詩歌、奏疏、公移、序跋等。無法確認所有文獻的繫年，是在陽明學研究上難以克服之處，陽明編纂著作的態度雖「不在文辭體制間」，但是陽明過世後，「謝氏刻本」多以文體為類，想必也是不得已矣。廣德本的內容，「先生自標年月，命德洪類次」，文章有標年月，正文數篇與附錄一卷，共四冊。這個版本是王陽明見過的，陽明過世後，後人在廣德本的基礎上，擴大《陽明先生文錄》的規模。

二、嘉靖十四年（乙未）（1535），錢德洪、黃綰、歐陽崇一、黃正之編《陽明先生存稿》。又，錢德洪、黃綰、聞人詮刻《陽明先生文錄》於吳，收錄《陽明先生存稿》、《居夷集》、《購遺文疏》，稱為「姑蘇本」、「聞人詮刻本」[132]。錢德洪刻《文錄》於姑蘇，《年譜附

---

131 錢德洪：〈刻文錄敘說〉，收入錢明編校整理：《徐愛、錢德洪、董澐集》，頁184-189。

132 「《陽明先生文錄》5卷、《外集》9卷、《別錄》10卷，明嘉靖14年聞人邦正（銓）刻本，臺北中央圖書館（臺灣國家圖書館）有藏本。」引自〈編校說明〉，《王陽

錄一》記：

> 十四年乙未（嘉靖14年），刻先生《文錄》於姑蘇。先是洪、
> 畿奔師喪（嘉靖8年），過玉山，檢收遺書。越六年（嘉靖14
> 年），洪教授姑蘇，過金陵，與黃綰、聞人詮等議刻《文錄》。
> 洪作《購遺文疏》，遣諸生走江、浙、閩、廣、直隸搜獵逸
> 稿。至是年二月，鳩工成刻。[133]

此外，錢德洪〈《文錄續編》序〉一文曰：

> 德洪茸師《文錄》，始刻於姑蘇，再刻於越，再刻於天真，行
> 諸四方久矣。[134]

依錢德洪的說法，《陽明先生文錄》「始刻於姑蘇，再刻於越，再刻於
天真」，顯見《陽明先生文錄》刊刻多次，又，錢氏說《陽明先生文
錄》「始刻於姑蘇」，奇怪的是，嘉靖六年，鄒守益、錢德洪曾請刻
《文錄》於廣德州，錢氏為何說《陽明先生文錄》是「始刻於姑蘇」
呢？《年譜附錄一》提及《文錄》在陽明過世後的編纂過程，先是嘉
靖八年「洪、畿奔師喪，過玉山，檢收遺書」，六年後，再是嘉靖十
四年「洪教授姑蘇，過金陵，與黃綰、聞人詮等議刻《文錄》」，確切

明全集・新編本》（杭州市：浙江古籍出版社，2010年12月，54卷本），頁1-7。
　　按：一般稱《陽明先生文錄》「姑蘇本」，即是《王陽明全集・新編本》所稱之
　　「聞人詮刻本」。

133 《王陽明全集》〈年譜附錄一・自嘉靖庚寅建精舍於天真山至隆慶丁卯復伯爵〉卷
　　36，頁1096-1097。

134 錢德洪：〈《文錄續編》序〉，收入錢明編校整理：《徐愛、錢德洪、董澐集》，頁
　　198。

原因可能已不得而知，比較有可能的是，《文錄》始刻於姑蘇，是指
陽明過世之後《文錄》始刻於姑蘇。此事亦見於黃綰〈陽明先生存稿
序〉一文：

> 惜乎！天不憖，遺不獲，盡見行事，大被斯世，其僅存者唯
> 《文錄》、《傳習錄》、《居夷集》而已，其餘或散亡及傳寫訛
> 錯。撫卷泣然，豈勝斯文之慨？及與歐陽崇一、錢洪甫、黃正
> 之率一二子姪，檢粹而編訂之，曰《陽明先生存稿》。洪甫攜
> 之吳中，與黃勉之重為釐類，曰《文錄》、曰《別錄》，刻梓以
> 行，庶傳之四方，垂之來世，使有志之士知所用心，則先生之
> 學之道為不亡矣。[135]

陽明歿後六年，錢氏攜《文錄》至吳（姑蘇），錢氏與黃綰、聞人詮
等人議刻《文錄》，依黃綰所記，這時所傳的王陽明著作「僅存者唯
《文錄》、《傳習錄》、《居夷集》而已，其餘或散亡及傳寫訛錯」，故
此年，「與歐陽崇一、錢洪甫、黃正之率一二子姪，檢粹而編訂之，
曰《陽明先生存稿》」，黃綰與歐陽崇一、錢德洪、黃正之（弘綱，
1492-1561）等人，編訂《陽明先生文稿》。此後，「洪甫攜之吳中，與
黃勉之重為釐類」，錢氏與黃勉之（省曾，1490-1540）將《文錄》、
《陽明先生文稿》等逸稿重新整理付梓刊行，今不見《陽明先生文
稿》，應已收錄於《文錄》之中。從文獻可知，「姑蘇本」與「廣德
本」最大的不同在於，「廣德本」是鄒守益、錢德洪於陽明在世時請
刻，「姑蘇本」是陽明過世後始刻，錢德洪、黃綰、聞人詮等人議

---

135 黃綰：〈陽明先生存稿序〉，《王陽明全集》〈序說・序跋增補・增補序跋三十八
篇〉卷41，頁1313-1314。

刻，其中可能收錄歐陽崇一、錢德洪、黃正之等人編訂的《陽明先生文稿》以及《居夷集》、《購遺文疏》等逸稿。

　　三、嘉靖二十九年（庚戌）（1550），閭東刻《陽明先生文集》，為《陽明先生文集》「閭東本」，收入《陽明先生文錄》「姑蘇本」、《傳習錄》、《陽明先生則言》、《陽明先生遺言錄》、《稽山承語》。閭東於〈重刻陽明先生文集序〉記：

> 《陽明先生文錄》舊刻於姑蘇，《傳習錄》刻於贛，繼又有薛子者刻其《則言》，然相傳不多得同志者，未得合併以觀全書，每有餘憾。東按西秦，歷關、隴，見西土人士俊髦，群然皆忠信之質也，因相與論良知之學，盡取先生《文錄》，附以《傳習錄》並《則言》，共若干卷刻之，願與同志者共焉。……嘉靖庚戌（嘉靖29年）秋八月[136]

依閭東所言，「《陽明先生文錄》舊刻於姑蘇，《傳習錄》刻於贛，繼又有薛子者刻其《則言》」，他所見的王陽明著作，大抵有《陽明先生文錄》「姑蘇版」、《初刻傳習錄》、《則言》。所以他在《陽明先生文錄》「姑蘇版」的基礎上，再彙集《傳習錄》、《則言》。《則言》是陽明過世後薛侃所刻[137]，查繼佐作〈王守仁傳〉曾提過《則言》，彼云：

> 守仁學以致良知為本，所論著有《古本大學》、《則言》及《傳

136　閭東：〈重刻陽明先生文集序〉，《王陽明全集》〈序說・序跋增補・增補序跋三十八篇〉卷41，頁1321。

137　《陽明先生則言》為薛侃所刻。此書書目參見《續修四庫全書總目錄》。今收錄於《續修四庫全書・子部・第937冊》（影印安徽省圖書館藏明嘉靖十六年薛侃刻本）。

習錄》諸書。[138]

　　閻東所編《陽明先生文集》，其內容範圍「盡取先生《文錄》，附以
《傳習錄》並《則言》，共若干卷刻之」，可說是盡可能的搜羅當時所
見的王陽明著作，包括《陽明先生文錄》「姑蘇版」、《初刻傳習錄》、
《陽明先生則言》。此外，依學者研究，《陽明先生文集》「閻東本」
亦收錄《陽明先生遺言錄》與《稽山承語》。[139]

　　四、嘉靖三十六年（丁巳）（1557），胡宗憲命杭二守、唐堯臣重
刻《陽明先生文錄》於天真書院（浙江杭州府天真山）。《年譜》記
載：

　　　　歲丁巳（嘉靖36年）春，總制胡公平海夷而歸，思敷文教以戰
　　　　武士，命同門杭二守、唐堯臣重刻先生《文錄》、《傳習錄》於
　　　　書院，以嘉惠諸生。[140]

又，胡宗憲於〈重刊陽明先生文錄敘〉記：

　　　　緒山錢子復詮次成編，名曰《陽明先生文錄》，首刻於姑蘇。
　　　　今閩、越、河東、關中皆有刻本，亦足以徵良知之達諸天下

---

138 查繼佐：〈王守仁傳〉，《王陽明全集》〈誥命・祭文增補・傳記增補〉卷40，頁
　　1280-1283。

139 「『閻本』（所謂的閻東刻《陽明文集》）中收錄了《遺言錄》（《陽明先生遺言
　　錄》）二卷、《稽山承語》一卷。」又，《陽明先生文集》「閻東本」目前已佚，可
　　能只有佐藤一齋見過，水野實等學者使用的是天保八年的「一齋本」。參見：水野
　　實、永富青地、三澤三知夫校注，張文朝譯：〈《陽明先生遺言錄》解題〉，《中國
　　文哲研究通訊》（1998年9月）第8卷第3期，頁3-52。

140 《王陽明全集・年譜附錄一》卷36，頁1110。

矣。天真書院，為先生崇祀之所，四方士來遊於此，求觀先生之文者，每病其難得。錢子偕龍溪王子謀於予曰：「古人有倚馬論道者，兵事雖倥傯，亦不可無此意。願以姑蘇本再加校正，梓藏於天真，以惠後學何如？」予曰：「諾。」遂捐俸金若干兩，命同知唐堯臣董其事，以九月某日刻成。[141]

依《年譜》、胡氏所記，當時的天真書院是「為先生崇祀之所」，即便是在紀念王陽明的天真書院來說，「姑蘇本」的取得，恐怕也不容易，「四方士來遊於此，求觀先生之文者，每病其難得」，可以想見，「姑蘇本」雖「閩、越、河東、關中皆有刻本」，或許交通困難，取得不易，傳抄本又有「傳寫訛錯」的問題，因諸多問題，欲「以姑蘇本再加校正」，因此胡宗憲平定沿海倭寇後，命杭二守、唐堯臣重刻《傳習錄》、《文錄》於天真書院，當時《傳習錄》「三卷本」、「姑蘇本」已傳世，胡氏又重刻之。

關於《陽明先生文錄》編纂的動機與方法，錢德洪〈陽明先生文錄序〉記：

先生之言，世之信從者日眾矣！特其文字之行於世者，或雜夫少年未定之論。愚懼後之亂先生之學者，即自先生之言始也，乃取其少年未定之論，盡刪而去之；詳披締閱，參酌眾見，得至一之言五卷焉。其餘或發之題詠，或見之政事者，則釐為《外集》、《別錄》；復以日月前後順而次之，庶幾知道者讀之，其知有所取乎？雖然，是錄先生之言也，特入珍藏之扃鐍[142]

---

141 胡宗憲：〈重刊陽明先生文錄敘〉，《王陽明全集》〈序說‧序跋增補‧增補序跋三十八篇〉卷41，頁1321-1323。

142 「扃鐍，門戶鎖鑰。」《漢語大辭典》繁體2.0版。

也。珍藏不守，乃屑屑焉[143]屑鑰之是競，豈非舍其所重而自任其所輕耶？茲不能無愧於是錄之成云爾![144]

因為「先生之言，世之信從者日眾矣！特其文字之行於世者，或雜夫少年未定之論」，就《文錄》編纂的動機來說，錢氏基於「懼後之亂先生之學者，即自先生之言始也」，錢氏編纂《文錄》，整理陽明著作，乃是要正陽明之學。就《文錄》編纂的方法來說，為呈現陽明思想之「屑鑰」，消極而言，「取其少年未定之論，盡刪而去之」，積極而言，「詳披締閱，參酌眾見」。此外，「其餘或發之題詠，或見之政事者，則匯為《外集》、《別錄》」，「屑鑰」之外的言論，則釐為《外集》、《別錄》。由此，《文錄》為彰顯陽明思想之「屑鑰」，《外集》、《別錄》次之。加上，「復以日月前後順而次之，庶幾知道者讀之，其知有所取」，加之《文錄》之繫年能夠知陽明之次第，其重要性僅次於《傳習錄》。從錢氏之所記，《文錄》是陽明著作「特入珍藏之屑鑰」，但編纂過程中「屑屑焉屑鑰之是競」，對於王陽明重要著作的選錄，孰重孰輕，門人或有爭論，錢氏似有勞瘁匆迫之感。

《文錄》的完整內容，鄒守益〈陽明先生文錄序〉言：

> 錢子德洪刻先師《文錄》於姑蘇，自述其裒次之意，以純於講學明道者為《正錄》，曰明其志也；以詩賦及酬應者為《外集》，曰盡其全也；以奏疏及文移為《別錄》，曰究其施也。於是先師之言，粲然聚矣。[145]

143 「屑屑焉，勞瘁匆迫貌。《左傳》〈昭公五年〉：『禮之本末將於此乎在，而屑屑焉習儀以亟。』」《漢語大辭典》繁體2.0版。
144 錢德洪：〈陽明先生文錄序〉，收入錢明編校整理：《徐愛、錢德洪、董澐集》，頁182-183。
145 鄒守益：〈陽明先生文錄序〉，收入董平編校整理：《鄒守益集》，頁38-40。

依鄒氏所言,《陽明先生文錄》的內容包括「正錄」、「外集」、「別錄」,其分類項目和「謝氏刻本」大致相同,可說已是「謝氏刻本」的雛形。

(三)《陽明先生年譜》

陽明歿後,門人常聚於青原山講會,《年譜附錄一》記:

> 十三年甲午(嘉靖13年)正月,門人鄒守益建復古書院於安福,祀先生。師在越時,劉邦采首創惜陰會於安福間月為會五日。先生為作〈惜陰說〉。既後,守益以祭酒致政歸,與邦采、劉文敏、劉子和、劉陽、歐陽瑜、劉肇衮、尹一仁等建復古、連山、復真諸書院,為四鄉會。春秋二季,合五郡,出[146]青原山,為大會。凡鄉大夫在郡邑者,皆與會焉。於是四方同志之會,相繼而起,惜陰為之倡也。[147]

由上,嘉靖五年十二月,陽明在越時,劉邦采聚集安福同志,創立「惜陰會」[148],陽明曾作〈惜陰說〉[149]勉勵。隔年,陽明過吉安,又書〈寄安福諸同志〉[150],再勉安福諸友為聖人之學。陽明歿後,嘉靖十三年,鄒守益建復古書院於安福,以祀陽明,而有「四鄉會」,每

---

146 「出,去;到。《莊子》〈應帝王〉:『予方將與造物者為人,厭,則又乘夫莽眇之鳥,以出六極之外,而遊無何有之鄉,以處壙埌之野。』」《漢語大辭典》繁體2.0版。

147 《王陽明全集‧年譜附錄一》卷36,頁1095。

148 《王陽明全集》〈年譜三〉卷35,頁1071-1072。

149 〈惜陰說 丙戌〉,《王陽明全集》〈文錄四‧序記說〉卷7,頁225-226。

150 〈寄安福諸同志 丁亥〉,《王陽明全集》〈文錄三‧書三 嘉靖丙戌至戊子〉卷6,頁188。

年春秋二季，聚集於青原山[151]。此後，門人後學經常聚講於青原山，可見於鄒守益所記。鄒氏曰：

> 嘉靖癸巳（嘉靖12年，1533年）七月既望，同志咸集於青原，以從事於君子之學。[152]
> 嘉靖甲午（嘉靖13年，1534年）閏月己卯，同志再會於青原，二百餘人。[153]
> 歲戊申（嘉靖27年，1548年），緒山錢君、龍溪王君赴會青原。[154]

依鄒氏所記，門人後學至少多次聚集青原山，除了聚講陽明之學，從文獻來看，還有編輯《陽明先生年譜》一事。羅洪先於〈陽明先生年譜考訂序〉曰：

> 嘉靖戊申（嘉靖27年），先生門人錢洪甫聚青原，言年譜，僉以先生事業多在江右，而直筆不阿，莫洪先若，遂舉丁丑（正德12年）以後五年相屬。又十六年，洪甫攜年譜稿二三冊來，謂之曰：「戊申（嘉靖27年）青原之聚，今幾人哉！洪甫懼，始堅懷玉之留。」明年四月，年譜編次成書，求踐約，會滁陽。胡汝茂巡撫江右，擢少司馬，且行，刻期入梓，敬以旬日畢事。已而即工稍緩，復留月餘。自始至卒，手自更正，凡八百數十條。其見聞可據者，刪而書之。歲月有稽，務盡情實，

---

151 「青原山，在江西廬山東南。」《漢語大辭典》繁體2.0版。
152 鄒守益：〈青原嘉會語〉，收入董平編校整理：《鄒守益集》，頁441-442。
153 鄒守益：〈錄青原再會語〉，收入董平編校整理：《鄒守益集》，頁442-444。
154 鄒守益：〈水西精舍記〉，收入董平編校整理：《鄒守益集》，頁430-431。

微涉揚詡，不敢存一字。大意貴在傳信，以俟將來。於是年譜
可觀。[155]

依羅氏所述，嘉靖二十七年陽明門人聚集青原這一次，主要是討論編輯《陽明先生年譜》一事，但，「又十六年」，僅「洪甫攜年譜稿二三冊來」，錢氏完成二三冊《陽明先生年譜》初稿後，「明年四月，年譜編次成書」，隔年又將《陽明先生年譜》編次成書，但編輯《陽明先生年譜》一事仍能完成，未能完成的一部分原因，是因為嘉靖二十七年時聚於青原的門人後學陸續過世，從羅氏敘述我們可以知，嘉靖二十七年之後「又十六年」，《陽明先生年譜》編輯的過程並不十分順利。此外，《王陽明全集》〈年譜三〉記，嘉靖二十七年之後「又越十年」，《陽明先生年譜》編輯的過程：

> 四十二年（嘉靖42年）癸亥四月，先師年譜成。師既沒，同門薛侃、歐陽德、黃弘綱、何性之、王畿、張元沖謀成年譜，使各分年分地搜集成薰，總裁於鄒守益。越十九年庚戌（嘉靖29年），同志未及合併。洪分年得師始生至謫龍場，寓史際嘉義書院，具稿以復守益。又越十年，守益遺書曰：「同志注念師譜者，今多為隔世人矣，後死者寧無懼乎？譜接龍場，以續其後，修飾之役，吾其任之。」洪復寓嘉義書院具稿，得三之二。壬戌（嘉靖41年）十月，至洪都，而聞守益訃。遂與巡撫胡松吊安福，訪羅洪先於松原。洪先開關（按：應是「閉關」）有悟，讀《年譜》若有先得者。乃大悅，遂相與考訂。促洪登懷玉，越四月而譜成。[156]

---

155 羅洪先：〈陽明先生年譜考訂序〉，《王陽明全集》〈年譜附錄二〉卷37，頁1121。
156 《王陽明全集》〈年譜三〉卷35，頁1113。

據《年譜附錄一》[157]，嘉靖二十九年正月，陽明歿後二十二年，吏部主事史際，於南京應天府溧陽，興建嘉義書院。陽明後人於嘉義書院的活動非常重要，陽明後學於書院中立王陽明與湛若水牌位奉祀之，錢氏曾作〈天成篇〉揭於嘉義堂，示諸位門生。依《王陽明全集》〈年譜三〉所記，《年譜》完成的時間是嘉靖四十二年。《陽明先生年譜》編輯開始時，是薛侃、歐陽德、黃弘綱、何性之、王畿、張元沖等人，這些門人後學，花了數年在各地蒐集成稿，交給鄒守益統籌，嘉靖二十九年，因「同志未及合併」，錢德洪曾短暫居於嘉義書院編輯《陽明先生年譜》，當時錢氏於嘉義書院已編輯部分《陽明先生年譜》，「師始生至謫龍場」，錢氏編好的部分，是從陽明出生到謫龍場驛的部分，之後錢氏將嘉義書院編輯的這部分交給鄒守益。「又越十年」，鄒氏於書信寫道，多數編輯《陽明先生年譜》的門人同志，「今多為隔世人矣」，因此希望錢氏能「譜接龍場，以續其後」，從陽明謫龍場之後繼續寫下去，「修飾之役，吾其任之」，鄒氏表示能夠擔任修飾《陽明先生年譜》的工作，「洪復寓嘉義書院具稿」，錢氏又在嘉義書院（南京應天府溧陽）完稿三分之二。然而，修飾《陽明先生年譜》的工作還未完成，鄒氏便在嘉靖四十一年（1562）過世，錢氏便將《陽明先生年譜》帶給羅洪先閱讀，當時羅洪先處於閉關時期，「讀《年譜》若有先得者。乃大悅，遂相與考訂」。

此事記載，亦可見錢德洪〈陽明先生年譜序〉所記：

> 嘉靖癸亥（嘉靖四十二年）夏五月，《陽明先生年譜》成，……

---

[157] 《年譜附錄一》記：「（嘉靖）二十九年庚戌正月，吏部主事史際建嘉義書院於溧陽，祀先生。……立師與甘泉湛先生位，春秋奉祀。〈天成篇〉揭嘉義堂示諸生曰：「吾人與萬物混處於天地之中，為天地萬物之宰者，非吾身乎？」參見《王陽明全集・年譜附錄一》卷36，頁1102-1104。

譜之作，所以徵師言耳。始謀於薛尚謙，顧三紀未就。同志日
且凋落，鄒子謙之遺書督之。洪亦大懼湮沒，假館於史恭甫嘉
義書院，越五月，草半就。趨謙之，而中途聞訃矣。偕撫君、
胡汝茂往哭之。返見羅達夫閉關方嚴，及讀《譜》，則喟然嘆
曰：「先生之學，得之患難幽獨中，蓋三變以至於道。今之談
『良知』者，何易易也！」遂相與刊正。越明年正月，成於懷
玉書院，以復達夫。此歸，復與王汝中、張叔謙、王新甫、陳
子大賓、黃子國卿、王子健互精校閱，曰：「庶其無背師說
乎？」命壽之梓。[158]

錢德洪於〈陽明先生年譜序〉一文，與《王陽明全集》〈年譜三〉所
記，編輯的人物大致吻合，《陽明先生年譜》編輯開始時，是由薛
侃、歐陽德、黃弘綱、何性之、王畿、張元沖等人，並且「總裁於鄒
守益」，但「同志日且凋落」，而且在嘉靖四十二年之前「多為隔世人
矣」。《陽明先生年譜》的完成，完成時間是在嘉靖四十二年，可以說
是錢德洪編輯，與羅洪先「相與刊正」，再與王汝中、張叔謙、王新
甫、陳子大賓、黃子國卿、王子健「互精校閱」。

　　胡松於〈刻陽明先生年譜序〉一文亦提到主要編輯《陽明先生年
譜》者：

　　緒山錢子，先生高第弟子也，編有先生年譜舊矣。而猶弗自
　　信，溯錢塘，逾懷玉，道臨川，過洪都，適吉安，就正於念庵
　　諸君子。念庵子為之刪繁舉要，潤飾是正，而補其闕軼，信乎

---

158 錢德洪：〈陽明先生年譜序〉，收入錢明編校整理：《徐愛、錢德洪、董澐集》，頁
　　190-191。

其文則省，其事則增矣。計為書七卷，既成。[159]

又，清代楊希閔於〈明王文成公年譜序〉一文，曰：「錢緒山作《文成年譜》與羅念庵諸公往復商榷，蓋已無恨。」[160]承上，《陽明先生年譜》的編輯最早可能在王陽明過世後，陽明門人後學多次聚講青原時討論此事，依文獻所記，嘉靖二十七年可能是一次規模比較大的編輯會議，錢氏為主編，薛侃、歐陽德、黃弘綱、何性之、王畿、張元沖等人則分頭搜集，由鄒守益彙集。依文獻所記，嘉靖二十七年過後的十年、十六年，王門後學「多為隔世人矣」，《陽明先生年譜》未能合併，嘉靖四十一年之後，錢氏將其主編的《陽明先生年譜》初稿，「就正於念庵諸君子」，錢氏最後與王汝中、張叔謙、王新甫、陳子大賓、黃子國卿、王子健等人校閱於懷玉書院，羅洪先「為之刪繁舉要，潤飾是正，而補其闕軼」，說明嘉靖四十二年《陽明先生年譜》的完成，歷多年多時多人之手。

但，學者束景南先生考證，他認為《陽明先生年譜》「存在嚴重缺點」。依《王陽明年譜長編一》〈序〉：

> 一是錯誤太多，譜敘失察失誤失考，大大小小錯誤幾貫穿全譜。……二是空白太多，全譜祇對平江西亂與征思、田有較詳細譜敘，其餘均甚簡略，連篇空白。……三是門人之見過重。……陽明被美化為一完美之「神奇聖人」形象，五百年來之神化陽明其人，其源蓋出於錢德洪之《陽明先生年譜》也。[161]

---

159 胡松：〈又刻陽明先生年譜序〉，《王陽明全集》〈年譜附錄二〉卷37，頁1123-1125。

160 〔清〕楊希閔編：《明王文成公守仁年譜》（臺北市：臺灣商務印書館，1981年），頁1。

161 束景南：〈序〉，《王陽明年譜長編一》（上海：上海古籍出版社，2017年），頁1-2。

愚見以為，就第一點而言之，《陽明先生年譜》歷經多年且多人之手，確實可能存在「失察失誤失考」的情況。就第二點而言之，陽明早年的事蹟在陽明過世後，確實可能已不可考，故呈現空白，這亦屬正常現象。就第三點而言之，就《明史》〈王守仁傳〉與《陽明先生年譜》比較，在《陽明先生年譜》中，陽明的傳奇色彩確實比較明顯。《陽明先生年譜》是門人所編撰，陽明過世後，在陽明生平加入傳奇色彩是可以理解的。束景南先生認為《陽明先生年譜》的主要三大問題，確實可能存在，他透過眾多史料還原歷史史實亦是學術上的重要貢獻，但，《陽明先生年譜》歷時多年多人異地的編纂，實屬不易，《陽明先生年譜》有其不可取代的重要地位。

　　綜上所述，《陽明先生年譜》的編輯最早可能是在嘉靖二十七年，陽明過世後二十年，依文獻所記，這一次是規模比較大的編輯會議之始，歷時十五年的時間，完成的時間有兩個說法，一說是嘉靖四十二年四月，一說是四十二年五月[162]。依目前的版本，最早的刻本是嘉靖四十三年刻本[163]，故《陽明先生年譜》完成的時間應落在嘉靖四十二年四至五月之間。《陽明先生年譜》主要完成的地點與經手的門人，主要由錢德洪於嘉義書院（南京應天府溧陽）完稿三分之二，錢氏與王汝中、張叔謙、王新甫、陳子大賓、黃子國卿、王子健等人校

162　錢德洪〈陽明先生年譜序〉記：「嘉靖癸亥夏五月，《陽明先生年譜》成。」錢德洪：〈陽明先生年譜序〉，收入錢明編校整理：《徐愛、錢德洪、董澐集》，頁190-191。又，《王陽明全集》〈年譜三〉記：「四十二年癸亥四月，先師年譜成。」《王陽明全集》〈年譜三〉卷35，頁1113。承上，〈陽明先生年譜序〉與《王陽明全集》〈年譜三〉所記，《陽明先生年譜》完成的時間皆為嘉靖四十二年，錢德洪〈陽明先生年譜序〉記載是夏五月，《王陽明全集》〈年譜三〉記載是四月，兩者相差了一個月。

163　〔明〕錢德洪編、羅洪先考訂：《陽明先生年譜》《年譜叢刊》第42冊（北京市：北京圖書館出版社，據明嘉靖四十三年刻本）。

閱於懷玉書院，最後由羅洪先考訂之。學者束景南先生所著的《王陽明年譜長編》，透過新史料與新觀點，重新考證《陽明先生年譜》中重要的幾個關鍵事件之說，值得重視。

（四）《陽明先生文錄續編》

嘉靖四十五年（丙寅）（1566），錢德洪刻《陽明先生文錄續編》。《年譜》記載：

> 四十五年丙寅（嘉靖45年），刻先生《文錄續編》成。師《文錄》久刻於世。同志又以所遺見寄，彙錄得為卷者六。嘉興府知府徐必進見之曰：「此於師門學術皆有關切，不可不遍行。」同志董生啟予徵少師存齋公序，命工入梓，名曰《文錄續編》，並《家乘》三卷行於世云。[164]

此事又見於錢德洪〈《文錄續編》序〉：

> 德洪葺師《文錄》，始刻於姑蘇，再刻於越，再刻於天真，行諸四方久矣。……同門唐子堯臣僉憲吾浙，嘗謀刻未遂。今年九月，虯峰謝君來按吾浙，刻師全書，檢所未錄盡刻之，凡五卷，題曰《文錄續編》。師胤子王正億嘗錄《陽明先生家乘》凡三卷，今更名《世德紀》，並刻於全書末卷云。隆慶壬申（隆慶6年）一陽日，德洪百拜識。[165]

---

164 《王陽明全集・年譜附錄一》卷36，頁1115-1116。

165 錢德洪：〈《文錄續編》序〉，收入錢明編校整理：《徐愛、錢德洪、董澐集》，頁198。

陽明歿後，嘉靖十四年，錢德洪等人始刻《陽明先生文錄》，閩、越、河東、關中皆有刻本，嘉靖三十六年，胡宗憲重刻《陽明先生文錄》於天真書院。嘉靖四十五年，錢氏又陸續得到陽明佚文，徐階言：「此於師門學術皆有關切，不可不遍行」，徐階大力促成此《陽明先生文錄續編》，「餘姚錢子洪甫既刻《陽明先生文錄》以傳」，由錢氏刻成《陽明先生文錄續編》，徐階撰寫序文。

　　《陽明先生文錄續編》擴增多篇之前未收錄的文章，徐階於〈陽明先生文錄續編序〉一文，曰：

> 餘姚錢子洪甫既刻《陽明先生文錄》以傳，又求諸四方，得先生所著《大學或問》、《五經臆說》、序、記、書、疏等若干卷，題曰《文錄續編》，而屬嘉興守六安徐侯以正刻之。[166]

值得注意的是，《年譜》所記，「彙錄得為卷者六」，錢氏彙錄《文錄續編》六卷，而錢德洪於〈《文錄續編》序〉卻記「虯峰謝君來按吾浙，刻師全書，檢所未錄盡刻之，凡五卷，題曰《文錄續編》」，指謝氏刻本所收錄的《文錄續編》凡五卷。今「謝氏刻本」所見的「續編」，實際上有六卷，或錢氏於〈《文錄續編》序〉有筆誤，不可得知。又，依徐階所述，錢氏陸續得到陽明佚文有《大學或問》、《五經臆說》、序、記、書、疏等文章。《大學或問》一書為朱子著作，應是《大學問》之筆誤。錢氏所彙錄《文錄續編》六卷，其內容《大學問》、《五經臆說》、序、記、書、疏等文章，大致符合「謝氏刻本」收錄之「續編」六卷，可說已具「謝氏刻本」之規模。

---

166 徐階：〈陽明先生文錄續編序〉，《王陽明全集》〈序說‧序跋增補‧舊本卷首序說七篇〉卷41，頁1304-1305。

此外，根據日本學者永富青地研究，《陽明先生文錄續編》另有
版本：

> 上海圖書館卻藏有與《王文成公全書》所收《文錄續編》內容
> 完全不同的一種明代刊刻的《文錄續編》——《新刊陽明先生
> 文錄續編》。該書載有《王文成公全書》未收的佚詩佚文，在
> 內容上具有獨特的特點和資料價值，而且，其刊刻地為以往關
> 於陽明後學的研究中重視不夠的貴州，對我們輯錄王守仁佚詩
> 佚文和了解明代晚期王守仁著作在地方的傳播情況都具有重要
> 的意義。[167]

目前的《王陽明全集》中，文獻的單行本仍以《傳習錄》的相關研究
與著作佔大多數，而日本學者永富青地為《陽明先生文錄續編》研究
作出重要貢獻，相當可貴，值得我們重視。

（五）《陽明先生家乘》

隆慶六年（壬申）（1572），謝廷傑收錄《陽明先生家乘》，更名
為《世德記》。關於《陽明先生家乘》的記載，如下：

> 四十五年丙寅（嘉靖45年），刻先生《文錄續編》成。……
> 《文錄續編》，並《家乘》三卷行於世云。[168]
> 今年九月，蚪峰謝君來按吾浙，刻師全書，檢所未錄盡刻之，

---

167 永富青地：〈關於上海圖書館藏《新刊陽明先生文錄續編》〉，收入沈乃文主編：
《版本目錄學研究》（北京市：國家圖書館出版社，2009年10月）第1輯，頁228-
254。

168 《王陽明全集·年譜附錄一》卷36，頁1115-1116。

凡五卷，題曰《文錄續編》。師胤子王正億嘗錄《陽明先生家
乘》凡三卷，今更名《世德紀》，並刻於全書末卷云。隆慶壬
申（隆慶6年）一陽日，德洪百拜識。[169]

我師緒山先生編次，《陽明夫子家乘》成煇受而讀之。[170]

依文獻所記，王陽明嗣子王正億收錄《陽明先生家乘》三卷，嘉靖四
十五年，錢德洪編次之，「《文錄續編》，並《家乘》三卷行於世」，
《陽明先生文錄續編》與《陽明先生家乘》三卷並行於世。隆慶六
年，謝廷傑刻《全書》，併刻《陽明先生家乘》，更名為《世德記》，
收錄於《全書》之末。

四　「謝氏刻本」之版本與名稱

此「謝氏刻本」，《四部叢刊》、《四庫全書》、《四部備要》皆有收
錄，惟各版本的名稱略有不同。

（一）四部叢刊本

從「四部叢刊本」而言，「謝氏刻本」最早的序文為徐階所作，
徐階〈王文成公全書序〉稱「謝氏刻本」為《王文成公全書》。又，
《四部叢刊》所收錄之「謝氏刻本」稱《王文成公全書》。就版本與
名稱來說，我們可知，《四部叢刊》所收錄之「謝氏刻本」稱為《王
文成公全書》，而此版本名稱與徐階序文名稱相同，可知，《四部叢
刊》當是最早收錄「謝氏刻本」者。目前「謝氏刻本」之《四部叢

---

169 錢德洪：〈《文錄續編》序〉，收入錢明編校整理：《徐愛、錢德洪、董澐集》，頁
198。
170 程煇：〈喪紀〉，《王陽明全集》〈世德紀・書〉卷38，頁1201-1205。

刊》本，其一是據上海商務印書館縮印明隆慶刊本影印，其二是據上海涵芬樓明隆慶刊本影印。

(二) 四庫全書本

從「四庫全書本」而言，〈四庫全書王文成全書總目提要〉稱「《王文成全書》」。是故，《四庫全書》所收錄之「謝氏刻本」，稱為《王文成全書》。然，清代乾隆年間，明代隆慶六年「謝氏刻本」已亡佚，紀昀曰：

> 此書明末版佚，多有選輯別本以行者，然皆缺略，不及是編之詳備云。乾隆四十三年五月恭校上。總纂官臣紀昀、臣陸錫熊、臣孫士毅。[171]

清代乾隆四十三年（戊戌）（1778），陽明已歿二五〇年。據紀昀所言，明代隆慶六年（壬申）（1572）「謝氏刻本」此時已亡佚，故由紀昀、陸錫熊、孫士毅擔任總編纂，重新刊行。目前「謝氏刻本」之《四庫全書》本，其一是據「清乾隆四十三年刻本」。臺灣國立故宮博物院圖書館所藏之《四庫全書》本，為《文淵閣四庫全書》寫本，此本是據「清乾隆四十三年鈔本影印」，或據「國立故宮博物院藏本影印」。不論是「清乾隆四十三年鈔本影印」或「國立故宮博物院藏本影印」，所指皆同。目前「謝氏刻本」之《四庫全書》本，已不能見明代隆慶六年之「謝氏刻本」，取而代之的是清代乾隆四十三年鈔本。此外，浙江圖書館藏有《文瀾閣四庫全書》鈔本。

---

171 紀昀：〈四庫全書王文成全書總目提要〉，《王陽明全集》〈序說·序跋增補·增補序跋三十八篇〉卷41，頁1344-1345。

（三）四部備要本

從「四部備要本」而言，《四部備要》亦有收錄「謝氏刻本」。就版本與名稱來說，「謝氏刻本」之《四部備要》本稱為《陽明全書》。目前「謝氏刻本」之《四部備要》本，由臺灣中華書局出版。

承上，《四部叢刊》、《四庫全書》、《四部備要》所收錄之「謝氏刻本」。《四部叢刊》所收錄稱為《王文成公全書》；《四庫全書》所收錄稱為《王文成全書》；《四部備要》所收錄稱為《陽明全書》。綜觀以上名稱，《四部叢刊》、《四庫全書》、《四部備要》皆稱《全書》，現今所常用之《王陽明全集》，多不再以「全書」命名了。

五　「謝氏刻本」之價值

王陽明生前，著作單行本《初刻傳習錄》、《陽明先生文錄》，分別由薛侃、南大吉、南逢吉、鄒守益等門人刊刻完成。王陽明歿後，其門人將其學術廣為流傳，錢德洪等人廣搜陽明遺言，並為其校對、刊刻，陸續完成《續刻傳習錄》、《傳習續錄》、《年譜》、《陽明先生文錄續編》、《陽明先生家乘》等單行本，但這些單本未彙集起來。直到謝廷傑，他集王陽明的主要著作彙集、督刻《全書》。《全書》刊刻的意義在於，由提督學校巡按直隸監察御史豫章謝廷傑彙集《全書》，大學士徐階為其作〈序〉，對王學學術的推廣有其一定的影響。這不僅是王陽明著作集結成《全書》，其更大的意義是彰顯王學普遍流行的現象。「謝氏刻本」的刊行，代表王陽明學術發展獲得肯定的象徵。特別的是，明穆宗隆慶六年（壬申）（1572）刊刻《全書》非常有意義。因為這一年，亦是陽明誕辰一百週年。「謝氏刻本」即便是到今日，這個版本亦是在王陽明學術中最重要的一個版本，故筆者不揣鄙陋考證之。

第四節　《王陽明全集》「施氏刻本」

崇禎八年，施邦曜編為攜帶方便，在謝廷傑「謝氏刻本」三十八卷本的基礎上進行刪節，編成《陽明先生集要》十五卷本，初刊於閩，稱「施氏刻本」、「崇禎八年刻本」、「施邦曜刻本」、「集要」。然「施氏刻本」因「國變版毀」，於清代乾隆五十二年重刻，目前所見的「施氏刻本」，皆為清代乾隆五十二年的重刻本。一直以來，「施氏刻本」沒有「謝氏刻本」來的受到各界的重視。但是，若以施氏之「德」，重新審視「施氏刻本」的價值，「施氏刻本」有其重要的意義。

一　施邦曜與「施氏刻本」

施邦曜（1585-1644），字爾韜、四明，浙江餘姚人（今浙江省寧波市）。生於萬曆十三年，萬曆四十一年進士，卒於崇禎十七年，年五十九。施氏為什麼捨「謝氏刻本」而重刻呢？從《明史》記載可窺一二：

> 施邦曜，字爾韜，餘姚人。萬曆四十一年進士。不樂為吏，改順天武學教授，歷國子博士、工部營繕主事，進員外郎。魏忠賢興三殿工，諸曹郎奔走其門，邦曜不往。忠賢欲困之，使拆北堂，期五日，適大風拔屋，免譙責。又使作獸吻，仿嘉靖間制，莫考。夢神告之，發地得吻，嘉靖舊物也，忠賢不能難。遷屯田郎中，稍遷漳州知府，盡知屬縣奸盜主名，每發輒得，閩郡驚為神。盜劉香、李魁奇橫海上，邦曜繫香母誘之，香就擒。魁奇援鄭芝龍事，請撫，邦曜言於巡撫鄒維璉討平之。遷福建副使、左參政、四川按察使、福建左布政使，並有聲。

或饋之朱墨竹者，姊子在旁請受之。曰：「不可。我受之，即
彼得以乘閒而嘗我，我則示之以可欲之門矣。」性好山水。或
勸之遊峨嵋，曰：「上官遊覽，動煩屬吏支應，傷小民幾許物
力矣。」其潔己愛民如此。

歷兩京光祿寺卿，改通政使。黃道周既謫官，復逮下詔獄。國
子生涂仲吉上書訟之，邦曜不為封進，而大署其副封曰：「書
不必上，論不可不存。」仲吉劾邦曜，邦曜以副封上。帝見其
署語，怒，下仲吉獄，而奪邦曜官。逾年起南京通政使。入都
陛見，陳學術、吏治、用兵、財賦四事，帝改容納焉。出都二
日，命中使召還，曰：「南京無事，留此為朕效力。」吏部推
刑部右侍郎。帝曰：「邦曜清執，可左副都御史。」時崇禎十
六年十二月也。邦曜少好王守仁之學，以理學、文章、經濟三
分其書而讀之，慕義無窮。[172]

施氏先是得罪魏忠賢，後「忠賢不能難」。又，因黃道周謫官下獄，
施氏與涂仲吉意見相左，崇禎皇帝怒而「奪邦曜官」，施氏後見崇禎
皇帝時，「陳學術、吏治、用兵、財賦四事，帝改容納焉」，而免於災
禍。崇禎皇帝對施氏的態度從「奪官」到「改容納焉」，施氏雖免於
禍患，但此後遷官頻繁。他先是「遷屯田郎中，稍遷漳州知府」，之
後「遷福建副使、左參政、四川按察使、福建左布政使」，又遷「歷
兩京光祿寺卿，改通政使」、「起南京通政使」、「可左副都御史」。《明
史》又記：「邦曜少好王守仁之學，以理學、文章、經濟三分其書而
讀之，慕義無窮」。可知，施氏雖遷官頻繁，但他愛好王學，即使頻

---

172 〔清〕張廷玉等：〈施邦曜傳〉，《明史》〈列傳第一百五十三〉卷265，頁6850-
　　6852。

繁變動官職也時常取書讀之。從《明史》記載，施氏極有可能是因為
「遷官頻繁」而捨「謝氏刻本」。

　　究竟，施氏是否因「遷官頻繁」而捨「謝氏刻本」呢？此可見施
氏於〈陽明先生集要序〉記：

> 余以蚵蚾之質，仰羨蟾蜍之宮，每讀先生之書，不啻饑以當食，
> 渴以當飲，出王與俱。然行役不常，苦其帙之繁而難攜也，因
> 纂其切要者，分為三帙。首理學，次經濟，又次文章。便儲之
> 行笈，時佩服不離，亦以見先生不朽之業有所獨重云。[173]

施氏於遷官任官之際，考量「謝氏刻本」攜帶不易，「謝氏刻本」內
容之多，有「語錄」三卷、「文錄」五卷、「別錄」十卷、「外集」七
卷、「續編」六卷、「年譜」五卷、「世德紀」二卷，一共七編三十八
卷。施氏認為「苦其帙之繁而難攜」，為攜帶方便，故於崇禎八年，
將謝氏刻本「纂其切要者，分為三帙」，依序分為「理學」四卷、「經
濟」七卷、「文章」四卷，一共三編十五卷，初刊於閩，以「便儲之
行笈，時佩服不離」。這使得施氏雖頻繁遷官，先後遷福建副使、左
參政、四川按察使、福建左布政使之際，能夠便於閱讀。至清代乾隆
年間，「施氏刻本」後來僅有書本流傳，而刻本不存。直至清代乾隆
五十二年得以重刻，目前的「施氏刻本」，皆是據此重刻本。

　　學者王曉昕〈陽明先生集要・前言〉曰：

> 崇禎施氏刻本「初刊於閩」，但後來「國變版毀」。明亡，代之

173　〔明〕施邦曜：〈陽明先生集要序〉，收入〔明〕王守仁原著，〔明〕施邦曜輯評，
　　王曉昕、趙平略點校：《陽明先生集要》（北京市：中華書局，2010年，據明崇禎
　　八年〔1635年〕施氏刻本），頁11-12。

以清，刻版早已不復存在。不過，刻版沒有了，還有書在，便可據以重刻，刷印新書。於是就有了乾隆五十二年（1787年）浙江濟春堂朱培行刻版的問世。[174]

「施氏刻本」，由原本「謝氏刻本」七編三十八卷，輯為三編十五卷。又因「國變版毀」，於清代乾隆五十二年重刻，據此，真正的明代崇禎八年「施氏刻本」已不復在，目前所見的「施氏刻本」，皆為清代乾隆五十二年的重刻本。

二　「施氏刻本」未受重視

「施氏刻本」未受重視的原因，學者王曉昕曰：

> 乾隆五十二年刻本由於只是崇禎施氏刻本的翻版，自然不如後者那樣具有在陽明學研究中的重要位置。[175]

「施氏刻本」未受重視，王氏認為，因為今所見的「施氏刻本」已佚，取而代之的是「乾隆五十二年刻本」，從時間上來說，「施氏刻本」的重刻本「乾隆五十二年刻本」，的確比「謝氏刻本」晚了二一五年，在時間上自然比不上「謝氏刻本」，但後出轉精仍是有可能的。「施氏刻本」未受重視的原因，時間因素可能不足以完全評斷

---

174 王曉昕：〈陽明先生集要・前言〉，收入〔明〕王守仁原著，〔明〕施邦曜輯評，王曉昕、趙平略點校：《陽明先生集要》（北京市：中華書局，2010年，據明崇禎八年〔1635年〕施氏刻本），頁17。

175 王曉昕：〈陽明先生集要・前言〉，收入〔明〕王守仁原著，〔明〕施邦曜輯評，王曉昕、趙平略點校：《陽明先生集要》（北京市：中華書局，2010年，據明崇禎八年〔1635年〕施氏刻本），頁18。

「施氏刻本」的價值。

　　「施氏刻本」未受重視的原因,很可能是因為《明儒學案》未列施氏。雖然施氏「好王守仁之學」,但《明儒學案》未列施氏是事實,不知何故,「諸儒學案」中,有為此書作序文的黃道周,卻不見施氏列於《明儒學案》。一直以來,「施氏刻本」沒有「謝氏刻本」來的受到各界的重視。但是,若以施氏之「德」,重新審視「施氏刻本」的價值,「施氏刻本」亦有其重要性。

三　「施氏刻本」之價值

　　目前陽明學最重要的版本,學者的共識多是以「謝氏刻本」為主。那麼,「施氏刻本」的價值在哪裡呢?學者王曉昕提及「施氏刻本」的優點,王氏認為,「謝氏刻本」和「施氏刻本」皆有優點,惟「謝氏刻本」和「施氏刻本」的重要區別在於:第一,「謝氏刻本」述其全,「施氏刻本」輯其要。第二,「施氏刻本」有大量眉批[176]。從這個角度來觀察「施氏刻本」的優點,相當中肯。此外,吾認為「施氏刻本」的價值,可以從施氏的序文窺其一二,施氏於〈陽明先生集要序〉記:

> 自古稱不朽之業有三,曰立德、立功、立言。然果如是之畫為三等,如玄黃黑白之殊類乎?非也。蓋人未嘗生而有功,生而有言,惟此德命於天,率於性,明此者謂之精,誠此者謂之一。惟明故誠,惟精故一,是謂聖賢之學。學至於誠,則有以

176　王曉昕:〈陽明先生集要‧前言〉,收入〔明〕王守仁原著,〔明〕施邦曜輯評,王曉昕、趙平略點校:《陽明先生集要》(北京市:中華書局,2010年,據明崇禎八年〔1635年〕施氏刻本),頁19。

立天下之本一；則有以盡天下之變。德也者，功從此托根，言從此受響者也。惟學之入德未至，即身奏一匡之績，祇成雜霸之勳名；即文起八代之衰，終屬詞章之小乘。故上下古今，伊、周之後無功，六經之外無言。非無功與言也，德之未至，即功與言不足稱也。

先生從學絕道喪之日，獨悟良知之妙蘊，上接「精一」之心傳，就不睹不聞之中，裕經綸參贊之用，舉世所謂殊猷偉烈，微言奧論，不必分役其心而已。實有其理，將見富有日新，自然應時而發。戡亂定變，人所視為非常之原者，先生唾手立辦，使世食其功，而絕不見搶攘之跡，斯名世之大業也。創義豎詞，人所稱獨擅製作之林者，先生未嘗過而問焉，不外日用之雅言，而備悉夫繼往開來之緒，斯羽翼之真傳也。德立而功與言一以貫之，此先生之獨成其不朽哉！

世於先生之學，未能窺其蘊奧，故慕先生之功，若赫然可喜，誦先生之言，若澹然無奇。譬適滄茫者，不望斗杓為準，與波上下，東西南北，揣摩向往，無一或是，而先生之為先生自若。人惟學先生之學，試升其堂焉，入其室焉，而後知先生之不可及也。後知不可及者，之其則不遠也。性命之中，人人具有一先生焉。人人具有一先生，而竟無一人能為先生，先生於是乎獨成其不朽矣！[177]

施氏的一句話，可謂影響後人對王陽明一生的評價。施氏可能是第一位引用叔孫豹所言：

---

177 〔明〕施邦曜：〈陽明先生集要序〉，收入〔明〕王守仁原著，〔明〕施邦曜輯評，王曉昕、趙平略點校：《陽明先生集要》（北京市：中華書局，2010年，據明崇禎八年〔1635年〕施氏刻本），頁11-12。

> 豹聞之，大上有立德，其次有立功，其次有立言，雖久不廢，
> 此之謂不朽。[178]

施氏以立德、立功、立言作為王陽明一生重要的評價。但，立德、立功、立言這三者作為王陽明一生的評價，並不是三者均分陽明的一生。這三者當中，首重的是「德」，因為王陽明之「德」，而後對於「功」、「言」方是有其價值的。故施氏言「德立而功與言一以貫之，此先生之獨成其不朽哉」。我們已知，王陽明最重要的理論是「致良知」，陽明之德在於其學說與實踐一以貫之，因此能成就其不朽。而人人皆有良知，何以並非人人能不朽呢？施氏提出在王學常被討論的知行問題，施氏言：「人人具有一先生焉。人人具有一先生，而竟無一人能為先生，先生於是乎獨成其不朽矣」，施氏以陽明作為良知的代名詞，他認為，人人皆有良知，但無一人能成為王陽明，這是王陽明的不朽之處。當今之世只能有一王陽明，而陽明歿後，王學門人眾多，明末的施氏亦是眾多王學後學之一，後學能言其言，但是後學竟無人能成其德。從施氏之言，以立德、立功、立言作為王陽明一生重要的評價之際，施氏亦發出沉痛的呼籲，在現實生活中，一個學者之德是至關重要的。

施氏沉痛的呼籲體現在施氏自身的生命中，《明史》記：

> 明年，賊薄近郊。邦曜語兵部尚書張縉彥檄天下兵勤王，縉彥
> 慢弗省，邦曜太息而去。城陷，趨長安門，聞帝崩，慟哭曰：
> 「君殉社稷矣，臣子可偷生哉！」即解帶自經。僕救之蘇，恨

---

178 李學勤主編，〔周〕左丘明傳，〔晉〕杜預注，〔唐〕孔穎達疏正義：《春秋左傳正義》〈襄公二十四年〉（北京市：北京大學出版社，1999年）卷35，頁1000-1009。

曰：「是兒誤我！」賊滿衢巷，不得還邸舍，望門求縊，輒為
居民所麾。乃命家人市信石雜澆酒，即途中服之，血迸裂而
卒。[179]

施氏一生愛好王學，慕義無窮，他面對魏忠賢陷害，無畏奸權，凜然
以對。面對崇禎皇帝自縊，慟哭曰：「君殉社稷矣，臣子可偷生
哉！」很遺憾的，施氏面對亡國之痛，君臣關係不再，他亦結束自己
的生命，施氏作為遺民，「市信石雜澆酒，即途中服之，血迸裂而
卒」，施氏用最後之生命實踐其「德」。至於，施氏是否需要殉國，自
然是可以再討論。由此可以理解，施氏愛好王學，是用自己的生命實
踐其君臣之義，並非是人云亦云，他不僅言陽明之「言」，更有得陽
明之「德」，因其有德，故有其「功」。若論其「言」，「施氏刻本」未
如「謝氏刻本」之早，也未如「謝氏刻本」之全，若論其「德」，施
氏在亡國之際仍盡心於君臣關係。因有其「德」，故「施氏刻本」應
值得我們更加重視。

第五節　在親民與在新民
──兼與上海古籍出版社商榷

儒家的思想，是放在天地人的場域中。它是一步一步推出去說
的，儒家首先關心的是人，是自身，是從內在本性自然流露的仁，是
反求諸己的反省、自慊，然後才從自身推擴於親人、他人、天地。
「親親而仁民，仁民而愛物」，陽明精一之旨的思想，一則落實在生

---

179 〔清〕張廷玉等：〈施邦曜傳〉，《明史》〈列傳第一百五十三〉卷265，頁6850-
　　6852。

活世界，一則落實在經典上。本節則是說明陽明精一之旨的思想，落實在經典上。《傳習錄》篇首曰：

愛問：「『在親民』，朱子謂當作『新民』[180]，後章『作新民』[181]之文似亦有據；先生以為宜從舊本作『親民』，亦有所據否？」先生曰：「『作新民』之『新』是自新之民，與『在新民』之『新』不同，此豈足為據？『作』字卻與『親』字相對[182]，然非『親』字義[183]。下面『治國平天下』處，皆於『新』字無發

---

180 《大學章句》首句：「《大學》之道，在明明德，在親民，在止於至善。」朱子引伊川之意，程子曰：「親，當作新。」又言：「新者，格其舊之謂也，言既自明其明德，又當推以及人，使之亦有以去其舊染之污也。」參見〔宋〕朱熹：《四書章句集註》，頁3。

181 「後章『作新民』」一句，指《大學章句》第二章：「〈康誥〉曰：『作新民』」。參見〔宋〕朱熹：《四書章句集註》，頁5。另，「作新民」，出自《尚書》〈康誥〉：「已！汝惟小子，乃服惟弘王，應保殷民。亦惟助王宅天命，作新民。」又，孔穎達疏曰：「惟助王者居順天命，為民日新之教」。參見李學勤主編，〔漢〕孔安國傳，〔唐〕孔穎達疏：《尚書正義》，頁362-363。按：依《尚書》，〈康誥〉的「作新民」之意，為周朝政權對殷商之民行日新之教，保住殷民。惟，日新之教的內容，究竟有沒有明其明德，以至止至善，則不得而知。但，朱子對此是持肯定的態度，朱子認為，日新之教的內容，有「明其明德」。

182 「相對，有相符或相反之意。」《漢語大辭典》繁體2.0版。又，張載：「太虛為清，清則無礙，無礙故神；反清為濁，濁則礙，礙則形」，王夫之注曰：「反者，屈伸聚散相對之謂」，出自張載《正蒙》〈太和〉。參見〔宋〕張載撰，〔清〕王夫之注：《張子正蒙》，頁93。按：參考王夫之的用法，句中有「反」字，「相對」為「相反」之意，回到「作字卻與親字相對」一句，句中有「卻」字，應作「相反」之意。

183 作「然非『親』字義」，如《四部叢刊》本、《四庫全書》本、《四部備要》本。如：〔明〕王守仁撰，〔明〕錢德洪原編，〔明〕謝廷傑彙集：《王文成公全書》，收入王雲五主編：《四部叢刊·初編縮本·集部》第84冊（臺北市：臺灣商務印書館，1965年，據上海商務印書館縮印明隆慶刊本影印），頁56。〔明〕王守仁撰，〔明〕錢德洪原編，〔明〕謝廷傑彙集：《王文成全書》，收入清高宗乾隆皇帝敕纂：《景印摛藻堂四庫全書薈要·集部·別集類》第68-69冊編號415-416（臺北

　　明，如云『君子賢其賢而親其親，小人樂其樂而利其利』[184]，
『如保赤子』[185]；『民之所好好之，民之所惡惡之，此之謂民
之父母』[186]之類，皆是『親』字意。『親民』猶孟子『親親仁
民』[187]之謂，親之即仁之也。百姓不親，舜使契為司徒，敬敷

市：世界書局，1988年），頁415-5。〔明〕王守仁撰，〔明〕錢德洪原編，〔明〕謝
延傑彙集：《陽明全書》（臺北市：臺灣中華書局，1985年，據明隆慶六年〔1572
年〕謝氏刻本之四部備要本），頁2。此外，出版社之出版之《全集》，如：〔明〕
王守仁撰，正中書局編審：《王陽明全書》（臺北市：正中書局，1955年12月），頁
1。〔明〕王守仁撰，吳光、錢明、董平、姚延福編校：《王陽明全集》（上海市：
上海古籍出版社，1992年，41卷本），頁2。〔明〕王守仁撰，吳光、錢明、董平、
姚延福編校：《王陽明全集》（杭州市：浙江古籍出版社，2010年，54卷本），頁
2。〔明〕王守仁撰，吳光、錢明、董平、姚延福編校：《王陽明全集》（上海市：
上海古籍出版社，2011年，41卷本），頁2。〔明〕王守仁撰，吳光、錢明、董平、
姚延福編校：《王陽明全集》（上海市：上海古籍出版社，2014年，41卷本），頁
2。另，單行本《傳習錄》作「然非『親』字義」，則有但衡今先生、于清遠先
生、陳榮捷先生等。參見「然非「親」字義與然非「新」字義版本對照表（一）、
（二）、（三）」。

184　「君子賢其賢而親其親，小人樂其樂而利其利」，出自《大學》。參見李學勤主
編，〔漢〕鄭玄注，〔唐〕孔穎達疏：《禮記正義下》（北京市：北京大學出版社，
1999年），頁1593。以及〔宋〕朱熹：《四書章句集註》，頁6。

185　「〈康誥〉曰：『如保赤子』」一句，出自《大學》。參見〔宋〕朱熹：《四書章句集
註》，頁9。以及李學勤主編，〔漢〕鄭玄注，〔唐〕孔穎達疏：《禮記正義下》，頁
1599。按：《尚書》〈康誥〉作：「若保赤子」。參見李學勤主編，〔漢〕孔安國傳，
〔唐〕孔穎達疏：《尚書正義》，頁364。

186　「民之所好好之，民之所惡惡之，此之謂民之父母」，出自《大學》。參見〔宋〕
朱熹：《四書章句集註》，頁10。以及李學勤主編，〔漢〕鄭玄注，〔唐〕孔穎達
疏：《禮記正義下》，頁1601。

187　「親親仁民」，出自《孟子》〈盡心上〉：「君子之於物也，愛之而弗仁；於民也，
仁之而弗親。親親而仁民，仁民而愛物。」參見〔宋〕朱熹：《四書章句集註》，
頁363。

五教[188]，所以親之也。〈堯典〉『克明峻德』[189]，便是『明明德』；以『親九族』至『平章協和』[190]，便是『親民』，便是『明明德於天下』。又如孔子言『修己以安百姓』[191]，『修己』便是『明明德』；『安百姓』便是『親民』。說『親民』便是兼教養意，說『新民』便覺偏了。」[192]

為了使本文說理明白，筆者疏解如下：徐愛問：「《大學》首章的『在親民』，朱子認為，應作『新民』，《大學》第二章中，〈康誥〉曰：『作新民』，好像可以作為憑證。先生則認為，應該按照古本《大學》，作『親民』，這又有什麼根據呢？」陽明曰：「《大學》第二章中，〈康誥〉曰：『作新民』的『新』，是自新之民的意思，與程朱所說的『在新民』的『新』不同，〈康誥〉曰『作新民』怎麼可以成為程朱說『在新民』的憑證呢？「作」字，與「親」字相反。「作」字，也不是「新」的意思。《大學》後面提到「治國平天下」的地

---

188 「舜使契為司徒，敬敷五教」一句，「使契為司徒」，出自《孟子・滕文公上》：「人之有道也，飽食、暖衣、逸居而無教，則近於禽獸。聖人有憂之，使契為司徒，教以人倫：父子有親，君臣有義，夫婦有別，長幼有序，朋友有信。」參見〔宋〕朱熹：《四書章句集註》，頁259。按：五教，指父子有親，君臣有義，夫婦有別，長幼有序，朋友有信。

189 「〈堯典〉克明峻德」一句，出自《尚書・堯典》。又，《尚書・堯典》是作：「克明俊德」。參見李學勤主編，〔漢〕孔安國傳，〔唐〕孔穎達疏：《尚書正義》，頁27。另，《大學》作：《帝典》曰：「克明峻德」。參見李學勤主編，〔漢〕鄭玄注，〔唐〕孔穎達疏：《禮記正義下》，頁1593。

190 「親九族」至「平章協和」，指的是：《尚書》〈堯典〉：「克明俊德，以親九族。九族既睦，平章百姓。百姓昭明，協和萬邦。」參見李學勤主編，〔漢〕孔安國傳，〔唐〕孔穎達疏：《尚書正義》，頁27。

191 「修己以安百姓」，出自《論語》〈憲問第十四〉。參見〔宋〕朱熹：《四書章句集註》卷7，頁159。

192 徐愛問〈大學〉首句，「在親民」或「在新民」。參見《王陽明全集》〈語錄一・傳習錄上〉卷1，頁1-2。

方，都沒有新民之「新」的意思。但是《大學》後面提到「君子賢其賢而親其親，小人樂其樂而利其利」、「如保赤子」、「民之所好好之，民之所惡惡之，此之謂民之父母」，都有「親」的意思。「親民」猶如《孟子》：「親親仁民」，「親之」即是「仁之」，百姓不仁，於是虞舜任命契作「司徒」，推行「五教」：父子有親，君臣有義，夫婦有別，長幼有序，朋友有信，所以百姓能夠互相仁愛。《尚書‧堯典》：「克明峻德」，便是「明明德」；「親九族」至「平章協和」一段，即是《尚書》〈堯典〉：「克明俊德，以親九族。九族既睦，平章百姓。百姓昭明，協和萬邦」，這一段便是「親民」，便是「明明德於天下」。又如同孔子言：「修己以安百姓」。這是指《論語》〈憲問〉：子路問君子。子曰：「修己以敬。」曰：「如斯而已乎？」曰：「修己以安人。」曰：「如斯而已乎？」曰：「修己以安百姓。修己以安百姓，堯舜其猶病諸！」子路曾向孔子請益何為君子。孔子說，修養自己，以致能認真謹慎。子路再問，這樣就夠了嗎？孔子說，修養自己，以致能安頓四周的人。子路又問，這樣就夠了嗎？孔子說，修養自己，以致能安頓所有的人。修養自己，以致能安頓所有的人，堯舜也會覺得這是很難做到的事啊！孔子言：「修己以安百姓」，意指：修養自己，以致能安頓所有的人。「修己」便是「明明德」，「安百姓」便是「親民」。說「親民」，便是包括教化養育之意，說「新民」便覺得偏了這層意思。

　　所謂「『作』字卻與『親』字相對」，王陽明主張「在親民」，而非「作新民」，顧名思義，「作」、「親」不同，「作」是後設的行為使然，如告子之「義外」，「親」是發自內心的自然流露，非由外鑠也，如孟子之「義內」。接著關鍵的一句，究竟是「然非『親』字義」，還是「然非『新』字義」呢？個人認為可能是「然非『新』字義」。理由如下：所謂「然非『新』字義」，朱子以《大學章句》第二章：

「〈康誥〉曰：『作新民』」為依據，而「作新民」一句是出自《尚書》〈康誥〉：「已！汝惟小子，乃服惟弘王，應保殷民。亦惟助王宅天命，作新民。」依《尚書》〈康誥〉「作新民」之意，為周朝政權對殷商之民行日新之教，保住殷民。惟，指的是日新之教的內容，究竟有沒有明其明德，以至止至善，則不得而知。但，朱子對此是持肯定的態度，朱子認為，日新之教的內容，有「明其明德」。對此，陽明認為，《尚書》〈康誥〉「作新民」之意，其日新之教和親民的意思不能相提並論，日新之教不能用來證明《大學》三綱領就是「在新民」，故曰：「『作』字卻與『親』字相對，然非『新』字義」。

一 「謝氏刻本」與「施氏刻本」之比較

此段的關鍵在「『作』字卻與『親』字相對，然非『親』字義」與「『作』字卻與『親』字相對，然非『新』字義」。依據「謝氏刻本」之《四部叢刊》本、《四庫全書》本、《四部備要》本，所刊錄的是前者，但「施氏刻本」所刊錄的是後者，這表示，《陽明先生集要》對《全書》的內容確實有局部更動。為什麼「謝氏刻本」和「施氏刻本」所記載的會不同呢？謝氏刻本一出，之後刊印的各種全書，大都依據此本，包括《四庫全書》、《四部叢刊》、《四部備要》皆有收入，理應不致有誤。惟此段文句，以目前的版本[193]，此句多未著墨，且兩種版本皆有。鄧艾民先生於此句後，註云：「《王文成公全書》本，新訛作親，據閩東本改」[194]。依鄧氏，他認為「『作』字卻與『親』字相對，然非『新』字義」較為正確，亦是說，「謝氏刻本」

---

193 參見後文「然非『親』字義與然非『新』字義版本對照表一、二、三」。
194 參見鄧艾民：《傳習錄注疏》（基隆市：法嚴出版社，2000年11月），頁21-22。以及氏著：《傳習錄注疏》（上海市：上海古籍出版社，2015年5月），頁6-7。

可能有誤，此根據何在呢？鄧氏言：「據閩東本改」。所謂「閩東本」，依據的是「南本」，而所謂「南本」，是明嘉靖三年（甲申）（1524），陽明門人南大吉刻於越（今浙江省紹興市）的版本。若依時間來說，「南本」刊刻時，陽明五十三歲，可信度高。但是，依據錢明先生研究，「南本」刻行之後，不少學者對「南本」校正、改編，甚至錢德洪所依據的「南本」，已非南大吉原刻本，錢明先生認為，學者佐藤一齋先生、陳榮捷先生，所據之南本皆非南大吉原刻本。[195]如果依上述學者之研究，錢德洪所依據的「南本」，已非南大吉原刻本，連「南本」都不復見，那麼「閩東本」亦不能復見。鄧氏所依據的「閩東本」若已不復見，鄧氏不知根據何本，最有可能的，就是根據「施氏刻本」所改。不論鄧氏依據「閩東本」或「施氏刻本」所改，鄧氏更改的內容，即是「施氏刻本」的內容，以本文筆者之疏解，亦同意「『作』字卻與『親』字相對，然非『新』字義」似乎比較符合王陽明思想。由上，依學者佐藤一齋先生、錢明先生、陳榮捷先生之研究，「謝氏刻本」之《全書》，因為「新訛作親」的原因，成為「『作』字卻與『親』字相對，然非『親』字義」。據此，「謝氏刻本」因為筆誤造成訛誤。在「施氏刻本」及《傳習錄》單行本則保留了錢德洪當時《傳習錄》單行本，正確的「『作』字卻與『親』字相對，然非『新』字義」。

---

195 參見錢明：〈陽明全書成書經過考〉，《王陽明全集》〈序說・序跋增補〉（上海市：上海古籍出版社，1992年）卷41，頁1632-1648。

表一　然非「親」字義與然非「新」字義版本對照表

版本	然非「親」字義	然非「新」字義
「謝氏刻本」（1572）《四部叢刊》本（1965）[196]	然非「親」字義	
「謝氏刻本」（1572）《四庫全書》本（1988）[197]	然非「親」字義	
「謝氏刻本」（1572）《四部備要》本（1985）[198]	然非「親」字義	
「施氏刻本」（1635）中華書局本（2010）[199]		然非「新」字義[200]

二　「謝氏刻本」各版本之比較

前文敘述，「謝氏刻本」的《四部叢刊》本、《四庫全書》本、《四部備要》本，皆作「『作』字卻與『親』字相對，然非『親』字

196　〔明〕王守仁撰，〔明〕錢德洪原編，〔明〕謝廷傑彙集：《王文成公全書》，收入王雲五主編：《四部叢刊・初編縮本・集部》第84冊（臺北市：臺灣商務印書館，1965年，據上海商務印書館縮印明隆慶刊本影印），頁56。

197　〔明〕王守仁撰，〔明〕錢德洪原編，〔明〕謝廷傑彙集：《王文成全書》，收入清高宗乾隆皇帝敕纂：《景印摛藻堂四庫全書薈要・集部・別集類・第68-69冊》編號415-416（臺北市：世界書局，1988年），頁415-5。

198　〔明〕王守仁撰，〔明〕錢德洪原編，〔明〕謝廷傑彙集：：《陽明全書》（臺北市：臺灣中華書局，1985年，據明隆慶六年〔1572年〕謝氏刻本之四部備要本），頁2。

199　〔明〕王守仁原著，〔明〕施邦曜輯評，王曉昕、趙平略點校：《陽明先生集要》（北京市：中華書局，2010年，據明崇禎八年〔1635年〕施氏刻本），頁28。

200　施邦曜曰：「自知講解，即服膺朱子『新民』之訓為再無二義，今領先生之說，覺萬物一體之意，更脈然有動。」參見氏著：《陽明先生集要》，頁28。

義」，推估有可能是當初單行本之筆誤，後來由「施氏刻本」更正為「『作』字卻與『親』字相對，然非『新』字義」，筆者推估「『作』字卻與『親』字相對，然非『新』字義」似乎比較符合王陽明思想。綜觀，以「謝氏刻本」為依據，正中書局一九五五年的《陽明全書》、浙江古籍出版社二○一○年的《王陽明全集》、上海古籍出版社，一九九二年、二○一一年、二○一四年的《王陽明全集》，皆是「『作』字卻與『親』字相對，然非『親』字義」。但是，上海古籍出版社在二○一二年、二○一五年的《王陽明全集》是「『作』字卻與『親』字相對，然非『新』字義」。對此，所有版木的〈編校說明〉皆未針對此問題有任何說明或解釋。推估此現象的原因，因「謝氏刻本」的《四部叢刊》本、《四庫全書》本、《四部備要》本，皆作「『作』字卻與『親』字相對，然非『親』字義」，故正中書局、上海古籍出版社、浙江古籍出版社大多皆以「謝氏刻本」為主。但問題來了，我們又如何解釋上海古籍出版社在二○一二年、二○一五年的《王陽明全集》是「『作』字卻與『親』字相對，然非『新』字義」呢？真正的原因可能要上海古籍出版社才會知道。

　　筆者不揣鄙陋推測，上海古籍出版社可能忽略「『作』字卻與『親』字相對，然非『親』字義」與「『作』字卻與『親』字相對，然非『新』字義」這兩句不一樣的差別。理由有二：一是，「謝氏刻本」的《四部叢刊》本、《四庫全書》本、《四部備要》本內容皆同，皆作「『作』字卻與『親』字相對，然非『親』字義」，幾乎是各種《陽明全書》、《王陽明全集》所依循的版本，這個問題不容易被發現。二是，上海古籍出版社在二○一二年、二○一五年的《王陽明全集》，這兩個版本較為特別，頁碼、編排一樣之外，這兩個年度皆是橫式編排，其他年度則是直式編排。推測如果無誤，上海古籍出版社、浙江古籍出版社的直式編排是「『作』字卻與『親』字相對，然

非『親』字義」；上海古籍出版社的橫式編排則是「『作』字卻與『親』字相對，然非『新』字義」。

由上，個人認為，上海古籍出版社的〈編校說明〉或許能夠說明該版本是「『作』字卻與『親』字相對，然非『親』字義」或「『作』字卻與『親』字相對，然非『新』字義」的理由。該版本若以「謝氏刻本」為主，則是「『作』字卻與『親』字相對，然非『親』字義」。又，該版本若以「施氏刻本」為主，則是「『作』字卻與『親』字相對，然非『新』字義」。而目前，上海古籍出版社的〈編校說明〉對此未作說明。既以「謝氏刻本」為主，而兩種版本卻皆有之，直式編排是「『作』字卻與『親』字相對，然非『親』字義」；橫式編排是「『作』字卻與『親』字相對，然非『新』字義」。此為個人之理解，希冀就此文與上海古及出版社商榷之。

表二　然非「親」字義與然非「新」字義版本對照表

版本	然非「親」字義	然非「新」字義
正中書局（1955）[201]	然非「親」字義	
上海古籍出版社（1992）[202]	然非「親」字義	
浙江古籍出版社（2010）[203]	然非「親」字義	
上海古籍出版社（2011）[204]	然非「親」字義	
上海古籍出版社（2012）[205]		然非「新」字義
上海古籍出版社（2014）[206]	然非「親」字義	
上海古籍出版社（2015）[207]		然非「新」字義

三　《傳習錄》單行本之比較

　　《傳習錄》單行本是「謝氏刻本」彙集王陽明著作的單行本之後，唯一仍以單行本的方式出版的，至今不輟、方興未艾。筆者列舉

---

201 〔明〕王守仁撰，正中書局編審：《王陽明全書》（臺北市：正中書局，1955年12月），頁1。

202 〔明〕王守仁撰，吳光、錢明、董平、姚延福編校：《王陽明全集》（上海市：上海古籍出版社，1992年，41卷本），頁2。

203 〔明〕王守仁撰，吳光、錢明、董平、姚延福編校：《王陽明全集》（杭州市：浙江古籍出版社，2010年，54卷本），頁2。

204 〔明〕王守仁撰，吳光、錢明、董平、姚延福編校：《王陽明全集》（上海市：上海古籍出版社，2011年，41卷本），頁2。

205 〔明〕王守仁撰，吳光、錢明、董平、姚延福編校：《王陽明全集》（上海市：上海古籍出版社，2012年，41卷本），頁1。

206 〔明〕王守仁撰，吳光、錢明、董平、姚延福編校：《王陽明全集》（上海市：上海古籍出版社，2014年，41卷本），頁2。

207 〔明〕王守仁撰，吳光、錢明、董平、姚延福編校：《王陽明全集》（上海市：上海古籍出版社，2015年，41卷本），頁1。

《傳習錄》單行本的十個版本並以出版時間排列前後順序。從日本《傳習錄》譯本來說，佐藤一齋先生、三輪希賢先生皆是「『作』字卻與『親』字相對，然非『新』字義」。由於佐藤一齋先生出版《傳習錄》單行本的時間較早，相對可靠。對於這個問題，〔日〕佐藤一齋先生曰：

> 然非新字義，然字、指如是也、非轉詞、全書新訛作親、諸本亦多訛、南本閣本楊嘉猷本作新。[208]

〔日〕三輪希賢先生曰：

> 然非新字義──欄外曰、全書、新訛作親、諸本多訛、南本‧閣本‧楊嘉猷本作新。[209]

鄧艾民先生曰：

> 《王文成公全書》本，新訛作親，據閣東本改。[210]

吳震先生、孫欽香先生曰：

---

208 〔日〕佐藤一齋：「然非新字義，然字、指如是也、非轉詞、全書新訛作親、諸本亦多訛、南本閣本楊嘉猷本作新。」參見氏著：《傳習錄欄外書》（東京市：啓新書院，明治30年，1897年），頁2-3。

209 三輪希賢：「然非新字義──欄外曰、全書、新訛作親、諸本多訛、南本‧閣本‧楊嘉猷本作新。」參見氏著：《漢文大系16：傳習錄》（臺北市：慧豐學會，1996年），頁3。

210 鄧艾民：「《王文成公全書》本，新訛作親，據閣東本改。」參見氏著：《傳習錄注疏》（基隆市：法嚴出版社，2000年11月），頁21-22。以及氏著：《傳習錄注疏》（上海市：上海古籍出版社，2015年5月），頁6-7。

「作」字與「親」字含義相應，而不作「新」字解。[211]

依〔日〕佐藤一齋先生、〔日〕三輪希賢先生、鄧艾民先生、吳震先生、孫欽香先生等學者研究，「謝氏刻本」因「新訛作親」，造成諸多版本訛誤，包括「謝氏刻本」之《四部叢刊》本、《四庫全書》本、《四部備要》本皆訛誤。雖然目前最新版本的《王陽明全集》（2015）已更正為「『作』字卻與『親』字相對，然非『新』字義」，但因未作說明，稍有遺憾。此外，但衡今先生、于清遠先生、陳榮捷先生、廣文書局等仍維持「『作』字卻與『親』字相對，然非『親』字義」，使得「謝氏刻本」因「新訛作親」的訛誤未能更正。目前已更正者，是〔日〕佐藤一齋先生、〔日〕三輪希賢先生、葉紹鈞先生、鄧艾民先生、吳震先生、孫欽香先生等學者，皆是「『作』字卻與『親』字相對，然非『新』字義」，這些版本較新，更正了「新訛作親」的部分，殊為可貴。較特別的是，張靖傑先生於《傳習錄》中，原文是「『作』字卻與『親』字相對，然非『親』字義」，而譯文是「『作』字與『親』字相對應，但卻不是『新』的意思」。

　　對此，張靖傑先生曰：

　　鄧艾民先生認為，此處「親」當作「新」，譯文從此說。[212]

由上，張靖傑先生於二〇一五年出版的《傳習錄》中，在原文與

---

211 吳震、孫欽香譯文：「『作』字與『親』字含義相應，而不作『新』字解。」氏著：《傳習錄》（香港：中華書局，2015年），頁15-16。

212 張靖傑註：「鄧艾民先生認為，此處『親』當作『新』，譯文從此說。」又，譯文：「『作』字與『親』字相對應，但卻不是『新』的意思。」參見氏著：《明隆慶六年初刻版《傳習錄》》，頁5-6。

譯文之間造成了一字之差，雖然是一字之差，但就王陽明學術而言，卻有毫釐千里之別。

王陽明的思想，落實在經典上，陽明主張「在親民」而非「在新民」，因為〈康誥〉「作新民」的「作」，和「在親民」的「親」相對。換言之，作字與親字是不同的、是相反的。又，〈康誥〉「作新民」的「新」，亦不能用來證明程朱言「在新民」之「新」。因為《大學》後面提到「治國平天下」的地方，都沒有新民之「新」的意思。

我們在《王陽明全集》、《傳習錄》單行本諸多版本中，由於「謝氏刻本」中，「新訛作親」的訛誤，造成正訛不分的情況。個人才疏學淺，對於目前兩種版本流通於市，深感不解，認為這可能造成讀者若干困惑，因而撰此一文，祈能化訛為正。

表三　然非「親」字義與然非「新」字義版本對照表

作者	然非「親」字義	然非「新」字義
〔日〕佐藤一齋（1897）[213]		然非「新」字義
但衡今著（1957）[214]	然非「親」字義	
于清遠著（1969）[215]	然非「親」字義	
葉紹鈞點註（1994）[216]		然非「新」字義
廣文書局點校（1994）[217]	然非「親」字義	
〔日〕三輪希賢標註，〔日〕安井小太郎解題（1996）[218]		然非「新」字義
陳榮捷著（1998）[219]	然非「親」字義	
鄧艾民著（2000、2015）[220]		然非「新」字義
吳震、孫欽香導讀、譯注（2015）[221]		然非「新」字義
張靖傑譯注（2015）[222]	原文：然非「親」字義	譯文：但卻不是『新』的意思

---

213 〔日〕佐藤一齋：《傳習錄欄外書》（東京：啓新書院，明治30年，1897年），頁2-3。

214 但衡今：《王陽明傳習錄札記》（臺北市：齊魯印刷行，1957年），頁1。

215 于清遠：《王陽明傳習錄注釋》（臺北市：黃埔出版社，1969年），頁4。

216 葉紹鈞點註：《傳習錄》（臺北市：臺灣商務印書館，1994年），頁4。

217 廣文書局點校：《精校斷句王陽明傳習錄》（臺北市：廣文書局，1994年），頁1。

218 〔日〕三輪希賢標註，〔日〕安井小太郎解題：《漢文大系16：傳習錄》（臺北市：慧豐學會，1996年），頁3。

219 陳榮捷：《王陽明傳習錄詳註集評》（臺北市：臺灣學生書局，1998年），頁27。

220 鄧艾民：《傳習錄注疏》（基隆市：法嚴出版社，2000年11月），頁21-22。以及，氏著：《傳習錄注疏》（上海市：上海古籍出版社，2015年5月），頁6-7。

221 吳震、孫欽香導讀、譯注：《傳習錄》（香港：中華書局，2015年），頁15-16。

222 張靖傑譯注：《明隆慶六年初刻版《傳習錄》》（南京市：江蘇鳳凰文藝出版社，2015年），頁5-6。

第二章
王陽明的思想依據：從「道心」
到「天地之心」

　　黃宗羲（梨州，1610-1695）於《明儒學案》中載：「有明之學至白沙始入精微。」[1]又云：「作聖之功，至先生始明，至文成而始大。」[2]王陽明是明代中葉心學的代表人物。其早期思想以「格物致知」為起點，中期思想提出「心外無物」，晚期思想提出「致良知」之後，學術宗旨以「致良知」為主。「致良知」之直截簡易，雖解決朱子格致誠正的工夫次第的種種問題，但也引起當時門人對王陽明心學的疑問，以及後人認為王陽明思想有禪學的傾向，此問題至目前仍未有定論，顯見，王陽明心學仍有值得釐清的多方面向。本書以王陽明「心外無物」思想為主題，「心外無物」之思想是王陽明心學發展的重要軌跡，因此，本章從王陽明心學的三個面向，以釐清王陽明「心外無物」的思想。

第一節　人心與道心之辨

　　吾人欲從王陽明心學的三個面向，以釐清王陽明「心外無物」的思想。首先，本節從王陽明及其門人對人心與道心之辨，作為王陽明心學面向的切入點之一。陽明提出「致良知」之學術宗旨前，徐愛曾

1　黃宗羲：〈白沙學案上〉，《明儒學案》（臺北市：華世出版社，1987年），頁78。
2　〈白沙學案上〉，《明儒學案》，卷5，頁79。

以精一之功總結陽明思想。徐愛在《傳習錄》之〈引言〉曰：

> 先生居夷三載，處困養靜，精一之功固已超入聖域，粹然大中
> 至正之歸矣。[3]

門人徐愛以精一之功總結陽明思想，陽明本人亦曾以精一之旨，提出
拔本塞源論。精一之旨，於《尚書》有之。《尚書》記：

> 人心惟危，道心惟微。惟精惟一，允執厥中。[4]

3　徐愛〈引言〉，出自《王陽明全集》〈語錄一·傳習錄上〉卷1，頁1。按：這裡牽涉
　　一個問題，即：陽明「歸正於聖學」的時間點。一、徐愛言陽明居夷三載，處困養
　　靜之後，「超入聖域，粹然大中至正之歸」，應是指，正德三年（1508），陽明三十
　　七歲，〈年譜〉記：「因念：『聖人處此，更有何道？』忽中夜大悟格物致知之
　　旨。」參見《王陽明全集》〈年譜一〉卷33，頁1007。可知，徐愛認為陽明在「龍
　　場悟道」之後，歸正於聖學。二、與陽明時常論學的湛若水，對此則持不同見解，
　　他稱陽明「五溺」，言：「正德丙寅，始歸正于聖賢之學。」出自〈陽明先生墓誌
　　銘〉。參見《王陽明全集》〈世德紀·墓誌銘〉卷38，頁1148-1153。湛若水對陽明歸
　　正於聖學的時間，落在正德丙寅，即正德元年（1506），陽明三十五歲。這個時
　　間，便是陽明三十四歲與甘泉認識之後的時間。〈年譜〉記：「甘泉湛先生若水時為
　　翰林庶吉士，一見定交，共以倡明聖學為事。」參見《王陽明全集》〈年譜一〉卷
　　33，頁1005。三、梨洲《姚江學案》言陽明「學凡三變」：一變：「始泛濫於詞
　　章」，二變：「於是出入於佛、老」，三變：「及至居夷處困，動心忍性，因念聖人處
　　此更有何道？忽悟格物致知之旨，聖人之道，吾性自足，不假外求。其學凡三變而
　　始得其門。」梨洲的見解和徐愛不謀而合。參見〔清〕黃宗羲著，沈芝盈點校：
　　《明儒學案》，頁180。四、董平先生則認為：「陽明與甘泉的定交，實際上並不是
　　陽明『歸正於聖學』的原因或起點」，「陽明其實在弘治十六年便即已經『歸正於聖
　　學』了。」參見董平：《王陽明的生活世界》吳光主編：《陽明學研究叢書》（北京
　　市：中國人民大學出版社，2009年10月），頁18。董平先生認為，陽明歸正於聖學
　　的時間，是弘治十六年（1503），陽明三十二歲。承上四點，徐愛認為陽明在「龍
　　場悟道」之後，歸正於聖學的這個說法，雖然湛若水以及目前學者或有不同看法。
　　但徐愛的說法可能是梨洲言陽明「學凡三變」的最早依據。

4　《尚書》「十六字心傳」：「人心惟危，道心惟微。惟精惟一，允執厥中」，出自《尚

此十六字，出自《尚書》〈大禹謨〉。所謂大禹謨，大禹，指禹與皋陶兩人皆為舜謀事，因禹之功勞大，稱大禹。謨，謀也。〈大禹謨〉一文，記載舜帝對大禹治水之功。這十六字，依孔穎達〈疏〉曰：

> 民心惟甚危險，道心惟甚幽微。危則難安，微則難明，汝當精心，惟當一意，信執其中正之道，乃得人安而道明耳。……令禹受其言也。[5]

依孔穎達〈疏〉，此十六字，是記舜帝期勉大禹勤勞於國，並告誡治國之法，此十六字依孔氏疏解，人心，亦即孔氏所言之民心，他形容民心「甚危險」、「難安」，其中「難安」，可能代表安順民心是困難的事，但言民心「甚危險」，這其中的原因便很難明白了。接下來更令人費解，孔氏言道心，形容道心「甚幽微」、「難明」，其中「難明」，可能代表道心不容易明白，但言道心「甚幽微」，是否有特別的含意呢？總結前面八個字，應該是舜帝告誡大禹治理國家的困難之處，後面八字方是舜帝告誡大禹治理國家的具體方法。因此，我們推估，既然前面八個字是治理國家的困難之處，代表要面對人心與道心都是困難的、不容易的。換言之，因為「人心」難安，「道心」難明，因此，舜帝告誡大禹須「精心」、「一意」、信執「中正之道」，方能使「人心」由難安到人安，使「道心」由難明到道明。由上，「人心惟危，道心惟微」，意指執政困難之處在「人心」和「道心」；而「惟精惟一，允執厥中」，意指改善執政困難的方法是「精心」、「一意」、信

書》〈大禹謨〉。參見李學勤主編，〔漢〕孔安國傳，〔唐〕孔穎達疏：《尚書正義》卷4，頁93。

5　孔穎達疏《尚書》「十六字心傳」，參見李學勤主編，〔漢〕孔安國傳，〔唐〕孔穎達疏：《尚書正義》卷4，頁94。

執「中正之道」。很明顯地，至唐代孔氏的疏解，「人心」與「道心」指的皆是執政困難之處。

陽明曾多次與門人討論精一之旨，其中包括人心與道心之辨。明代的討論，自然是延續宋代理學的論題，到了宋代理學，對於「人心」與「道心」。明道曰：

> 「人心惟危」，人欲也。「道心惟微」，天理也。「惟精惟一」，所以至之。「允執厥中」，所以行之。[6]

伊川曰：

> 「人心」，私欲也；「道心」，正心也。「危」言不安，「微」言精微。惟其如此，所以要精一。「惟精惟一」者，專要精一之也。精之一之，始能「允執厥中」。中是極至處。[7]

自北宋二程開始，二程以「人心」形容人欲、私欲；以「道心」形容天理、正心。這很明顯地，和唐代孔穎達的疏解有一段距離。南宋朱子承二程之意，朱子曰：

> 蓋嘗論之：心之虛靈知覺，一而已矣，而以為有人心、道心之異者，則以其或生於形氣之私，或原於性命之正，而所以為知覺者不同，是以或危殆而不安，或微妙而難見耳。然人莫不有

---

6 明道先生語「十六字心傳」，出自《河南程氏遺書卷第十一》〈明道先生語一〉。參見〔宋〕程顥、程頤著，王孝魚點校：《二程集》，頁126。
7 伊川先生語「十六字心傳」，出自《河南程氏遺書卷第十九》〈伊川先生語五〉。參見〔宋〕程顥、程頤著，王孝魚點校：《二程集》，頁256。

是形，故雖上智不能無人心，亦莫不有是性，故雖下愚不能無道心。二者雜於方寸之間，而不知所以治之，則危者愈危，微者愈微，而天理之公卒無以勝夫人欲之私矣。精則察夫二者之間而不雜也，一則守其本心之正而不離也。從事於斯，無少閒斷，必使道心常為一身之主，而人心每聽命焉，則危者安、微者著，而動靜云為自無過不及之差矣。[8]

至南宋朱子，朱子言精一的功夫，須是「道心常為一身之主，而人心每聽命焉」，如此方能使人心自「危」轉為「安」，使道心自「微」轉為「明」。

朱子言精一的功夫，須是「道心常為一身之主，而人心每聽命焉」這個說法，引起陽明門人的不解，徐愛問：

愛問：「『道心常為一身之主，而人心每聽命。』以先生精一之訓推之，此語似有弊。」先生曰：「然。心一也，未雜於人謂之道心，雜以人偽謂之人心。人心之得其正者即道心；道心之失其正者即人心：初非有二心也。程子謂人心即人欲，道心即天理，語若分析而意實得之。今曰道心為主而人心聽命，是二心也。天理人欲不並立，安有天理為主，人欲又從而聽命者？」[9]

徐愛聽聞陽明平日所言精一之旨，陽明反對心、理分而為二，認為

8　朱子論人心、道心，出自《中庸章句》〈中庸章句序〉。參見〔宋〕朱熹：《四書章句集註》，頁14。

9　徐愛問：「『道心常為一身之主，而人心每聽命』」，出自《王陽明全集》〈語錄一·傳習錄上〉卷1，頁7。

心、理為一。因此，徐愛以朱子言「道心常為一身之主，而人心每聽命」問於陽明，認為這其中似乎有理論上的弊端。依陽明之意，陽明言「程子謂人心即人欲，道心即天理，語若分析而意實得之」，可知陽明肯定二程的說法，以人心即人欲，道心即天理。但陽明言「今曰道心為主而人心聽命，是二心也」，可知，陽明反對朱子對人心與道心的解釋。陽明反對朱子的原因，是因為朱子將心分而為二，一曰人心，一曰道心，將心分為二，並不符合陽明心外無物的思想，在朱子學當中，未必是王陽明所理解的一心分而為二，但陽明仍必須解決《尚書》中「人心」與「道心」之辨。其實，陽明陷入《尚書》十六字的解釋困難。因為《尚書》十六字心傳有「人心惟危，道心惟微」，確實明確有「人心」與「道心」這兩個詞，但當時指的是民心與道心，是同一個語意，指的是難安與難明，如果王陽明回到孔氏的疏解，便能符合他精一之旨。但事實卻非如此，陽明言「程子謂人心即人欲，道心即天理，語若分析而意實得之」，陽明已肯定二程的說法，以人心即人欲，道心即天理。

陽明如何論述「人心」與「道心」這兩個詞呢？陽明對人心、道心之辨，論述大致有幾種方式，一是，陽明未提「人心」；二是，陽明未提「人心」與「道心」；三是，陽明只提「人心」與「道心」；四是，陽明提及「十六字心傳」。以下分別點出這幾種論述方式：

1-1.

其教之大端，則堯、舜、禹之相授受，所謂「道心惟微，惟精惟一，允執厥中」。[10]

---

10 出自〈答顧東橋書〉。參見《王陽明全集》〈語錄二・傳習錄中〉卷2，頁47。

1-2.

舜之「好問好察」，惟以用中而致其精一於道心耳。道心者，良知之謂也。[11]

2.

所以謂之聖。只論精一，不論多寡。只要此心純乎天理處同，便同謂之聖。[12]

3-1.

問道心人心。先生曰：「『率性之謂道』便是道心。但著些人的意思在，便是人心。道心本是無聲無臭，故曰『微』。依著人心行去，便有許多不安穩處，故曰『惟危』。」[13]

3-2.

人心惟危，道心惟微，堯、舜之相授受而所以叮嚀反覆者。[14]

4.

夫聖人之學，心學也。學以求盡其心而已。堯、舜、禹之相授受曰：「人心惟危，道心惟微，惟精惟一，允執厥中。」[15]

從陽明的四種論述方式，陽明對於「人心」與「道心」之辨，並不是刻意避免對「人心」的討論，亦不是避免將「人心」與「道心」對舉。陽明的思想，他以「精一」作為學術宗旨。可以說，王陽明的思想，亦來自《尚書》的「精一」之旨，「精一」即是心學，「精一」即

---

11 出自〈答顧東橋書〉。參見《王陽明全集》〈語錄二‧傳習錄中〉卷2，頁45。

12 出自《王陽明全集》〈語錄一‧傳習錄上〉卷1，頁27。

13 出自《王陽明全集》〈語錄三‧傳習錄下〉卷3，頁90。

14 出自〈山東鄉試錄‧人君之心惟在所養〉。參見《王陽明全集》〈外集四‧序〉卷22，頁704。

15 出自〈重修山陰縣學記 乙酉〉。參《王陽明全集》〈文錄四‧序記說〉卷7，頁216。

是承繼道統的聖人之學,「精一」即是道心,「精一」即是良知。

因陽明和整菴因觀念不同,而有書信的往來與討論[16]。關於人心、道心之辨,整菴的觀念是:

> 「人心、人欲。道心,天理。」程子此言,本之〈樂記〉,自是分明。後來諸公,往往將人欲兩字看得過了,故議論間有未歸一處。夫性必有欲,非人也,天也。既曰天矣,其可去乎?欲之有節無節,非天也,人也。既曰人矣,其可縱乎?君子必慎其獨,為是故也。獨乃天人之際,離合之機,毫釐之差,千里之遠。苟能無所不致其慎,則天人一矣。(羅整菴:〈困知記三續〉)[17]

人心與道心之辨,整菴的觀念明顯和陽明不同。首先,整菴肯定二程以「人心」形容人欲;以「道心」形容天理。但是,「人心」與「道心」對舉,很容易引起心分而為二的誤解,整菴基本上亦不希望落入心分而為二的理論困難。因此,整菴對人心、道心之辨,論述大致三

---

16 按:羅整菴給王陽明的書信,目前留下兩封,羅整菴給王陽明的第一封信,依書信記載,時間是正德十五年(庚辰夏)(1520),大約一至三月間,陽明四十九歲。王陽明給羅整菴的這封回信,載於《傳習錄中》,為〈答羅整菴少宰書〉,依《年譜》記載,「行至泰和,少宰羅欽順以書問學。先生答曰:『來教訓某《大學》古本之復』。」時間是正德十五年(庚辰)(1520)六月,陽明四十九歲。又,依《陽明佚文輯考編年》,〈復羅整庵太宰書〉記載,「王守仁頓首。六月廿日。餘。」陽明寫此信的日期是六月二十日或之後幾日。而羅整菴給王陽明的第二封信,依書信記載,時間是嘉靖七年(戊子冬)(1528),大約九月至十一月,陽明過世前這段時間。陽明逝於嘉靖七年(戊子)(1528)十一月二十九日「大寒」之日。可以說,羅整菴給王陽明的第二封信,幾乎是陽明過世前不久所收到的,這封信中,整菴與陽明討論了重要的觀念,很遺憾地,陽明未能回復整菴此封信。

17 出自〈困知記三續〉。參見〔明〕羅欽順著,閻韜點校:《困知記》(北京市:中華書局,2013年),頁118。

種方式，一是，不強調「人心」與「道心」，以避免「人心」與「道心」對舉；二是，以君子慎獨，收攝於儒家的天人關係，故曰：「君子必慎其獨，為是故也。獨乃天人之際，離合之機，毫釐之差，千里之遠。苟能無所不致其慎，則天人一矣」；三是，試圖將「人心」收攝至「道心」。整菴曰：「夫性必有欲，非人也，天也。既曰天矣，其可去乎？欲之有節無節，非天也，人也。既曰人矣，其可縱乎？」意即，「人心」或「人欲」有關乎有節或無節，若是縱欲而無節，則非「天理」，這是二程以來的理解。但是，整菴又強調，「人心」亦是「人性」、「天理」，因此「人心」不可去。

那麼，整菴對陽明的看法又是如何呢？從整菴給陽明的信中，整菴曰：

> 凡為禪學之至者，必自以為明心見性，然于天人物我，未有不二之者，是可謂之有真見乎？使其見之果真，則極天下之至賾而不可惡，一毛一髮皆吾體也，又安肯背叛君父，捐妻子，以自溺于禽獸之域哉！今欲援俗學之溺，而未有以深杜禪學之萌，使夫有志于學聖賢者，將或昧于所從，恐不可不過為之慮也。[18]

羅整菴給王陽明的書信，目前留下兩封，此為羅整菴給王陽明的第一封信，依書信記載，時間是正德十五年夏天（1520），大約一至三月間，時陽明四十九歲。可以說，王陽明於五十歲提出「致良知」，在此之前，陽明以《尚書》的精一之旨為聖學，並以《尚書》的精一之學作為心學之源。整菴在給陽明的信中直言：「凡為禪學之至者，必

---

18 出自〈與王陽明書〉。參見〔明〕羅欽順著，閻韜點校：《困知記》，頁141-146。

自以為明心見性，然于天人物我，未有不二之者」，又曰：「今欲援俗學之溺，而未有以深杜禪學之萌」，整菴直批陽明為「為禪學之至者」，可以說是非常直接。

陽明的說法，引起當時學者的誤解，亦可見於同年，陽明四十九歲作〈象山文集序〉，陽明曰：

> 聖人之學，心學也。堯、舜、禹之相授受曰：「人心惟危，道心惟微，惟精惟一，允執厥中。」此心學之源也。中也者，道心之謂也；道心精一之謂仁，所謂中也。孔孟之學，惟務求仁，蓋精一之傳也。
>
> 自是而後，析心與理而為二，而精一之學亡。世儒之支離，外索於刑名器數之末，以求明其所謂物理者。而不知吾心即物理，初無假於外也。佛、老之空虛，遺棄其人倫事物之常，以求明其所謂吾心者。而不知物理即吾心，不可得而遺也。
>
> 至宋周、程二子，始復追尋孔、顏之宗，而有「無極而太極」，「定之以仁義，中正而主靜」之說；動亦定，靜亦定，無內外，無將迎之論，庶幾精一之旨矣。自是而後，有象山陸氏，雖其純粹和平若不逮於二子，而簡易直截，真有以接孟子之傳。其議論開闔，時有異者，乃其氣質意見之殊，而要其學之必求諸心，則一而已。故吾嘗斷以陸氏之學，孟氏之學也。而世之議者，以其嘗與晦翁之有同異，而遂詆以為禪。夫禪之說，棄人倫，遺物理，而要其歸極，不可以為天下國家。[19]

陽明以精一之旨作為心學之源，主要是承續傳統儒學，一是，孔子一

---

19 出自〈象山文集序 庚辰〉，《王陽明全集》〈文錄四・序記說〉卷7，頁206-207。
　按：〈象山文集序 庚辰〉作於正德十五年（庚辰）（1520），陽明四十九歲。

貫之學，孟子良知良能之論，故曰「孔孟之學，惟務求仁，蓋精一之
傳也」；二是，周濂溪「無極而太極」[20]、「動而無靜，靜而無動」[21]
之論，以及二程「靜中便有動，動中自有靜」[22]，故言「至宋周、程
二子，始復追尋孔、顏之宗，而有無極而太極」；三是，象山「心即
理」之說，故曰：「自是而後，有象山陸氏」，「真有以接孟子之傳」。
王陽明以精一之旨作為心學之源，主要表達其學說精神：一是，「其
學之必求諸心，則一而已」；二是，朱子因為「析心與理而為二，而
精一之學亡」。只是，陽明提出此說，亦引起爭議。誠如陽明所言
「而世之議者，以其嘗與晦翁之有同異，而遂詆以為禪」，陽明因而
被批評是禪學，「夫禪之說，棄人倫，遺物理，而要其歸極，不可以
為天下國家」，禪學往往不重視親情倫理，實與陽明之主張不符。

　　吾人不禁思考，所謂「世之議者」，可能是指何人呢？他們的批
評有依據嗎？所謂「世之議者」，其一可能是陳建。當時及後世學者
因不能理解陽明思想，往往懷疑陽明學就是禪學，其中抨擊陽明最屬
害的是《學蔀通辨》，這本書是明代陳建[23]所作。陽明四十七歲
（1518）刻《朱子晚年定論》之後，陳建對此感到不滿，於嘉靖十七
年至嘉靖二十七年（1528-1538），十年的時間，著手完成《學蔀通
辨》這部著作，目的是抨擊陸王為禪，而這部書稿，陽明於有生之年
並未見到，幾乎是陽明過世的那一年（1528），陳建就著手撰寫此

---

20 周濂溪言「無極而太極」，出自〈太極圖說〉。〔宋〕周敦頤著，陳克明點校：《周敦
　頤集》，頁3。

21 周濂溪言「動而無靜，靜而無動」，出自〈通書〉。參見〔宋〕周敦頤著，陳克明點
　校：《周敦頤集》，頁27。

22 二程言「靜中便有動，動中自有靜」，出自《河南程氏遺書卷第七》〈二先生語
　七〉。參見〔宋〕程顥、程頤著，王孝魚點校：《二程集》，頁98。

23 〔明〕陳建（1497-1567），字廷筆，號清瀾。小陽明二十六歲，時代稍晚於陽明，
　和陽明同是江西人。

書。〈學蔀通辨・序〉說道這部書的撰寫動機是：

> 今日王陽明因之又集為《朱子晚年定論》。自此說既成，後人
> 不暇復考，一切據信，而不知其顛倒早晚，矯誣朱子以彌縫陸
> 學也。[24]

陳建以為陽明集《朱子晚年定論》，是「矯誣朱子以彌縫陸學」。陽明
的思想和象山的精神相接，世人並稱「陸王」。在這裡，陳建將陸王
思想相連固然無誤，但陳建對陸王的思想恐有偏見。他在〈學蔀通
辨・序〉中這樣說象山的學術：

> 有宋象山陸氏者出，假其似以亂吾儒之真，援儒言以掩佛學之
> 實，於是改頭換面、陽儒陰釋之蔀熾矣。[25]

陳建對王學的不滿推至陸學，認為陸學是「亂吾儒之真」，直說陸學
是「陽儒陰釋」。宋明時代，朱學學者眾多，且對朱學學術根深蒂
固，雖然未必貼切朱學的學術，但對陸王學術也沒能真切了解，產生
許多誤解，便斥為禪學，陳建便是一例。陳建批評陽明「陽明莫非禪
也，聖賢無此教也」[26]，又說「大抵陽明翻謄作弄，橫說豎說，誆嚇
眾生，無一字不源於佛」[27]。陳建批評王陽明的知行合一為禪，實是
一大誤解。因為有些朱學學者僅僅停留在經典上的「知」，而陽明能

---

24 〔明〕陳建撰，黎業明點校：《陳建著作二種》（上海市：上海古籍出版社，2015年
　11月），頁77。

25 〔明〕陳建撰，黎業明點校：《陳建著作二種》，頁77。

26 〔明〕陳建撰，黎業明點校：《陳建著作二種》，頁233。

27 〔明〕陳建撰，黎業明點校：《陳建著作二種》，頁233。

夠走出經典到生活世界，他重視實踐「行」的一面，但這並非意味著陽明要拋棄經典，陳建斥陽明為禪，顯見他對陽明精一之旨不能相應。即使非「世之議者」，誤解陽明者有之。

　　在《明儒學案》中，有一位柏齋先生曾寫道他對陽明的意見，很值得參考。何瑭，字粹夫，號柏齋。和陽明同時代，是晚陽明一屆的進士，官至修撰。曾見劉瑾時，旁人皆跪，何瑭僅作長揖，因而得罪劉瑾，只好告病歸鄉。梨洲曰：

> 先生以「儒者之學，當務之為急，細而言語威儀，大而禮樂刑政，此物之當格而不或後者也。學問思辯，一旦卓有定見，則物格而知至矣。由是而發之以誠，主之以正，然而身不修，家不齊，未之有也。至究其本原為性命，形於著述為文章，固非二道，特其緩急先後，各有次第，不可紊耳。今曰『理出於心，心存則萬理備，吾道一貫，聖人之極致也，奚事外求？』吾恐其修齊治平之道，反有所略，則所學非所用，所用非所學，於古人之道，不免差矣。」先生此論為陽明而發也。[28]

梨洲認為，這一段話是針對陽明而發的，何瑭不是陽明的學生，既與陽明同時，對陽明之學必然不陌生，陽明主要對於朱子為學的次第之說有意見，何瑭對陽明格致誠正、心意知物的一體觀，表面似乎持肯定態度，但整體來說，何瑭還是主張「緩急先後，各有次第，不可紊耳」，他甚至認為主張一貫之道、精一之旨，恐怕忽略現實層面的修齊治平，導致「所學非所用，所用非所學」，若這真的是針對陽明而發，恐怕是對陽明產生很大的誤解。

---

28 出自〈諸儒學案・何瑭傳〉。參見〔清〕黃宗羲著，沈芝盈點校：《明儒學案》卷49，頁1161-1162。

　　由上，本節從人心與道心之辨切入，探究王陽明心學的面向之一。本節所討論的精一之旨，源自《尚書》，透過本節的爬梳，可知《尚書》之人心、道心，在唐代孔氏的疏解下，指的是治理國家的困難之處在於，人心難安，道心難明。因此，執政上須特別重視「精心」、「一意」。但，在宋代理學的背景下，人心與道心之辨，亦講精一的工夫，關鍵在於，明道、伊川、朱子多以人心形容人欲，道心形容天理。朱子有「道心常為一身之主，而人心每聽命焉」之說，這和陽明是不同的。換言之，朱、王皆言精一工夫，但其內涵不同。陽明與宋代程、朱之不同，可從兩點說明之：一是，陽明不以人心形容人欲，道心形容天理。二是，陽明不以道心為主，人心聽命。陽明的精一之學最大的特色，較為接近《尚書》孔氏之意，不落入人心、道心之辨，強調的是「精心」、「一意」。依文獻，陽明認為，依著程、朱，將人心、道心對舉，將會產生二心之疑慮，就陽明心學而言，人非有二心，而天理人欲並非是並立的，因此，亦不會是天理為主而人欲聽命。吾人從文獻中可知，當時弟子徐愛曾以此問及陽明，以及當時學者整菴、陳建、何瑭等人對於陽明精一之學、一貫之道有不同見解，他們認為陽明忽略格致誠正、修齊治平的工夫次第，僅強調精一、一貫的工夫，導致學非所用、用非所學，甚至，認為陽明消解工夫次第，甚至直指陽明為禪。然而，精一之旨作為陽明心學的思想依據之一，精一之道乃儒家聖人之學，吾人認為，陽明心學的思想依據亦是來自於儒家經典，陽明並非拋棄經典。王陽明以「精一」作為學術宗旨之一，「精一」即是心學，「精一」即是聖學，「精一」即是道心，「精一」即是良知。從本節人心與道心之辨的探究，可知陽明並非拋棄經典，亦非一味崇尚經典，而是透過經典的融合與內在經驗的轉化而形成的思想。

第二節　良知即是易之理

　　吾人欲從陽明心學的三個面向，以釐清陽明「心外無物」的思想。上一節闡發從陽明及其門人對人心與道心之辨。本節欲從陽明良知即是易之理，作為陽明心學面向的切入點之二。陽明自五十歲之後「始揭致良知之教」[29]，此後陽明所提出的「致良知」成為明代心學的重要理論，陽明「心外無物」的思想，同樣發揮在「致良知」的思想上。王陽明的致良知，基本理論延續著宋代的「心即理」的理論，「心即理」是陸象山首先提出，象山的主張是「六經皆我註腳」[30]。明代王陽明同樣也講求「心即理」，只是範疇更為精確，更為清楚，他把「心即理」的心，以心承繼孟子良知之說。

　　良知一詞，是孟子首先提出的「良知良能」之概念：

> 孟子曰：「人之所不學而能者，其良能也；所不慮而知者，其良知也。孩提之童，無不知愛其親者；及其長也，無不知敬其兄也。親親，仁也；敬長，義也。無他，達之天下也。」[31]

孟子對於「良知良能」的闡發，是指人的心中有一種自然的能力，愛其親、敬其兄這些親情是不學而能、不慮而知的，主要是因為人有「四端之心」。

　　陽明言「良知」，不僅延續孟子的基本學說，更進一步擴大了孟

---

29 陽明五十歲「始揭致良知之教」，出自《王陽明全集》〈年譜二〉卷34，頁1050。

30 象山言「六經皆我註腳」，出自〈語錄〉。參見〔宋〕陸九淵著，鍾哲點校：《陸九淵集》卷34，頁395。

31 孟子提出「良知良能」，出自《孟子集注》〈盡心章句上〉。參見〔宋〕朱熹：《四書章句集註》卷13，頁353。

子對良知的詮釋,並將致良知作為明代心學的主要思想,陽明云:

> 蓋良知之在人心,互萬古,塞宇宙,而無不同。「不慮而知」,
> 「恆易以知險」,「不學而能」,「恆簡以知阻」,「先天而天不
> 違」,「天且不違,而況於人乎?況於鬼神乎?」[32]

陽明言良知,以孟子「不慮而知」為主要的思想宗旨,而又更仔細、
闡明良知的特色「良知之在人心,互萬古,塞宇宙,而無不同」。相
同的意思,陽明又曰:「良知之在人心,無間於聖愚,天下古今之所
同也」[33]以及:「良知之在人心,不但聖賢,雖常人亦無不如此」[34],
這裡陽明點出了一個問題,即是肯定良知的存在這件事情,「良知之
在人心」此先肯定良知是真實存在並非假定,良知之存在不在具體的
空間,良知之存是無異於聖、愚,萬古不變,充塞宇宙,不受時間、
空間影響。

---

32 陽明擴大孟子言「良知良能」的範疇,出自〈答歐陽崇一〉,《王陽明全集》〈語錄
   二・傳習錄中〉卷2,頁62-65。〈答歐陽崇一〉之繫年,參見《王陽明全集》〈年譜
   三〉卷35,頁1069。又,陳氏曰:「年譜繫此書于嘉靖五年(1526)。是年陽明五十
   五在越。然南元善刻傳習錄先此一年,為嘉靖四年。二者必有一誤。」參見陳榮
   捷:《王陽明傳習錄詳註集評》,頁240。按:陳氏指出此書〈答歐陽崇一〉繫年可
   能有誤,或許未必。吾持理由如下:一是,陳氏曰南元善刻傳習錄嘉靖四年,有待
   商榷。據《年譜》,《續刻傳習錄》「南本」刻於嘉靖三年,非嘉靖四年。二是,《續
   刻傳習錄》「南本」收錄王陽明論學書僅五卷,〈答歐陽崇一〉也許是嘉靖三十三年
   《續刻傳習錄》「閭東本」才收錄,錢氏嘉靖四十二年完成《年譜》,將〈答歐陽崇
   一〉繫於嘉靖五年,是符合邏輯的。三是,若錢氏嘉靖四十二年完成《年譜》,將
   〈答歐陽崇一〉繫於嘉靖五年為錯誤之繫年,距今相去甚遠,實難推論《年譜》繫
   年有誤。

33 陽明言「良知之在人心」,出自〈答聶文蔚〉,《王陽明全集》〈語錄二・傳習錄中〉
   卷2,頁69-71。

34 陽明言「良知之在人心」,亦出自〈又答陸原靜書〉,《王陽明全集》〈語錄二・傳習
   錄中〉卷2,頁54-62。

　　孟子亦有對良知的存在做出說明，孟子驗證「良知」之存在，是回到人性固有的四端，孟子云：

> 今人乍見孺子將入於井，皆有怵惕惻隱之心。非所以內交於孺子之父母也，非所以要譽於鄉黨朋友也，非惡其聲而然也。由是觀之，無惻隱之心，非人也；無羞惡之心，非人也；無辭讓之心，非人也；無是非之心，非人也。惻隱之心，仁之端也；羞惡之心，義之端也；辭讓之心，禮之端也；是非之心，智之端也。人之有是四端也，猶其有四體也。有是四端而自謂不能者，自賊者也；謂其君不能者，賊其君者也。[35]

孟子驗證良知之存在，以「孺子將入於井，皆有怵惕惻隱之心」作為論證，孟子在此強調四端之心，換言之，良知之存在如何可能，是因為人人皆有四端之心。

　　陽明吸收孟子良知之說，良知之實質內涵接近孟子所說的四端之心也，陽明曰：

> 知是心之本體，心自然會知：見父自然知孝，見兄自然知弟，見孺子入井自然知惻隱，此便是良知不假外求。[36]

承上所述，孟子重視人性本有的四端之心，因為人有「四端」，故能不學而能、不學而慮；陽明除了承孟子的良知之說，更擴大良知的內涵，亦將四端之心包容收攝在整個良知的系統中，「是非之心，不慮

---

35 孟子言四端之心，出自《孟子集注》〈公孫丑章句上〉。參見〔宋〕朱熹：《四書章句集註》卷3，頁237-238。
36 陽明言「知是心之本體」，出自《王陽明全集》〈語錄一・傳習錄上〉卷1，頁6。

而知，不學而能，所謂良知也」[37]，孟子與陽明兩人強調的重點雖然不同，但殊途同歸，四端之心與良知皆指人性本有，非由外鑠也。

良知存在的確認，孟子以良知良能之不學而能、不慮而知，肯定人的心之中有「能」的可能性，並提出四端之心。陽明繼承孟子良知之說，亦肯定良知之存在，因為良知存在的確認和肯定，亦是肯定「至善者，心之本體」[38]，代表人的本質就是至善，代表「人胸中各有個聖人」[39]，進一步的肯定人的本質和天理的本質並無不同，也是陽明在繼承象山的「心即理」上造就了理論前提。陽明承繼陸象山所說的「心即理」，以陽明五十歲提出致良知作為一個分水嶺的話，可以說陽明趨近五十歲時已標誌著思想接近成熟、完成。他在四十九歲（1520）時作〈象山文集序〉，五十歲刻《象山文集》[40]。〈序〉中開宗明義云：「聖人之學，心學也」[41]，又云朱子「析心與理為二，而精一之學亡」[42]，陽明不僅承繼「心即理」的學說，他也發現當時的朱子之學析心、理為二，因此他要闡明的重要觀念之一就是心和理的關係，他在〈象山文集序〉中又云：「世儒之支離，外索於刑名器數之末，以求明其所謂物理者。而不知吾心即物理，初無假於外也」[43]，

---

37 陽明繼承孟子言「良知良能」，出自〈答聶文蔚〉，《王陽明全集》〈語錄二・傳習錄中〉卷2，頁69-71。

38 陽明言「至善者，心之本體」，出自《王陽明全集》〈語錄三・傳習錄下〉卷3，頁85。

39 陽明言「人胸中各有個聖人」，出自《王陽明全集》〈語錄三・傳習錄下〉卷3，頁81。

40 《王陽明全集》〈年譜二〉卷34，頁1051。

41 陽明言「聖人之學，心學也」，出自〈象山文集序 庚辰〉，《王陽明全集》〈文錄四・序記說〉卷7，頁206-207。

42 陽明言朱子「析心與理為二，而精一之學亡」，出自〈象山文集序 庚辰〉，《王陽明全集》〈文錄四・序記說〉卷7，頁206-207。

43 陽明言「吾心即物理」，出自〈象山文集序 庚辰〉，《王陽明全集》〈文錄四・序記說〉卷7，頁206-207。

他明白表示，「心即理」就是「吾心即物理」，如此一來，我們可以知道，陽明所說的理所包含的意義層面很廣大，天理包含著物理在內，並不是有一個最高的道德標準在那裡，陽明所說的理，還包括生活世界中的理，生活世界中的事事物物。在王陽明，聖人之道不僅僅停在言說或者是科舉考試，而是必須落實在生活的實踐中。此外，陽明將「心即理」的「吾心」定位在良知，也將「心即理」的「理」定位在良知，換言之，良知和天理天道，都具有相同的至善。故云：「良知是天理之昭明靈覺處，故良知即是天理」[44]、「天即良知也」[45]、「良知即天也」[46]。又云：「程子謂人心即人欲，道心即天理，語若分析而意實得之。今曰道心為主而人心聽命，是二心也」[47]人之心和天之理是一心，不是二心，故云：「大抵道無天人之別，在天則為天道，在人則為人道，其分雖殊，其理則一也……故曰：『循理則與天為一』」[48]。

---

44 陽明言「良知即是天理」，出自〈答歐陽崇一〉，《王陽明全集》〈語錄二·傳習錄中〉卷2，頁62-65。

45 陽明言「天即良知也」，《王陽明全集》〈語錄三·傳習錄下〉卷3，頁97。

46 陽明言「良知即天也」，《王陽明全集》〈語錄三·傳習錄下〉卷3，頁97。

47 陽明言「程子謂人心即人欲，道心即天理」，出自《王陽明全集》〈語錄一·傳習錄上〉卷1，頁7。按：陽明言「程子謂人心即人欲，道心即天理，語若分析而意實得之」，可知陽明肯定二程的說法，以人心即人欲，道心即天理。但陽明言「今曰道心為主而人心聽命，是二心也」，可知，陽明反對朱子對人心與道心的解釋。陽明反對朱子的原因，是因為朱子將心分而為二，一曰人心，一曰道心，將心分為二，並不符合陽明的思想。

48 按：《山東鄉試錄》註曰：「本錄原列為隆慶刊本卷31下，然非皆陽明之作，今移置於本卷，附於陽明序文後。」參見《王陽明全集》〈外集四·序〉卷22，頁693-718。又，現今《山東鄉試錄》的作者，有二種說法，一為王陽明作。二為濟南府知府趙璜所作。經學者詹康先生考證，《山東鄉試錄》的作者為王陽明。參見詹康：〈從王守仁作《山東鄉試錄》談明代鄉會試錄的作者問題（上）〉，《古籍整理研究叢刊》（2013年9月）第5期，頁54-68。以及詹康：〈從王守仁作《山東鄉試錄》談明代鄉會試錄的作者問題（下）〉，《古籍整理研究叢刊》（2013年11月）第6期，頁46-53。

承上，人之道和天之理不是兩件事情，因此是「其理則一也」，這個共同的天理、天道就是良知。良知就是人之道，也是天之理，良知、天理，其理具有同一性。所以說「心即理」是陽明良知思想的邏輯起點。陽明從陸象山的「心即理」展開，以心承繼孟子良知之說，云：「良知即是天理」。「良知即是天理」牽涉到一個重要的哲學問題，即是心物問題。

陽明雖言「吾心即物理，初無假於外也」[49]，但吾心即是物理，如何可能？因此陽明門人徐愛以及鄭朝朔皆曾經請教陽明，徐愛記：

> 愛問：「至善只求諸心，恐於天下事理有不能盡。」
> 先生曰：「心即理也[50]。天下又有心外之事，心外之理乎？[51]」
> 愛曰：「如事父之孝，事君之忠，交友之信，治民之仁，其間有許多理在，恐亦不可不察。」
> 先生歎曰：「此說之蔽久矣，豈一語所能悟！今姑就所問者言之：且如事父不成，去父上求個孝的理；事君不成，去君上求個忠的理；交友治民不成，去友上、民上求個信與仁的理：都只在此心，心即理也。此心無私慾之蔽，即是天理，不須外面添一分。以此純乎天理之心，發之事父便是孝，發之事君便是忠，發之交友治民便是信與仁。只在此心去人欲、存天理上用功便是。」

---

49 陽明言「吾心即物理」，出自〈象山文集序 庚辰〉，《王陽明全集》〈文錄四‧序記說〉卷7，頁206-207。

50 陸象山曰：「人皆有是心，心皆具是理，心即理也」，出自〈與李宰〉。參見〔宋〕陸九淵著，鍾哲點校：《陸九淵集》，頁149。

51 據陳榮捷先生之研究，「三輪執齋：天下又有心外之事，心外之理乎？是等言皆陸象山語。傑案：日本學者多沿用三輪語。……然心外之事云云，查不見象山全集。」參見陳榮捷：《王陽明傳習錄詳註集評》（臺北市：臺灣學生書局，1998年），頁31。

愛曰：「聞先生如此說，愛已覺有省悟處。但舊說纏於胸中，尚有未脫然者。如事父一事，其間溫清定省[52]之類有許多節目，不亦須講求否？」

先生曰：「如何不講求？只是有個頭腦，只是就此心去人欲、存天理上講求。……卻是須有這誠孝的心，然後有這條件發出來。譬之樹木，這誠孝的心便是根，許多條件便是枝葉，須先有根然後有枝葉，不是先尋了枝葉然後去種根。《禮記》言：『孝子之有深愛者，必有和氣；有和氣者，必有愉色；有愉色者，必有婉容。』[53]須是有個深愛做根，便自然如此。」[54]

徐愛又記：

朝朔曰：「且如事親，如何而為溫清之節，如何而為奉養之

---

52 溫清定省，出自《曲禮上》〈禮記〉：「凡為人子之禮，冬溫而夏清，昏定而晨省。」參見李學勤主編，〔漢〕鄭玄注，〔唐〕孔穎達疏：《禮記正義上》，頁24。按：冬溫，指冬天嚴寒，使父母溫暖之事宜，例如：暖被。夏清，指夏天炎熱，使父母涼爽之事宜，例如：涼蓆。冬溫夏清，指一年四季中，子女侍奉父母之法，可簡稱「溫清」；昏定，指傍晚，為父母整理床席，使其安心。晨省，指早晨向父母問候，問候前夜被褥床席是否得宜。昏定晨省，指一天之中，子女侍奉父母之法，可簡稱「定省」。如上，溫清定省，指一年四季，一日早晚，子女侍奉父母得宜。冬天使其溫暖，夏天使其涼爽，問候問安周到，使父母安心無慮。

53 「孝子之有深愛者，必有和氣。有和氣者，必有愉色。有愉色者，必有婉容」，孔穎達於此段文字下，疏曰：「容貌非事親之體，事親當和順卑柔也。」出自《禮記・祭義》。參見李學勤主編，〔漢〕鄭玄注，〔唐〕孔穎達疏：《禮記正義下》，頁1319。按：《禮記》的〈祭義〉篇，記載孝子感念孝親，對天及祖先的祭祀之禮，又稱褅祭。古代非常重視祭祀儀節，但也強調，孝子在祭祀時，雖然要有敬畏的容貌，但恭敬的容貌只是其次，最重要的是態度要謙和柔順，方才能說是真正的孝子。

54 愛問：「至善只求諸心，恐於天下事理有不能盡」，出自《王陽明全集》〈語錄一・傳習錄上〉卷1，頁2-3。

宜，須求個是當，方是至善，所以有學問思辯[55]之功。」

先生曰：「若只是溫凊之節、奉養之宜，可一日二日講之而盡，用得甚學問思辯？惟於溫凊時，也只要此心純乎天理之極；奉養時，也只要此心純乎天理之極。此則非有學問思辯之功，將不免於毫釐千里之謬，所以雖在聖人猶加『精一』[56]之訓。若只是那些儀節求得是當，便謂至善，即如今扮戲子，扮得許多溫凊奉養的儀節是當，亦可謂之至善矣。」

愛於是日又有省。[57]

徐愛所發的問題，所謂「舊說纏於胸中，尚有未脫然者」大抵承宋代以來朱子格物窮理而來，朱子所謂的理是「理一分殊」之理，「理只是這一個道理，則同。其分不同，君臣有君臣之理，父子有父子之理」[58]，「儒者之學，大要以窮理為先。蓋凡一物有一理，須先明此，然後心之所發，輕重長短，各有準則」[59]，「事事物物皆有個道理，窮

---

55 學問思辯，出自《中庸》：「博學之，審問之，慎思之，明辨之，篤行之。」參見〔宋〕朱熹：《四書章句集註》，頁31。

56 精一，指《尚書》的十六字心傳：「人心惟危，道心惟微。惟精惟一，允執厥中。」出自《尚書》〈大禹謨〉。以及，〈大禹謨〉一文，孔穎達之〈疏〉曰：「民心惟甚危險，道心惟甚幽微。危則難安，微則難明，汝當精心，惟當一意，信執其中正之道，乃得人安而道明耳。……今禹受其言也。」參見：李學勤主編，〔漢〕孔安國傳，〔唐〕孔穎達疏：《尚書正義》卷4，頁93-94。按：所謂大禹謨：大禹，指禹與皋陶兩人皆為舜謀事，因禹之功勞大，稱大禹。謨，謀也。此文記載舜帝對大禹治水之功。十六字心傳，則是記舜帝期勉大禹勤勞於國，並告誡治國之法。

57 陽明回答鄭朝朔，至善不在事物上求。如戲子「扮得許多溫凊奉養的儀節是當」，仍不可謂之至善。參見《王陽明全集》〈語錄一‧傳習錄上〉卷1，頁3。

58 朱子言「君臣有君臣之理，父子有父子之理」，出自《朱子語類》壹。參見〔宋〕朱熹著，朱傑人、嚴佐之、劉永翔主編：《朱子全書》第14冊卷6，頁237。

59 朱子言「一物有一理」，出自〈答張欽夫〉。參見〔宋〕朱熹著，朱傑人、嚴佐之、劉永翔主編：《晦庵先生朱文公文集‧貳》《朱子全書》第21冊卷30，頁1314。

得十分盡，方是格物」[60]。陽明對於宋代以來格物窮理的問題，以心
即理、心外無物、心外無理之說回應徐愛的問題，徐愛仍感到疑惑，
徐愛之所以感到疑惑，因為受到朱子「舊說纏於胸中，尚有未脫然」
的影響。若順著朱子的理一分殊之說，在陽明心學，良知所知的是理
一之理，理一之理明白了，分殊之理自然明白，每個人都有良知可以
回到心的本然狀態，若要知道誠孝的分殊之理、枝枝節節，只在於
「須有這誠孝的心，然後有這條件發出來」，個人願不願意有這個
心，有這個「心」自然能知理，陽明認為這不是「心」能不能的問
題，而是「心」為不為的問題。從思維方法上來說，陽明學可以說是
演繹法，朱子學是歸納法。陽明的「心」不學而能就可以知「天
理」，知「天理」而自然枝枝節節皆能夠明白，因為「只是有個頭
腦」。而朱子認為，面對分殊之理必須「即物而窮其理」[61]，其工夫論
是「今日格一件，明日又格一件」[62]，如此「一旦豁然貫通焉」[63]，
方能得到理一之理。因此「良知即是天理」不是「心」能不能的問
題，而是「心」為不為的問題。

---

60 朱子言「事事物物皆有個道理」，出自《朱子語類》伍。參見〔宋〕朱熹著，朱傑
　　人、嚴佐之、劉永翔主編：《朱子全書》第18冊卷121，頁3838。

61 「即物而窮其理」，出自〈格物補傳〉，《大學章句》第5章。朱子曰：「所謂致知在
　　格物者，言欲致吾之知，在即物而窮其理也。蓋人心之靈莫不有知，而天下之物莫
　　不有理，惟於理有未窮，故其知有不盡也。是以《大學》始教，必使學者即凡天下
　　之物，莫不因其已知之理而益窮之，以求至乎其極。至於用力之久，而一旦豁然貫
　　通焉，則眾物之表裏精粗無不到，而吾心之全體大用無不明矣。此謂物格，此謂知
　　之至也。」參見〔宋〕朱熹：《四書章句集註》，頁6-7。

62 或問：「格物須物物格之，還只格一物而萬理皆知？」伊川先生曰：「怎生便會該
　　通？若只格一物便通眾理，雖顏子亦不敢如此道。須是今日格一件，明日又格一
　　件，積習既多，然後脫然自有貫通處。」出自《河南程氏遺書卷第十八・伊川先生
　　語四》。參見〔宋〕程顥、程頤著，王孝魚點校：《二程集》，頁188。

63 出自〈格物補傳〉，《大學章句》第5章。參見〔宋〕朱熹：《四書章句集註》，頁6-
　　7。

　　陽明所講的良知，以宋代理學家張載的話來說，主要是指德性之知（gnosis）[64]，但是陽明所講德性之知是第一義，是大頭腦，專求見聞之知（episteme）便是落到第二義，故云：「專求諸見聞之末，而已落在第二義矣，故曰『知之次也』」[65]，可知陽明所說的良知不離見聞之知，但他認為知理的過程不應該專求見聞之末，如此致知方有可能，因此又云：「夫以見聞之知為次，則所謂知之上者果安所指乎？是可以窺聖門致知用力之地矣」[66]。良知的大頭腦既是德性之知，因此對於理是不學而能的，所謂的理指的是天理天道，也包含生活世界上的事事物物。張載所說的德性之知，用陽明的理解來說，陽明稱為良知，另一個說法是虛明靈覺或是靈明、感應之幾，即「心之虛靈明覺，即所謂本然之良知也」[67]。他也經常提到人之虛靈明覺可以知理的意思，例如：「良知是天理之昭明靈覺處，故良知即是天理」[68]。

　　陽明如何說明人之靈明可以知理？陽明曰：

　　　　問：「人心與物同體，如吾身原是血氣流通的，所以謂之同
　　　　體。若於人便異體了。禽獸草木益遠矣，而何謂之同體？」先

64　〈大心〉：「大其心，則能體天下之物，物有未體，則心為有外。世人之心，止於聞見之狹；聖人盡性，不以見聞梏其心，其視天下，無一物非我，孟子謂盡心則知性知天以此。天大無外，故有外之心，不足以合天心。見聞之知，乃物交而知，非德性所知；德性所知，不萌於見聞。」參見〔宋〕張載撰，〔清〕王夫之注：《張子正蒙》，頁143-144。

65　陽明言「專求諸見聞之末，而已落在第二義矣」，出自〈答顧東橋書〉，《王陽明全集》〈語錄二‧傳習錄中〉卷2，頁36-50。

66　陽明言「見聞之知為次」，出自〈答顧東橋書〉，《王陽明全集》〈語錄二‧傳習錄中〉卷2，頁36-50。

67　陽明言「心之虛靈明覺，即所謂本然之良知也」，出自〈答顧東橋書〉，《王陽明全集》〈語錄二‧傳習錄中〉卷2，頁36-50。

68　陽明言「良知即是天理」，出自〈答歐陽崇一〉，《王陽明全集》〈語錄二‧傳習錄中〉卷2，頁62-65。

生曰：「你只在感應之幾上看，豈但禽獸草木，雖天地也與我同體的，鬼神也與我同體的。」請問。先生曰：「你看這個天地中間，甚麼是天地的心？」對曰：「嘗聞人是天地的心。」曰：「人又甚麼教做心？」對曰：「只是一個靈明。」[69]

又云：

朱本思問：「人有虛靈，方有良知。若草木瓦石之類，亦有良知否？」先生曰：「人的良知，就是草木瓦石的良知。若草木瓦石無人的良知，不可以為草木瓦石矣。豈惟草木瓦石為然，天地無人的良知，亦不可為天地矣。蓋天地萬物與人原是一體，其發竅之最精處，是人心一點靈明。風、雨、露、雷、日、月、星、辰、禽、獸、草、木、山、川、土、石，與人原只一體。」[70]

承上所述，人之虛靈明覺指的是德性之知，但是德性之知不離見聞之知。陽明是肯定人心有「一點靈明」、「感應之幾」的本能，這個本能不需透過格物窮理，並且人心與萬物有相同的本心、本體，人的良知本心即是心之本體，不是人心的那一團血肉，他說「所謂汝心，亦不專是那一團血肉。若是那一團血肉，如今已死的人，那一團血肉還在，緣何不能視聽言動？所謂汝心，卻是那能視聽言動的，這個便是性，便是天理。有這個性才能生。這性之生理便謂之仁」[71]。人之所

---

69 陽明言「我的靈明」，出自《王陽明全集》〈語錄三・傳習錄下〉卷3，頁109。

70 陽明言「人的良知，就是草木瓦石的良知」，出自《王陽明全集》〈語錄三・傳習錄下〉卷3，頁94。

71 陽明言「所謂汝心，亦不專是那一團血肉」，出自《王陽明全集》〈語錄一・傳習錄上〉卷1，頁31-32。

以能夠有這一點靈明。是因為人之本心能夠使人視、聽、言、動，這
就是人的本性，能夠視、聽、言、動的不是那一團血肉，我們也可以
說人心之良知、靈明、本體就是人之本性，能夠視、聽、言、動，也
包含著人有行仁、義、理、智、知是知非的本能，因為人心的本體與
萬物的本體是相同的，人所以能夠明理、明道、明德，這一點靈明就
是天地萬物之本體，就是天理。故云：「明明德者，立其天地萬物一
體之體也。……君臣也，夫婦也，朋友也，以至於山川鬼神鳥獸草木
也，莫不實有以親之，以達吾一體之仁，然後吾之明德始無不明，而
真能以天地萬物為一體矣。」[72] 前文提到陽明闡述良知存在的確定性
為良知心學理論的大前提，他又進一步的闡明「人心與物同體」，人
之心體和萬物之心體相同，天地萬物有其天理之昭昭，心之靈明原本
亦是心體光明，原本都存在聖人的本質，此也是陽明在龍場所悟出的
道理「聖人之道，吾性具足」[73]。雖然，人人雖有此能動性，但不是
每個人都有意識到這一點，陽明有一個重要的觀念就是，人心的虛靈
明覺必須有自覺的發動心體的能動性，即是意之所在，誠其意的工
夫，他在提到「意」時，曾說：「虛靈明覺之良知，應感而動者謂之
意」[74]，此即是「意之所在便是物」[75]，因此陽明云「無心外之理」[76]、

---

72 陽明言「天地萬物為一體」，出自〈大學問〉，《王陽明全集·續編一》卷26，頁798-
804。

73 陽明言「聖人之道，吾性具足」，出自《王陽明全集》〈年譜一〉卷33，頁1006-
1007。

74 陽明曰：「虛靈明覺之良知，應感而動者謂之意；有知而後有意，無知則無意
矣。……凡意之所用無有無物者，有是意即有是物，無是意即無是物矣。」出自
〈答顧東橋書〉，《王陽明全集》〈語錄二·傳習錄中〉卷2，頁36-50。

75 陽明曰：「意之所在便是物。如意在於事親，即事親便是一物；意在於事君，即事
君便是一物；意在於仁民愛物，即仁民愛物便是一物；意在於視聽言動，即視聽言
動便是一物。所以某說無心外之理，無心外之物。」參見《王陽明全集》〈語錄
一·傳習錄上〉卷1，頁4-5。

76 陽明言「無心外之理」，出自《王陽明全集》〈語錄一·傳習錄上〉卷1，頁4-5。

「無心外之物」[77]。

我們再從陽明遊會稽山一事可以見得，陽明所說的「意」之所在的意思：

> 先生遊南鎮[78]，一友指岩中花樹問曰：「天下無心外之物，如此花樹，在深山中自開自落，於我心亦何相關？」先生曰：「你未看此花時，此花與汝心同歸於寂。你來看此花時，則此花顏色一時明白起來。便知此花不在你的心外。」[79]

陽明云「無心外之理」、「無心外之物」，友人認為山中之花的自開自落，既是「自開自落」，這就是理在心之外、物在心之外，不在心之內。陽明解釋，人處在「未看此花時」，此心的狀態是「寂」，心處在寂的狀態，意味著花仍然是存在的。沒有看到花時，心是寂的狀態，花也是寂的狀態。所謂寂，指的是天下萬事萬物的存在狀態，天理天道原來就是處在這樣的狀態[80]，一種未發之中的狀態，一種廓然大公的境界[81]。當人「來看此花時」，人心是處在一種「意」的狀態，花在人心之中「一時明白起來」，心境由「寂然不動」轉變成「感而遂通」，所謂「感」就是人心之虛明靈覺，人心之感應之幾。陽明所說心之本體的存在狀態，原是寂然不動、未發之中，但寂然不動同時保

---

77 陽明言「無心外之物」，出自《王陽明全集》〈語錄一・傳習錄上〉卷1，頁4-5。

78 南鎮，浙江紹興縣會稽山。

79 陽明「遊南鎮」，出自《王陽明全集》〈語錄三・傳習錄下〉卷3，頁94。

80 陽明曰：「心之本體即是天理，天理只是一個，更有何可思慮得？天理原自寂然不動，原自感而遂通，學者用功雖千思萬慮，只是要復他本來體用而已。」參見〈答周道通書〉，《王陽明全集》〈語錄二・傳習錄中〉卷2，頁50-53。

81 陽明曰：「此便是『寂然不動』，便是『未發之中』，便是『廓然大公』！自然『感而遂通』，自然發而中節，自然『物來順應』。」參見《王陽明全集》〈語錄一・傳習錄上〉卷1，頁20。

有「感而遂通」的必然可能。因此，人有成為聖人的可能性，但並不保證能夠人人成聖。

因此，人要作的工夫就是回復人心原本光明的心體，回到心體原本的狀態，明其德性，心體「回復」本然狀態的工夫，就是致知，良知就能知理，故陽明曰：

> 若良知之發，更無私意障礙，即所謂「充其惻隱之心，而仁不可勝用矣」。然在常人不能無私意障礙，所以須用致知格物之功勝私復理。即心之良知更無障礙，得以充塞流行，便是致其知。知致則意誠。[82]

回復心體之本然，作心上的工夫，並不是什麼都不做就可以「復理」，陽明還強調，心上的工夫要「必有事焉」、「勿忘勿助」，故云：「凡人為學，終身只為這一事，自少至老，自朝至暮，不論有事無事，只是做得這一件，所謂『必有事焉』者也。……必有事焉而勿忘勿助，事物之來，但盡吾心之良知以應之」[83]，這一點和孟子所說的「盡其心者，知其性也。知其性，則知天矣。存其心，養其性，所以事天也」[84]可以說是殊途同歸也[85]。

簡言之，「物」的本來狀態是一種寂的狀態，是寂然不動，是未發之中。人心之心靈可以明覺，可以感應，是感而遂通，是意之所在。當心之本體意之所在時，意之所在即是物，人心與萬物同體，所

---

82 《王陽明全集》〈語錄一・傳習錄上〉卷1，頁6。

83 〈答周道通書〉，《王陽明全集》〈語錄二・傳習錄中〉卷2，頁50-53。

84 孟子言：「盡其心者，知其性也」，出自《孟子集注》〈盡心章句上〉。參見〔宋〕朱熹：《四書章句集註》卷13，頁349。

85 相關研究可參見吳冠宏：〈陽明對《孟子》「盡心」章之詮釋試探——兼論孟子原義與朱、王所解之比較〉，《中國文學研究》（1994年5月）第8卷，頁137-155。

以人不須格萬物以窮萬理，因為人之良知同萬物的本然狀態，須在事上磨練，培養心之本原，可以回到「一體之仁」，亦即是「良知即是天理」的境界。此聖人的境界，是陽明做學問的理想境界，他認為身為人的存在本身，是可以透過生活實踐並完成這樣的境界。知行合一是陽明在龍場悟道之後所提出的，此後陽明開始講「知行合一」，彼云：

> 知之真切篤實處，即是行；行之明覺精察處，即是知，知行工夫本不可離。只為後世學者分作兩截用功，失卻知行本體，故有合一併進之說。「真知即所以為行，不行不足謂之知」，即如來書所云「知食乃食」等說可見，前已略言之矣。此雖吃緊救弊而發，然知行之體本來如是，非以己意抑揚其間，姑為是說以茍一時之效者也。「專求本心，遂遺物理」，此蓋失其本心者也。夫物理不外於吾心，外吾心而求物理，無物理矣；遺物理而求吾心，吾心又何物邪？心之體，性也；性即理也。故有孝親之心，即有孝之理，無孝親之心，即無孝之理矣。有忠君之心，即有忠之理，無忠君之心，即無忠之理矣。理豈外於吾心邪？晦庵謂：「人之所以為學者，心與理而已。」心雖主乎一身，而實管乎天下之理，理雖散在萬事，而實不外乎一人之心。是其一分一合之間，而未免已啟學者心理為二之弊。此後世所以有專求本心，遂遺物理之患，正由不知心即理耳。夫外心以求物理，是以有闇而不達之處；；此告子「義外」之說，孟子所以謂之不知義也。心，一而已。以其全體惻怛而言謂之仁，以其得宜而言謂之義，以其條理而言謂之理；不可外心以求仁，不可外心以求義，獨可外心以求理乎？外心以求理，此知行之所以二也。求理於吾心，此聖門知行合一之教，吾子又

何疑乎？[86]

知行觀念是很早就出現的重要理論，《尚書》有「非知之難，行之惟難」[87]，言「知之易，行之難」之意[88]。陽明講知行，他說「知行工夫本不可離」、「知行之體本來如是」，如果知、行本不可離，為何陽明先分知、行，再提「知行合一」或「知行並進」呢？知行之說的觀念根深蒂固，依陽明的說法，是為了「補偏救弊」[89]、「對病的藥」[90]，他所說的「偏」、「弊」、「病」，主要是指朱子之學，陽明最早對於朱子之學展開實踐，是在二十一歲於父親龍山公的官署格竹時，他得到「自委聖賢有分」[91] 的結論，直到龍場悟道之後，「忽中夜大悟格物致知之旨」[92]，陽明於龍場「大悟」得到的道，即是「聖人之道，吾性具足」，也就是象山所講的「心即理」，因此，他認為朱子之學是分心與理為二，人只能成賢不能成聖，而象山之學是心即理，人心之本體與天地萬物之理同體，此也保有人成為聖人的可能性。立志成為聖人這件事，早在陽明十二歲時透出端倪「登第恐未為第一等事，或讀書學聖賢耳」[93]，他堅定的相信成聖一定要透過實踐的工夫。此在陽

---

86 〈答顧東橋書〉，《王陽明全集》〈語錄二・傳習錄中〉卷2，頁36-50。

87 《尚書》〈說命〉：「非知之難，行之惟難」。參見李學勤主編，〔漢〕孔安國傳，〔唐〕孔穎達疏：《尚書正義》，頁252。

88 《尚書》〈說命〉：「知之易，行之難」。參見李學勤主編，〔漢〕孔安國傳，〔唐〕孔穎達疏：《尚書正義》，頁252。

89 陽明曰：「某今說知行合一，雖亦是就今時補偏救弊說，然知行體段亦本來如是。」參見〈答友人問 丙戌〉，《王陽明全集》〈文錄三・書三 嘉靖丙戌至戊子〉卷6，頁176-177。

90 陽明曰：「某今說個知行合一，正是對病的藥。又不是某鑿空杜撰，知行本體原是如此。」參見《王陽明全集》〈語錄一・傳習錄上〉卷1，頁3-4。

91 陽明「取竹格之」，參見《王陽明全集》〈年譜一〉卷33，頁1002。

92 陽明「龍場悟道」，參見《王陽明全集》〈年譜一〉卷33，頁1006-1007。

93 陽明嘗問塾師曰：「何為第一等事？」參見《王陽明全集》〈年譜一〉卷33，頁1001。

明悟道之後提「知行合一」便與學生、師友講學不輟，未有改變其立場。而陽明認為朱子之學是分心與理為二，不是知行合一。

　　朱子同樣講知行，分知與行，朱子云：「知、行常相須，如目無足不行，足無目不見。論先後，知為先；論輕重，行為重」[94]，又云：「知與行，工夫須著並到。知之愈明，則行之愈篤；行之愈篤，則知之益明。二者皆不可偏廢」[95]，知和行的觀念，同樣是朱子之學重要的工夫論，但是朱子的知行關係是「常相須」、「須著並到」、「不可偏廢」，畢竟朱子的知行關係有先有後，有輕有重，仍是二者不是一。但是在陽明，知行是一不是二，故云：「知是行的主意，行是知的功夫；知是行之始，行是知之成。若會得時，只說一個知已自有行在，只說一個行已自有知在」[96]，知行兩者互相包含，知是行的起點，行是知的完成，它是通過行為本身所體現的一個完整的歷程。又云：「知之真切篤實處，即是行；行之明覺精察處，即是知」，知的涵義包含德性之知與見聞之知，包含著實踐本身，如果知而不行，陽明認為那不是「真知」，即是「真知即所以為行，不行不足謂之知」。所謂「真知」，在見聞之知上，必定是真真切切、踏踏實實、完完全全的了解；在德性之知上，指的是知行本體，亦是人之良知本體，故云：「未有知而不行者。知而不行，只是未知。聖賢教人知行，正是安復那本體」[97]，因為人只有回復心之本體，有其仁、義、理、智之

---

94 朱子言「知、行常相須」，出自《朱子語類》壹。〔宋〕朱熹著，朱傑人、嚴佐之、劉永翔主編：《朱子全書》第14冊卷9，頁298。

95 朱子言「知與行，工夫須著並到」，出自《朱子語類》壹。〔宋〕朱熹著，朱傑人、嚴佐之、劉永翔主編：《朱子全書》第14冊卷14，頁457。

96 陽明言「知是行的主意，行是知的功夫；知是行之始，行是知之成」，出自《王陽明全集》〈語錄一・傳習錄上〉卷1，頁3-4。

97 陽明言「聖賢教人知行，正是安復那本體」，出自《王陽明全集》〈語錄一・傳習錄上〉卷1，頁3-4。。

四端，方為人性，方為天理。「求理於吾心，此聖門知行合一之教」，
人須透過知行合一的工夫，始可達「心即理」的境界，成為聖賢的可
能。承上所述，人處在生活世界當中，人才有可能發揮心體的主體能
動性，即是「心之所在即是物」，心體緣於物而動，陽明時常提到，
如果意在於孝親、忠君的事上，孝親、忠君便是一物，重點在於人的
心必須要「意」在於那個「物」之上，因此陽明講的「物」，是人的
心體發動於事事物物的一個過程，這整體的過程就是「行」，「行」的
本身也包含著「知」，「知」的本身也包含著「行」，如果知而不行，
陽明說，那就不是「真知」，此即知行合一的工夫。「心即理」的工夫
是知行合一的過程。「心即理」的理論開展正是陽明創造性的提出
「良知即是天理」，其工夫即是百死千難後提出的「致良知」。陽明認
為「良知即是天理」，肯定良知有成聖的可能，肯定良知有知理的可
能。

　　但世之學者普遍不能體認良知，普遍嫌易求難[98]、捨近求遠、捨
易求難[99]。陽明點出兩種情形：

> 良知即是天理。體認者，實有諸己之謂耳。非若世之想像講說
> 者之為也。近時同志，莫不知以良知為說，然亦未見有能實體
> 認之者，是以尚未免於疑惑。蓋有謂良知不足以盡天下之理，
> 而必假於窮索以增益之者，又以為徒致良知未必能合於天理，
> 須以良知講求其所謂天理者，而執之以為一定之則，然後可以

---

[98] 陽明曰：「盡道聖賢須有秘，翻嫌易簡卻求難。」出自〈示諸生三首〉，《王陽明全
集》〈外集二‧居越詩三十四首〉卷20，頁653。

[99] 陽明曰：「良知之學不明於天下，幾百年矣。世之學者，蔽於見聞習染，莫知天理
之在吾心，而無假於外也。皆捨近求遠，捨易求難。」〈祭國子助教薛尚哲文　甲
申〉，《王陽明全集》〈外集七‧墓誌銘‧墓表‧墓碑‧傳碑刻‧贊‧箴‧祭文〉卷
25，頁791。

率由而無弊。是其為說，非實加體認之功而真有以見夫良知
者，則亦莫能辯其言之似是而非也。[100]

第一，世之學者普遍「謂良知不足以盡天下之理」，認為天下萬事萬
理實在不可勝數，無法窮盡，因此產生「必假於窮索以增益」。如前
文所述，陽明「致良知」的工夫是簡易直截的[101]，只是復其本體，是
一個大頭腦、大綱領。第二，世之學者「又以為徒致良知未必能合於
天理」，認為良知要合於天理，必須要有一定的法則可循。

　　陽明對於良知，對於天理，是否有法則可循這個問題，他提出
「良知即是易」，陽明曰：

> 又曰：「此道至簡至易的，亦至精至微的。孔子曰：『其如示諸
> 掌乎！』且人於掌，何日不見？及至問他掌中多少文理，卻便
> 不知。即如我良知二字，一講便明，誰不知得？若欲的見良
> 知，卻誰能見得？」問曰：「此知恐是無方體的，最難捉
> 摸。」先生曰：「良知即是易，其為道也屢遷，變動不居，周
> 流六虛，上下無常，剛柔相易，不可為典要，惟變所適。此知
> 如何捉摸得？見得透時便是聖人。」[102]

前文述及，陽明肯定良知的存在，肯定人有從事道德之可能，也肯定
人有從事知識活動之可能，因此陽明提出的理論是「心外無物」、「無

---

100 陽明言「良知即是天理」，出自〈與馬子莘　丁亥〉，《王陽明全集》〈文錄三‧書三
　　嘉靖丙戌至戊子〉卷6，頁184。
101 陽明曰：「征寧藩之後，專發致良知宗旨，則益明切簡易矣。」出自〈與滁陽諸生
　　書並問答語〉，《王陽明全集‧續編一》卷26，頁811-812。
102 陽明言「良知即是易，其為道也屢遷」，出自《王陽明全集》〈語錄三‧傳習錄
　　下〉卷3，頁110。

心外之物」。世之學者普遍質疑良知之說，認為生活世界的事事物物是多樣化的，如此，「致良知」恐怕是困難的，是有問題的。誠然，生活上的事事物物是無法全部列舉的，陽明提出「良知即是易」，陽明以易之理提出良知之道是「道也屢遷，變動不居，周流六虛，上下無常，剛柔相易，不可為典要，惟變所適」[103]，陽明認為，良知之道當中包含著易之理，同樣的，易之理當中亦包含著良知之道。良知與《易》有同樣的特性：在變的同時，意味著有不變的道理；在陽爻剛健的同時，意味著陰爻衰敗的可能；在凶的同時，意味著吉的面向；在禍的同時，意味著福的可能。變與不變、陽剛與陰柔、常與無常、吉與凶、禍與福等，是同時的也是變動不居的，不能執一而論，要有所權變。換言之，良知本體與致良知的工夫都只是一個大頭腦、大綱領，都是易之理。落實到生活中，生活中的事事物物變化萬千，亦是易之理，面對生活的中的隨時變易，致其良知要「惟變所適」。

陽明又云：

> 問孟子言「執中無權猶執一」。先生曰：「中只是天理，只是易，隨時變易，如何執得？須是因時制宜，難預先定一個規矩在。如後世儒者要將道理一一說得無罅漏，立定個格式，此正

─────────────────

103 「道也屢遷，變動不居，周流六虛，上下無常，剛柔相易，不可為典要，惟變所適」，出自〈繫辭下〉。參見〔宋〕朱熹：《周易本義》卷3，頁262。按：王陽明對此段《易》的闡發，前文所述，他是承繼陸象山經學的主張「六經皆我註腳」的經學特色。關於明代的易學，朱伯崑先生對明代心學派的易學特色有大致有四點主張：其一，陽明心學的基本命題，雖非出自《周易》經傳，但其思想體系亦受易學影響。其二，「借易理闡發心學思想」、「以心為易」、「以義理解易」，對《易》的理解是本於心學的傳統。其三，屬義理學派，但他對圖書學派、象數之學並不排斥。其四，明代心學派的易學，影響後來的發展，例如：王畿、季本、羅洪先、劉邦采、萬廷言等，皆有解易的著作。可參見朱伯崑：〈明代心學的易學哲學〉，《易學哲學史》（北京市：崑崙出版社，2005年），頁217-300。

　　　　　　是執一。」¹⁰⁴

儒家講求「時中」，便是要因時制宜，無過與不及。孟子言「執中無
權，猶執一也」¹⁰⁵，意指一味講求「中」便又落在「執」上，與
「執」相對的便是「權」，因此孟子所謂「執中」同時是包含著權
變，否則便是「執一」。陽明面對學生的提問，是在孟子的基礎上講
「執中」，亦在程子的基礎上講「執中」¹⁰⁶。並且提出「中」是天
理，亦是易之理。我們也可以進一步說，良知之本體是天理，是易之
理，是「中」之理；良知之工夫，致其良知是易之理，是「執中」之
理。「執中」之理包含著權變之理，天下萬事萬理隨時變易，致其良
知的工夫，「難預先定一個規矩在」，也無法「將道理一一說得無罅
漏」。

　　故陽明又云：

　　　天命之性，粹然至善，其靈昭不昧者，此其至善之發現，是乃
　　　明德之本體，而即所謂良知也。至善之發現，是而是焉，非而
　　　非焉，輕重厚薄，隨感隨應，變動不居。¹⁰⁷

---

104 陽明曰：「中只是天理，只是易」，《王陽明全集》〈語錄一・傳習錄上〉卷1，頁
　　17。

105 孟子言「執中」，孟子曰：「楊子取為我，拔一毛而利天下，不為也。墨子兼愛，
　　摩頂放踵利天下，為之。子莫執中，執中為近之，執中無權，猶執一也。所惡執
　　一者，為其賊道也，舉一而廢百也。」出自《孟子集注》〈盡心章句上〉。參見
　　〔宋〕朱熹：《四書章句集註》卷13，頁357。

106 程子解釋「執中」，程子曰：「中不可執也，識得則事事物物皆有自然之中，不待
　　安排，安排著則不中矣。」出自《孟子集注》〈盡心章句上〉。參見〔宋〕朱熹：
　　《四書章句集註》卷13，頁357。

107 陽明強調，至善是「隨感隨應，變動不居」，出自〈大學問〉，《王陽明全集・續編
　　一》卷26，頁798-804。

如前文所述，人有從事道德之可能，因為良知乃是天命之性，是粹然至善，是靈昭不昧，是明德之本體，是虛靈明覺，是感應之幾，良知之本體同時包含著易之理，能夠隨感隨應；人有從事知識活動之可能，面對萬事萬理之變動不居，良知能夠知是知非，是而是焉，非而非焉。事實上，儒學是不講求能夠趨吉避凶的，良知能夠知是知非，但無法預知是是非非。承上，陽明之學可以說是演繹法，良知只是大頭腦，良知不學而能可以知天理，知天理而自然枝枝節節皆能夠明白。

以下陽明舉出古代聖賢如何變通精察義理，陽明曰：

> 夫舜之不告而娶，豈舜之前已有不告而娶者為之準則，故舜得以考之何典，問諸何人，而為此邪？抑亦求諸其心一念之良知，權輕重之宜，不得已而為此邪？武之不葬而興師，豈武之前已有不葬而興師者為之準則，故武得以考之何典，問諸何人，而為此邪？抑亦求諸其心一念之良知，權輕重之宜，不得已而為此邪？使舜之心而非誠於為無後，武之心而非誠於為救民，則其不告而娶與不葬而興師，乃不孝不忠之大者。而後之人不務致其良知，以精察義理於此心感應酬酢之間，顧欲懸空討論此等變常之事，執之以為制事之本，以求臨事之無失，其亦遠矣。其餘數端，皆可類推，則古人致知之學，從可知矣。[108]

天下萬事之節目時變有時無前例可循，陽明以「舜之不告而娶」[109]、

---

108 陽明言「變常之事」，出自〈答顧東橋書〉，《王陽明全集》〈語錄二‧傳習錄中〉卷2，頁36-50。

109 「舜之不告而娶」，《孟子》：「萬章問曰：《詩》云：『娶妻如之何？必告父母。』信斯言也，宜莫如舜。舜之不告而娶，何也？孟子曰：『告則不得娶。男女居室，人之大倫也。如告，則廢人之大倫，以懟父母，是以不告也。』」出自《孟子集註‧萬章章句上》。參見〔宋〕朱熹：《四書章句集註》卷9，頁303。

「武之不葬而興師」[110]、「養志養口」[111]、「小杖大杖」[112]、「割股盧墓」[113]而言，都沒有前例可說，但舜、武之所以能在沒有前例之下作出判斷，在於能夠「求諸其心一念之良知，權輕重之宜」，「以精察義理於此心感應酬酢之間」。關於天理、天道會隨著不同的狀況而必須有不同的方法，他又舉孔子為例：「或問『禘』之說。子曰：『不知也。知其說者之於天下也，其如示諸斯乎？』指其掌」[114]，引用孔子對於魯國禘祭的看法是「其如示諸掌乎」，以此闡發天理之簡易明白。對於細節與內容，孔子不是不知道，因為「禘自既灌而往者，吾不欲觀之矣」[115]，孔子認為魯國行天子之祭已失其禮，故不欲觀之，魯國失其禮，孔子在現實無奈之下不欲觀禮。承上，陽明認為面對天

---

110 「武之不葬而興師」，《史記》：「伯夷、叔齊，孤竹君之二子也。父欲立叔齊。及父卒，叔齊讓伯夷，伯夷曰：『父命也。』遂逃去，叔齊亦不肯立而逃之，國人立其中子，於是伯夷、叔齊聞西伯昌善養老，盍往歸焉。及至，西伯卒，武王載木主，號為文王，東伐紂。伯夷、叔齊叩馬而諫曰：『父死不葬，爰及干戈，可謂孝乎？』」出自〈伯夷列傳〉。參見〔日〕瀧川龜太郎：《史記會注考證》（臺北市：文史哲出版社，1997年），頁825-826。

111 「養志養口」，《孟子》：「曾子養曾晳，必有酒肉。將徹，必請所與。問有餘，必曰『有』。曾晳死，曾元養曾子，必有酒肉。將徹，不請所與。問有餘，曰『亡矣』。將以復進也，此所謂養口體者也。若曾子，則可謂養志也。」出自《孟子集注》〈離婁章句上〉。參見〔宋〕朱熹：《四書章句集註》卷7，頁285。

112 「小杖大杖」，《孔子家語》：「曾子耘瓜，誤斬其根。曾晳怒。建大杖以擊其背。曾子仆地而不知人久之。有頃，乃蘇，欣然而起，……孔子聞之而怒，告門弟子曰：『參來勿內』，曾參自以為無罪，使人請於孔子。子曰：『……舜之事瞽叟，……小捶則待過，大杖則逃走。』」參見王國軒等譯注：〈六本〉，《孔子家語》（北京市：中華書局，2010年），頁133。

113 「割股盧墓」，出自「李紱之割股考」。參見《李穆堂詩文全集》〈穆堂別藁〉（道光辛卯，1831年本）卷9，頁9下。

114 孔子對於魯國禘祭的看法是「其如示諸掌乎」，出自《論語集注》〈八佾第三〉。參見〔宋〕朱熹：《四書章句集註》卷2，頁64。

115 孔子對於魯國禘祭，曰：「吾不欲觀之矣」，出自《論語集注》〈八佾第三〉。參見〔宋〕朱熹：《四書章句集註》卷2，頁64。

下萬事萬理隨時變易，難預先定一個規矩在，只要把握綱領即可。因此，關於宋儒改經之事，陽明不同意朱子的做法，「宋儒朱仲晦氏慨《禮經》之蕪亂，嘗欲考正而刪定之，以《儀禮》為之經，《禮記》為之傳」[116]。宋儒改經[117]的做法，陽明是反對的，朱子以《禮經》之「蕪亂」，從而刪定之，他認為《禮》之準則只是一個綱領，猶如規矩之於方圓，規矩所畫出來的方圓是無法勝數的，因此他說「學《禮》之要，聖德者之所以動容周旋而中也」[118]。在陽明之學，聖人之學的綱領是「至簡至易的，亦至精至微」的，因此，陽明認為《禮》未必是「蕪亂」的，不須改經。此外，陽明自己面對易之理，亦有深刻的體驗。

分析陽明與《易》[119]的關係，我們可以做以下兩點分析：第一點，關於吉凶禍福相倚之道，是一體之兩面，猶如車之雙輪，鳥之雙

---

116 〈禮記纂言序 庚辰〉，《王陽明全集》〈文錄四・序記說〉卷7，頁205-206。

117 關於宋儒對於《禮》的態度，宋儒疑《周禮》、《儀禮》非周公作，《禮記》中〈中庸〉非子思作、〈儒行〉非孔子作、〈大學〉疑錯簡，主張考訂「錯簡」，進行改本。可參見葉國良：《宋人疑經改經考》（臺北市：國立臺灣大學出版委員會，1980年）。

118 陽明曰：「禮之於節文也，猶規矩之於方圓也。非方圓無以見規矩之所出，而不可遂以方圓為規矩。故執規矩以為方圓，則方圓不可勝用。捨規矩以為方圓，而遂以方圓為之規矩，則規矩之用息矣。故規矩者，無一定之方圓；而方圓者，有一定之規矩。此學禮之要，盛德者之所以動容周旋而中也。」參見〈禮記纂言序 庚辰〉，《王陽明全集》〈文錄四・序記說〉卷7，頁205-206。

119 王陽明與《易》的相關研究，可參見戴璉璋：〈王陽明與周易〉《中國文哲研究集刊》（2009年9月）第17期，頁389-404。溫海明：〈王陽明易學略論〉《周易研究》（1998年）第3期總第37期，頁23-32。賀廣如：〈明代王學與易學之關係──以孫應鰲「以心說《易》」之現象為例〉《周易研究》（2008年）第2期總第88期，頁75-89。楊月清：〈易哲學發展史之一嬗變──陸王心學的易哲學思想探析〉《周易研究》（2005年）第5期總第73期，頁22-29。張沛：〈王陽明心學視域下的易學觀〉，《周易研究》（2010年）第4期總第102期，頁25-33。范立舟：〈《周易》與陽明心學〉《周易研究》（2004年）第6期，頁68-72、80。

翼。陽明一生中的兩件大事，龍場悟道與四十五歲之後的平亂[120]，在朝中犯顏直諫、冒險犯難，但是這並沒有為陽明帶來榮譽，反而是毀謗與責難，這在陽明死後仍有過之而不及，由一個角度來看，如果陽明沒有歷經這兩件大事，可能也無法於歲在龍場「忽中夜大悟格物致知之旨」[121]，三十八歲在貴陽書院「始論知行合一」[122]，五十歲在江西南昌「始揭致良知之教」[123]，從現實生活來看，這對陽明是一種禍，但是從思想上來說，這對陽明以及後學可能是一種福。第二點，關於天理、天道會隨著不同的狀況而必須有不同的方法，此不能夠「執之以為一定之則」，陽明對於這一點的體會是相當深刻，陽明四十八歲在江西南昌平定朱宸濠[124]，明武宗正德皇帝好大喜功，欲至南昌御駕親征，對於才結束戰爭的南昌城，「江西之民，久遭濠毒，今經大亂，繼以旱災……困苦既極」[125]，如果正德皇帝御駕親征，恐怕會帶給當地百姓的重大災難，陽明勢必阻止正德皇帝，陽明兩度上疏，分別是〈江西捷音疏〉[126]、〈擒獲宸濠捷音疏〉[127]，同時帶著宸濠離開南昌到浙江杭州，將宸濠交給張永，使江西人民得以恢復平靜

---

120 陽明四十五歲之後，陸續平定湖南、江西、福建、廣東之寇、象湖山之戰、橫水、桶岡戰役、宸濠之亂、忠泰之變、思、田之亂、八寨、斷藤峽之役。《王陽明全集》〈年譜〉卷33-35，頁1015-1091。

121 陽明「龍場悟道」，出自《王陽明全集》〈年譜一〉卷33，頁1006-1007。

122 陽明「始論知行合一」，出自《王陽明全集》〈年譜一〉卷33，頁1007-1008。

123 陽明五十歲「始揭致良知之教」，出自《王陽明全集》〈年譜二〉卷34，頁1050。

124 陽明四十八歲（1519年）六月起兵江西，平定朱宸濠之過程，參見《王陽明全集》〈年譜二〉卷34，頁1032-1042。

125 陽明四十八歲（1519年）八月，面對明武宗御駕親征之過程，參見《王陽明全集》〈年譜二〉卷34，頁1040-1042。

126 〈江西捷音疏　十四年七月三十日〉，《王陽明全集》〈別錄四‧奏疏四〉卷12，頁335-338。

127 〈擒獲宸濠捷音疏　十四年七月三十日〉，《王陽明全集》〈別錄四‧奏疏四〉卷12，頁338-343。

生活，陽明自己則「稱病西湖淨慈寺」[128]。承上所述，致良知之工夫
是陽明「我此良知二字，實千古聖聖相傳一點滴骨血也」[129]，又說
「從百死千難中得來，不得已與人一口說盡」[130]，在陽明一生之中，
無不思索「聖人處此，更有何道？」[131]他強調，人之心靈能夠明覺、
精察、感應，只要能盡本心，便能夠盡天理。

因此，對於天下萬物之名物度數，他認為聖人不消求知，陽明曰：

> 聖人無所不知，只是知個天理；無所不能，只是能個天理。聖
> 人本體明白，故事事知個天理所在，便去盡個天理。不是本體
> 明後，卻於天下事物都便知得，便做得來也。天下事物，如名
> 物度數、草木鳥獸之類，不勝其煩。聖人須是本體明了，亦何
> 緣能盡知得？但不必知的，聖人自不消求知；其所當知的，聖
> 人自能問人。如「子入太廟，每事問」之類，先儒謂「雖知亦
> 問，敬謹之至」。此說不可通。聖人於禮樂名物，不必盡知。
> 然他知得一個天理，便自有許多節文度數出來。不知能問，亦
> 即是天理節文所在。[132]

陽明認為聖人只知一個綱領，自然能夠去學習，或者讀書，或者問人

---

128 陽明四十八歲（1519年）九月於江西南昌，交付朱宸濠給張永，自己則「稱病西
　　湖淨慈寺」，參見《王陽明全集》〈年譜二〉卷34，頁1041。

129 陽明五十歲提出「致良知」，陽明曰：「我此良知二字，實千古聖聖相傳一點滴骨
　　血也」。參見《王陽明全集》〈年譜二〉卷34，頁1050-1054。

130 陽明五十歲提出「致良知」，陽明曰：「某於此良知之說，從百死千難中得來，不
　　得已與人一口說盡」。參見《王陽明全集》〈年譜二〉卷34，頁1050-1054。

131 陽明於龍場，因念「聖人處此，更有何道？」忽中夜大悟格物致知之旨。出自
　　《王陽明全集》〈年譜一〉卷33，頁1006-1007。

132 關於「子入太廟，每事問」，陽明認為「聖人於禮樂名物，不必盡知」。參見《王
　　陽明全集》〈語錄三・傳習錄下〉卷3，頁85。

皆可，這些名物度數不必盡知，如果為了窮索見聞之末，失卻了良知
天理是本末倒置，因此陽明也曾提及，聖學之道如孔子的「一貫之
道」[133]。他又以孔子為例，孔子「入太廟，每事問」，尹氏認為孔子
是「雖知亦問」，尹氏注曰：「禮者，敬而已矣。雖知亦問。雖知亦
問，謹之至也，其為敬莫大於此。謂之不知禮者，豈足以知孔子
哉？」[134]此說所謂禮即是一種敬，敬就是已知而又問之，是最高的敬
意。陽明認為此種說法並不可通，因為「問」其「不知」的名物度數
之類亦是天理所在，若「雖知亦問」，即非天理也，陽明言下之意
是，孔子後學者不必為每事問強詞奪理。承上，陽明肯定良知之道沒
有一定的準則，對於天下枝枝節節的名物度數，聖人只知個天理即
可，對於節文不必盡知，問其不知，這也是天理的一部分。

　　在王陽明的思想中，以「致良知」的工夫論為最後定論。然其理
論的發展內涵，牽一絲而動全網，牽一髮而動全身，是從「心即
理」、「良知即是天理」、「良知即是易」三者發展而來，主要是以良知
的理論關係為基礎[135]。「心即理」、「良知即是天理」與「良知即是
易」的理論關係如下。首先，陽明肯定良知是心的本體，也是「人之
所以異於禽獸者幾希」的一點靈明。然而，良知為什麼是不學而能、
不慮而知、知是知非、知善之惡的？這一點在中國哲學上就無法再追

---

133 「夫子謂子貢曰：『賜也，汝以予為多學而識之者歟？非也，予一以貫之』。……
　　『一以貫之』，非致其良知而何？」參見〈答顧東橋書〉，《王陽明全集》〈語錄
　　二‧傳習錄中〉卷2，頁36-50。

134 《論語》：「子入大廟，每事問。或曰：『孰謂鄹人之子知禮乎？入大廟，每事
　　問。』子聞之曰：『是禮也。』」出自《論語集注》〈八佾第三〉。參見〔宋〕朱
　　熹：《四書章句集註》卷2，頁65。

135 依陽明學，「致良知」同時保證本體論與工夫論的存在性與必然性。換言之，「致
　　良知」是即本體即工夫，體用不二。

問了，因為良知就是「第一因」（First Cause）[136]。其次，陽明肯定良知是至善的本體，人的本質和天理的本質是相同的，換言之，人之道和天之理也是相同的，此是陽明於龍場悟道之後提出的「心即理」，此後他在貴陽書院始論知行合一的工夫。第三，陽明肯定人之實踐道德的可能性，良知是透過日常生活的經驗世界，自覺地從事道德的踐履來實現的，事親時的溫凊定省，父子之間的親親，兄弟之間的敬長，無不是自然的流露。此是陽明於平定朱宸濠之後提出來的工夫「致良知」，致其良知可以達到「良知即是天理」、「一體之仁」的聖人境界。第四，陽明肯定良知可以獲得知識之可能性，良知原是知是知非，知善知惡的，人可以視聽言動，不是那一團血肉，而是因為良知之存在。良知是透過日常生活的經驗世界，在視聽言動之間，心之所發，意之所在，例如：「來看此花時，花在人心之中，一時明白起來」。陽明認為，當人和萬事萬物的關係產生一互動的過程，人由觀看萬事萬物的方式不同，觀點也隨之改變，因為事事物物和我產生了聯繫和連結，事事物便會進到內心當中，如同內心有孝之理，便能表現出孝行，這是陽明所說的「無心外之物」、「心外無物」。第五，陽明肯定良知之本體即是易之理，易之理不一定有不變的準則或前人的經驗可供參考，變與不變、陽剛與陰柔、常與無常、吉與凶、禍與福

---

136 第一因（First Cause）：「第一原因的論證開始於這麼一種觀察，……，不可能有一個無限長的因果鏈。所以有這樣一個東西，它引起別物的變化，但它本身不是由別物引起變化的，這就是第一原因。」參見羅伯特・奧迪（Robert Audi）英文主編；王思迅主編：《劍橋哲學辭典》（臺北市：貓頭鷹出版，2002年），頁936。按：有些事物的原因是由別物所引起變化的，有一個無限長的變化因果論；「第一因」則沒有無限長的因果論，不能無限後退去問原因，因為它本身不是由別物所引起的。在中國哲學，不去探討是什麼原因造成良知不學而能、不慮而知、知是知非、知善知惡，因為良知就是第一因，也因為良知存在的必然性，保有了人之道德如何可能與人之知識如何可能的必然性。

等，是同時的也是變動不居的，不能執一而論，猶如規矩無一定之方圓，天下萬事之節目，不消盡知，只要把握大頭腦，知得一個天理，便自然有許多節文度數出來；良知之工夫，致其良知時須把握易之理，要有所權變，不能執一，要因時制宜，「見得透時便是聖人」。是以，在這個基礎上，陽明提出「良知即是易」。

承上所述，本節從王陽明「心即理」、「良知即是天理」與「良知即是易」的理論關係展開，吾人從陽明良知即是易之理，作為探究王陽明心學的面向之二。透過本節的爬梳，可知良知即是易之理，雖源自於《易》，王陽明亦是在繼承象山「心即理」的基礎上，肯定心之道與天之理，其理則一也；在人心之良知本體上，肯定良知是天理，亦是易之理；換言之，易之理，是天理，是良知本體，亦是「致良知」的工夫。王陽明「良知即是易」，本體論與工夫論是徹上徹下的一貫之理，可知陽明並非是以知代行，而是知行合一的道德實踐工夫，王陽明心學並非僅僅是心理的工夫，吾人由本節良知即是易之理，作為陽明心學面向的切入點之二，以釐清陽明「心外無物」的思想。

第三節　人是三才之道的主體

吾人欲從王陽明心學的三個面向，以釐清王陽明「心外無物」的思想。上一節闡述王陽明對良知即是易之理的內在理論，是從「心即理」、「良知即是天理」、「良知即是易」三者發展而來。本節欲從王陽明以人作為三才之道的主體，作為王陽明心學面向的切入點之三。陽明所說的「心」，陽明曰：

> 曰：「人者，天地之心也；民者，對己之稱也；曰民焉，則三才之道舉矣。是故親吾之父以及人之父，而天下之父子莫不親

矣；親吾之兄以及人之兄，而天下之兄弟莫不親矣。君臣也，
夫婦也，朋友也，推而至於鳥獸草木也，而皆有以親之，無非
求盡吾心焉以自明其明德也。是之謂明明德於天下，是之謂家
齊國治天下平。」[137]

陽明所說的心，「不專是那一團血肉」[138]，心是善的本體，良知的本
體，談論王陽明所講的心、良知，學者往往溯及孟子的良知良能。若
再往上溯其源，便是《易傳》的三才傳統。此處，陽明強調，人是天
地之心，這是從三才傳統的脈絡下所說的，故陽明言：「人者，天地
之心也」，又言「三才之道舉矣」，主要是彰顯人在天地之間的主體
性，這是承續孔子強調的為仁由己[139]之學。因此，天地人三者，人必
然是天地之中唯一有主體性的，故言「人者，天地之心也」。

　　吾人從陽明言「人者，天地之心也」思考，天地為什麼會有
「心」呢？依常識來說，只有會呼吸的生命之體方才有「心」，例
如：人類或是其他昆蟲鳥獸，那麼，天地不是一個會呼吸的生命之
體，為何陽明言「人者，天地之心也」？這有兩個可能：一是，王陽
明善用比喻。二是，王陽明可能認為，天地萬物、宇宙自然亦是生命
之體。從第一點可能性來說，王陽明善用比喻。他將「天地」比喻為
「人的身體」，將「人」比喻為「心」。據《年譜》，王陽明五十五歲
時，「是年夏，豹以御史巡按福建，渡錢塘來見先生。別後致書」[140]，

---

137 陽明言「人者，天地之心也……則三才之道舉矣」，出自〈親民堂記 乙酉〉。參見
　　《王陽明全集》〈文錄四・序記說〉卷7，頁211-212。

138 陽明言心，「不專是那一團血肉」，出自《王陽明全集》〈語錄一・傳習錄上〉卷
　　1，頁31-32。

139 「為仁由己」，出自《論語集注》〈顏淵第十二〉。參見〔宋〕朱熹：《四書章句集
　　註》卷6，頁131。

140 《年譜》於王陽明五十五歲一條下記：「八月，答轟豹書。……先生答書略曰：

陽明曾與聶豹見面，聶豹別後致書陽明，陽明回信，言及「人者，天地之心」的思想，陽明曰：

> 夫人者，天地之心。天地萬物，本吾一體者也，生民之困苦荼毒，孰非疾痛之切於吾身者乎？不知吾身之疾痛，無是非之心者也。是非之心，不慮而知，不學而能，所謂良知也。良知之在人心，無間於聖愚，天下古今之所同也。世之君子惟務致其良知，則自能公是非，同好惡，視人猶己，視國猶家，而以天地萬物為一體，求天下無治，不可得矣。古之人所以能見善不啻若己出，見惡不啻若己入，視民之饑溺猶己之饑溺，而一夫不獲，若己推而納諸溝中者，非故為是而以蘄天下之信己也，務致其良知，求自慊而已矣。堯、舜、三王之聖，言而民莫不信者，致其良知而言之也；行而民莫不說者，致其良知而行之也。是以其民熙熙皞皞，殺之不怨，利之不庸，施及蠻貊，而凡有血氣者莫不尊親，為其良知之同也。嗚呼！聖人之治天下，何其簡且易哉！[141]

陽明言「視人猶己，視國猶家，而以天地萬物為一體」。意即，視他人猶如自己，視國猶如家，其他各種萬事萬物，我們的心皆如此看待。那麼，陽明推出重要的結論，當我們能夠將自身以外的萬事萬物，皆看作與我們自身的事情相關，那麼，天地萬物之中，不論是小

『……夫人者，天地之心。天地萬物，本吾一體者也。』」《王陽明全集》〈年譜三〉卷35，頁1069-1070。

141 陽明言「人者，天地之心」，又言「視人猶己，視國猶家，而以天地萬物為一體」。以天地比喻為人，以人比喻為心。因此，陽明言「人者，天地之心」，亦可說，人猶天地之心。出自〈答聶文蔚〉，《王陽明全集》〈語錄二・傳習錄中〉卷2，頁69。

自他人，或大至一國，皆可以看作是一件事，陽明稱作「物」，天地萬物皆作「一體」看，故天地間「生民之困苦荼毒」，當我們視他人猶如自己，「孰非疾痛之切於吾身者乎？」

另外，從《傳習錄》的一段文獻記載來看：

> 問：「人心與物同體，如吾身原是血氣流通的，所以謂之同體。若於人便異體了。禽獸草木益遠矣，而何謂之同體？」先生曰：「你只在感應之幾上看，豈但禽獸草木，雖天地也與我同體的，鬼神也與我同體的。」請問。先生曰：「你看這個天地中間，甚麼是天地的心？」對曰：「嘗聞人是天地的心。」曰：「人又甚麼教做心？」對曰：「只是一個靈明。」「可知充天塞地中間，只有這個靈明，人只為形體自間隔了。我的靈明，便是天地鬼神的主宰。天沒有我的靈明，誰去仰他高？地沒有我的靈明，誰去俯他深？鬼神沒有我的靈明，誰去辯他吉兇災祥？天地鬼神萬物離卻我的靈明，便沒有天地鬼神萬物了。我的靈明離卻天地鬼神萬物，亦沒有我的靈明。如此，便是一氣流通的，如何與他間隔得！」又問：「天地鬼神萬物，千古見在，何沒了我的靈明，便俱無了？」曰：「今看死的人，他這些精靈游散了，他的天地萬物尚在何處？」[142]

門人曾聽聞陽明言「人是天地的心」，陽明問：「人又甚麼教做心？」門人對曰：「只是一個靈明。」陽明又曰：「可知充天塞地中間，只有這個靈明」。由以上對話，可以推知，就人而言，陽明為何說人是天地之心，因為人之一體當中，心是身之主宰，心是一個靈明，此靈明

---

142 陽明言「我的靈明」，出自《王陽明全集》〈語錄三·傳習錄下〉卷3，頁109。

知覺，陽明稱為良知；就天地而言，天地之中，包括鬼神萬物，「人能弘道，非道弘人」，天地之中只有人能夠為仁，故曰「可知充天塞地中間，只有這個靈明」。由上，陽明將「天地」比喻為「人的身體」，將天地中的「人」，比喻為一個人的「心」。

此外，據《年譜附錄一》[143]，嘉靖二十九年正月，陽明歿後二十二年，吏部主事史際，於南京應天府溧陽，興建嘉義書院。陽明後人於嘉義書院的活動非常重要，據《年譜》記[144]，錢德洪曾短暫居於嘉義書院編輯《年譜》，當時錢氏於嘉義書院已編輯部分《年譜》，「師始生至謫龍場」，錢氏編好的部分，是從陽明出生到謫龍場驛的部分，之後錢氏將嘉義書院編輯的這部分交給鄒守益。此外，陽明後學於書院中立王陽明與湛若水牌位奉祀之，錢氏作〈天成篇〉揭於嘉義堂，示諸位門生，錢氏所作的〈天成篇〉要旨，是發揮王陽明「人者，天地之心」的思想。錢氏曰：

> 吾人與萬物混處於天地之中，為天地萬物之宰者，非吾身乎？其能以宰乎天地萬物者，非吾心乎？心何以能宰天地萬物也？天地萬物有聲矣，而為之辨其聲者誰歟？天地萬物有色矣，而為之辨其色者誰歟？天地萬物有味矣，而為之辨其味者誰歟？天地萬物有變化矣，而神明其變化者誰歟？是天地萬物之聲非聲也，由吾心聽，斯有聲也；天地萬物之色非色也，由吾心

---

143 《年譜附錄一》記：「（嘉靖）二十九年庚戌正月，吏部主事史際建嘉義書院於溧陽，祀先生。……立師與甘泉湛先生位，春秋奉祀。《天成篇》揭嘉義堂示諸生曰：「吾人與萬物混處於天地之中，為天地萬物之宰者，非吾身乎？」參見《王陽明全集·年譜附錄一》卷36，頁1102-1104。

144 《年譜》記：「越十九年庚戌（嘉靖29年），同志未及合併。洪分年得師始生至謫龍場，寓史際嘉義書院，具稿以復守益。」參見《王陽明全集》〈年譜三〉卷35，頁1113。

視，斯有色也；天地萬物之味非味也，由吾心嘗，斯有味也；天地萬物之變化非變化也，由吾心神明之，斯有變化也：然則天地萬物也，非吾心則弗靈矣。吾心之靈毀，則聲、色、味，變化不得而見矣。聲、色、味變化不可見，則天地萬物亦幾乎息矣。故曰：「人者，天地之心，萬物之靈也，所以主宰乎天地萬物者也。」[145]

錢氏於〈天成篇〉中所言，與王陽明言「人者，天地之心」的思想極為相似，學者彭國翔先生認為，錢氏所言令人誤以為是陽明所作，彭氏曰：

日本東北大學圖書館藏有《緒山先生天成篇》。今本《王陽明全集》中《年譜附錄一》二十九年庚戌正月條下有「《天成篇》揭嘉義堂示諸生」亦收錄四段文字，內容完全等同於本文語錄第十九、二〇、二一、二二條（指吉田公平所錄緒山語錄），但未說明作者，或不免令人誤以為陽明之作。[146]

誠如學者彭國翔先生所說，錢氏於〈天成篇〉中，與陽明思想極為相似。因為錢氏發揮陽明言「人者，天地之心」的思想。但，錢氏於〈天成篇〉中所言，畢竟非陽明之言。儘管錢氏是發揮陽明言「人者，天地之心」的思想，但錢氏思想與陽明思想卻略有不同，錢氏曰：「吾人與萬物混處於天地之中，為天地萬物之宰者，非吾身

---

145 錢德洪：〈天成篇〉，收錄於錢明編校整理：《徐愛、錢德洪、董澐集》，頁192-194。

146 彭國翔：〈錢緒山語錄輯逸與校注〉，《中國文哲研究通訊》（2003年6月）第13卷第2期，頁13-56。

乎？」錢氏強調，人於天地之中，人與天地的關係，是一主宰義。錢氏解釋，天地萬物之聲、色、味、變化，皆是人方能辨其聲、色、味，神明天地萬物變化。對此，恐怕不成立。一是，人於天地之中，雖能辨其聲、色、味，神明天地萬物變化，但並非是萬物之中最靈敏者，恐怕有許多昆蟲鳥獸比人還要更為靈敏。二是，辨其天地之聲、色、味，神明天地萬物變化，並非意在彰顯天地之道，恐怕僅是萬物生存中必要的一環。又，錢氏在文中引用：「人者，天地之心，萬物之靈也，所以主宰乎天地萬物者也」這句話，作為陽明有此思想的證據。很可惜地，錢氏所引用的句子，並沒有直接證據可供證實。其中「人者，天地之心，萬物之靈也」為陽明所言無誤，而其中「所以主宰乎天地萬物者也」，恐不是陽明所言。依王陽明，陽明所言之主宰義，不是人與天地的關係，是心對身的關係而言之，陽明曰：

> 身之主宰便是心，心之所發便是意，意之本體便是知，意之所在便是物。[147]
>
> 心者身之主宰，目雖視而所以視者心也，耳雖聽而所以聽者心也，口與四肢雖言動而所以言動者心也，故欲修身在於體當自家心體，當令廓然大公，無有些子不正處。主宰一正，則發竅於目，自無非禮之視；發竅於耳，自無非禮之聽；發竅於口與四肢，自無非禮之言動：此便是修身在正其心。[148]
>
> 何謂身？心之形體運用之謂也。何謂心？身之靈明主宰之謂

---

147 陽明言「身之主宰便是心」，出自《王陽明全集》〈語錄一・傳習錄上〉卷1，頁4-5。

148 陽明言「心者身之主宰」，出自《王陽明全集》〈語錄三・傳習錄下〉卷3，頁104-105。

也。何謂修身？為善而去惡之謂也。[149]

據此，王陽明言主宰義，多是針對身與心的關係。陽明言身之視聽言動皆為心所主宰，心具有身之主宰義，是因良知能夠知是知非，為善去惡，陽明對於良知，保證對身之主宰義，對為善去惡之對治義。換言之，陽明雖言人是天地之心，主要是彰顯人在天地之間，為善去惡，克己復禮，為仁由己的主體性。並非主張人對天地有其主宰義。那麼，天地萬物之客觀存在，是否會因為人之生命的消逝而消失呢？這須從第二點可能性來說，王陽明認為，天地萬物、宇宙自然亦是生命之體。但，陽明並非探究人與天地客觀存在的問題，而是人與天地萬物之間的意義，特別是「天地鬼神萬物離卻我的靈明，便沒有天地鬼神萬物了」、「我的靈明離卻天地鬼神萬物，亦沒有我的靈明」這兩句。從天地鬼神萬物來說，王陽明對於鬼神的問題，並不是十分在意，由此段記載，陽明言及鬼神，推估陽明意指天地間的萬事萬物，是包括鬼神等一切不可知的條件。由此，「天地鬼神萬物離卻我的靈明，便沒有天地鬼神萬物了」。這兩句話可以這樣理解，天地萬物離開人的靈明，例如人死亡的狀態，對人而言，天地萬物不具有任何意義。又，「我的靈明離卻天地鬼神萬物，亦沒有我的靈明」，意即人的靈明離開天地萬物，例如人死亡的狀態，對天地萬物而言，某人的靈明便失去作用。換言之，只要人處在死亡的狀態，亦即人失去靈明知覺，對人而言，天地萬物的意義已經失去；對天地萬物而言，人的靈明亦失去作用。其中的關鍵在於，人之靈明是在一個存有的實體作用下，天地萬物才有意義。故陽明曰：「今看死的人，他這些精靈游散了，他的天地萬物尚在何處？」對此，學者侯外廬先生曰：

---

149 陽明言「身之靈明主宰之謂也」，出自〈大學問〉，《王陽明全集‧續編一》卷26，頁798-804。

　　他以死人「精靈游散」，不復感知天地萬物為立論依據，用
「他的天地萬物」（精神）偷換「天地萬物」（物質），從而把
「人心」描繪成一種無所不包、主宰一切、絕對自由的先驗的
精神實體，這在理論上無疑是錯誤的。[150]

侯氏認為，陽明「無疑是錯誤的」。王陽明強調，已死之人的精靈游
散，天地萬物對已死之人而言，是失去意義，陽明未否定天地萬物的
實存的事實。陽明是否「把人心描繪成一種無所不包、主宰一切、絕
對自由的先驗的精神實體」呢？從陽明言及人之靈明是在生命的存有
下方有意義來看，侯氏所言恐是一種誤解。

　　學者劉述先先生則持不同看法，他認為侯氏將陽明學和西方貝克
萊「主觀唯心論」混為一談，劉氏曰：

　　　　侯外廬輩的結語是由樸素實在論的思想觀點出發，這才是真正
　　　　的頭腦簡單（Naive），不值一駁。[151]

學者陳榮捷先生則認為：

　　　　Philosophically Wang's position is weak because it entirely
　　　　neglects objective study and confuses reality with value. Readers
　　　　of the *Instructions For Practical Living* will realize that Wang's

---

150 侯外廬先生認為，王陽明「把人心描繪成一種無所不包、主宰一切、絕對自由的
　　先驗的精神實體，這在理論上無疑是錯誤的。」參見氏著：〈王守仁的心學〉，收
　　入侯外廬、邱漢生、張豈之主編：《宋明理學史》（北京市：人民出版社，1987
　　年）下卷（一），頁201-265。

151 劉述先：〈王學與朱學：陽明心學之再闡釋〉，《朱子哲學思想的發展與完成》（臺
　　北市：臺灣學生書局，1984年），頁485-520。

idealism is very naïve indeed. (Chan, Wing-tsit)[152]

陳氏認為，王陽明的心學忽略客觀的研究，將實在與價值混淆，從哲
學的角度來說，陽明心學是薄弱的，並且是天真的（Naive）。然而，
王陽明的心學，是從三才傳統中，以人作為天地的主體，並以身、
心、意、知、物之一體，彰顯良知在天地之間的價值。

　　林安梧教授則曰：

> 宋明儒學集中在「心、意、知、物」討論，大體來說，「心」
> 是就「感通義」說，「意」是就「指向義」說，「物」是就「對
> 象義」說，「知」是就「了別義」說。[153]

依林安梧教授之言，陽明言心，是就「感通義」來說。如此，心對天
地而言，是就「感通義」而言，而非主宰義。陽明言心，意不在作客
觀的研究，而是重在良知對於人的主體性。陳氏言陽明心學是薄弱
的、天真的（Naive），恐怕是誤解。

　　弘治十七年（1504），王陽明時三十三歲，聘為山東鄉試主試

---

152 Chan, Wing-tsit (1963). *Instructions For Practical Living and Other Neo-Confucian Writings by Wang Yang-ming* p.xxxiii 按：陳榮捷先生於1963年紐約哥倫比亞大學出版部出版的《王陽明之傳習錄及其他理學文章》中言及王陽明哲學的立場，依學者劉述先先生翻譯，陳氏曰：「從哲學方面說，王陽明的立場是薄弱的，因為它完全忽略客觀的研究並將實在與價值混淆，傳習錄的讀者會發現，王陽明的唯心論的確是非常的幼稚（Naive）。」參見氏著：〈王學與朱學：陽明心學之再闡釋〉，《朱子哲學思想的發展與完成》（臺北市：臺灣學生書局，1984年），頁491。

153 林安梧：〈關於《大學》「身」「心」問題之哲學省察──以《大學》經一章為核心的詮釋兼及於程朱與陸王的討論（上）〉，《鵝湖月刊》（2011年3月）第36卷第10期總號第429期，頁4-13。

官，而有《山東鄉試錄》[154]。在《山東鄉試錄》〈易〉這一科的文章，〈先天而天弗違後天而奉天時〉記曰：

> 大人於天，默契其未然者，奉行其已然者。夫大人與天，一而已矣；然則默契而奉行之者，豈有先後之間哉？……大抵道無天人之別，在天則為天道，在人則為人道，其分雖殊，其理則一也。眾人牿於形體，知有其分，而不知有其理，始與天地不相似耳。惟聖人純於義理，而無人欲之私。其禮即天地之體，其心即天地之心，而其所以為之者，莫非天地之所為也；故曰：「循理則與天為一。」[155]

在〈先天而天弗違後天而奉天時〉中，亦是承續《易傳》傳統。《易傳》記：

> 大人者，與天地合其德，與日月合其明，與四時合其序，與鬼神合其吉凶。先天而天弗違，後天而奉天時。天且弗違，而況於人乎？況於鬼神乎？[156]

---

154 按：《山東鄉試錄》註曰：「本錄原列為隆慶刊本卷31下，然非皆陽明之作，今移置於本卷，附於陽明序文後。」參見《王陽明全集》〈外集四·序〉卷22，頁693-718。又，現今《山東鄉試錄》的作者，有二種說法，一為王陽明作。二為濟南府知府趙璜所作。經學者詹康先生考證，《山東鄉試錄》的作者為王陽明。參見詹康：〈從王守仁作《山東鄉試錄》談明代鄉會試錄的作者問題（上）〉，《古籍整理研究叢刊》（2013年9月）第5期，頁54-68。以及詹康：〈從王守仁作《山東鄉試錄》談明代鄉會試錄的作者問題（下）〉，《古籍整理研究叢刊》（2013年11月）第6期，頁46-53。

155 「大人與天，一而已矣」出自〈先天而天弗違後天而奉天時〉，《山東鄉試錄》〈易〉。參見《王陽明全集》〈外集四〉〈序〉卷22，頁696。

156 「大人者，與天地合其德」，出自〈乾卦〉〈文言〉。參見〔宋〕朱熹：《周易本義》卷1，頁38。

　　前文所述，陽明強調人是天地之心，這是自《易傳》天地人的三才傳統下而言之。他將秉受天地之道的人稱為「大人」，此「大人」和「天地」是一而已矣。人如何與天地是一呢？從「天地」或「天」來說，天不僅僅是客觀實體的天地，陽明更重視此天地是秉受此理，此禮，此道的天。能夠彰顯天地之道的，在天地之間僅有「人」，而非昆蟲鳥獸，換言之，人能在天地之間彰顯天地之道，天地之理，能發揮人之善根，實踐人之禮義，是因為人有其靈明，陽明提出「先天而天弗違」是「天即良知也」[157]，「後天而奉天時」是「良知即天也」[158]，因此，人猶如天地之間的心，故陽明言「人者，天地之心」；從「人」或「大人」來說，人亦非僅僅是一血肉的身體，陽明更重視的是能主宰人，能主宰身的「心」。陽明所說的「心」，是善的根源，是主宰身體的視聽言動的本體，「不專是那一團血肉」[159]。故陽明說，所謂汝心，是那可以使人視聽言動的，這心的本體，「便是性，便是天理。有這個性才能生。這性之生理便謂之仁」，善的來源是天生所擁有的性，透過初始之質所帶來的性，便帶著仁，仁即是天理，也是陽明所說的人之靈明知覺、心之本體、良知本體。由上所述，「天地」或「天」，因人之靈明，使天地人三者皆稟賦其道，皆稟賦其理。此外，「人」或「大人」，因心之本體，稟賦其善，稟賦其仁，稟賦其理，能實踐禮義，故良知是身之主宰。就這一點而言，天地間有人，猶如人有其心，故言「禮即天地之體」，「心即天地之心」，「大人與天，一而已矣」。因此，陽明主張：

---

157 陽明言「天即良知也」，《王陽明全集》〈語錄三・傳習錄下〉卷3，頁97。

158 陽明言「良知即天也」，《王陽明全集》〈語錄三・傳習錄下〉卷3，頁97。

159 陽明言心，「不專是那一團血肉」，出自《王陽明全集》〈語錄一・傳習錄上〉卷1，頁31-32。

> 人者，天地之心也；民者，對己之稱也；曰民焉，則三才之道
> 舉矣。……夫是之謂大人之學。大人者，以天地萬物為一體
> 也。夫然，後能以天地萬物為一體。[160]

又曰：

> 大人者，以天地萬物為一體者也，其視天下猶一家，中國猶一
> 人焉。[161]

由上，王陽明的思想，自《易傳》天地人的三才傳統來說，他以人為
天地之心，猶如良知為心之主體。因人稟賦天地之道，合其天地之
道，人又稱為「大人」，故言「大人與天地合其德」、「大人與天，一
而已矣」。王陽明承續儒家傳統的思想，他不以朱子《大學章句》為
本，而以古本《大學》為本，發揮義理而作〈大學問〉。

再者，從儒家的思想「三才」系統而言之，表現於《論語》，即
是孔子所說的知天命。《中庸》曰：

> 天命之謂性，率性之謂道，脩道之謂教。(《中庸》)[162]

依《中庸》首句，帶出四個概念，天命、性、道、教，這四個概念在
王陽明的思想來說是一體的。但是，就朱子而言，天命、性、道、

---

160 陽明言「人者，天地之心也……大人者，以天地萬物為一體也」，出自〈親民堂記
　　乙酉〉。參見《王陽明全集》〈文錄四・序記說〉卷7，頁211-212。
161 陽明言「大人者，以天地萬物為一體者也」，出自〈大學問〉，《王陽明全集・續編
　　一》卷26，頁798-804。
162 「天命之謂性」，出自《中庸章句》。參見〔宋〕朱熹：《四書章句集註》，頁17。

教，這四個概念不在同一個層次。朱子認為，「性道雖同」，「天命、性、道」雖屬同一個層次，如孟子言性善是人之本性，但是朱子也強調，道有其共同性，但落實在人身上，則有其分別性，因為每個人皆不同，因此朱子曰：「人物各循其性之自然，則其日用事物之間」，「莫不各有當行之路，是則所謂道也」，這亦是朱子言「理一分殊」的意思，天是理一之理，人便是分殊之理。朱子主張「教」的層次不同於前者，「而氣稟或異，故不能無過不及之差」，因常人的氣稟和聖人不同，常人之氣稟或過或不及，因此，「物之所當行者而品節之」，聖人須給予適當的品節。此外，《禮記》曰：「品節斯，斯之謂禮。」[163]孔穎達疏曰：「品，階格也；節，制斷也。」[164]又，《朱子語類》曰：「問『脩道之謂教』。曰：『脩者只是品節之也。』」[165]，以上，品節之意為「按等級、層次而加以節制」[166]。依朱子，「脩道之謂教」，指聖人給予適當的品節，聖人按等級、層次而加以節制。故朱子曰：「聖人因人物之所當行者而品節之，以為法於天下，則謂之教，若禮、樂、刑、政之屬是也」，朱子的這個意思和王陽明對此段的理解有很大的距離。前言敘述，天命、性、道、教，這四個概念在王陽明的思想來說，是同一個層次，是一體的。

又，《傳習錄》記：

---

163 「品節斯，斯之謂禮」，出自《禮記》〈檀弓下〉。參見李學勤主編，〔漢〕鄭玄注，〔唐〕孔穎達疏：《禮記正義上》卷9，頁284。

164 孔穎達解釋「品節斯，斯之謂禮」，出自《禮記》〈檀弓下〉卷9。參見李學勤主編，〔漢〕鄭玄注，〔唐〕孔穎達疏：《禮記正義上》，頁285。按：此處言君子對哀樂之情，須有節制，此稱為禮。

165 朱子言「脩道之謂教」有品節之意，出自《朱子語類》參。〔宋〕朱熹著，朱傑人、嚴佐之、劉永翔主編：《朱子全書》第16冊卷62，頁2022-2023。

166 「品節，謂按等級、層次而加以節制。」參見漢語大辭典繁體2.0版。

　　馬子莘問：「修道之教，舊說謂『聖人品節，吾性之固有，以
　　為法於天下，若禮樂刑政之屬。』此意如何？」

　　先生曰：「道即性即命，本是完完全全，增減不得，不假修飾
　　的，何須要聖人品節？卻是不完全的物件。禮樂刑政是治天下
　　之法。固亦可謂之教，但不是子思本旨。若如先儒之說，下面
　　由教入道的。緣何捨了聖人禮樂刑政之教，別說出一段戒慎恐
　　懼工夫，卻是聖人之教為虛設矣。」

　　子莘請問。先生曰：「子思性、道、教，皆從本原上說天命。
　　於人則命便謂之性；率性而行，則性便謂之道；修道而學，則
　　道便謂之教。率性是誠者事，所謂自誠明謂之性也；修道是誠
　　之者事，所謂自明誠謂之教也。聖人率性而行，即是道。聖人
　　以下，未能率性於道，未免有過不及，故須修道。修道則賢知
　　者不得而過，愚不肖者不得而不及，都要循著這個道，則道便
　　是個教。[167]

由馬子莘與陽明的問答來看，陽明的立場和朱子不同，不同之處有
二：一是，朱子言「天命、性、道」是不同層次，「天命、性、道」
同一層次，「教」屬另一層次，這接近朱子所說的「理一分殊」，朱子
主張須聖人品節。陽明認為「天命、性、道、教」是同一層次，都是
從本原上說，不須聖人品節。二是，朱子認為，「教」的層次，「聖人
因人物之所當行者而品節之，以為法於天下，則謂之教，若禮、樂、
刑、政之屬是也」，聖人按等級、層次而加以節制。陽明認為，朱子言
「教」的層次，是「禮樂刑政之教」，這不是子思的本義。顯見，對
於「教」的層次，朱子和陽明的想法不同。陽明認為「教」的層次，

---

167 《王陽明全集》〈語錄一・傳習錄上〉卷1，頁33-34。

是「君子戒慎其所不睹，恐懼乎其所不聞」[168]，亦是《禮記》於〈孔子閒居〉篇記：「天有四時，春秋冬夏，風雨霜露，無非教也」[169]的意思，陽明言：「若如先儒之說，下面由教入道的。緣何捨了聖人禮樂刑政之教，別說出一段戒慎恐懼工夫，卻是聖人之教為虛設矣」。因此，陽明認為，在《中庸》本文，「教」沒有禮樂刑政的意思。「教」的層次和「天命、性、道」屬同一層次。可知，王陽明對天命的觀點，來自《中庸》，但是陽明與朱子的想法不同。

又，陽明曰：

> 先生曰：「『天命之謂性』，命即是性。『率性之謂道』，性即是道。『修道之謂教』，道即是教。」問：「如何道即是教？」曰：「道即是良知。良知原是完完全全，是的還他是，非的還他非，是非只依著他，更無有不是處。這良知還是你的明師。」[170]

依上述，陽明言「天命」，有時亦稱為「命」、「天命之性」。《中庸》言「天命、性、道、教」，在陽明的思想，是同一層次的，此外，陽明未依《中庸章句》的解釋，而將「天命、性、道、教」這四個範疇，歸到「良知」，故陽明曰：「道即是良知」。可是，「修道之謂教」理應是工夫的層次，誠如陽明的意思，「教」是「君子戒慎其所不睹，恐懼乎其所不聞」。那麼，「君子戒慎其所不睹，恐懼乎其所不

---

168 「君子戒慎其所不睹，恐懼乎其所不聞」，出自《中庸章句》。參見〔宋〕朱熹：《四書章句集註》，頁17。
169 「天有四時，春秋冬夏，風雨霜露，無非教也」，出自《禮記》〈孔子閒居〉卷51。參見李學勤主編，〔漢〕鄭玄注，〔唐〕孔穎達疏：《禮記正義下》，頁1396。
170 陽明言「道即是良知」，出自《王陽明全集》〈語錄三·傳習錄下〉卷3，頁92。

聞」是指本體，抑或是工夫呢？

從另一次陽明師生問答，再次討論這個問題。

> 問：「『不睹不聞』是說本體，『戒慎恐懼』是說功夫否？」先
> 生曰：「此處須信得本體原是不睹不聞的，亦原是戒慎恐懼的。
> 戒慎恐懼，不曾在不睹不聞上加得些子。見得真時，便謂戒慎
> 恐懼是本體，不睹不聞是功夫，亦得。」（《傳習錄下》）[171]

依引文，我們知陽明將「天命、性、道、教」這四個範疇，歸到「良
知」。若這些範疇都是本體，那麼陽明怎麼處理工夫論呢？依陽明，
「教」的層次是「君子戒慎其所不睹，恐懼乎其所不聞」。門人認
為，「戒慎恐懼是本體，不睹不聞是功夫」，陽明對此予以肯定，要注
意的是，陽明強調「本體原是不睹不聞的，亦原是戒慎恐懼的」，在
陽明的思想來說，本體即是工夫，工夫即是本體，本體便是包含著工
夫在其中。

陽明又曰：

> 天命之性具於吾心，其渾然全體之中，而條理節目森然畢具，
> 是故謂之天理。[172]（〈博約說 乙酉〉）

所謂天命，亦是天命之性，「具於吾心」。亦即是道，即是教，即是不
睹不聞，亦是戒慎恐懼，即是本體，亦是工夫，「渾然全體之中」。換

---

171 陽明言「本體」，「原是不睹不聞的，亦原是戒慎恐懼的」，出自《王陽明全集》
　　〈語錄三・傳習錄下〉卷3，頁92。

172 陽明言「天命之性具於吾心」，出自〈博約說 乙酉〉，《王陽明全集》〈文錄四・序
　　記說〉卷7，頁224-225。

言之，天命之性具於吾心，天命即是良知，天命即是天理。

而在《論語》中，兩次提到孔子五十歲，這兩次分別提到「五十而知天命」、「五十以學易」，深入探究，人為什麼要執行「天命」呢？《易傳》曰：

> 樂天知命，故不憂。（《易傳》〈繫辭上〉）[173]

陽明所謂天命，亦是天命之性，「具於吾心」，天命即是良知，天命即是天理。因此，《易傳》強調「樂天知命」，陽明亦主張「樂是心之本體」。在《論語》中，知天命、樂天知命的典範，可以說，孔子與顏淵具有其代表性。陽明對孔子與顏淵這兩位人物的評價極高，是有原因的。首先，在《論語》中，孔子提到「知天命」是不容易的，因此，即便是孔子「五十而知天命」，孔子在五十歲亦意識與體會到執行天命的困境。

《論語》記：

> 孔子曰：「君子有三畏：畏天命，畏大人，畏聖人之言。小人不知天命而不畏也，狎大人，侮聖人之言。」（《論語》〈季氏第十六〉）[174]
>
> （朱子曰）天命者，天所賦之正理也。知其可畏，則其戒謹恐懼，自有不能已者。（《論語》〈季氏第十六〉）[175]

---

173 「樂天知命」，出自《易傳》〈繫辭上〉。參見〔宋〕朱熹：《周易本義》卷3，頁237。

174 「君子有三畏」，出自《論語集注》〈季氏第十六〉。參見〔宋〕朱熹：《四書章句集註》卷8，頁172。

175 朱子解釋天命，出自《論語集注》〈季氏第十六〉。參見〔宋〕朱熹：《四書章句集註》卷8，頁172。

朱子解釋天命為「天所賦之正理」，天命亦是天理，天命之可畏的原因，是來自於「戒謹恐懼，自有不能已者」。知天命之「知」，是德性之知，有其戒慎恐懼之心，有「知其不可而為之」的實踐動能。顯見，「知天命」並不容易，故孔子提到君子有三畏，首先便是「畏天命」。此處所說的「畏」，帶有敬畏之意，敬畏是出自內心的自然流露，不是外在的環境所迫，因為執行天命是出自於內心的欲求。孔子亦提到，不是每一個人都能夠「知天命」，因為，人難免遇到困境，儒家最重要的精神與價值，便是如孟子的大丈夫，「富貴不能淫，貧賤不能移，威武不能屈」[176]，在任何情況之下皆不改其志，這大概只有君子能夠做到，因此，君子才能夠知天命、執行天命。

《論語》又記：

> 在陳絕糧，從者病，莫能興。子路慍見曰：「君子亦有窮乎？」子曰：「君子固窮，小人窮斯濫矣。」（《論語》〈衛靈公第十五〉）[177]
>
> 子曰：「飯疏食飲水，曲肱而枕之，樂亦在其中矣。不義而富且貴，於我如浮雲。」（《論語》〈述而第七〉）[178]

孔子從《易經》的天人關係，逐漸走向《易傳》的天人合德，我們從《論語》中可見，孔子有意識的選擇天命，即便「在陳絕糧」，也能夠安身立命。即使「飯疏食飲水，曲肱而枕之」，孔子也能夠「樂」

---

176 孟子曰：「富貴不能淫，貧賤不能移，威武不能屈。此之謂大丈夫」，出自《孟子集注》〈滕文公章句下〉。參見〔宋〕朱熹：《四書章句集註》卷6，頁266。

177 「在陳絕糧」，出自《論語集注》〈衛靈公第十五〉。參見〔宋〕朱熹：《四書章句集註》卷8，頁161。

178 「飯疏食飲水，曲肱而枕之，樂亦在其中矣」，出自《論語集注》〈述而第七〉。參見〔宋〕朱熹：《四書章句集註》卷4，頁97。

在其中。這種「樂」,不是一般飽食終日的滿足和短暫的快樂,而是一種樂天知命的精神境界。可知,能夠知天命、選擇天命、實踐天命,是孔子一貫之理。

又,孔子與曾子曰:

> 子曰:「仁遠乎哉?我欲仁,斯仁至矣。」(《論語》〈述而第七〉)[179]
>
> 曾子曰:「士不可以不弘毅,任重而道遠。仁以為己任,不亦重乎?死而後已,不亦遠乎?」(《論語》〈泰伯第八〉)[180]

孔子選擇天命是出自一種內在的欲求,孔子的天命便是施行仁政,故曰:「我欲仁,斯仁至矣」,即便這個理想達不到,仍會繼續不斷的實踐,此亦是曾子所言「死而後已,不亦遠乎」,這便是儒家典型的天命觀,可以說,天命是儒家道德實踐的源頭,是一種「知其不可而為之」[181]的態度,以及「自反而縮,雖千萬人,吾往矣」[182]的精神。孔子之「知天命」,也由此展開儒家的默識聖學。在《論語》中,孔子言「予欲無言」[183],朱注「予欲無言」一段,朱注認為,這

---

179 「我欲仁,斯仁至矣」,出自《論語集注》〈述而第七〉。參見〔宋〕朱熹:《四書章句集註》卷4,頁100。

180 「士不可以不弘毅,任重而道遠」,出自《論語集注》〈泰伯第八〉。參見〔宋〕朱熹:《四書章句集註》卷4,頁104。

181 「知其不可而為之」,出自《論語集注》〈憲問第十四〉。參見〔宋〕朱熹:《四書章句集註》卷7,頁158。

182 「雖千萬人,吾往矣」,出自《孟子集注》〈公孫丑章句上〉。參見〔宋〕朱熹:《四書章句集註》卷3,頁230。

183 「予欲無言」,出自《論語》〈陽貨〉:子曰:『『予欲無言。』子貢曰:『子如不言,則小子何述焉?』子曰:『天何言哉?四時行焉,百物生焉,天何言哉?』」〔宋〕朱熹:《四書章句集註》,頁180。

是因為學者以言語觀聖人，子貢亦以言語觀聖人，而天理流行自不待言，因此聖人所言所行亦不待言，故朱注曰：「四時行，百物生，莫非天理發見流行之實，不待言而可見」[184]。朱注又提到程子的說法：「……故曰『予欲無言』。若顏子則便默識，其它則未免疑問」。[185]朱子認為，孔子對於天理流行、性與天道所展現的「予欲無言」，此和程子提到的默識聖學，有異曲同工之妙。儒家的思想，是天地人三才傳統，對於天道、性命是一貫之學，孔子講無言之教，子貢曾言「夫子之言性與天道，不可得而聞」[186]。到程朱，講顏子默識聖學。至陽明，他對顏回更是相當推崇。

顏回的形象，《論語》記：

> 子曰：「賢哉，回也！一簞食，一瓢飲，在陋巷。人不堪其憂，回也不改其樂。賢哉，回也！」（《論語》〈雍也第六〉）[187]

在《論語》中，孔子連稱兩次顏回「賢哉，回也」，為什麼顏回在孔子的心中評價如此高呢？從《論語》的敘述中，我們知道顏回「一簞食，一瓢飲，在陋巷。人不堪其憂，回也不改其樂」，這說明什麼呢？第一，顏回並不富有，甚至非常貧窮。第二，顏回雖然非常貧窮，但顏回和別人不同的是他能夠樂在其中。但，一般人都想要富裕，而顏回非常貧窮卻能樂在其中，顯然不合一般人的認知。顏回的

---

184 朱子解釋「予欲無言」，參見〔宋〕朱熹：《四書章句集註》，頁180。
185 程子解釋「予欲無言」，參見〔宋〕朱熹：《四書章句集註》，頁180。
186 「夫子之言性與天道」，出自《論語》〈公冶長〉：「子貢曰：『夫子之文章，可得而聞也；夫子之言性與天道，不可得而聞也。』」〔宋〕朱熹：《四書章句集註》，頁79。
187 「一簞食，一瓢飲」，出自《論語集注・雍也第六》。參見〔宋〕朱熹：《四書章句集註》卷3，頁87。

情況並非不合常理，他的快樂並非來自物質生活，因此即便是貧窮，自然也就不影響他的快樂。我們可以說，孔、顏皆屬於樂天知命的境界。故陽明曾在寫給甘泉的信中，曰：

> 顏子沒而聖人之學亡。曾子唯一貫之旨傳之孟軻，終又二千餘年而周、程續。自是而後，言益詳，道益晦；析理益精，學益支離無本，而事於外者益繁以難。蓋孟氏患楊、墨；周、程之際，釋、老大行。今世學者，皆知宗孔、孟，賤楊、墨，擯釋、老，聖人之道，若大明於世。然吾從而求之，聖人不得而見之矣。(〈別湛甘泉序 壬申〉) [188]

當世學者認為，「今世學者，皆知宗孔、孟，賤楊、墨，擯釋、老，聖人之道，若大明於世」，但陽明卻認為，「顏子沒而聖學亡」。陽明並不是否定聖學，只是否定時人所認定的聖學，若推測之，可能是否定朱子之學被時人認定為聖人之學。在王陽明思想，什麼是聖人之學呢？並非言孔孟之學者便是聖學，在明代，朱子之學儼然成為科舉考試的工具，因此陽明言「顏子沒而聖學亡」，等於說，孔、顏方是真正的聖學。

與陽明一見定交的甘泉，亦持相似的意見，甘泉九十四歲高齡作〈默識堂記〉：

> (甘泉曰)嗟夫！默識聖人之本教，而君子之至學也。……文

---

[188] 〈別湛甘泉序 壬申〉，《王陽明全集》〈文錄四‧序記說〉卷7，頁194-195。按：〈別湛甘泉序 壬申〉一文，篇名顯示應為壬申年，陽明四十一歲時所寫。但在《年譜》中，陽明四十歲條下有記，「甘泉出使安南封國，將行，先生懼聖學難明而易惑，人生別易而會難也，乃為文以贈。」參見《王陽明全集》〈年譜一〉卷33，頁1011。

王沒，道在孔子，故語子貢曰：「予欲無言。」，蓋以天自處，此孔門之本教也。子貢疑焉，曰：「天何言哉！四時行焉，百物生焉，天何言哉！」孔子後，道在顏子，故明道程氏曰：「惟顏子便默識。」默識不待啟，啟不待語，故曰：「顏子沒，而聖人之學不傳。」（〈默識堂記〉）[189]

甘泉亦認同陽明的說法，亦即是聖人之教超越言語，孔子的「予欲無言」即是程子所說的顏子「默識」。所謂默識，自然是超越言語的。甘泉亦認為，人與天理、性與天道，如同道體之顯現，也是不待言的。由此，聖道是存在的，只是不待言。儘管聖人之道存在，但因聖道難以用言語表達。那麼，聖人之道如何可得呢？

問：「『顏子沒而聖學亡』，此語不能無疑。」先生曰：「見聖道之全者惟顏子。觀喟然一歎，可見其謂『夫子循循然善誘人，博我以文，約我以禮』，是見破後如此說。博文約禮，如何是善誘人？學者須思之。道之全體，聖人亦難以語人，須是學者自修自悟。顏子雖欲從之，未由也已，即文王望道未見意。望道未見，乃是真見。顏子沒，而聖學之正派遂不盡傳矣。」（《傳習錄上》）[190]

陽明認為，為聖人之學必須超越形式上作學問的步驟與程序。進一步說，陽明並非主張不須讀書，而是最後是否上遂於道，仍然是要自修

---

189 甘泉言「顏子沒，而聖人之學不傳」，出自〈默識堂記〉卷18。〔明〕湛若水：《湛甘泉先生文集》，收錄於四庫全書存目叢書編纂委員會：《四庫全書存目叢書·集部第56冊》（臺南市：莊嚴文化事業公司，1997年10月），頁19。

190 陽明言「見聖道之全者惟顏子」，出自《王陽明全集》〈語錄一·傳習錄上〉卷1，頁21。

自悟。換言之,若是內心沒有真正的體會與樂在其中,學問亦是外在的。由上,王陽明所說的天命的境界,從《易傳》的「樂天知命」而言,亦承繼孔子知天命的境界,顏回的簞食之樂。孔顏之樂的聖學,超越言語的表達方式,程子稱為顏回「默識」之學,那麼,既是默識之學,難以用言語表達,聖學是如何作用的呢?此便是儒家天道與性命之一貫的實踐,便是在困厄之際,仍然不違仁,如孔子「困於陳蔡」,如顏回「一簞食,一瓢飲」,在困苦的環境中不違仁,此中得到的欣悅,便是樂天知命。樂天知命的境界,即是王陽明言:「樂是心之本體」。因此,王陽明所說的天命,具於吾心,即是良知,即是天理。

此等境界,和美國的心理學家馬斯洛(Abraham Harold Maslow, 1908-1970)「自我實現需求」(Self-actualization)相當接近。馬斯洛曾於一九四三年〈A Theory of Human Motivation〉的論文中,提出「需求層次理論」(Maslow's hierarchy of needs),分別是「生理需求」(Physiological needs)、「安全需求」(Safety needs)、「隸屬與愛的需求」(Belongingness and love needs)、「自尊需求」(Esteem needs)、「自我實現需求」(Self-actualization)。在「自我實現需求」理論,馬斯洛言:

> Even if all these needs are satisfied, we may still often (if not always) expect that a new discontent and restlessness will soon develop, unless the individual is doing what he is fitted for. A musician must make music, an artist must paint, a poet must write, if he is to be ultimately happy. What a man can be, he must be. This need we may call self-actualization. (p. 382)[191]

---

191 Maslow, A.H. (1943). A theory of human motivation. *Psychological Review, 50*, 370-396.

依馬斯洛對「自我實現需求」的解釋，這個層次有別於其他的基本需求，在這些需求中，「即使所有的這些需求都得到滿足，我們可能仍然經常地（不是總是）期待，因為新的不滿和不安會很快形成，除非他從事天賦的事情。像是音樂家必須作音樂，畫家必須作畫，詩人必須寫作，如果他發揮天賦，他最終會得到幸福。一個人能夠做到發揮天賦，他便一定可以幸福，這個需求我們稱之為自我實現需求。」[192]
我們可以說，《易傳》的「樂天知命」、孟子的「大丈夫」、孔子的「知天命」，以及王陽明講「樂是心之本體」的欣悅，皆非常接近馬斯洛所說的「自我實現需求」。

　　而儒家的天命觀和「自我實現需求」雖有大同，仍有小異，故陽明曰：

> 君子之酬酢萬變，當行則行，當止則止，當生則生，當死則死，斟酌調停，無非是致其良知，以求自慊而已。故君子素其位而行，思不出其位，凡謀其力之所不及而強其知之所不能者，皆不得為致良知；而凡勞其筋骨，餓其體膚，空乏其身，行拂亂其所為，動心忍性以增益其所不能者，皆所以致其良知也。[193]

馬斯洛的「需求層次理論」，必須通過「生理需求」方能達到「自我實現需求」。而儒家的天命觀，則不一定必須通過「生理需求」才達到「自我實現需求」，儒家的天命觀，則是處在困厄的處境中仍不違

---

192 此段馬斯洛「自我實現需求」的翻譯，為筆者（張雅評）所譯。

193 陽明言「當生則生，當死則死」，則知陽明的天命的觀點，生死不在考慮的範圍之內，而是以良知之是非為本。參見〈答歐陽崇一〉，《王陽明全集》〈語錄二・傳習錄中〉卷2，頁62-65。

仁,生死不在考慮的範圍之內,「當行則行,當止則止,當生則生,當死則死」,無論外在環境多麼艱難,皆不改其志,「凡勞其筋骨,餓其體膚,空乏其身,行拂亂其所為,動心忍性以增益其所不能者」,這是一種堅定的主體動能,具體的落實在日常酬酢萬變之中,可以說,天命下貫到人之生命之中,便是良知。

本節所述,王陽明認為,人是天地之心,確立了三才中,人在天地之間的主體性。自三才而言天,《中庸》言「天命」,《易傳》言「樂天知命」,孔子言「知天命」,《孟子》言「知天」,王陽明言「天命之性具於吾心」,因天命之道即是至善,顯見,王陽明將儒家之天命收攝於心之本體,天命即是良知,展現三才觀點下獨特的思想。

綜觀本章,王陽明的心學的三個面向:一是,自精一而言道心,道心即是良知;二是,從「心即理」、「良知即是天理」與「良知即是易」的理論關係展開良知即是易之理;三是,以人作為天地之心,確立三才中,人在天地之間的主體性,以天命即良知,將儒家之天命收攝於心之本體。換言之,王陽明的思想依據承繼儒家的思想,從「十六字心傳」而言,王陽明的「精一」之學,確立了「精一」即是道心,即是聖學,即是心學,即是良知。良知之理,即是天理,即是易之理,此理變動不居,惟變所適,天下萬事之節目時變,有時無前例可循,在於求諸其心,依一念之良知,權輕重之宜。而良知如何能「知」?良知之「知」無法窮盡天下事理,只是能知其天理。王陽明所強調的是,良知本體能夠隨著情況不同而把握道德實踐的原則。

本章探究王陽明心學的三個面向,自精一而言道心,是一種收攝關係,自三才而言,人是天地之心,是一種推擴關係。無論是從精一之學而言道心的收攝關係,抑或是從三才而言,人是天地之心的推擴關係,皆是以良知為天理,和朱子的「理一分殊」的系統不同,王陽明開擴了宋代理學的思想,回到以人為天地之心的思想,主張「一體

之仁」，最終發展為以「致良知」為主要學術宗旨。吾人認為，從王
陽明心學的三個面向切入，可以釐清「心外無物」的思想。下一章，
吾人欲從王陽明對於「物」的兩個面向切入，以釐清王陽明「心外無
物」的思想。

第三章
從「格物致知」到「親情聯結」、
「自然聯結」的具體實踐

　　本章吾人欲從王陽明對於「物」的兩個面向切入，主要從「格物致知」的「親情聯結」、「自然聯結」展開，以釐清「心外無物」的思想。

第一節　王陽明與「格物致知」

　　本節對於王陽明與「格物致知」在生命經歷的幾個歷程中，作思想上的探究，作為王陽明對於「物」的面向的切入點之一。王陽明最早接觸「格物致知」之學，〈年譜〉記載：

> 二年（弘治二年，1489年）己酉，先生十八歲，寓江西。十二月，夫人諸氏歸餘姚。是年先生始慕聖學。先生以諸夫人歸，舟至廣信，謁婁一齋諒，語宋儒格物之學，謂「聖人必可學而至」，遂深契之。[1]

此事又見於《明史》〈王守仁傳〉：

> 守仁天姿異敏。年十七謁上饒婁諒，與論朱子格物大指。還

---

[1] 陽明「謁婁一齋」，參見《王陽明全集》〈年譜一〉卷33，頁1002。

家，日端坐，講讀《五經》，不苟言笑。[2]

陽明十七歲娶諸氏，岳父諸養和和陽明父親王華是舊識，兩家皆是餘姚人，諸養和當時任江西布政司參議，陽明婚後暫住諸養和之官署，在這一段時間裡，陽明的學問無明顯發展，鮮少被提及與重視。但他在這一段時間裡練就書法，他對寫字的心得，「後與學者論格物，多舉此為證」[3]，可知他一直在思考格物的問題，並且能將格物的心得應用在日常生活上。陽明十八歲，攜夫人諸氏從江西回到家鄉餘姚，期間路過廣信拜訪婁諒，雖然〈年譜〉與《明史》所記，時間略有出入，但陽明拜訪婁諒一事，筆者認為，此可能是王陽明接觸「格物致知」之學的最早記載，「是年先生始慕聖學」，亦是陽明在「聖學」上的最早發端。依文獻所記，陽明在十八歲（一說17歲）謁婁諒時，婁諒對陽明「語宋儒格物之學」、「與論朱子格物大指」，陽明雖從婁諒這聽聞朱子《大學章句》的〈格物補傳〉。但細究推論，王陽明一方面聽聞朱子「格物致知」，另一方面聽聞婁諒對「格物致知」之學的心得是「聖人必可學而至」，可以想見，打動陽明的必然是「聖人必可學而至」，因為這與陽明十二歲時對塾師說「登第恐未為第一等事，或讀書學聖賢耳」[4]不謀而合。要特別注意的是，王陽明謁婁諒的階段，他是相信朱子學的，他亦認同「格物致知」是聖學，作「格物致知」的工夫，而後「聖人必可學而至」。進一步說，陽明認同朱子「格物致知」是「聖人必可學而至」的學問，是透過婁諒一方以語言文字「語宋儒格物之學」、「謂『聖人必可學而至』」，陽明一方亦透

---

2 〔清〕張廷玉等：〈王守仁傳〉，《明史》〈列傳第八十三〉卷195，頁5159-5170。

3 《王陽明全集》〈年譜一〉卷33，頁1002。

4 陽明嘗問塾師曰：「何為第一等事？」參見《王陽明全集》〈年譜一〉卷33，頁1001。

過語言文字「講讀《五經》」，很明顯的，這一個階段是透過語言文字得到的學問，而不是陽明自身實踐過的，後來陽明對於言語有深刻的反省，故云：

> 用功到精處，愈著不得言語，說理愈難。若著意在精微上，全體功夫反蔽泥了。[5]

因此可以說，陽明這個階段對於用語言文字得到的「格物之學」、「聖人必可學而至」的學問，陽明「遂深契之」的體會還未真正實踐與落實，他對格物的工夫停留在語言文字的階段。陽明學可貴的精神在於，陽明對學問的態度，是以自身實踐作為標準，因此，王陽明謁婁諒的階段，是透過語言文字得到學問的階段，在這個階段，陽明對於「格物致知」沒有特別的想法，對於「格物致知」的涵義沒有反對，隨之而來的，是陽明實踐「格物致知」的過程。

　　陽明謁婁諒後，對「格物致知」的實踐，可見於兩次讀朱子書的記載，這便是梨洲言「先生之學，始氾濫於詞章，繼而徧讀考亭之書，循序格物，顧物理吾心終判為二，無所得入」[6]，指的是王陽明二十一歲「遍求考亭遺書讀之」、「取竹格之」，以及陽明二十七歲「未嘗循序以致精，宜無所得」、「又循其序，思得漸漬洽浹」，這兩次陽明讀朱子書，皆是記載陽明欲實踐格物致知的過程。〈年譜〉記：

5　《王陽明全集》〈語錄三・傳習錄下〉卷3，頁101。
6　梨洲《姚江學案》言陽明「學凡三變」：一變：「始泛濫於詞章」，二變：「於是出入於佛、老」，三變：「及至居夷處困，動心忍性，因念聖人處此更有何道？忽悟格物致知之旨，聖人之道，吾性自足，不假外求。其學凡三變而始得其門。」參見〔清〕黃宗羲著，沈芝盈點校：《明儒學案》，頁180。

> 五年（弘治五年，1492年）壬子，先生二十一歲，在越。……
> 是年為宋儒格物之學。先生始侍龍山公於京師，遍求考亭遺書
> 讀之。一日思先儒謂「眾物必有表裡精粗，一草一木，皆涵至
> 理」，官署中多竹，即取竹格之；沉思其理不得，遂遇疾。先
> 生自委聖賢有分，乃隨世就辭章之學。[7]

陽明首先以「格竹」實踐格物工夫，這一次「格竹」雖然失敗，卻是
陽明思想重要的起點。因「格竹」失敗，從此之後，陽明所理解的
「格物致知」與朱子所言「格物致知」最終分道揚鑣。陽明先是「遍
求考亭遺書讀之」，陽明讀朱子書，雖是停留在文字階段，但陽明續
而有「思先儒謂『眾物必有表裡精粗，一草一木，皆涵至理』」，要注
意的是，陽明這個階段因「沉思其理不得」，對「聖人必可學而至」
產生動搖，他得出的結論是「自委聖賢有分」。很明顯的，陽明「格
竹」並未成功。我們要問，王陽明為什麼「格竹」失敗呢？陽明的自
我歸因是「自委聖賢有分」，意即，聖人若是「格竹」可以得其
「理」，若是賢人去「格竹」，則未能得其「理」，聖賢可能是一開始
便決定的，無法靠努力「格物」而臻至聖人的境界。但是「自委聖賢
有分」，這與婁諒所言「聖人必可學而至」自相矛盾。這其中必然有
一人是錯的，以此推論，陽明的「自委聖賢有分」可能是「格竹」失
敗的真正原因，婁諒所言「聖人必可學而至」仍是可驗證的。從方法
論來說，陽明以「格竹」驗證朱子「格物」是否可得其理，儘管「格
竹」的方式並不理想。但，「格竹」卻反映了陽明思想的特色。以
「物」來說，陽明認為學問必須是可以實踐的，而他格竹「沉思其理
不得」，只有「知」而無法展開「行」，何以無法展開「行」呢？陽明

---

7 陽明「取竹格之」，參見《王陽明全集》〈年譜一〉卷33，頁1002。

面對的是竹子，竹子固然是「物」，但這個「物」未與陽明產生相關的連結，所以難以展開道德實踐。在此階段，陽明透過「格竹」，他認為程朱所言之「物」，與人沒有相關、沒有連結，陽明對程朱所言之「物」的理解是否正確是可以討論的，但我們可以說，在「格竹」的階段，陽明認為的「物」和他理解程朱所言之「物」，已經產生嚴重的分歧。以方法論來說，我們說陽明「格物」的方式並不理想，陽明的方法是對著一物「沉思其理」，其結果終究「沉思其理不得」。就朱子而言，朱子之「格物」並非是對著一物沉思，如果我們分析陽明在「格竹」階段「格」的工夫，初期他以「沉思」作為「格」的工夫，就朱子而言，格為「至」，亦非只是沉思，可見，陽明初期誤用格物的實踐工夫，導致「格竹」失敗。那麼，朱子與陽明對格物的工夫，有何不同呢？

陽明再次實踐格物致知，〈年譜〉記：

> 十一年（弘治十一年，1498年）戊午，先生二十七歲，寓京師。是年先生談養生。先生自念辭章藝能不足以通至道，求師友於天下又不數遇，心持惶惑。一日讀晦翁上宋光宗疏，有曰：「居敬持志，為讀書之本，循序致精，為讀書之法。」乃悔前日探討雖博，而未嘗循序以致精，宜無所得；又循其序，思得漸漬[8]洽浹[9]，然物理吾心終若判而為二也。沉鬱既久，舊疾復作，益委聖賢有分。偶聞道士談養生，遂有遺世入山之意。[10]

8　「漸漬，浸潤。引申為漬染；感化。《史記》〈禮書〉：『而況中庸以下，漸漬於失教，被服於成俗乎？』」漢語大詞典繁體2.0版。

9　「洽浹，廣博；周遍。《漢書》〈谷永傳〉：『永於經書，泛為疏達，與 杜欽、杜鄴略等，不能洽浹如劉向父子及揚雄也。』」漢語大詞典繁體2.0版。

10　《王陽明全集》〈年譜一〉卷33，頁1003。

又，朱子在各方面皆重視循序、次序，在讀書之法方面，朱子主張窮理以循序致精。在《朱子語類》中，朱子曰：

> 因言讀書之法，曰：「一句有一句道理，窮得一句，便得這一句道理。讀書須是曉得文義了，便思量聖賢意指是如何？要將作何用？」[11]
> 「學不可躐等，不可草率，徒費心力。須依次序，如法理會。一經通熟，他書亦易看。」閎祖。[12]

朱子所說的讀書之本須「居敬持志」，讀書之法須「窮理」以至於「循序致精」，但陽明終究未能相應，陽明認為，「居敬持志」與「循序致精」這兩個階段畢竟「物理吾心終若判而為二」，換言之，朱子所言的「居敬持志」可能不保證臻至精一之學的境界，而「循序」是否就保證臻至精一之學的境界呢？「窮理」須達到什麼程度，方能保證臻至精一之學的境界呢？這些是王陽明未想通的部分，所以他認為朱子格物之理，終究和吾之心分而為二，陽明對於「物」的理解是，物必然與人產生相關的連結，如果物與人沒有連結，那麼，物之理與人之心便分而為二，心、理一旦分而為二，心、理之間便產生了鴻溝、斷層。我們可以這麼理解，陽明在思考程朱的「物」，時時以心學的理解去驗證，在此階段，陽明對程朱所言之「物」是格格不入的。但，程朱所言之「物」未必與人毫無連結，也未必是不能實踐的。而，陽明在思考程朱的格物致知，最重要的轉折，也是最著名的

---

11 朱子此處言「讀書之法」，強調窮理，出自《朱子語類》伍。〔宋〕朱熹著，朱傑人、嚴佐之、劉永翔主編：《朱子全書》第18冊，卷124，頁3888。

12 朱子此處言「讀書之法」，強調循序致精，出自《朱子語類》壹。〔宋〕朱熹著，朱傑人、嚴佐之、劉永翔主編：《朱子全書》第14冊，卷11，頁344。

事件，便是「龍場悟道」。

「龍場悟道」於明武宗正德三年（1508），陽明三十七歲。《年譜》中，關於「龍場悟道」，記載如下：

> 先生始悟格物致知。龍場在貴州西北萬山叢棘中，蛇虺魍魎，蠱毒瘴癘，與居夷人鴃舌難語，可通語者，皆中土亡命。舊無居，始教之範土架木以居。時瑾憾未已，自計得失榮辱皆能超脫，惟生死一念尚覺未化，乃為石墎自誓曰：「吾惟俟命而已！」日夜端居澄默，以求靜一；久之，胸中灑灑。而從者皆病，自析薪取水作糜飼之；又恐其懷抑鬱，則與歌詩；又不悅，復調越曲，雜以詼笑，始能忘其為疾病夷狄患難也。因念：「聖人處此，更有何道？」忽中夜大悟格物致知之旨，寤寐中若有人語之者，不覺呼躍，從者皆驚。始知聖人之道，吾性自足，向之求理於事物者誤也。乃以默記《五經》之言證之，莫不吻合，因著《五經臆說》。居久，夷人亦日來親狎。以所居湫濕，乃伐木構龍岡書院及寅賓堂、何陋軒、君子亭、玩易窩以居之。[13]

從「龍場悟道」而言，王陽明從朱子「格物致知」的解釋，逐漸轉向他自己建構的思想，從而發展出「知行合一」、「心外無物」、「致良知」等學術宗旨。這一個關鍵性的轉變，當代新儒家張君勱先生認為這是「直覺主義」[14]，學者陳來先生認為是一種「神祕主義」[15]，陳

---

13 陽明「龍場悟道」，參見《王陽明全集》〈年譜一〉卷33，頁1006-1007。

14 張君勱：〈直覺主義研究〉，《王陽明——中國十六世紀的唯心主義哲學家》（臺北市：東大圖書公司，1991年4月），頁55-67。

15 陳來：〈心學傳統中的神祕主義問題〉，《有無之境——王陽明哲學的精神》〈附錄一〉（北京市：人民出版社，1997年），頁582-624。

復先生則認為是「冥契主義」[16]。但，從王陽明「龍場悟道」的關鍵性轉變來說，可能不是神秘主義。相反的，這個關鍵性轉變，正好說明王陽明是儒家的思想，不是以佛教的思想。宋明理學家多有「出入二氏」的經驗，不論是靜坐的修養工夫的或是隨機指點的方式，理學的確是受到佛教的影響，但主要的差異在於，在思考問題的大前提，儒家和佛教有著截然不同的觀點，儒家講的是「人性」而不是「佛性」，儒家著重在當下發揮人性之本有的善，儒家重要的表現，是在「人倫關係」，在家庭生活。而佛教亦強調為善，但背後有很大的原因是為了種善因、積福德，不強調「人倫關係」與家庭生活。回到陽明的思考，在龍場驛，王陽明想的是「聖人處此，更有何道？」他為什麼想這個問題呢？因為他眼前遇到困難，而且是他無法解決的困境，是什麼樣的困境呢？是眼下無法生存下去的困境，儒學是生命的學問，處理的是生命困境的問題，儒學不主張脫離眼前的生活，或是隔離人群而獨居，儒學是在生活世界中，以人最初始的人性，超越生命的困境，而這超越性，在陽明來說，並不是神秘主義。我們透過文獻發現，王陽明縱使曾經在「遇鐵柱宮道士事件」、「龍場驛事件」曾經有過隱居、遠離官場的念頭，但他都在親情的考量下而打消念頭出世的念頭，所以，當他再次面臨生命的困境時，他並不再有隱居、遠離生活世界的念頭，而是思考「聖人處此，更有何道？」所謂聖人，便是儒家堯、舜、孔、孟等作為儒學的典範的人物，當他思考「聖人處此，更有何道？」表示陽明正在思考，在他讀過的經典中，有何「聖人的案例」可以依循，他想到的是「聖人之道，吾性自足」，表示陽明在儒家經典中沒有相同類似的「案例」，但他掌握到「宗旨」，便是「吾性自足」，這非常重要，表示：王陽明是從人性的角度思考

---

16 陳復：〈陽明子的冥契主義〉，收入張新民主編：《陽明學刊》第4輯（成都市：巴蜀書社，2009年），頁55-99。

到解決問題的方法，這是用儒家的思想思考，而不是用佛教的思想思考，與「直覺主義」、「神秘主義」或「冥契主義」並不相同。因為陽明所悟道的內容是「吾性自足」。同時，陽明在龍場驛的思考，某個程度上是在回應朱子格物致知的問題，王陽明認為朱子的格物致知有什麼問題呢？這要從朱、王對〈格物補傳〉的解釋來說明。由上，從陽明十八歲謁婁一齋，二十一歲取竹格之，至二十七歲讀晦翁疏，以上這三個關鍵的時間點，可以知王陽明對格物致知的思考歷程。十八歲謁婁一齋，是透過語言文字得到學問的階段；二十一歲取竹格之，對格竹失敗的原因歸因於「自委聖賢有分」，導致與婁諒所言「聖人必可學而至」產生自相矛盾的心理。二十七歲讀晦翁疏，感到朱子「物理吾心終若判而為二」。我們說，王陽明自十八歲到二十七歲，為期十年裡，對朱子「格物致知」的不相應，直到三十七歲龍場悟道之後，終究使陽明在四十七歲前開出「心外無物」的思想。龍場悟道這個關鍵點，似乎宣告朱子「橫攝歸縱」[17]與王陽明的思想分道揚鑣。王陽明對格物致知的解釋，與朱子不同。

在古本《大學》，格物致知的原文有兩個關鍵句：

> 古之欲明明德於天下者，先治其國；欲治其國者，先齊其家；欲齊其家者，先修其身；欲修其身者，先正其心；欲正其心者，先誠其意；欲誠其意者，先致其知；致知在格物。[18]

---

17 林安梧教授首先提出朱子學術系統是「繼別為宗」、「橫攝歸縱」，修正了牟宗三先生言朱子是「別子為宗」、「橫攝系統」。參見氏著：〈「繼別為宗」或「橫攝歸縱」：朱子哲學及其詮釋方法論辯疑〉，《嘉大中文學報》（2009年3月），頁1-28。

18 《大學章句》首章：「致知在格物」，朱注：「致，推極也。知，猶識也。推極吾之知識，欲其所知無不盡也。格，至也。物，猶事也。窮至事物之理，欲其極處無不到也。」參見〔宋〕朱熹：《四書章句集註》，頁3-4。

物格而後知至[19]，知至而後意誠，意誠而後心正，心正而後身
修，身修而後家齊，家齊而後國治，國治而後天下平。

在古本《大學》的「致知在格物」、「物格而後知至」這兩句中，從朱
子的註解「格物」是窮至事物之理，「物格」是物理之極處無不到，可
以見，朱子以「格物」、「物格」為八綱領的基礎，為八綱領的關鍵。
　　但，問題是，依朱子之意，格物致知對應的「傳文」是：

此謂知本[20]，此謂知之至也[21]。

格物致知對應的「傳文」是「此謂知本，此謂知之至也」，這句「傳
文」表達的可能是「致知」、「知至」是八綱領的基礎，是最關鍵的。
因此，朱子依程子之意，在「此謂知本」下注：「程子曰：『衍文
也』」，朱子沒有提出「此謂知本」這一句是衍文的證據，若只是依程
子的改本，那麼這個證據似乎有些薄弱。又，朱子在「此謂知之至
也」下注：「此句之上別有闕文，此特其結語耳。」而「此謂知之至
也」這一句，和朱子以「格物為八綱領的基礎」這個想法無法吻合，
所以朱子便認為，「此謂知之至也」這一句之前應該是以「格物」為
主，如此才能符合首章「致知在格物」、「物格而後知至」這兩句，以
「格物為八綱領的關鍵」這個想法。事實上，「此謂知本」這一句，

---

19 《大學章句》首章：「物格而後知至」，朱注：「物格者，物理之極處無不到也。知
　　至者，吾心之所知無不盡也。知既盡，則意可得而實矣，意既實，則心可得而正
　　矣。」參見〔宋〕朱熹：《四書章句集註》，頁4。
20 「此謂知本」下，朱注：「程子曰：『衍文也。』」參見〔宋〕朱熹：《四書章句集
　　註》，頁6。
21 「此謂知之至也」下，朱注：「此句之上別有闕文，此特其結語耳。」參見〔宋〕
　　朱熹：《四書章句集註》，頁6。

朱子雖是注「衍文也」，但在〈格物補傳〉中，「此謂知本」這一句，卻被朱子改寫，如果朱子認為「此謂知本」是衍文，那麼，「此謂知本」應該是刪除而不是改寫。由此，朱子認為「格物為八綱領的關鍵」，但古本《大學》對應的傳文卻是「此謂知本，此謂知之至也」，基於這個原因，朱子認為格物致知的〈傳文〉需要補寫，這是朱子補寫格物致知的〈傳文〉的主要原因。

朱子補寫的〈傳文〉即是《大學章句》第五章，或稱為〈格物補傳〉：

> 右傳之五章，蓋釋格物、致知之義，而今亡矣[22]。閒嘗竊取程子之意以補之曰：「所謂致知在格物者，言欲致吾之知，在即物而窮其理也。蓋人心之靈莫不有知，而天下之物莫不有理，惟於理有未窮，故其知有不盡也。是以〈大學〉始教，必使學者即凡天下之物，莫不因其已知之理而益窮之，以求至乎其極。至於用力之久，而一旦豁然貫通焉，則眾物之表裏精粗無不到，而吾心之全體大用無不明矣。此謂物格，此謂知之至也。」[23]

朱子將《大學》原文「此謂知本，此謂知之至也」，改成「此謂物格，此謂知之至也」又增〈格物補傳〉，以符合「格物為八綱領的基礎」這個想法。

但是，陽明不認同朱子改動《大學》原文，又增〈格物補傳〉，

---

22 「右傳之五章，蓋釋格物、致知之義，而今亡矣」下，朱注：「此章舊本通下章，誤在經文之下。」參見〔宋〕朱熹：《四書章句集註》，頁6。

23 朱子對「格物致知」的解釋，主要集中在《大學章句》首章、第五章。參見〔宋〕朱熹：《四書章句集註》，頁3-6。

因為，龍場悟道之後，陽明認為，「此謂知本，此謂知之至也」不須改動，這一句代表「致知才是八綱領的基礎」，這一句已經完整表達八綱領的關鍵。而古本《大學》的「致知在格物」、「物格而後知至」這兩句，陽明則認為，這代表「致知即格物」、「物格即知至」。那麼，陽明對於「先致其知」、「物格而後知至」這兩句，「先致」、「而後」的部分，如何回應朱子的「循序說」呢？古本《大學》中關於「本末」、「先後」的原文如下：

> 物有本末，事有終始，知所先後，則近道矣。[24]
> 自天子以至於庶人，壹是皆以脩身為本。其本亂而末治者否矣，其所厚者薄，而其所薄者厚，未之有也！[25]

對此，陽明曰：

> 曰：「夫木之幹，謂之本，木之梢，謂之末，惟其一物也，是以謂之本末。」
> 曰：「敢問欲修其身，以至於致知在格物，其工夫次第又何如其用力歟？」
> 曰：「蓋身、心、意、知、物者，是其工夫所用之條理，雖亦各有其所，而其實只是一物。格、致、誠、正、修者，是其條理所用之工夫，雖亦皆有其名，而其實只是一事。」[26]

---

24 《大學章句》首章：「物有本末，事有終始，知所先後，則近道矣。」參見〔宋〕朱熹：《四書章句集註》，頁3。

25 《大學章句》首章：「自天子以至於庶人，壹是皆以脩身為本。其本亂而末治者否矣，其所厚者薄，而其所薄者厚，未之有也！」參見〔宋〕朱熹：《四書章句集註》，頁4。

26 〈大學問〉，《王陽明全集・續編一》卷26，頁798-804。

因古本《大學》的「致知在格物」、「物格而後知至」這兩句，所以朱子強調「先後」，因而整個朱子學，在倫理、為學、知行各方面，皆強調「循序」、「次序」，這是朱子學和陽明學很大的不同。在王陽明，整個世界是一個整體，在倫理、為學、知行各方面都是一個整體，王陽明喜歡用樹做比喻，樹木的生長必然是整體的。因此，古本《大學》「先致其知」、「物格而後知至」這兩句，「先致」、「而後」的部分，陽明不解釋為「循序」、「次序」，而是「本末」。因此，陽明所說的身、心、意、知、物，只是一物。而「格、致、誠、正、修」這些工夫，只是一事。

　　承上，從《大學章句》首章以及第五章〈格物補傳〉，朱子對格物致知的解釋是：

　　　　一、格，至也。物，猶事也。窮至事物之理，欲其極處無不到也。[27]

　　　　二、物格者，物理之極處無不到也。[28]

　　　　三、致，推極也。知，猶識也。推極吾之知識，欲其所知無不盡也。[29]

　　　　四、知至者，吾心之所知無不盡也。知既盡，則意可得而實

27　《大學章句》首章：「致知在格物」，朱注：「致，推極也。知，猶識也。推極吾之知識，欲其所知無不盡也。格，至也。物，猶事也。窮至事物之理，欲其極處無不到也。」參見〔宋〕朱熹：《四書章句集註》，頁3-4。

28　《大學章句》首章：「物格而後知至」，朱注：「物格者，物理之極處無不到也。知至者，吾心之所知無不盡也。知既盡，則意可得而實矣，意既實，則心可得而正矣。」參見〔宋〕朱熹：《四書章句集註》，頁4。

29　《大學章句》首章：「致知在格物」，朱注：「致，推極也。知，猶識也。推極吾之知識，欲其所知無不盡也。格，至也。物，猶事也。窮至事物之理，欲其極處無不到也。」參見〔宋〕朱熹：《四書章句集註》，頁3-4。

矣，意既實，則心可得而正矣。[30]

依朱子之意，朱子言「格」是「至」，有「推至」之意。「格物」是推至事物之理，窮究事物之理。「致」是「推極」，「知」是「識」，有「知識」之意。然而，無論是「格」或是「致」，無論是「推至」或是「推極」，朱子都肯定是「吾心之所知」，也肯定「心可得而正」，在這一點上，朱子雖重視「見聞之知」，但朱子之「見聞之知」亦不離「德性之知」。只是，對於「格物致知」等八條目的次第，陽明認為此是「心」、「理」為二。誠然，朱子重視學習次第，朱子之心與理的關係，是「心具理」而非「心即理」，這是朱子學的一個難題。

依蔡家和教授之研究，蔡教授曰：

> 陽明對朱子學說，認為有心與理為二之譏。因為若心不是理，而是以心明白理，此理在物也在心，若如此，何以不只面壁而求其心中之理便可呢？乃因朱子心物理論之設計，心不離於氣，不離於家國天下，不像禪學的可以面壁思過之說，故心不能離於外物，且心不同於性，朱子之說不同於陽明的心即理之說，且程朱派常譏心學為禪學。[31]

蔡教授點出程朱派的學者與陽明的思想不能相應。最主要的原因是，朱子的「心」是虛靈知覺，心是氣之靈，心具理，心有性理。亦即，

---

30 《大學章句》首章：「物格而後知至」，朱注：「物格者，物理之極處無不到也。知至者，吾心之所知無不盡也。知既盡，則意可得而實矣，意既實，則心可得而正矣。」參見〔宋〕朱熹：《四書章句集註》，頁4。

31 蔡家和：〈朱子《四書章句集註》中的心物關係〉，東海大學哲學系「中國哲學中的心與自然國際學術研討會」（2014年4月25日），頁16。

心雖然具理，心可以知理，但是，與「心即理」畢竟相隔一層。然而，因陸王主張「心即理」，朱子析心與理為二，導致程朱派學者譏為禪學。

關於朱子的心物關係，蔡教授曰：

> 朱子面對心與物的關係，等同心與理的關係，而性又是理，故亦可謂是心與性之關係，心本具性，又要明覺性理。[32]
>
> 朱子視心是主觀，而性是客觀，性理在物也在人心。此乃朱子的理氣論之架構及心統性情之設計，因為心是氣，物是理；心一方面能知理，另一方面也能宰御「性發為情」而使中節之；且此理論已精心設計於《大學》架構之中，因著詮釋的方法，亦能與古代的教育相合，因為心不是求解脫於世間外的心，朱子所設計出的心與物，主體與客體，個人與世界雖為二，但不能相離，不能獨善其身，也不能窮居，心與世界，一而二，二而一。[33]

蔡教授提出朱子的心物關係，也是心與理的關係，同時也是心與性的關係。朱子的「心統性情」，心雖然是氣之靈，但心可以知理，心可以發而皆中節。朱子仍然肯定心為主體，就物而言，物是客體，因此，朱子的思想，心物之間是不即不離的關係，是一而二，二而一的關係。

由上，朱子的心物關係是「心統性情」，雖然肯定心的主體性，但格物與致知之間，心與物之間，則會出現斷層，因此陽明認為朱子格物致知的問題如下：

---

32 蔡家和：〈朱子《四書章句集註》中的心物關係〉，東海大學哲學系「中國哲學中的心與自然國際學術研討會」（2014年4月25日），頁16。

33 蔡家和：〈朱子《四書章句集註》中的心物關係〉，東海大學哲學系「中國哲學中的心與自然國際學術研討會」（2014年4月25日），頁16。

先生（陽明）曰：「先儒解格物為格天下之物，天下之物如何格得？且謂一草一木亦皆有理，今如何去格？縱格得草木來，如何反來誠得自家意？」[34]

陽明認為朱子格物致知的問題有二，首先是，朱子認為：「天下之物莫不有理」，所以要「即物而窮其理」，並且要「即凡天下之物」。陽明認為朱子的問題是「格物為格天下之物，天下之物如何格得」以及「且謂一草一木亦皆有理，今如何去格？」換言之，依朱子對格物致知的解釋是，物有其理，而理有未窮，所以學者必須「即凡天下之物」，陽明看出問題，「天下之物如何格得」，格天下之物在實務上幾乎是不可能。二是，朱子認為：「眾物之表裡精粗無不到，而吾心之全體大用無不明矣」，但陽明認為：「縱格得草木來，如何反來誠得自家意？」換言之，依朱子對格物致知的解釋，格至眾物表裡精粗，「格物致知」得其理，而後「誠意正心」，吾心之全體大用無不明。陽明看出問題，「格物致知」、「誠意正心」是兩個層次、兩種階段，「格物致知」又如何做到「誠意正心」呢？綜合以上二點，陽明認為朱子的格物致知有問題。因此，陽明欲解決朱子「格物致知」的這個問題。

這牽涉到朱、王對「理」的定義。關於「理」的定義，陽明說「『禮』字即是『理』字」[35]，理即是禮，只是一物。就陽明而言，所謂窮理，不是在東西物品上去格物，他認為窮理即是居敬[36]，是心中

---

34 陽明言「縱格得草木來，如何反來誠得自家意？」陽明當時誤解「物的意義」，故對朱子言「格物」並不相應。參見《王陽明全集》〈語錄三・傳習錄下〉3卷，頁104-105。

35 陽明言理，便是禮，只是一物。參見《王陽明全集》〈語錄一・傳習錄上〉卷1，頁6。

36 陽明認為，居敬窮理「天地間只有此一事」，他從天地人來論，以精一之旨，融合居敬窮理。參見《王陽明全集》〈語錄一・傳習錄上〉卷1，頁29-30。

所秉持的「居敬」、「禮」的態度，有「理」的態度自然有「理」的行
為。這一點，和朱子的意思大不相同。所以，王陽明所說的「理」不
在草木上，不在東西物品上，不一定是在四書五經裡。王陽明所說的
「理」，只是「中」，「此須自心體認出來，非言語所能喻。『中』只是
天理」[37]，「中」，難以用言語形容，會依照生活的各種變化而有所權
變，「義理無定在，無窮盡」[38]，不分已發或是未發[39]。我們可以知
道，就王陽明而言，「理」的意思，不僅和朱子大不相同，在陽明系
統下所說的「理」，基本上就是要解決朱子格物致知所產生的疑難。
關於「理」，陽明也是要解決朱子格物致知所產生的問題，陽明所說
的「理」，是就「心」來說，重心落在挺立身為「人」的道德主體
性，「理」不是落在窮究事物的知識，「理」不在外而在於內，這一點
是承繼象山所說的「心即理」，「理」就是在每個人的心中。如此，既
然「理」不在天下之物，便不須去格天下之物。

　　由此，王陽明對格物致知的解釋是：

　　一、格者，正也。正其不正，以歸於正也。[40]
　　二、物即事也。[41]
　　三、「格物」如孟子「大人格君心」之「格」，是去其心之不

37　陽明言「理」，便是「中」。參見《王陽明全集》〈語錄一・傳習錄上〉卷1，頁20-
　　21。

38　陽明言「義理無定在，無窮盡」，出自《王陽明全集》〈語錄一・傳習錄上〉卷1，
　　頁11。

39　陽明認為，良知不分已發未發，良知是體用一源。參見《王陽明全集》〈語錄一・
　　傳習錄上〉卷1，頁16。

40　陽明言「格者，正也。正其不正，以歸於正也」，出自《王陽明全集》〈語錄一・傳
　　習錄上〉卷1，頁22。

41　陽明言「物即事也」，出自〈答顧東橋書〉，《王陽明全集》〈語錄二・傳習錄中〉卷
　　2，頁36-50。

正，以全其本體之正。[42]

四、蓋身、心、意、知、物者，是其工夫所用之條理，雖亦各
有其所，而其實只是一物。格、致、誠、正、修者，是其
條理所用之工夫，雖亦皆有其名，而其實只是一事。[43]

五、所謂致知格物者，致吾心之良知於事事物物也。[44]

陽明對格物致知的解釋，格字，採用孟子「正」的意思，此後八條目
的格致誠正，意思都是一樣的。物字，則是鄭玄「物即事也」的古
義；此後八條目的心意知物，在陽明的意思來說，也都是一樣的。換
言之，格物、致知、誠意、正心、修身，只是一物，只是一事，講格
物致知的同時，也包含誠意正心的意思，就是「致吾心之良知於事事
物物」。陽明後來專講致知。知字，採用孟子「良知」的意思，即是
陽明五十歲以後提出的為學宗旨「致良知」。由上，格物致知是陽明
思想的起點，陽明對格物致知的解釋，和朱子的解釋最大的不同，在
於陽明認為八條目之間沒有次序的關係，是一個整體，「身、心、
意、知、物是一件」[45]。

對此，陽明解釋曰[46]：

---

42 陽明言「『格物』如孟子『大人格君心』之『格』，是去其心之不正，以全其本體之
正」，出自《王陽明全集》〈語錄一・傳習錄上〉卷1，頁5-6。

43 陽明認為「身、心、意、知、物者」，只是一物，只是一事。參見〈大學問〉，《王
陽明全集・續編一》卷26，頁798-804。

44 陽明言「所謂致知格物者，致吾心之良知於事事物物也」，出自〈答顧東橋書〉，
《王陽明全集》〈語錄二・傳習錄中〉卷2，頁36-50。

45 陽明對九川曰「身、心、意、知、物是一件」。參見《王陽明全集》〈語錄三・傳習
錄下〉卷3，頁79。

46 正德十年（乙亥，1515年），陳九川初見陽明，當時陽明與甘泉論格物之說，陳九
川認為陽明所講的「『物』字未明」。至正德十四年（己卯，1519年），九川再次見
陽明於洪都（江西南昌），陽明對九川曰「身、心、意、知、物是一件」，九川疑
「物在外，如何與身、心、意、知是一件？」陽明則為此作仔細的回答。

　　但指其充塞處言之謂之身，指其主宰處言之謂之心，指心之發
　　動處謂之意，指意之靈明處謂之知，指意之涉著處謂之物：只
　　是一件。[47]

依朱子之意，八綱領的工夫有其次第。而在陽明之意，「身、心、
意、知、物」，整體而言只是一件，此便是「一體之仁」，回到人的道
德主體，回到人的良知。分而言之，便是從充塞處、主宰處、心之發
動處、意之靈明處而言之。陽明從身、心、意、知、物而言之，皆是
回到仁的道德主體來說，沒有朱子工夫次第的問題，解決了心與理為
二的問題，解決了「格物致知」與「誠意正心」脫節的問題。

　　承上所述，本節從王陽明與「格物致知」在生命經歷的幾個歷程
中，依文獻記載，王陽明十八歲「謁婁一齋」、二十一歲「取竹格
之」、二十七歲「讀晦翁疏」、三十七歲「龍場悟道」，從經典解釋來
說，陽明對「格物致知」的解釋可以說是「六經皆我註腳」。整體而
言，王陽明對「格物致知」的解釋並未脫離古本《大學》、《中庸》、
《論》、《孟》、《尚書》、《易傳》，他在儒家傳統的經典意義上，加諸
自我實踐，是「從百死千難中得來，不得已與人一口說盡」。吾人可
以說，文獻留給我們的資料很有限，但是從這些文獻中已可以見到，
王陽明的對於新物關係的思考，因「格物致知」而發端，因格竹而有
反思。特別的是，陽明是明代中葉心學的代表，他的思想承自傳統儒
家，而他對「格物致知」有別於朱子的解釋，使得王陽明在傳統儒學
與「格物致知」之中，形成了他「心外無物」獨特的思想。

---

47 陽明對九川進一步解釋「身、心、意、知、物是一件」。參見《王陽明全集》〈語錄
　　三・傳習錄下〉卷3，頁80。

第二節 「親情聯結」、「自然聯結」的具體實踐

在本章中，吾人欲從王陽明對於「物」的兩個面向切入，以釐清「心外無物」的思想。上一節探究王陽明與「格物致知」的思想。本節闡述，王陽明「心外無物」的思想並不是格物窮理，而是落實在人倫關係的生活世界之中，本節從王陽明對於物的「親情聯結」到「自然聯結」的具體實踐，吾人分別從「禪僧坐關事件」、「遇鐵柱宮道士事件」、「龍場悟道事件」說明之。

一 「禪僧坐關事件」的親情聯結

本節主要是說明王陽明對於「物」的層面，落實在生活世界，落實在親情聯結上。陽明曰：

> 其教之大端，則堯、舜、禹之相授受，所謂「道心惟微，惟精惟一，允執厥中」。而其節目則舜之命契，所謂「父子有親，君臣有義，夫婦有別，長幼有序，朋友有信」五者而已。唐、虞、三代之世，教者惟以此為教，而學者惟以此為學。[48]

王陽明的思想，落實在生活世界，則是實踐在五倫中。在這五倫中，首重「父子有親」。

陽明曰：

> 人者，天地之心也；民者，對己之稱也；曰民焉，則三才之道

---

48 出自〈答顧東橋書〉。參見《王陽明全集》〈語錄二・傳習錄中〉卷2，頁47。

舉矣。是故親吾之父以及人之父，而天下之父子莫不親矣；親
吾之兄以及人之兄，而天下之兄弟莫不親矣。君臣也，夫婦
也，朋友也，推而至於鳥獸草木也，而皆有以親之，無非求盡
吾心焉以自明其明德也。[49]

陽明的工夫落實在「父子有親，君臣有義，夫婦有別，長幼有序，朋
友有信」之五倫，五倫中，首重「父子有親」以及「親吾之父以及人
之父」。王陽明重視家庭倫理關係，雖然，陽明自己亦承認，早年曾
經出入二氏，此亦曾使當時學者及後人多有批評，從文獻來看，陽明
後來確實是從二氏回歸儒家。陽明自二十八歲考中進士後，二十九、
三十歲在京師兩年，之後告假還鄉，三十一歲回到浙江紹興築室陽明
洞，三十二歲移至杭州西湖養病。我們從陽明三十一歲這一年，檢視
陽明重視「父子有親」，是至為關鍵的一年，吾人稱為「禪僧坐關事
件」。

《年譜》於明孝宗弘治十五年（1502）記：

明年（弘治16年，1503年）遂移疾錢塘西湖，復思用世。往來
南屏、虎跑諸剎，有禪僧坐關三年，不語不視，先生喝之曰：
「這和尚終日口巴巴說甚麼！終日眼睜睜看甚麼！」僧驚起，
即開視對語。先生問其家。對曰：「有母在。」曰：「起念
否？」對曰：「不能不起。」先生即指愛親本性諭之，僧涕泣
謝。明日問之，僧已去矣。[50]

---

49 陽明言「人者，天地之心也……是故親吾之父以及人之父」，出自〈親民堂記 乙
　酉〉。參見《王陽明全集》〈文錄四・序記說〉卷7，頁211-212。
50 參見《王陽明全集》〈年譜一〉卷33，頁1004-1005。

從這一段文獻來看陽明的外在行為，很容易認為陽明習於佛氏。他「往來南屏、虎跑諸剎」[51]來說，陽明往來在諸佛寺之間，的確容易使人造成誤解。而禪僧坐關三年，在感官上面是「不語不視」，而陽明卻「喝之」，並且故意說出「這和尚終日口巴巴說甚麼！終日眼睜睜看甚麼！」這個方法似乎和禪宗的棒喝非常類似，也容易使人造成誤解。但，在「僧驚起，即開視對語」之後，陽明首先「問其家」，並以「愛親本性」來開導禪僧，可見，陽明雖受二氏影響，在表面上或許類似禪宗，但陽明真正在乎的，首先是家庭關係。因此，這一年是陽明休養兩年之後，真正脫離二氏，正式「復思用世」關鍵的一年。

學者董平先生，對於這一年的關鍵性，他的意見是：

> 陽明究竟於何時「歸正於聖學」，在陽明學的研究之中似乎是一個需要涉及的問題。《年譜》的以上記載並不十分明確，學術界則似乎多以他與甘泉的定交為歸正聖學的標志。但基於本文的以上敘述，我們認為，陽明其實在弘治十六年便即已經「歸正於聖學」了。[52]

據董平先生之研究，學術界對於王陽明究竟何時真正脫離二氏，歸於聖學的時間點是有爭議的，不論是弘治十六年（1503）在杭州西湖與禪僧的這段對話，或是弘治十八年（1505）與甘泉「共以倡明聖學為事」來說，這兩者並不互相衝突，從陽明在西湖對禪僧說的話來看，他與甘泉「一見定交」亦是自然之事。只是在《年譜》的記載上，我

---

51 「剎，是梵語「剎多羅」音譯省稱，這裡指佛寺。」參見《漢語大辭典》繁體2.0版。

52 董平：〈泛觀博覽，止心聖學〉，《王陽明的生活世界》，吳光主編：《陽明學研究叢書》（北京市：中國人民大學出版社，2009年10月），頁5-20。

們還是可以發現，弘治十六年（1503）這一年記載的內容較為詳細，這時的思想是「愛親本性」，因此可以說，這一年對陽明來說，是從二氏回到儒學關鍵的一年。從這一則文獻來說，人和天地萬物的關係，陽明首重家庭倫理關係，不言而喻。

前文提及，陽明以「愛親本性」來開導禪僧，人的本性並不會因為個人的經驗不同而有所改變，尤其是在危急的時刻，更可以看得出來。有意思的是，弘治十六年（1503）這一年，是陽明提醒禪僧，「先生問其家。對曰：『有母在。』曰：『起念否？』對曰：『不能不起。』」但後來，卻換作鐵道宮的道士提醒陽明，吾人稱為「遇鐵柱宮道士事件」。

二 「遇鐵柱宮道士事件」的親情聯結

這件事發生在明武宗正德二年（1507），陽明三十六歲。前一年，因劉瑾等八虎把持朝政，陽明上疏救戴銑、薄彥徽等人，被謫貴州龍場驛驛丞。就在陽明要赴貴州上任的路上，劉瑾派人跟蹤，陽明因此展開一段逃亡之旅，從這之後的記載有不同的版本[53]，我們撇開具有神話性質的紀錄，從《年譜》上，鐵道宮的道士對陽明說的話來看，仍可以讀出陽明在危急時刻，雖有隱居的念頭，但後來還是回歸到儒家的至親本性，《年譜》記：

> 寺有異人，嘗識於鐵柱宮，約二十年相見海上；至是出詩，有「二十年前曾見君，今來消息我先聞」之句。與論出處，且將

---

53 董平：〈投荒萬里，龍場悟心〉，《王陽明的生活世界》，吳光主編：《陽明學研究叢書》（北京市：中國人民大學出版社，2009年10月），頁21-35。

> 遠遁。其人曰：「汝有親在，萬一瑾怒逮爾父，誣以北走胡，
> 南走粵，何以應之？」因為著，得〈明夷〉，遂決策返。[54]

鐵柱宮的道士打動陽明的一句話是：「汝有親在，萬一瑾怒逮爾父，誣以北走胡，南走粵，何以應之？」陽明因為擔心劉瑾牽連家人，當時陽明父親王華龍山公官至南京吏部尚書，因擔心連累父親，決定赴貴州龍場驛上任。

這件事情在王陽明整個思想當中，並不十分引起注意，但吾人認為，這比陽明三十二歲時，勸禪僧回家要重要許多。因為，這一次是發生在陽明親身的經歷，陽明終其一生，講學不斷，但他並不僅僅是將他的思想停留在指導別人身上，更可貴的是，他總是在面臨生死為難之際，回到家庭關係上。這一次的對談，雖然是為鐵柱宮的道士所勸，但君子「不以人廢言」，我們看到的是，陽明並沒有因為個人因素便選擇「且將遠遁」，隱居山林。如果說，陽明在此時沒有做出關鍵性的決定，也許便沒有之後的「龍場悟道」。承前，人在天地萬物之間的關係，從這一則文獻來說，以陽明自身的體驗來看，再次說明他首重的，還是家庭倫理關係。

三　「龍場悟道事件」的自然聯結、親情聯結

（一）「龍場悟道事件」的「自然聯結」

此外，王陽明的思想依據之一是來自天地人「三才」，對王陽明思想起著決定性作用的「龍場悟道」，我們要問：（一）陽明在此地悟道，吾人推測，與自然聯結密切相關，那麼，陽明悟道的天時、地

54　陽明「龍場悟道」，參見《王陽明全集》〈年譜一〉卷33，頁1006-1007。

利、人和的條件如何呢？（二）陽明之所以悟道，親情聯結，是不是如前文所述，在關鍵性的一刻影響他呢？從第一個問題來看待這一段重要文獻，「龍場悟道」於明武宗正德三年（1508），陽明三十七歲。《年譜》中，關於「龍場悟道」，記載如下：

> 先生始悟格物致知。龍場在貴州西北萬山叢棘中，蛇虺魍魎，蠱毒瘴癘，與居夷人鴃舌難語，可通語者，皆中土亡命。舊無居，始教之範土架木以居。時瑾憾未已，自計得失榮辱皆能超脫，惟生死一念尚覺未化，乃為石墎自誓曰：「吾惟俟命而已！」日夜端居澄默，以求靜一；久之，胸中灑灑。而從者皆病，自析薪取水作糜飼之；又恐其懷抑鬱，則與歌詩；又不悅，復調越曲，雜以詼笑，始能忘其為疾病夷狄患難也。因念：「聖人處此，更有何道？」忽中夜大悟格物致知之旨，寤寐中若有人語之者，不覺呼躍，從者皆驚。始知聖人之道，吾性自足，向之求理於事物者誤也。乃以默記《五經》之言證之，莫不吻合，因著《五經臆說》。居久，夷人亦日來親狎。以所居湫濕，乃伐木構龍岡書院及寅賓堂、何陋軒、君子亭、玩易窩以居之。[55]

陽明在此地悟道，他與天地萬物之間的關係如何呢？我們幾乎可以說，以當時的環境來說，恐怕天時、地利、人和的條件都沒有。

就天時而言，劉瑾那時還沒有放棄追殺陽明，陽明的生命處在一種飽受威脅的狀態，儒學的可貴在於，當人面臨利害衝突、生死抉擇時，儒學彰顯著人有「捨生取義」的可能。在陽明學，可貴的是，陽明往往面對生死抉擇，自內而發的主體動能，便從他的生命抉擇中彰

---

55 陽明「龍場悟道」，參見《王陽明全集》〈年譜一〉卷33，頁1006-1007。

顯出來，陽明強調，一切的博學、審問、慎思、明辨、篤行，都只是一件事，生命中最重要的也就只是這一件事，用陽明的話來說，便是「大頭腦」，「大頭腦」便是人的一生當中最重要的一件事，就是生命無論在任何困境影響下都不受到影響，是的還他是，非的還他非，「存天理，去人欲」，是在任何情況下，包括生命飽受威脅的情況，反身而誠的一種態度。

就地利而言，貴州地處荒陌，據清人顧祖禹《讀史方輿紀要》對貴州的描述是：「自春秋以來，皆為蠻夷地」[56]、「貴州自元以來，草昧漸闢，而山箐峭深，地瘠寡利，蠻夷盤繞，迄今猶然」[57]。貴州設府（貴陽軍民府），要等到明初「永樂十一年始建貴州等處承宣布政使司」[58]，貴州地處蠻陌可見一斑。那麼龍場驛在何處呢？陽明形容是「在貴州西北萬山叢棘中」，與清人顧祖禹《讀史方輿紀要》所記很接近，「龍場驛，在府西北五十五里」[59]處，可以想見，貴州已經是蠻陌之地，龍場驛卻是在貴州西北五十五里處，幾乎可以說是在崇山峻嶺、萬山叢棘中了，陽明的形容或許一點也不誇張。而龍場驛的側方，叫作龍岡，陽明初來乍到龍場驛，便是在龍岡這個地方的一個山洞居住，這個山洞原來稱作「東洞」，後來陽明稱為「陽明小洞天」[60]。在

---

56 〔清〕顧祖禹：〈貴州一〉，《讀史方輿紀要》卷120（北京市：中華書局，2008年），頁5234。

57 〔清〕顧祖禹：〈貴州一〉，《讀史方輿紀要》卷120，頁5243。

58 〔清〕顧祖禹：〈貴州一〉，《讀史方輿紀要》卷120，頁5234。

59 〔清〕顧祖禹：〈貴州二〉，《讀史方輿紀要》卷121，頁5252。

60 「龍岡，在府北五十五里龍場驛側。又有東洞，正德初王守仁謫居於此，改名陽明洞。」參見〔清〕顧祖禹：〈貴州二〉，《讀史方輿紀要》卷121，頁5249。按：正確來說，位於貴州龍場驛側方的龍岡地區，這裡的山洞原稱為「東洞」，陽明改名為「陽明小洞天」。另外，《年譜》前言，錢緒山記：「先生嘗築陽明洞，洞距越城東南二十里，學者咸稱陽明先生云。」陽明早年於浙江越城（今紹興市）附近的山洞，築室休養，稱為「陽明洞」。參見《王陽明全集》〈年譜一〉卷33，頁1000。

此，我們要注意到，王陽明竟然是在一個「蛇虺魍魎，蠱毒瘴癘」的山洞裡「悟道」的，他的體悟絕對不是輕鬆得來的，在這樣惡劣的地理環境下，加上生死交迫的巨大壓力，無怪乎「從者皆病」。因此，王陽明並非什麼都不做，就忽然悟道的。他是先做到了和極差的局勢、極差的地理環境和平相處，甚至轉出正面積極的情緒。要做到這些可以說是相當的不容易，他是在極差的自然環境下，盡其心的扭轉負面的環境，轉出積極的意義。當陽明做到心中完全的正面積極，自然也就「大悟格物致知之旨」。從知行合一的觀點來說，這不能夠說是「先知然後才行」，因為在這個盡己的過程中，陽明並不能夠事先知道自己未來的發展，他如此做了，實踐了，自然「致知」。陽明以為，不能夠說是「先知然後才行」，但可以說是「行而後知」，正因為陽明確實做到（行）心中完全的正面與積極，他才能夠大悟（知），他才改變自己原本可能貧病交迫的命運（行）。故知行合一不是兩件事情的概念，是一件實踐的循環，必然是「行」先起頭，才有行、知、行、知的循環，愈加的「行」，也才能愈加的「知」。

　　換言之，陽明的「悟」，不是道家的修行，亦不是佛教的修行下說的，是在「知行合一」的條件下所說的。龍場悟道之後，王陽明首先講「知行合一」，他說：

> 我今說個知行合一，正要人曉得一念發動處，便即是行了。發動處有不善，就將這不善的念克倒了。須要徹根徹底，不使那一念不善潛伏在胸中。此是我立言宗旨。[61]

前文提及，因為陽明確實做到（行），心中完全的正面與積極，他才

---

61 《王陽明全集》〈語錄三・傳習錄下〉卷3，頁84-85。

能夠大悟（知），這便是「一念發動處，便即是行了」，用現在的話說，要做到某件事情，其心態要先正確，所謂正確，指的是正面的、積極的一種心理建設，也可以說是真誠的、誠實的態度，陽明說這話，的確容易引起他人詬病，認為這似乎「什麼都沒有做」，其實不然，用現代的常識思考，陽明所說的是合理的，在龍場驛那樣惡劣的環境下，很容易使人意志消沉，因此，「發動處有不善，就將這不善的念克倒了。須要徹根徹底，不使那一念不善潛伏在胸中」，所謂行，便是對抗那意志消沉的一面，所謂行，並非一定要在看得見的行為上有所行動。這是《論語》所說的「克己復禮為仁」，如果非得要在看得見的行為上有所行動，才叫做「行」，那麼，談論「克己」工夫，「克己」如何看得見呢？「克己」必然是連著「復禮」，必然是實踐一種行為才叫做「行」，因此陽明講「知行合一」不是掛空的說，他是主張「行而後知」，而不是主張朱子所言「知而後行」，因為「知而後行」容易導致「終身不行」。儘管陽明悟道的過程，乍看之下頗為傳奇，但我們從當時的局勢來看，從貴州的地理環境仔細剖析之後，他是在局勢和極惡劣的自然環境和平共處之下，心態上轉向積極正面，「不使那一念不善潛伏在胸中」。吾人的合理推測是，陽明是在大自然的天地之間，在與自然聯結、親情聯結的充分影響下而悟道，陽明悟道並非有什麼神祕而不可理解的因素，陽明的「悟」，是一種「知」，也是一種「行」，是理性的思考，也是身體力行的實踐。

　　當時及後世學者不能理解，甚至懷疑陽明學就是禪學，其中抨擊陽明最屬害的是《學蔀通辨》，這本書是明代陳建所作。陳建（字廷肇，1497-1567年），小陽明二十六歲，時代稍晚於陽明，和陽明同是江西人。陳建批評陽明說：

　　　　或曰：陽明講學，每謂「知行合一」，「行而後知」，深譏程朱

先知後行之說，如何？曰：陽明莫非禪也，聖賢無此教也。聖
賢經書，如曰「知之非艱，行之惟艱」，曰「知至至之」，曰
「知及仁守」、「博文約禮」、「知天事天」之類，未易更僕數。
而《中庸》「哀公問政」章言知行尤詳，何嘗有「知行合一」、
「行而後知」之說也？惟禪宗之教，然後存養在先，頓悟在
後；求心在先，見性在後；磨練精神在先，鏡中萬象在後。故
曰「行至水窮山盡處，那時方見本來真」。此陽明「知行合
一」、「行而後知」之說之所從出也。大抵陽明翻謄作弄，橫說
豎說，誆嚇眾生，無一字不源於佛。[62]

陳建批評王陽明，有兩大理由：一是，儒家經典沒有「知行合一」這
個名詞；二是，陳建以為陽明說「必說一個行，方纔知得真」，可能
是禪師所說的「行至水窮山盡處，那時方見本來真」。關於第一點，
儘管儒家經典雖沒有「知行合一」這個名詞，但儒家確實是有這個概
念的，如《大學》：「未有學養子而後嫁者也」，而陳建批評陽明「知
行合一」、「行而後知」沒有經典來源，這是誤謬的。在《年譜》中曾
提過一次「行而後知始真」[63]，是對治朱子學者「知而後行」的說
法，因為知而後行最終可能導致「終身不行」。關於第二點，《傳習
錄》中，記「必說一個行，方纔知得真」[64]，亦是為了矯正當時知而

62　〔明〕陳建撰，黎業明點校：《陳建著作二種》，頁233。

63　陽明三十七歲在貴州龍場悟道，隔年，因席書（席元山）任貴陽「提督學政」一
　　職，問學於陽明，陽明告以知行本體，席書一開始懷疑而去，明日復來，往復四
　　次，終於豁然大悟，而聘陽明講學於貴陽書院。《年譜》於陽明三十八歲一條，下
　　記：「是年先生始論知行合一」，又記「行而後知始真」。參見《王陽明全集》〈年譜
　　一〉卷33，頁1007-1008。

64　陽明言知行，「必說一個知，方纔行得是」，又說「必說一個行，方纔知得真」，他
　　認為古人之所以分知、行，「此是古人不得已補偏救弊的說話」。參見《王陽明全
　　集》〈語錄一‧傳習錄上〉卷1，頁4。

不學的弊病。禪師所說的「行至水窮山盡處，那時方見本來真」，這僅僅是字面上的相似，卻是毫釐千里。王陽明的實踐與悟道並非是禪學，是知行合一，是「自然聯結」、「親情聯結」下的實踐。不分先後，不分內外，不分精一，不分體用，不分動靜，不分已發未發，不分省察存養，不分持志養氣，不分戒懼慎獨，不分照心妄心不分萬象森然、沖膜無朕，不分天下大本、天下達道，不分廓然大公、物來順應。前文所提，王陽明的「龍場悟道」並不神秘，並非是禪。陽明因為能夠與惡劣的自然環境和平相處，他能確實做到心中完全的正面與積極，自然才能夠大悟。也就是後來在闡發「知行合一」時所講的「發動處有不善，就將這不善的念克倒了。須要徹根徹底，不使那一念不善潛伏在胸中」。後來，他把「悟道」的道理應用在致良知，甘泉批評王陽明的工夫僅僅是「正念頭」，對陽明產生很大的誤解。「龍場悟道」天時、地利皆說明完畢之後，就人和而言，我還有一些補充。

就人和而言，這對王陽明也是極其不利的。歸結原因有二：一是語言不通，二是從者皆病。關於第一點，語言不通。陽明說：「與居夷人鴃舌難語，可通語者，皆中土亡命」，陽明初來乍到龍場驛，當時貴州住著都是些少數民族，因此語言不通，這意味著什麼呢？這意味著，在那樣蠻荒的生活環境下，能夠生存的條件可以想見是極度匱乏的，在那樣的情況下，王陽明的生活缺少人際關係的支援，我們可以推斷，陽明原本應是很難在那樣的情況下生存下來的。這個推斷並非沒有原因，陽明曰：「可通語者，皆中土[65]亡命」，語言可以互通者，多來自中原地區來的亡命之徒。

從陽明寫的一篇祭文〈瘞旅文〉來看，的確如此，來自中原地區的亡命之徒應是不少，然而語言雖然互通，但是這對來自中原地區的

---

65 中土，這裡指中原地區。參見《漢語大辭典》繁體2.0版。

小官員而言，生活的支援仍是有限的。〈瘞旅文〉這篇文章描述的是：正德四年（1509），一位從京師路過龍場驛的小吏，這位小吏在兩天之內，他自身、兒子、僕人相繼逝於龍場驛坡下，陽明聽聞之後，埋葬這三位素昧平生的中土亡命之徒，並寫下〈祭文〉，文中，陽明提到：

> 與爾皆鄉土之離兮，蠻之人言語不相知兮。性命不可期，吾苟死於茲兮，率爾子僕來從予兮。[66]

他提到兩件事，即是「言語不相知」以及「性命不可期」，雖然說漢蠻言語不通，生命不至於造成立即的危險，但是，在蠻陌地區少了人際各方面的支援，生存下去的確困難，因此，在龍場驛即使有來自中原地區，語言相通的亡命之徒，但畢竟是亡命之徒，也是朝不保夕，生命難以維繫。

關於第二點，從者皆病。當生存下去便成一個迫在眉睫的問題時，這的確考驗著王陽明。我們不禁懷疑，這個時候王陽明竟然還能夠對從者「則與歌詩」、「復調越曲，雜以詠笑」，王陽明是如何做到的呢？他確實是試著和整個局勢、自然環境共處，即是吾人所說的「自然聯結」與「親情聯結」下的同情共感。在〈瘞旅文〉這篇祭文當中，王陽明很明確的再次提到，他到龍場驛可以活到第二年的關鍵因素，他說道：

> 自吾去父母鄉國而來此，二年矣，歷瘴毒而苟能自全，以吾未

---

66 此段出自〈瘞旅文〉。參見《王陽明全集》〈外集七・墓誌銘・墓表・墓碑刻・贊・箴・祭文〉卷25，頁786。

嘗一日之戚戚也。[67]

陽明提到，經歷極度惡劣的地理環境「瘴毒」而活下來的關鍵原因，便是因為「吾未嘗一日之戚戚也」，陽明不因為外在條件的打擊，而保持情緒上的健康，這是非常重要的原因。

本文在「龍場悟道」這一段，著墨得相當多，熟悉陽明學之人皆知其重要性，若能夠說明清楚王陽明的觀點，也是不為過的。我們說，王陽明在「龍場悟道」之時，天時、地利、人和的條件，恐怕一樣也沒有。陽明強調，人與天地萬物一體，因此，吾人認為，看待陽明悟道，除了宗教或神秘經驗之外，亦可以視為王陽明是在與天地的「自然聯結」，以及儒家親親傳統的「親情聯結」下，同情共感助力下，得以「悟道」。簡言之，王陽明的「悟」，可以說是建立在知行合一條件下，天地萬物一體的「自然聯結」與「親情聯結」的同情共感下，所說的「悟」。

（二）「龍場悟道事件」的「親情聯結」

接著，要探討的第二個問題是：陽明在悟道的這個過程中，「親情聯結」是不是如前文所述，在關鍵性的一刻影響他呢？我認為還是有的。怎麼說呢？前文所提，王陽明在親情聯結下的重要事件如：「禪僧坐關事件」、「遇鐵柱宮道士事件」、「龍場驛事件」，這些事件都顯示了「親情聯結」對王陽明的重要性。面對禪僧坐關時，我們可以知道，陽明歸於聖學之後，他的工夫修養不是脫離生活，也不是脫離親情，相反的，陽明念茲在茲，立志為聖人之學是和親情聯結緊密

---

67 此段出自〈瘞旅文〉。參見《王陽明全集》〈外集七‧墓誌銘‧墓表‧墓碑‧傳碑‧刻‧贊‧箴‧祭文〉卷25，頁786。

相關的；遇鐵柱宮道士事件，是陽明的生命危在旦夕的時刻，在重要的時刻，他因擔心「萬一瑾怒逮爾父」，可見親情是他唯一的牽掛，因為親情的聯結緊密，他寧可背負被劉瑾追殺的可能，危險赴任。王陽明決定到龍場驛赴任，主要擔心父親遭到牽連，家人遭到不幸。到龍場驛赴任之後，「時瑾憾未已」，生命時時遭到威脅，雪上加霜的是，「蠱毒瘴癘」的地理條件惡劣到難以生存，「居夷人鴃舌難語」，語言不通，沒有人際方面的支援，但是王陽明仍所以可以保持健康的情緒以存活下來，並不是其中有什麼神祕不可告人的秘密，我認為王陽明可以抵擋的住極差的地理、居住環境，不是因為他的身體特別的好，相反的，依文獻來看，王陽明的身體一向就不是太好。他在龍場驛能夠居住三年，這其中有一個相當重要原因，恐怕是他對親人強烈的牽掛。

　　陽明提到，「時瑾憾未已，自計得失榮辱皆能超脫，惟生死一念尚覺未化，乃為石墎自誓曰：『吾惟俟命而已！』」我們要問：他對於生死問題還未看透的原因是什麼呢？在〈瘞旅文〉一文中，他說道：「自吾去父母鄉國而來此，二年矣，歷瘴毒而苟能自全，以吾未嘗一日之戚戚也」，不難看出，在貴州龍場驛這段時間，王陽明念茲在茲的，盡是對家鄉、父母的想念，對家人的牽掛。如果沒有這份牽掛和思念，恐怕他在「萬山叢棘中」，在「蛇虺魍魎」的環境下，沒有精神寄託。話說回來，也因為對親人的牽掛和思念，家庭關係在精神上的力量，不斷支持與維繫著，陽明方能保持樂觀，「則與歌詩」、「雜以詠笑」。

　　本節所述，以「禪僧坐關事件」、「遇鐵柱宮道士事件」、「龍場悟道事件」，說明王陽明在心中對親情是牽掛的，使他有生存下去的精神支持，並且能夠保持樂觀。本節強調，王陽明於「龍場悟道事件」的自然聯結、親情聯結，透過文獻的抽絲剝繭，討論了龍場驛的地理

條件，以及王陽明的心理因素，可知，王陽明對於自然環境的觀察自格竹而有之，對於人在天地之間的主體性，自早期思想而有之。以及，王陽明對親情的重視，都是他在「悟道」之前就存在的一些情況，吾人以為，王陽明「悟道」並非偶然，也不是突發的神秘事件，而是有跡可循的。王陽明「悟道」是事實，儘管陽明學研究成果相當豐碩，但是到目前為止還沒有從「龍場悟道」的天時、地利、人和的條件來說明，亦沒有從「自然聯結」與「親情聯結」的觀點出發，因此，吾人的觀點有待於來日學者討論與指正。

綜觀本章，欲從王陽明對於「物」的兩個面向切入，以釐清「心外無物」的思想。一是，從王陽明與格物致知的幾個生命歷程中，自十八歲「謁婁一齋」、二十一歲「取竹格之」、二十七歲「讀晦翁疏」、三十七歲「龍場悟道」，闡述他對格物致知有別於朱子的解釋；二是，從陽明的「禪僧坐關事件」、「遇鐵柱宮道士事件」、「龍場悟道事件」，說明王陽明對於物的「親情聯結」到「自然聯結」的具體實踐。吾人認為，從王陽明心學的三個面向：一是，自精一而言道心，道心即是良知；二是，從「心即理」、「良知即是天理」與「良知即是易」的理論關係展開良知即是易之理；三是，以人作為天地之心，確立三才中，人在天地之間的主體性，以天命即良知，將儒家之天命收攝於心之本體。以及，王陽明對於「物」的兩個面向：一是，王陽明與「格物致知」的生命經歷；二是，王陽明生命中的三個事件，促成日後「心外無物」的思想，最終發展王陽明心學的最重要的學術宗旨「致良知」。吾人在前兩章的基礎上，分別是王陽明心學的三個面向，以及王陽明對於物的兩個面向，於下一章闡發王陽明「心外無物」的思想。

第四章
論「心外無物」的思想

本章於前兩章的基礎上，闡述王陽明「心外無物」的思想。吾人透過文獻，探究王陽明的心物關係的特色，並且釐清王陽明「心外無物」的思想。

第一節　王陽明心物關係的特色

本節擬從三個方面說明王陽明心物關係的特色：一是，物是心的作用；二是，物無具體之形；三是，物無固定之稱，「心外無物」亦不是固定的名稱。

一　物是心的作用

前章所述，陽明解釋格物致知的物，「物即事也」，這和古本《大學》、朱子解釋格物致知的物是相同的，物皆解釋作「事」。在字面上，陽明和古本《大學》、朱子的解釋相同，但，王陽明在物的內涵上，卻非常有特色。特別是，王陽明言心外無物的物，和格物致知的物，略有不同。徐愛對於物，曾請教陽明。徐愛記：

> 愛昨晚思格物的物字即是事字，皆從心上說。」先生曰：
> 「然。身之主宰便是心；心之所發便是意；意之本體便是知；
> 意之所在便是物。如意在於事親，即事親便是一物；意在於事

君，即事君便是一物；意在於仁民愛物，即仁民愛物便是一
物；意在於視聽言動，即視聽言動便是一物。所以某說無心外
之理，無心外之物。[1]

陽明不否認格物致知的物，物即是事。然，徐愛明確點出，陽明解釋
物的意義上，「皆從心上說」，這可說是，一語點出陽明解釋物的特
色。很有意思的是，陽明解釋物的意義，往往一開始說的是「格物致
知」，而後來因為加入自己的意思，便轉而成為「心外無物」。須注意
的是，陽明解釋物的意義，強調心的作用，多是指心外無物的物。再
說，陽明解釋心外無物的物，皆是由心之作用開始的，他強調，如果
心沒有作用，那麼物對人而言，便失去意義。依陽明的解釋，筆者將
物的意義分兩個層次說明，首先是，物是一種心的作用，徐愛言陽明
的物是「皆從心上說」。

換言之，陽明認為物是一種心的作用，這種「心的作用」，又稱
為「心之所發」、「意之所在」。舉例言之：

心外無物。如吾心發一念孝親，即孝親便是物。[2]

「吾心發一念孝親」，便是心的作用，也是心之所發、意之所在，那
麼，「孝親」便是一物。

陽明解釋物，往往一開始說的是「格物致知」，而後來因為加入
自己的意思，便轉而成為「心外無物」，還有這一段：

---

1 陽明言物，是「意之所在便是物」，出自《王陽明全集》〈語錄一・傳習錄上〉卷
 1，頁4-5。

2 陽明言物，「如吾心發一念孝親，即孝親便是物」，出自《王陽明全集》〈語錄一・
 傳習錄上〉卷1，頁22。

格物者,《大學》之實下手處,徹首徹尾,自始學至聖人,只
此工夫而已。非但入門之際有此一段也。夫正心誠意、致知格
物,皆所以修身而格物者,其所用力,日可見之地。故格物
者,格其心之物也,格其意之物也,格其知之物也;正心者,
正其物之心也;誠意者,誠其物之意也;致知者,致其物之知
也:此豈有內外彼此之分哉!理一而已。以其理之凝聚而言,
則謂之性;以其凝聚之主宰而言,則謂之心;以其主宰之發動
而言,則謂之意;以其發動之明覺而言,則謂之知;以其明覺
之感應而言,則謂之物。故就物而言謂之格;就知而言謂之
致;就意而言謂之誠;就心而言謂之正:正者,正此也;誠
者,誠此也;致者,致此也;格者,格此也。皆所謂窮理以盡
性也。天下無性外之理,無性外之物。[3]

陽明認為,物是一種心的作用,他稱為「心之物」、「意之物」、「知之
物」、「物之心」、「物之意」、「物之知」。換言之,心、意、知、物的
意思是相通的。物是心的作用,也可以說,物是意的作用、物是知的
作用。進一步說,物是知的作用,知是良知,在陽明而言,良知不離
聞見,物是德性之知的作用,也是聞見之知的作用。因此,心、意、
知、物沒有內外彼此之分,「理一而已」,「理」分別言之,是心、
意、知、物,「理」合而言之是「一」。誠然如上所述,「物是心的作
用」,又,心、意、知、物沒有內外彼此之分,心物是相通的。反過
來說,心應該也是物的作用,如:事親、孝親、事君、仁民愛物、視
聽言動,既是一物,也是一心,一心之朗現,至善之朗現。換言之,
物不是指親屬、國君、人民、草木、眼耳鼻舌身,物必然是心的作

3　陽明言物,「以其明覺之感應而言,則謂之物」,出自〈答羅整庵少宰書〉,《王陽明
　　全集》〈語錄二・傳習錄中〉卷2,頁65-69。

用，事親、孝親、事君、仁民愛物、視聽言動，方能稱為一物，當一
人真正做到事親、孝親、事君、仁民愛物、視聽言動，方能彰顯此人
心之作用，至善之朗現。

然而，物「皆從心上說」，物是心的作用，是心之所發、意之所
在，只講求心，是否忽略了細節呢？徐愛問：

> 愛問：「至善只求諸心，恐於天下事理有不能盡。」
>
> 先生曰：「心即理也。天下又有心外之事，心外之理乎？」
>
> 愛曰：「如事父之孝，事君之忠，交友之信，治民之仁，其間
> 有許多理在，恐亦不可不察。」
>
> 先生歎曰：「此說之蔽久矣，豈一語所能悟！今姑就所問者言
> 之：且如事父不成，去父上求個孝的理；事君不成，去君上求
> 個忠的理；交友治民不成，去友上、民上求個信與仁的理：都
> 只在此心，心即理也。此心無私慾之蔽，即是天理，不須外面
> 添一分。以此純乎天理之心，發之事父便是孝，發之事君便是
> 忠，發之交友治民便是信與仁。只在此心去人欲、存天理上用
> 功便是。」
>
> 愛曰：「聞先生如此說，愛已覺有省悟處。但舊說纏於胸中，
> 尚有未脫然者。如事父一事，其間溫清定省之類有許多節目，
> 不亦須講求否？」
>
> 先生曰：「如何不講求？只是有個頭腦，只是就此心去人欲、
> 存天理上講求。……卻是須有這誠孝的心，然後有這條件發出
> 來。譬之樹木，這誠孝的心便是根，許多條件便是枝葉，須先
> 有根然後有枝葉，不是先尋了枝葉然後去種根。《禮記》言：
> 『孝子之有深愛者，必有和氣；有和氣者，必有愉色；有愉色

者，必有婉容。』須是有個深愛做根，便自然如此。」[4]

徐愛的問題是，物如果「皆從心上說」，只講求心，可能會造成「至
善只求諸心，恐於天下事理有不能盡」的問題。徐愛之所以會如此
問，是因為朱子認為「天下之物莫不有理」[5]，若依朱子所言，理在
天下之物，若是「事父不成，去父上求個孝的理；事君不成，去君上
求個忠的理；交友治民不成，去友上、民上求個信與仁的理」，如
此，陽明認為「此說之蔽久矣」，於理不合。因此，陽明認為，理不
在天下之物，所謂理，「只在此心，心即理也」。

又，嘉靖三年（1524）陽明五十三歲，致書妻子諸氏之侄諸陽伯
曰：

> 妻侄諸陽伯復請學，既告之以格物致知之說矣。
> 他日，復請曰：「致知者，致吾心之良知也，是既聞教矣。然
> 天下事物之理無窮，果惟致吾之良知而可盡乎？抑尚有所求於
> 其外也乎？」
> 復告之曰：「心之體，性也，性即理也。天下寧有心外之性？
> 寧有性外之理乎？寧有理外之心乎？外心以求理，此告子『義
> 外』之說也。理也者，心之條理也。是理也，發之於親則為
> 孝，發之於君則為忠，發之於朋友則為信。千變萬化，至不可
> 窮竭，而莫非發於吾之一心。故以端莊靜一為養心，而以學問
> 思辯為窮理者，析心與理而為二矣。若吾之說，則端莊靜一亦

4　愛問：「至善只求諸心，恐於天下事理有不能盡」，出自《王陽明全集》〈語錄一·
　　傳習錄上〉卷1，頁2-3。
5　朱子言「天下之物莫不有理」，出自〈格物補傳〉，《大學章句》第5章。參見〔宋〕
　　朱熹：《四書章句集註》，頁6-7。

所以窮理，而學問思辯亦所以養心，非謂養心之時無有所謂
理，而窮理之時無有所謂心也。此古人之學所以知行並進而收
合一之功，後世之學所以分知行為先後，而不免於支離之病者
也。」

曰：「然則朱子所謂如何而為『溫清之節』，如何而為『奉養之
宜』者，非致知之功乎？」

曰：「是所謂知矣，而未可以為致知也。知其如何而為溫清之
節，則必實致其溫清之功，而後吾之知始至；知其如何而為奉
養之宜，則必實致其奉養之力，而後吾之知始至。如是乃可以
為致知耳。若但空然知之為如何溫清奉養，而遂謂之致知，則
孰非致知者耶？《易》曰：『知至，至之，知。』至者，知
也；至之者，致知也。此孔門不易之教，百世以俟聖人而不惑
者也。」[6]

陽明此說造成誤解，究其原因，恐怕是陽明誤解朱子的物，後學又誤
解陽明的物。陽明誤解朱子的物，究其原因是，因為朱子說「天下之
物莫不有理」，陽明早年把朱子所說的物，理解為有形的客觀之物，
所以「取竹格之」。而朱子的物，雖說是「天下之物莫不有理」，但亦
解作「事」，可見，朱子的物，不完全是有形的客觀之物，因此造成
陽明早年的誤解。後學誤解陽明物的意義，究其原因是，陽明認為，
理不在物上，理在此心，心即理也。當陽明講「心即理」時，陽明所
講的心，心亦是物。換言之，當陽明講，物是「從心上說」，也代表
著，心是從物上說，心的範疇不是只有心，心的範疇包含著物，物的
範疇包含著心，因此陽明強調「心外無物」、「心外無理」。因此，羅

6　〈書諸陽伯卷　甲申〉，《王陽明全集》〈文錄五・雜著〉卷8，頁233-234。

整菴致書陽明，在信中曰：「凡為禪學之至者，必自以為明心見性」，整菴認為陽明是禪[7]，學者陳榮捷先生[8]、吳怡先生[9]、吳經熊先生[10]亦持此說，恐是對陽明的誤解。

二 物無具體之形

陽明認為，物不是客觀之物，他所說的物，沒有形體。陽明曰：

> 夫心主於身，性具於心，善原於性，孟子之言性善是也。善即吾之性，無形體可指，無方所可定，無豈自為一物，可從何處得來者乎？[11]

所謂物，在人曰性，在性曰善，是「無形體可指，無方所可定」，又曰：

> 虛靈不昧，眾理具而萬事出。心外無理，心外無事。[12]

三綱領「明德」，朱注：

---

7 出自〈與王陽明書〉。參見〔明〕羅欽順著，閻韜點校：《困知記》，頁141-146。

8 陳榮捷：〈王陽明與禪〉，《王陽明與禪》（臺北市：臺灣學生書局，1984年），頁73-81。

9 吳怡：〈陽明思想與禪學〉，收入《陽明學論文集》（臺北市：華岡出版公司，1977年6月），頁81-91。

10 吳經熊：〈重讀陽明傳習錄隨筆：(二)陽明與禪學〉，收入《陽明學論文集》（臺北市：華岡出版公司，1977年6月），頁29。

11 〈與王純甫二 癸酉〉，《王陽明全集》〈文錄一・書一 始正德己巳至庚辰〉卷4，頁134-135。

12 《王陽明全集》〈語錄一・傳習錄上〉卷1，頁13。

> 明德者，人之所得乎天，而虛靈不昧，以具眾理而應萬事者
> 也。[13]

王陽明認為，朱注「明德」，朱子所言的「虛靈不昧，以具眾理而應
萬事者也」，這正是心外無理、心外無事。但牟先生不認為朱子所講
的「虛靈不昧」是心外無物，牟先生曰：

> 依朱子之說統，其在《大學》中關于明德所作之注語實當修改
> 如下：「明德」者，人之所得乎天「而可以由虛靈不昧之心知
> 之明以認知地管攝之」之光明正大之性理之謂也。[14]

又說：

> 彼（按：指朱子）雖亦常言「心具萬理」，但其所意謂之
> 「具」是認知地、管攝地、關聯地具，並非是「心即理」之實
> 體性的心之自發自律地具。[15]

牟先生認為朱子的心是「實體性的心」，而朱子講的虛靈不昧之心是
「認知地管攝之」，牟先生認為朱子是「橫攝系統」，牟先生和陽明
的想法並不相同，對此，林安梧教授以「橫攝歸縱」修正牟先生的論
點[16]。陽明四十七歲（1518）刻《朱子晚年定論》。陽明認為，「予既

---

13 朱注「明德」，出自《大學章句》。參見〔宋〕朱熹：《四書章句集註》，頁3。
14 牟宗三：《心體與性體》（三）（臺北市：正中書局，1995年），頁374。
15 牟宗三：《心體與性體》（三），頁374。
16 林安梧：〈朱子哲學當代詮釋方法論之反思——從「繼別為宗」到「橫攝歸縱」〉，
　　《河北學刊》（2009年5月）第29卷第3期，頁32-38。

自幸其說之不謬於朱子，又喜朱子之先得我心之同，然且慨夫世之學者徒守朱子中年未定之說，而不復知求其晚歲既悟之論，競相呶呶，以亂正學，不自知其已入於異端」[17]，又，錢德洪和陽明意見一致地認為，陽明之所以刻《朱子晚年定論》，是因為「朱子晚年」[18]時和陽明是「同一源矣」[19]。

當時陳建對此感到不滿，陳建曰：

> 今日王陽明因之又集為《朱子晚年定論》。自此說既成，後人不暇復考，一切據信，而不知其顛倒早晚，矯誣朱子以彌縫陸學也。[20]

陳建於嘉靖十七年至嘉靖二十七年（1528-1538），十年的時間，著手完成《學蔀通辨》這部著作，目的是抨擊陸王為禪，恐是誤解陽明。究其原因，陽明曰：「虛靈不昧，眾理具而萬事出。心外無理，心外無事」，其中，「虛靈不昧」指的是心，而虛靈不昧的「虛」，是仙家常用語，陽明用此強調心沒有具體之形。

陽明強調心沒有具體之形，可見另一段：

---

17 〈朱子晚年定論序　戊寅〉，《王陽明全集》〈文錄四·序記說〉卷7，頁202-203。

18 「朱子晚年」的定義，清代李穆堂對「朱子晚年」作了一個界定。他說朱子得年七十一歲，所以三十歲定為早年，三十一歲到五十歲定為中年，五十一歲到七十一歲定為晚年。他更指出，陳建對朱子妄指朱子早晚，例如：〈答何叔京〉在三十九歲，以為是早年，〈答項平輔書〉在五十四歲，以為是中年。參見〔清〕李紱著，段景蓮點校：〈凡例〉，《朱子晚年全論》（北京市：中華書局，2015年），頁1-3。按：陳建固然是反陸王，但中晚年究竟是指幾歲，本無定論。宋明清的朱、陸王之爭，是經學與理學之爭，也是宋學漢學之爭，至陽明集「朱子晚年定論」欲調和此說，但成效不彰，反而引起「朱子晚年之爭」。

19 〈附錄　朱子晚年定論〉，《王陽明全集》〈語錄三·傳習錄下〉卷3，頁112。

20 〔明〕陳建撰，黎業明點校：《陳建著作二種》，頁77。

> 先生曰:「仙家說到虛,聖人豈能虛上加得一毫實?佛氏說到
> 無,聖人豈能無上加得一毫有?但仙家說虛,從養生上來;佛
> 氏說無,從出離生死苦海上來:卻於本體上加卻這些子意思
> 在,便不是他虛無的本色了,便於本體有障礙。聖人只是還他
> 良知的本色,更不著些子意在。良知之虛,便是天之太虛;良
> 知之無,便是太虛之無形。日月風雷山川民物,凡有貌象形
> 色,皆在太虛無形中發用流行,未嘗作得天的障礙。聖人只是
> 順其良知之發用,天地萬物,俱在我良知的發用流行中,何嘗
> 又有一物超於良知之外,能作得障礙?」[21]

由上,王陽明的思想,是身心意知物同為一體,是心物一體。陽明認
為,「良知的本色,更不著些子意在」,良知本體雖不從仙家和佛氏來
說,但良知若要講「虛」,「良知之虛,便是天之太虛」,良知若要講
「無」,「良知之無,便是太虛之無形」,從王陽明的思想來說,「日月
風雷山川民物,凡有貌象形色,皆在太虛無形中發用流行」,有形的
日月風雷山川民物,皆是發用在無形的太虛流行之中,有形的天地萬
物,皆是發用在無形的良知流行之中。正因為良知之無形,所以良知
的發用必然是在有形的天地萬物之中,換言之,有形的天地萬物,必
然是要有良知的發用方有意義。因此陽明講的心,不在物之外,陽明
講的物,不在心之外。心是無形之體,物亦是無形之體,心物交融在
天地之中方有意義。

　　因此,陽明講的物,不是客觀之物,他所說的物,是心之發用,
沒有形體,可以是人在心中的思。陽明曰:

> 思是良知之發用。若是良知發用之思,則所思莫非天理矣。良

21　《王陽明全集》〈語錄三·傳習錄下〉卷3,頁93。

知發用之思自然明白簡易，良知亦自能知得。若是私意安排之思，自是紛紜勞擾，良知亦自會分別得。[22]

承上，物是心之發用，亦是良知之發用；思是心之發用，亦是良知之發用。良知的發用是思，也是物。很清楚地，陽明講的物，是一種心物，心物不是兩樣，而是一樣，物是一種心靈物質，是人類獨有的靈明，是一種思想，使言行知天命，行天命，樂天知命，能夠上溯於天理，而不是私意安排的思考，這種心物，可以知是知非。

若是問，心物的知是知非，如何可能呢？陽明曰：

知是心之本體，心自然會知：見父自然知孝，見兄自然知弟，見孺子入井自然知惻隱，此便是良知不假外求。若良知之發，更無私意障礙，即所謂「充其惻隱之心，而仁不可勝用矣」。然在常人不能無私意障礙，所以須用致知格物之功勝私復理。即心之良知更無障礙，得以充塞流行，便是致其知。[23]

如上，「心自然會知：見父自然知孝，見兄自然知弟，見孺子入井自然知惻隱」，陽明講，心物的知是知非是「自然如此」的，不須加上後天的知識，不假外求，亦是孟子講的不學而能，不慮而知。

但，天下之事物之多，如何能勝數得盡，都能夠不學而能，不慮而知呢？孟子曰：

人之所不學而能者，其良能也；所不慮而知者，其良知也。孩提之童，無不知愛其親者；及其長也，無不知敬其兄也。親

22　〈答歐陽崇一〉，《王陽明全集》〈語錄二・傳習錄中〉卷2，頁62-65。

23　《王陽明全集》〈語錄一・傳習錄上〉卷1，頁6。

> 親，仁也；敬長，義也。無他，達之天下也。[24]

陽明講的良知，或者是心物，是以倫理關係為主，先講求事親，而後是事君，然後才是仁民愛物。事親不是不需要節目，因為理不在父母身上，理在心中，事親不成應是在內心找原因，否則只是「義外」。

如果「物非有形之體」，又，心、意、知、物沒有內外彼此之分，心物是相通的。那麼，心應該也是非有形之體。故陽明曰：

> 所謂汝心，亦不專是那一團血肉。若是那一團血肉，如今已死的人，那一團血肉還在，緣何不能視聽言動？所謂汝心，卻是那能視聽言動的，這個便是性，便是天理。[25]

心不是有形之體，因此，物亦不是有形之體。以孝親為例，當我對父母溫清定省，這個行為，陽明稱為物，牟先生稱為「行為物」，筆者稱為「心物」，亦可以說是一份孝心。

同樣的，當我們視聽言動，視聽言動是一種物，而眼耳口鼻則不能說是一種物。視聽言動雖稱為物，但不是有形之體，故陽明曰：

> 目無體，以萬物之色為體；耳無體，以萬物之聲為體；鼻無體，以萬物之臭為體；口無體，以萬物之味為體；心無體，以天地萬物感應之是非為體。[26]

---

24 「良知良能」，出自《孟子集注》〈盡心章句上〉。參見〔宋〕朱熹：《四書章句集註》卷13，頁353。

25 陽明言心，「不專是那一團血肉」，出自《王陽明全集》〈語錄一·傳習錄上〉卷1，頁31-32。

26 陽明言物，不是有形之體。陽明曰：「目無體，以萬物之色為體」，出自《王陽明全集》〈語錄三·傳習錄下〉卷3，頁95。

由上，視聽言動稱為物，不是有形之體的物，凡事心之發用的行為，亦可稱為「心物」，「心物」是由心之本體所發動的。我們熟悉的耳目口鼻不能稱為物，而是視聽言動才稱為物或心物。因此，所謂目，指的不是眼珠子，而是眼能看見天下世界，眼若不能看見天下，只有眼珠子，意義便沒有彰顯出來，眼珠子仍是存在，只是失去人可以觀看的意義。故陽明曰：「目無體，以萬物之色為體」，目沒有有形之體，目是以觀看世界為它的本體，第一個體，指的是形體，第二個體，指的是本體。換言之，目必然是作用於生活世界之中才有意義，此是心物的交融，也是心外無物的思想。

　　由上，陽明講的物，無具體之形，非有形之體，此不容易理解。因此，陽明有一比喻：

> 惟其有個發端處，所以生；惟其生，所以不息。譬之木，其始抽芽，便是木之生意發端處；抽芽然後發幹，發幹然後生枝生葉，然後是生生不息。若無芽，何以有幹有枝葉？能抽芽，必是下面有個根在。有根方生，無根便死。無根何從抽芽？父子兄弟之愛，便是人心生意發端處，如木之抽芽。自此而仁民，而愛物，便是發幹生枝生葉。墨氏兼愛無差等，將自家父子兄弟與途人一般看，便自沒了發端處；不抽芽便知得他無根，便不是生生不息，安得謂之仁？孝弟為仁之本，卻是仁理從裡面發生出來。[27]

陽明以樹為喻，樹生生不息地生長，表示此樹有個發端處，發端處便

---

27 陽明以樹幹、枝葉為例，他要我們注意的是樹幹、枝葉生長之前的初始。良知的發動猶如樹幹萌芽的初始。意即，良知的發動、樹幹萌芽的初始皆為一物。此喻出自，《王陽明全集》〈語錄一・傳習錄上〉卷1，頁23。

是樹根發生作用，樹根作用便會抽芽、發幹、生枝生葉，如此循環，
樹便生生不息。陽明以樹的發端處比喻人的生命，以樹根比喻心，以
抽芽比喻心的作用，以發幹、生枝生葉比喻人的行為，像是孝悌、仁
民、愛物，這些人的行為在王陽明來說，便是一物，值得一提的是，
像是孝悌、仁民、愛物，這些人的行為，有其本末，此亦是陽明解釋
《大學》「物有本末」的意思。「孝弟為仁之本」，而「愛物」便是仁
之末了。前言所述，物是心的作用，沒有具體的形體。那麼，具體的
形體之物，在陽明來說，還可以稱為「物」嗎？從儒家的思想來說，
儒家重視的不是單一物，但我們不能否認，不論是有生命的鳥獸昆蟲
或是無生命的山川草木、珍珠寶玉，除了人以外，大自然與生活中的
這些「物」是存在的，這些物並不是不存在，那麼，儒家如何看待所
謂的客觀之物呢？

　　儒家當然知道這些「物」的存在，儒家非不得已要面對客觀之物
時，有其層次的分別，從《論語》裡，可以見孔子的想法是：

> 　　廄焚。子退朝，曰：「傷人乎？」不問馬。[28]
> 　　非不愛馬，然恐傷人之意多，故未暇問。蓋貴人賤畜，理當如
> 　　此。[29]

在《論語》裡，孔子「不問馬」，依朱注解釋，並非孔子不愛馬，廄
焚的第一時間，孔子關注的是人而不是馬。值得注意的是，孔子對於
人與萬物的關係，是在「仁」的系統下，對人與萬物有層次上的分

---

28 孔子「不問馬」，出自《論語集注》〈鄉黨第十〉。參見〔宋〕朱熹：《四書章句集
　　註》卷5，頁121。
29 朱子解釋孔子「不問馬」，出自《論語集注》〈鄉黨第十〉。參見〔宋〕朱熹：《四書
　　章句集註》卷5，頁121。

別，朱子言「蓋貴人賤畜，理當如此」，宋代以後的思想，對於《易傳》的所說的天道、地道、人道，基本上收攝在「理」的範疇，換言之，從朱子的解釋來說，在「天理」的脈絡下，人與萬物在層次上的分別，先問人而不問馬，基本上不涉及「道問學」的範疇。在王陽明的諸多討論中，在涉及心物關係的範疇時，除了安頓客觀之物外，也必須安頓知識的範疇。此處，我們在《論語》中得以見，孔子在仁德的系統下，分別人與萬物的層次，因此，我們可以知，孔子在心物的關係上，是在仁德的系統上去說的，在分別人與萬物的層次上，也是在仁德的系統上而言，王陽明的「一體之仁」、「心外無物」，也是從仁德上的系統來說，承續孔子的心物關係。而王陽明的心物關係，基本上是在孔子仁德的理論上有所發揮。

那麼，孔子之後，孟子面對客觀之物時，亦有其層次的分別，從《孟子》裡，可以見孟子的想法是：

> 君子之於物也，愛之而弗仁；於民也，仁之而弗親。親親而仁民，仁民而愛物。[30]

孟子並非不重視天地之間的萬物，孟子是以人之倫理關係為起點，「親親而仁民」，在人倫中，親情為本，君臣關係為末，進而才推至客觀之物，即是「仁民而愛物」。我們便知，儒家對於單獨存在的物，不是完全的不理會。儒家的每一層關係，皆有「物各付物」[31]的

30　「親親而仁民，仁民而愛物」，出自《孟子集注》〈盡心章句上〉。參見〔宋〕朱熹：《四書章句集註》卷13，頁363。

31　「物各付物」，原文是「『致知在格物』，物來則知起，物各付物，不役其知，則意誠不動。意誠自定則心正，始學之事也。」出自《河南程氏遺書卷第六》〈二先生語六〉。參見〔宋〕程顥、程頤著，王孝魚點校：《二程集》，頁84。

安排。對王陽明而言，和孟子一樣，是以人之倫理關係為起點，他主張「親吾之父以及人之父」，陽明是「在親民」的思想，而不是「在新民」的思想。他面對天地之間的萬物，亦肯定這些客觀之物的存在，但陽明強調的是，這些客觀之物對人的意義，如果人的生命不存在，雖然客觀之物並未消失，但這些客觀之物的意義也隨之消逝，因此，即便是所謂的「客觀之物」，對於人，也一定會有某個意義上的層面，如此，這世界上便沒有什麼是所謂絕對的客觀之物。

進一步說，科學家所賦予「客觀之物」有某個「客觀之理」，但這個「客觀之理」會隨著不同的時代下，不同的科學家而有所不同，因此科學中看似有純粹的、固定的「客觀之理」，實際上，純粹的、固定的「客觀之理」未必存在，因為隨著科技的進步，所有的「客觀之理」會隨著時間與人類的文明與發展而改變。是故，儒家的思想，並不是有兩個世界，一個是科學理性的世界，一個是人性人文的世界，儒家的思想，只有一個世界。因此，陽明所關心的世界，亦不是客觀獨立的事物，而是人存有下的生活世界，換言之，王陽明必然知道具體之形體的物，此具體之形體的物之存在，不是陽明所關心的，陽明所關心的，首重是人，當一個人的生命不存在時，他的世界亦隨之消失，因為，這世界的事物對一個失去生命的人而言，便失去了意義。

三　物無固定之稱

（一）「物」無固定名稱

陽明對於物，他認為，物是一種心的作用。此外，王陽明講的「物」沒有固定的名稱，「心外無物」的名稱亦不是固定的名稱。關

於「物」的名稱，陽明四十二歲致書王純甫曰：

> 夫在物為理，處物[32]為義，在性為善，因所指而異其名，實皆
> 吾之心也。心外無物，心外無事，心外無理，心外無義，心外
> 無善。吾心之處事物，純乎理而無人偽之雜，謂之善，非在事
> 物有定所之可求也。處物為義，是吾心之得其宜也，義非在外
> 可襲而取也。格者，格此也；致者，致此也，必曰事事物物上
> 求個至善，是離而二之也。[33]

「物」的內涵不容易把握，其中一個原因是「因所指而異其名」。心
的作用，「在物為理，處物為義，在性為善」，從事上來說，稱為理；
對待人與事，稱為義；從人性來說，稱為善。這些名稱，都「實皆吾
之心也」。由上，「物、理、義、善、心」這些概念可以互通，重點皆
在「吾心」，吾心內在的本性，以及面對日常酬酢，皆純乎理，沒有
私意安排，沒有人偽之雜，因應各種形式表達而有不同名稱。

　　此外，陽明又曰：

> 「禮」字即是「理」字。「理」之發見可見者謂之文；文之隱
> 微不可見者謂之理：只是一物。[34]

心的作用，從可以見者來說，稱為文字；從不可見者來說，稱為天

32　「處物，對待人和事物。《莊子》〈知北遊〉：『聖人處物不傷物，不傷物者，物亦不
　　能傷也。』」漢語大詞典繁體2.0版。

33　〈與王純甫二　癸酉〉，《王陽明全集》〈文錄一・書一　始正德己巳至庚辰〉卷4，頁
　　134-135。

34　陽明言理與文，或之發見，或之隱微，只是一物。參見《王陽明全集》〈語錄一・
　　傳習錄上〉卷1，頁6。

理，就陽明而言，文字、天理皆是一物，可知，陽明對於物的意義，除了沒有形體，而且，是沒有固定的名稱。

因此，陽明曰：

> 如意在於事親，即事親便是一物；意在於事君，即事君便是一物；意在於仁民愛物，即仁民愛物便是一物；意在於視聽言動，即視聽言動便是一物。所以某說無心外之理，無心外之物。[35]
>
> 心外無物。如吾心發一念孝親，即孝親便是物。[36]

依陽明的解釋，物是心的作用，但不是僅停留在內心，心的作用透過官能運作，面對親屬、國君、百姓、萬物等各種事，表達出內心的誠，因此，事親、孝親、事君、仁民愛物、視聽言動都可以稱作一物。

又，《中庸》曰：「不誠無物」，只要內心有那一分「誠」，那麼，「事親」這個行為本身已經有「孝親」的內涵，如果內心沒有那一分「誠」，那麼，即便演出「孝親」的行為，也不能算是孝親。故陽明曰：

> 若只是那些儀節求得是當，便謂至善，即如今扮戲子，扮得許多溫清奉養的儀節是當，亦可謂之至善矣。」愛於是日又有省。[37]

---

35 陽明言物，是「意之所在便是物」，出自《王陽明全集》〈語錄一·傳習錄上〉卷1，頁4-5。

36 陽明言物，「如吾心發一念孝親，即孝親便是物」，參見《王陽明全集》〈語錄一·傳習錄上〉卷1，頁22。

37 陽明回答鄭朝朔，至善不在事物上求。如戲子「扮得許多溫清奉養的儀節是當」，仍不可謂之至善。參見《王陽明全集》〈語錄一·傳習錄上〉卷1，頁3。

陽明強調，內心必須要有那一分「誠」。若是事親時，將溫凊定省等儀節細目，以學問思辯的方式求得禮節得當，而內心卻沒有那一分「誠」，亦不可說是至善，也不可說是一物。陽明對於「物」的意義，是視其內涵而定，若無「誠」在其中，則不能稱為「物」。

　　換言之，凡是稱為「物」，皆有「誠」在其中。又，陽明曰：

> 以此純乎天理之心，發之事父便是孝，發之事君便是忠，發之交友治民便是信與仁。……那誠孝的心發出來的條件。卻是須有這誠孝的心，然後有這條件發出來。譬之樹木，這誠孝的心便是根，許多條件便是枝葉，須先有根然後有枝葉，不是先尋了枝葉然後去種根。[38]
> 心之發也，遇父便謂之教，遇君便謂之忠，自此以往，名至於無窮，只一性而已。猶人一而已：對父謂之子，對子謂之父，自此以往，至於無窮，只一人而已。人只要在性上用功，看得一性字分明，即萬理燦然。[39]

陽明舉例，內心有那一分「誠」，「發之事父便是孝，發之事君便是忠，發之交友治民便是信與仁」，以及「遇父便謂之教，遇君便謂之忠」。前文述及，事親、孝親、事君、仁民愛物、視聽言動，皆是一物。那麼，事父、事君、交友、治民，這些物所呈顯出來的理，亦是一物。若只說「遇父」而不講「孝親」，因子女內心有誠，也是物；若只說「遇君」而不講「忠君」，因臣子內心有誠，也是物。因此，

---

38 陽明言物，無固定之稱，「發之事父便是孝，發之事君便是忠，發之交友治民便是信與仁。」參見《王陽明全集》〈語錄一・傳習錄上〉卷1，頁2。

39 陽明言物，無固定之稱，名稱是無窮盡的，「遇父便謂之教，遇君便謂之忠，自此以往，名至於無窮」。參見《王陽明全集》〈語錄一・傳習錄上〉卷1，頁14。

孝、忠、信、仁、教、忠等，也是一物。

（二）「心外無物」亦無固定名稱

隨著「物」的意義沒有固定的名稱，也連帶著，「心外無物」亦沒有固定的名稱。如下：

> 虛靈不昧，眾理具而萬事出。心外無理，心外無事。[40]
>
> 心外無物，心外無事，心外無理，心外無義，心外無善。吾心之處事物，純乎理而無人偽之雜，謂之善，非在事物有定所之可求也。[41]
>
> 心外無事，心外無理，故心外無學。是故於父，子盡吾心之仁；於君，臣盡吾心之義；言吾心之忠信，行吾心之篤敬；懲心忿，窒心欲，遷心善，改心過；處事接物，無所往而非求盡吾心以自慊也。譬之植焉，心其根也；學也者，其培擁之者也，灌溉之者也，扶植而刪鋤之者也，無非有事於根焉耳矣。[42]

由上，「物」沒有固定的名稱，連帶著「心外無物」亦沒有固定的名稱，「心外無物」亦可以稱作「心外無理」、「心外無事」、「心外無義」、「心外無善」、「心外無學」。我們不禁思考，王陽明「物」的意

---

40 陽明言心外無物，無固定之稱。陽明借用朱子對「明德」的解釋，言「虛靈不昧，眾理具而萬事出」，導出「心外無理，心外無事」。參見，《王陽明全集》〈語錄一・傳習錄上〉卷1，頁13。

41 陽明言心外無物，無固定之稱，故曰：「心外無物，心外無事，心外無理，心外無義，心外無善」。參見〈與王純甫二 癸酉〉，《王陽明全集》〈文錄一・書一 始正德己巳至庚辰〉卷4，頁134-135。

42 陽明言心外無物，無固定之稱，曰：「心外無事，心外無理，故心外無學」。參見〈紫陽書院集序 乙亥〉，《王陽明全集》〈文錄四・序記說〉卷7，頁201-202。

義，有「格物致知」的物之義，物即事也。又，陽明在「心外無物」
的物之義，本身是包含著「格物致知」中物的意思，值得注意的是，
「心外無物」的物相當有特色，物是心的作用，物無固定之稱。

　　但，物的內涵也引起明代湛甘泉等人的質疑，如果陽明物的內涵
有這些特色，那麼用「物」字便容易引起誤解，《傳習錄》記：

> （九川）又問：「甘泉近亦信用《大學》古本，謂格物猶言造
> 道。又謂窮理如窮其巢穴之窮，以身至之也。故格物亦只是隨
> 處體認天理，似與先生之說漸同。」先生曰：「甘泉用功，所
> 以轉得來。當時與說親民字不須改，他亦不信，今論格物亦
> 近，但不須換物字作理字，只還他一物字便是。」後有人問九
> 川曰：「今何不疑『物』字？」曰：「《中庸》曰『不誠無物』，
> 程子曰『物來順應』，又如『物各付物』、『胸中無物』之類，
> 皆古人常用字也。」他日先生亦云然。[43]

陽明與甘泉多次討論格物，陽明認為「不須換物字作理字，只還他一
物字便是」，亦是說，物字和理字即便是極為接近，但不須將物字換
成理字。依此而推論，陽明對於物字的意義，因為從「格物致知」到
「心外無物」，物字從「事」而擴大成「理、義、善、學」等字，引
起許多誤解，但陽明仍認為不須換字。故，九川曰：「《中庸》曰『不
誠無物』，程子曰『物來順應』，又如『物各付物』、『胸中無物』之
類，皆古人常用字也」，陽明亦同意此說。

　　由此，《中庸》原來的「物」字，本具有「誠」，《大學》亦有

---

43 陽明認為，「物」字是古人常用字，如「不誠無物」「物來順應」「物各付物」、「胸
　 中無物」，故不須改字。參見《王陽明全集》〈語錄三·傳習錄下〉卷3，頁79-80。

「物有本末，事有終始，知所先後，則近道矣」，皆是由心上溯於道，所以陽明認為不須改字，不須補傳。而朱子因為主張「天下之物莫不有理」，使陽明誤解物字是草木之物，而朱子的物字非一定是草木之物，陽明四十七歲理解到這一點，從陽明二十一歲格物，對格物的物字產生誤解，後來方才明白，方才作《朱子晚年定論》。

本節所述，王陽明的心物關係有三個特色，分別是：物是心的作用、物無具體之形、物無固定之稱。王陽明講的「物」沒有固定的名稱，「心外無物」亦不是固定的名稱，「心外無物」亦可以稱作「心外無理」、「心外無事」、「心外無義」、「心外無善」、「心外無學」。唐代孔氏以及朱子解釋格物致知的物，是「物即事也」，王陽明對格物致知「物」的解釋，沒有超出唐代孔氏以及朱子，同是「物即事也」。但，在「物即事也」的基礎上，王陽明強調，「心外無物」的物是一種心的作用，王陽明在「格物致知」之後的心物關係，是一種心物交融的層面，因此，牟先生稱王陽明的物為「行為物」。王陽明對於物的觀念不容易把握，不容易把握的原因之一，正是因為他所謂的物，會隨著各種狀況而改變，他雖不反對「在物為理」，但他所說的物，此物是心的作用，所以王陽明又說「實皆吾之心也」，如此解釋，顯見王陽明「心外無物」對物的解釋和朱子「格物致知」有很大的不同。

由上可知，王陽明講心外無物的物，是從格物致知的物，「物即事也」脫胎而來，而形成自己的特色，他將物的內涵解釋得更為豐富。王陽明對物的解釋提出不同於朱子「格物致知」的解釋，是在提出「心外無物」之後，王陽明強調「心外無物」的心物關係，是以良知為本，進而推至天地萬物，強調天地萬物一體，一體之仁，最終發展成王陽明「致良知」關鍵的學術宗旨。

第二節　論王陽明「心外無物」

　　上一節闡述，王陽明提出「心外無物」之後，王陽明所強調心物關係的特色是以良知為主，與朱子「格物致知」對於物的解釋，產生不同的解釋。本節透過文獻，釐清王陽明「心外無物」的思想。王陽明最早提出「心外無物」，是陽明四十二歲〈與王純甫〉的一封信，此封信至為關鍵。陽明曰：

> 夫心主於身，性具於心，善原於性，孟子之言性善是也。善即吾之性，無形體可指，無方所可定，無豈自為一物，可從何處得來者乎？故曰受病處亦在此。純甫之意，蓋未察夫聖門之實學，而尚狃於後世之訓詁，以為事事物物，各有至善，必須從事事物物求個至善，而後謂之明善，故有「原從何處得來，今在何處」之語。純甫之心，殆亦疑我之或墮於空虛也，故假是說以發我之蔽。吾亦非不知感純甫此意，其實不然也。
>
> 夫在物為理，處物為義，在性為善，因所指而異其名，實皆吾之心也。心外無物，心外無事，心外無理，心外無義，心外無善。吾心之處事物，純乎理而無人偽之雜，謂之善，非在事物有定所之可求也。處物為義，是吾心之得其宜也，義非在外可襲而取也。格者，格此也；致者，致此也，必曰事事物物上求個至善，是離而二之也。
>
> 若謂自有明善之功，又有誠身之功，是離而二之也，難乎免於毫釐千里之謬矣。其間欲為純甫言者尚多，紙筆未能詳悉。尚

有未合，不妨往復。[44]

陽明對物的解釋，從「格物致知」而來，物作「事」也，如孝親一類之事，物作「事」這一解釋，其實和古本《大學》、朱子是相同的。但，陽明於四十二歲之後提出心外無物，陽明雖然也講物，但陽明所講的物，是良知發用下，意之所在的情況下所講的，若是單一個體之物，獨立之存在，此物是處於「寂」的狀態，依陽明，單一物並非不存在，當單一物與人沒有交集，便是「寂」，此單一物不是陽明最關注的問題，陽明關注的是物之理，物之所以重要，是因為事事物物有其理，而此理之至善，不在物上，不是程朱之今日格一物，明日格一物。程朱所講的物，有物之理，故，人要格物得其理。人透過格物而得其理，此物與天理之間有其斷層，「是離而二之也」。依陽明之說，理不在物上，理在心上，是心有所發動，心有所發動的情況，良知本體的呈現，良知與物之理，是同一個理，只是天理。承上，程朱之理，是從物上來說，而陽明之理，是從心之發動處來說。

　　為了能清楚解釋「心外無物」和朱子「格物致知」的差別，將時間推至陽明在龍場悟道那一段記載，陽明在龍場悟道說「忽中夜大悟格物致知之旨」[45]，文獻記載僅寥寥幾個字，陽明「大悟格物致知」，而朱子「格物致知」在《格物補傳》及朱子文獻中，是當時士人皆須熟讀之書，若我們問，格物致知為什麼讓陽明「大悟」呢？陽明初期所理解的格物致知與之後所悟的格物致知，必然是很不相同的。陽明初期理解的格物致知，以格竹而言，是從「物」上去得其理。悟道之後，是從「事」上去得其理，前文所述，這個理解，物作「事」也，

---

44 〈與王純甫二 癸酉〉，《王陽明全集》〈文錄一・書一 始正德己巳至庚辰〉卷4，頁134-135。

45 陽明「龍場悟道」，參見《王陽明全集》〈年譜一〉卷33，頁1006-1007。

和古本《大學》、朱子相同。簡言之，陽明言心外無物，是他脫胎朱子之格物致知之後，在知行合一與致良知之間的學術宗旨。陽明大悟格物致知之後，並不是馬上提出致良知之說。從陽明提出學術宗旨的時間來說，從知行合一開始，是將物作為「事」的一個階段，而後提出心外無物，物之天理是從心而來，最後致良知奠定陽明的思想。換言之，從文獻所記載的時間來說，陽明在三十七歲悟道之後，三十八歲應席元山前往貴陽的貴陽書院講學，講的不是格物致知，而是「始論知行合一」，知行合一，可以說是心外無物的前身，而心外無物，可以說是「致良知」的前身，陽明最重要的思想是「致良知」，在提出致良知之前，所提出的「知行合一」、「心外無物」、「四句教」等論學宗旨，其精神並無不同，從陽明晚年五十五歲時，給鄒守益的書信〈寄鄒謙之三　丙戌〉中，他說道：「某近來卻見得良知兩字日益真切簡易。朝夕與朋輩講習，只是發揮此兩字不出」。只是因為陽明提出「致良知」，使當時及後來學者認為陽明為禪，這恐怕誤解陽明，因為王陽明相當重視實踐。

　　從悟道之後來說，陽明三十八歲第一個學說宗旨是「知行合一」，其中，「行」的觀念，最為關鍵，陽明曰：

> 我今說個知行合一，正要人曉得一念發動處，便即是行了。發動處有不善，就將這不善的念克倒了。須要徹根徹底，不使那一念不善潛伏在胸中。此是我立言宗旨。[46]

關於實踐，陽明有一個重要的觀念，他說「一念發動處，便即是行了」，這標誌著，陽明所說的實踐，是包括著內心是否真誠，此為

---

46 《王陽明全集》〈語錄三・傳習錄下〉卷3，頁84-85。

《中庸》的「不誠無物」，只要內心有真正的發動，便能保證後續的實踐。若是「知而不行」，在陽明來講，這便不是「真知」。實踐的關鍵在於「一念發動處」，又若是戲子，演出孝親的樣子，雖然有此行為表現，但亦不能是真正的孝親。陽明對於物的意義，雖然無固定的定義，但還是有輕重緩急之別。必然是以五倫為主，人以外的事物為次；在五倫中，又以父子關係為主，其他關係為次；在父子關係中，必然是「親吾之父」為主，然後方是「以及人之父」。陽明對於實踐的這些觀念，在龍場悟道之後的為學宗旨是一樣的，學者或以為「知行合一」是王陽明的定論，或以為「天泉證道」的四句教是定論，其主要的關鍵都在於心的「一念發動處」，只要心有「一念發動處」，那麼，在陽明來說，便是「一物」。因此，陽明所謂的「物」和「心」的觀念是相融通的。從「物」來說，物會隨著各種狀況而改變，「在物為理，處物為義，在性為善，因所指而異其名，實皆吾之心也」，另一方面，從「心」來說，關鍵在於心的「一念發動處」。陽明解釋心物兩個觀念互相融通，因此提出「心外無物」。了解陽明對心外無物的解釋之後，再從幾段文獻了解心外無物的特色。

一　岩中花樹與我心

　　王陽明論「心外無物」，從物的來說，物是一種心的作用。心外無物則強調，這種心的作用具有能動性。雖然，人人有此能動性，但不是每個人都有意識到，陽明提到，人心的虛靈明覺，必須有自覺的發動，自覺便是當下能夠體悟到，思想上能夠上溯於道，是一種反省、反思，「不慊於心」的那點靈明，故曰：「致其良知，以求自慊」，心的動能即為良知的作用，也是陽明講的意之所在，誠其意的工夫，提到「意」時，陽明曰：「虛靈明覺之良知，應感而動者謂之

意」[47]、「意之所在便是物」[48]，因此陽明曰「無心外之理」[49]、「無心外之物」[50]，此便是心外無物。

從遊會稽山一事來看心外無物，陽明曰：

> 先生遊南鎮[51]，一友指岩中花樹問曰：「天下無心外之物，如此花樹，在深山中自開自落，於我心亦何相關？」先生曰：「你未看此花時，此花與汝心同歸於寂。你來看此花時，則此花顏色一時明白起來。便知此花不在你的心外。」[52]

陽明云「無心外之理」、「無心外之物」，友人認為，如果天下的事物都和心有關係，那麼，深山中的花樹不一定和人有接觸，當深山中的花樹和人沒有接觸的時候，山中的花樹和我們的心也就沒有關係了。因此，友人以為，山中之花的自開自落，既是「自開自落」，這就是

---

47 陽明曰：「虛靈明覺之良知，應感而動者謂之意；有知而後有意，無知則無意矣。……凡意之所用無有無物者，有是意即有是物，無是意即無是物矣。」參見〈答顧東橋書〉，《王陽明全集》〈語錄二・傳習錄中〉卷2，頁36-50。

48 陽明曰：「意之所在便是物。如意在於事親，即事親便是一物；意在於事君，即事君便是一物；意在於仁民愛物，即仁民愛物便是一物；意在於視聽言動，即視聽言動便是一物。所以某說無心外之理，無心外之物。」參見《王陽明全集》〈語錄一・傳習錄上〉卷1，頁4-5。

49 陽明言「無心外之理」，出自《王陽明全集》〈語錄一・傳習錄上〉卷1，頁4-5。

50 陽明言「無心外之物」，出自《王陽明全集》〈語錄一・傳習錄上〉卷1，頁4-5。

51 南鎮，浙江紹興縣會稽山，依學者研究，陽明曾在此築室陽明洞。參見倪鎮封：〈陽明洞考〉，《浙江學刊》（1982年5月）第2期，頁120。陳來：〈王陽明與陽明洞——王陽明越城活動考〉，《孔子研究》（1988年7月）第2期，頁87-93。張克偉：〈陽明洞有四處〉，《陝西師大學報》（1990年12月）第4期，頁80。

52 陽明言心外無物，友人疑之。一日遊南鎮，友人指「岩中花樹」曰：「如此花樹，在深山中自開自落，於我心亦何相關？」陽明曰：「你未看此花時，此花與汝心同歸於寂。你來看此花時，則此花顏色一時明白起來。便知此花不在你的心外。」參見《王陽明全集》〈語錄三・傳習錄下〉卷3，頁94。

理在心之外、物在心之外，不在心之內。陽明解釋，人處在「未看此花時」，此心的狀態是「寂」，心處在寂的狀態，意味著花仍然是存在的。沒有看到花時，心是寂的狀態，花也是寂的狀態。「心外無物」是意義上的問題，不是存在性的問題，深山中的花樹無論如何都是存在的。所謂寂，指的是天下萬事萬物的存在狀態，天理天道原來就是處在這樣的狀態[53]，一種未發之中的狀態，一種廓然大公的境界[54]。當人「來看此花時」，人心是處在一種「意」的狀態，花在人心之中「一時明白起來」，心境由「寂然不動」轉變成「感而遂通」，所謂「感」就是人心之虛明靈覺，人心之感應之幾。陽明所說心之本體的存在狀態，原是寂然不動、未發之中，但寂然不動同時保有「感而遂通」的必然可能。「寂然不動」、「感而遂通」的關係並是截然分開的，而是流動的、感通的[55]。這流動、感通的主因，是在人的身上，在良知的作用上。當良知作用在生活世界中，心物關係是流動的、感通的，心物合一。更強調的說，除非良知作用於生活世界，否則生活世界是沒有意義的。或者說，沒有良知作用於生活世界，生活世界則沒有意義。陽明一向不喜歡以內外、有無、已發未發等二分法來說明心的狀態，在這裡，陽明強調，良知作用於生活世界之內，不在生活世界之外。

---

53 陽明言本體即是天理，曰：「心之本體即是天理，天理只是一個，更有何可思慮得？天理原自寂然不動，原自感而遂通，學者用功雖千思萬慮，只是要復他本來體用而已。」參見〈答周道通書〉，《王陽明全集》〈語錄二‧傳習錄中〉卷2，頁50-53。

54 陽明言本體，曰：「此便是『寂然不動』，便是『未發之中』，便是『廓然大公』。自然『感而遂通』，自然『發而中節』，自然『物來順應』。」參見《王陽明全集》〈語錄一‧傳習錄上〉卷1，頁20。

55 陽明言本體，寂然與感通，不分先後，沒有循序漸進的問題，曰：「人之本體常常是寂然不動的，常常是感而遂通的。未應不是先，已應不是後。」參見《王陽明全集》〈語錄三‧傳習錄下〉卷3，頁107。

二 鬼神萬物與靈明

王陽明言心的作用具有能動性，多是針對身與心的關係。陽明言身之視聽言動皆為心所主宰，心具有身之主宰義，是因良知能夠知是知非，為善去惡，陽明對於良知，保證對身之主宰義，對為善去惡之對治義。換言之，陽明雖言人是天地之心，主要是彰顯人在天地之間，為善去惡，克己復禮，為仁由己的主體性。並非主張人對天地有其主宰義。

那麼，天地萬物之客觀存在，是否會因為人之生命的消逝而消失呢？陽明曰：

> 問：「人心與物同體，如吾身原是血氣流通的，所以謂之同體。若於人便異體了。禽獸草木益遠矣，而何謂之同體？」
>
> 先生曰：「你只在感應之幾上看，豈但禽獸草木，雖天地也與我同體的，鬼神也與我同體的。」請問。
>
> 先生曰：「你看這個天地中間，什麼是天地的心？」
>
> 對曰：「嘗聞人是天地的心。」
>
> （陽明）曰：「人又什麼教做心？」
>
> 對曰：「只是一個靈明。」
>
> （陽明曰）「可知充天塞地中間，只有這個靈明，人只為形體自間隔了。我的靈明，便是天地鬼神的主宰。天沒有我的靈明，誰去仰他高？地沒有我的靈明，誰去俯他深？鬼神沒有我的靈明，誰去辨他吉凶災祥？天地鬼神萬物離去我的靈明，便沒有天地鬼神萬物了。我的靈明離卻天地鬼神萬物，亦沒有我的靈明。如此，便是一氣流通的，如何與他間隔得！」

> 又問:「天地鬼神萬物,千古見在,何沒了我的靈明,便俱無了?」
>
> (陽明)曰:「今看死的人,他這些精靈游散了,他的天地萬物尚在何處?」[56]

王陽明認為,天地萬物、宇宙自然亦是生命之體。換言之,王陽明將「天地」亦視為「生命之體」。人與天地,於氣之感通而言稱為一體。人與天地,有所分別是因為「形體間隔」。極易引起誤解的兩句是「天地鬼神萬物離卻我的靈明,便沒有天地鬼神萬物了」、「我的靈明離卻天地鬼神萬物,亦沒有我的靈明」。從天地鬼神萬物來說,王陽明對於鬼神的問題,並不是十分在意,由此段記載,陽明言及鬼神,推估陽明意指天地間的萬事萬物,是包括鬼神等一切不可知的條件。由此,「天地鬼神萬物離卻我的靈明,便沒有天地鬼神萬物了」,意即天地萬物離開人的靈明,例如人死亡的狀態,對那人而言,天地萬物不具有任何意義。又,「我的靈明離卻天地鬼神萬物,亦沒有我的靈明」,意即人的靈明離開天地萬物,例如人死亡的狀態,對天地萬物而言,人的靈明便失去作用。

換言之,天地人在一氣之流轉下是為一體,只要人處在死亡的狀態,亦即人失去靈明知覺,對人而言,天地萬物的意義已經失去;對天地萬物而言,人的靈明亦失去作用。其中的關鍵在於,人之靈明是在一個存有的實體作用下,天地萬物方才起作用。故陽明曰:「今看死的人,他這些精靈游散了,他的天地萬物尚在何處?」

王陽明言「物」,有幾個特色。一是,陽明言「物」,承續儒家的思想。徐愛請教陽明,陽明所說的「物」是否「皆從心上說」,對

---

56 陽明言「人心與物同體」,曰:「天地也與我同體的,鬼神也與我同體的」。出自《王陽明全集》〈語錄三・傳習錄下〉卷3,頁109。

此，陽明給予肯定。值得注意的是，陽明言「物」，此中便包含了身、心、意、知；陽明言「心」，此中便包含了身、意、知、物。儒家一講「天」，往往是包含著「人」在其中；一講「人」往往包含著「天」。二是，陽明言「格物致知」的「物」，是依照經典的意義。在古本《大學》及朱子《大學章句》中，對於格物的「物」，皆解釋為「物即事也」。陽明對「物」的解釋，亦作「事」解釋。因此，陽明言「物」，並非一客觀之物，而是天地人一貫的思想。此「物」必然是在「天命」的前提之下而說，換言之，此「物」必然是道德實踐之事。實踐天命便是致其良知，天命便是一物，便是一理，故言「無心外之物」、「無心外之理」。因此，陽明致其良知之首要，便是在五倫關係之中，「事親」是人之天命最重要的事，因此，陽明首推「事親」，而後「事君」、「仁民愛物」等，凡人之視聽言動，皆可為一物，因為人之視聽言動，皆須在「知天命」的前提之下而行。誠如上述所言，王陽明所指的「物」，是天下的萬事萬物，也是人所生活的生活世界。「物即事也」，陽明所講的物，指的是事情。陽明認為，天下有萬事萬物的事情，這些萬事萬物的事都可以歸納到一件事上去說。陽明所關注的事，也是儒家普遍重視的價值，即是修齊治平，是個人與家庭倫常的事情，也是個人與國家社會的事情。陽明認為，人的一生，最重要的是落實與實踐在這一件事上，我們可以說，陽明將天命實踐在生活世界中，強調「心外無物」，王陽明所講的「心外無物」，必然是良知作用於生活世界之中，方可稱為致良知。王陽明強調「心外無物」，可用四種方式說明如下：

（一）除非良知作用於生活世界，否則生活世界是沒有意義的。

（二）沒有良知作用於生活世界，生活世界則沒有意義。

（三）良知作用於生活世界之內，不在生活世界之外。

（四）只有良知作用於生活世界，生活世界才有意義。

王陽明講「心外無物」，是王陽明很有特色的論點，這個觀念不容易把握，因為陽明對於物的意義，他認為，物是一種心的作用，物沒有具體之形，物沒有固定的名稱，心外無物亦沒有固定的名稱，牟先生稱之為「行為物」，強調陽明心物交融的層面。又，陽明講心外無物的物，是從格物致知的物引申而來，而形成自己的特色。從「岩中花樹與我心」、「鬼神萬物與靈明」，可以說明王陽明心外無物的特色，以及證成陽明心外無物的三個特點。王陽明強調的「心外無物」，即是心物一體，此可以說明陽明非禪，王陽明通過心物一體，以良知為本，實踐仁道，落實在親情倫理，進而推至天地萬物，強調天地萬物一體，一體之仁，體現心物一體。

本節所述，王陽明論「心外無物」的思想。「心外無物」是王陽明思想相當有特色的論點，從「岩中花樹與我心」、「鬼神萬物與靈明」，可以說明王陽明「心外無物」的思想，強調良知作用時彰顯的意義，即是吾人生命存在的意義。因為良知作用必須是在人之生命存續的狀態下，反過來說，人之生命的存續的意義，是在良知的作用下而呈顯。換言之，若是人之生命不復存在，天地之間的花樹，便對吾人之心，吾人之良知失去其意義。

綜觀本章，吾人從三個方面說明王陽明心物關係的特色：一是，物是心的作用；二是，物無具體之形，三是，物無固定之稱，「心外無物」亦不是固定的名稱。又，從「岩中花樹與我心」、「鬼神萬物與靈明」說明王陽明「心外無物」的思想。一是，從「岩中花樹與我心」而言之，只有良知作用於生活世界，生活世界才有意義。如前文所提，「心外無物」是意義上的問題，不是存在性的問題，深山中的花樹無論如何都是存在的。又如前文所說，儒家關心的天地萬物山川草木，是包含人存在其中，活動於其中，重視有人倫關係的存在與活動，並且這活動是自發性、自主性的從事道德實踐。這裡強調的是，

人之存在有其意義，天地萬物之存在有其意義，是因為人之良知的作用。二是，從「鬼神萬物與靈明」而言之，只要人處在死亡的狀態，亦即人失去靈明知覺，對人而言，天地萬物的意義已經失去；對天地萬物而言，人的靈明亦失去作用。王陽明曰：「今看死的人，他這些精靈游散了，他的天地萬物尚在何處？」其中的關鍵在於，人之靈明是在一個存有的實體作用下，天地萬物方才有其意義。因此，王陽明「心外無物」的思想，旨在強調吾人之良知落實於天地萬物的生活世界中。

第五章
結論與反思：
如何面對人與「親情聯結」以及人與「自然聯結」的危機

　　本書王陽明「心外無物」的思想探賾，重要的研究結論是：由王陽明心學的三個面向，到王陽明對於物的兩個面向，釐清王陽明心物關係的特色，進而探究王陽明「心外無物」的思想。王陽明早期思想以「格物致知」為起點，中期思想提出「心外無物」，到晚期思想提出最重要的學術宗旨「致良知」。從收攝關係而言之，良知是人的本心；從推擴關係而言之，人是天地之心，人是三才之道的主體，王陽明彰顯了人是天地萬物行仁的主體。從王陽明的心物關係而言，良知行為之落實，不僅僅只在個人的心中作工夫，而是以親親為本的「親情聯結」，推擴至天地萬物一體為末的「自然聯結」，本末為一體之仁。

　　進一步說，王陽明「心外無物」的思想，有兩個特色。一是，王陽明言「物」與「心」是交融一體的。徐愛請教王陽明，王陽明所說的「物」是否「皆從心上說」，對此，王陽明給予肯定。值得注意的是，王陽明言「物」，此中便包含了身、心、意、知；王陽明言「心」，此中便包含了身、意、知、物。

　　二是，王陽明言「格物致知」的「物」，有承續經典的意義，也有創造性的意義。在古本《大學》及朱子《大學章句》，對於格物的「物」，皆解釋為「物即事也」。王陽明對「格物致知」物的解釋，亦作「事」解釋。但是，王陽明言「物」，與朱子最大的分別在於，王陽明解釋「心外無物」的物，並非一客觀之物，此「物」必然是在「天命」的前提之下而說，換言之，此「物」必然是道德實踐之事。

實踐天命便是致其良知，天命便是一物，便是一理，故言「無心外之物」、「無心外之理」。因此，王陽明致其良知之首要，便是在五倫關係之中，「事親」是人之天命最重要的事，因此，王陽明首推「事親」，而後「事君」、「仁民愛物」等，凡人之視聽言動，皆可為一物，因為人之視聽言動，皆須在「知天命」的前提之下而行。誠如上述所言，王陽明「心外無物」所指的「物」，不僅僅是天下的萬事萬物，而且是萬事與人之良知的作用下，人所生活的生活世界。若依格物致知的「物」有其理論上的疑慮，從「物即事也」而言，天下有萬事萬物，皆須一一格之，今日格一物，明日格一物，須待「一旦豁然貫通焉」，但其中如何「一旦豁然貫通焉」，朱子有一套周密的工夫次第，然而工夫次第有其人心、道心割裂的疑慮，有其格致誠正修齊治平，心物割裂的疑慮。

誠然，王陽明提出「心外無物」的物，不離「物即事也」，指的是事情。但，王陽明認為，天下有萬事萬物的事情，這些萬事萬物的事與吾人之良知作用下，心與物交融下產生的意義。換言之，王陽明所關注的事，也是儒家普遍重視的價值，即是格致誠正修齊治平，是個人與家庭倫常的事情，個人與國家社會的事情，是人與天地之間作用的事情，王陽明「心外無物」心物的關係，與親情聯結、自然聯結密不可分。王陽明認為，人的一生，最重要的是落實與實踐，是在事上磨練，我們可以說，王陽明將良知之作用實踐在生活世界中，因此他強調「心外無物」，王陽明所講的「心外無物」，必然是良知作用於生活世界之中，方可稱為「致良知」。

吾人認為，王陽明「心外無物」的思想，可用四種方式說明如下：一是，除非良知作用於生活世界，否則生活世界是沒有意義的；二是，沒有良知作用於生活世界，生活世界則沒有意義；三是，良知作用於生活世界之內，不在生活世界之外；四是，只有良知作用於生

活世界，生活世界才有意義。因此，王陽明「心外無物」的思想，旨在強調吾人之良知落實於天地萬物的生活世界中。

前言　從王陽明的三個問題展開

作陽明學研究，最重要的是通過自身的學習與思考，實踐在當下的生活世界之中，至少筆者是這樣認為。更進一步地，如果所有的學術研究和學問，都能實踐與應用在當下的生活世界之中，那是更好的。原因無他，因為身而為人的所有學習與思考，都是為了能夠有益於他人，如果我們個人存在的短暫生命中，能夠使當下的這個社會更進步，便不負身而為人的天命。王陽明離世（1529年1月9日）距離現今，將近五百年的時間，究竟陽明學還能夠為我們當今社會帶來什麼省思呢？筆者接觸陽明學至今，未曾有一日能夠拋棄陽明學，為什麼呢？因為陽明學不僅僅是在學術殿堂中，也須實踐在生活之中的每一日每一刻。

而王陽明何以可以成為典範？我們檢視王陽明一生問過幾個重要問題，第一個重要問題是在十二歲時，他問塾師曰：「何為第一等事？」第二個重要問題是三十七歲時，他在龍場驛，因念：「聖人處此，更有何道？」第三個重要問題是四十八歲時，明武宗正德皇帝以威武大將軍的軍牌欲追取朱宸濠，陽明不肯出迎，旁人苦勸，陽明曰：「人子於父母亂命，若可告語，當涕泣以從，忍從諛乎？」

從第一個問題而言，陽明曰：「何為第一等事？」這個問題標誌著：人必須自我省思，不盲從於世俗的價值，世俗的價值往往是追求個人的利益，「惟讀書登第耳」這類短暫的幸福。而王陽明所思考的，是「讀書學聖賢」，用現在的話來說，可以說是在社會上做一位知識分子，對社會有貢獻的知識分子。由這個問題顯示，如果此書是

學術研究階段性的完成，這應是對社會有貢獻的研究報告，至於此書是否有達到此標準，便須待前輩、先進的評價。

從第二個問題而言，陽明曰：「聖人處此，更有何道？」這個問題標誌著：對社會有貢獻的知識分子，必須盡其所學，對當下的困境發現問題，以尋求解決之道。陽明當時面對的情況是，在天時、地利、人和皆產生危機的情況下，生存飽受威脅，生命朝不保夕，這是困境。陽明的心境達到「得失榮辱皆能超脫」，但是請注意，陽明尚未能放下的，「惟生死一念尚覺未化」，以合理的推測，陽明未能放下生死並非是個人的生命而已，大多原因是對家人的思念，因為親情，還放不下生死。這合理的推測可以來自於陽明三十二歲，往來南屏寺、虎跑寺時，對著坐關三年的禪僧問：「起念否？」這一段對話。吾人由陽明問的這一個問題來說，《年譜》記「『聖人處此，更有何道？』忽中夜大悟格物致知之旨」，恐怕有兩個相當重要的原因在其中，一是陽明對親情之思念，強化了「親情聯結」，二是陽明所處的環境非常險惡，天時、地利、人和皆產生危機，例如：「時瑾憾未已」，劉瑾尚未放棄追殺陽明，「蛇虺魍魎，蠱毒瘴癘」，生活環境不適合居住，「與居夷人鴂舌難語，可通語者，皆中土亡命」，初期與當地人無法溝通，少數來自中原地區能溝通的多是亡命之徒，因自然環境險惡，但或許是在如此的環境之中，方才能「龍場悟道」。這個關鍵性的因素，便是王陽明的「自然聯結」。

吾人認為，「龍場悟道」的兩個關鍵因素是「親情聯結」與「自然聯結」。理由如下：從「自然聯結」來說，人活在天地之間，人和天地有其緊密不可分的聯結，這是《易傳》所說的天之道、地之道、人之道，「兼三才而兩之」，也是王陽明所說的「人者，天地之心」，又說「則三才之道舉矣」，人為什麼可以是天地的心？這是從天地人三才方面來說的，因為人之本性是「道心」而不是「人心」，這是來

自《尚書》的「十六字心傳」，依陽明，「道心」便是良知，不是人心那一團血肉。而道心，也可以說是人能夠道德實踐的依據，便是「天命」，此亦為《中庸》之「天命之謂性」，孔子之「五十而知天命」，孟子之「盡心知性知天」，王陽明之「天命之性具於吾心」。

由上，王陽明的思想，繼承儒家經典方面，是「天地萬物為一體」、「一體之仁」；而從朱子的「格物致知」方面，他也得到了養分，但是陽明在「八條目」上，並無次第之說，這一點和朱子有很大的不同，陽明主張的是「身、心、意、知、物是一件」、「心外無物」。王陽明由「格物致知」而發展自己的心物關係，主張「心外無物」。

前言提及，對社會有貢獻的知識分子，必須盡其所學，對當下的困境發現問題，以尋求解決之道。同樣的，牟宗三先生主張「良知之自我坎陷」，欲解決民國以來的科玄論戰，因此認為，致良知之教應發展出民主、科學，而主張良知必須「坎陷」。良知坎陷，是牟先生發現中國哲學的困境所尋求的解決之道，良知坎陷或有學理上的問題，依陽明，「聖人之道，吾性自足」，良知是否需要坎陷呢？答案是很明顯的。而牟先生對時代的困境發現問題，致力於尋求解決之道，留下許多重要的文獻，牟先生在宋明理學、朱子學、陽明學、康德學等學術領域中，走出一條解決時代困境之學理與方法，這一點在學術上的貢獻自然不容置喙。只是，物換星移，我們當今所面對的問題，恐怕不再是民主、科學的問題。因此，筆者自問：「讀聖賢書，所學何事」、「聖人處此，更有何道？」最重要的，仍是王陽明帶來的省思，盡其所學，對當下的困境發現問題，以尋求解決之道。

從第三個問題而言，陽明曰：「人子於父母亂命，若可告語，當涕泣以從，忍從詼乎？」這個問題意思是，「如果身為人子，父母給了不恰當的要求，若是情況允許，最好能夠當面說明這是不恰當的要

求，若是情況不允許，難道能夠做到涕泣服從，忍心阿諛服從嗎？」很明顯的，王陽明指的是明武宗正德皇帝以權力欲使陽明先縱放朱宸濠一事，最終，陽明並未服從這最高的政治權力，他抵上的不僅是自己的烏紗帽，也是自己的生命，更甚者有可能連累家人、學生。而陽明的這一問，在陽明學術中並未被特別強調，但吾人認為這個問題是重要的，因為這個問題標誌著：所有的道德實踐都有困境，同樣的，所有的研究都有困境。以上，是筆者從王陽明的三個問題，對於道德實踐所展開的反思。以下說明，依王陽明，「天命之性具於吾心」，天命之性即是道，即是良知，然而，致良知在時代下落空的現象，值得探討。

第一節　致良知在時代下的落空

為什麼王陽明是以致良知作為道德實踐的工夫呢？我們皆知，生活世界並不完美，孔子曾「困於陳蔡」，孟子亦曾周遊列國，儒家的道德實踐不是萬靈丹，也並非是唱高調，面對道德實踐的困境，儒家講的是天命，天命並非是聽天由命，天命的命不是宿命觀，而是人在有限的時間裡，不畏命限，仍然從事道德實踐，以天命為前提的道德實踐，不以私意計算得失，故孔子「知其不可而為之」，孟子「雖千萬人，吾往矣」，而陽明冒死救戴銑等人，險喪命於劉瑾陷害，這亦是不得不去做的，陽明亦曾有歸隱山林的想法，在天命的前提下，他落實道德實踐，不畏生死。或許，人可以不如此做，不去面對明知山有虎，偏向虎山行的危險行徑，人也可以選擇輕鬆享受的生活，然後把道德放在一邊，對此，孔子提供了我們答案，孔子對宰我曰：「衣夫錦也，食夫稻也，於汝安乎」？孔子講的「安」，是心的真誠感受，是來自於內在而不是外在。孟子亦曰：「所以謂人皆有不忍人之

心者：今人乍見孺子將入於井，皆有怵惕惻隱之心；非所以內交於孺
子之父母也，非所以要譽於鄉黨朋友也，非惡其聲而然也。」孟子的
「不忍人」，亦是心的真誠感受，亦是來自於內在心的呼喚，而不是
外在的約束。孔子講的「安」，孟子的「不忍人」，都是來自天命的道
德實踐，若我們再問，如果我們依照內心的呼喚去救孺子，而喪失生
命了呢？《易傳》曰：「樂天知命，故不憂」，因為依照內心的呼喚去
做，人在有限的生命中做了有意義的事情而感到樂，故，內心有「不
忍人」的感受，便是以天命從事道德實踐的內在呼喚，內心會感到
「安」與「樂」。孔子講的心安，是儒家安身立命之道，《易傳》講的
樂，是陽明所說的「樂是心之本體」，良知上的樂，不是情緒上的快
樂，是良知召喚天命，落實在道德上的一種完成，此種道德上的完
成，不涉及現實上的成敗與得失，故不憂。

　　從致良知來說，我們明白，陽明對戴銑、薄彥徽等人要「以諫忤
旨」，導致「逮繫詔獄」，難道陽明不知道自己會有生命危險嗎？他應
該知道如此做之後，死亡的可能性極大，但他還是依照內心的欲求，
良知的召喚，做出救人的選擇，即使可能會犧牲生命也如此。在王陽
明，只要是從良知心體做出的選擇，便不涉及善惡的問題，故陽明
言：「無善無惡心之體」。因現實的生活中有無窮無盡的各種情況，需
要隨著各種情況有所調整。進一步問，陽明欲救戴銑、薄彥徽等人，
但當時其他人為什麼不如此做呢？換作現代，致良知似乎在這個時代
下逐漸落空，本研究可以給我們什麼建議呢？

　　我們固然可以試著將良知道德置於一旁，從事我們認為保守的、
穩定的、看似沒有危險的選擇，但由此，我們便永遠不會知道，如果
我們聽從良知的呼喚去從事未知的選擇，那結果將會是什麼，心可能
不安，心不安便無法體會「樂」，故《易傳・繫辭》曰：「樂天知命，
故不憂」，陽明曰：「樂是心之本體」。換言之，當人類沒有走向天

命,沒有聽從良知的呼喚,不會真正的快樂。若欲擁有真正的快樂,人類應如何邁向天命、聽從良知的呼喚呢?筆者認為,人類若欲聽從良知的呼喚,依可王陽明「心外無物」的思想,便是仿效陽明「大悟格物致知」的歷程,前文所述,王陽明悟道的兩個至關重要的兩個具體的做法,那便是加強人與「自然聯結」、人與「親情聯結」。

從陽明的人與自然的聯結來說,這亦是王陽明所說的「一體之仁」,將天地人的一切視為人生活世界的元素,將天地人的一切福祉都與人作緊密聯結,人與天地自然的聯結,人便關心天地自然的發展與人類的發展,推己及人,人對天地自然的關心,天地自然便融入我們的生活世界,而良知,來自天命,來自道心,當人能夠發自內在的良知,真誠地去實踐,落實在各行各業之中,便能在各行各業中,即時的,當下的實踐,「一體」並非同一個個體,而是視天地人為一個生命共同體。我們須知,不可因為人類的方便與所謂短暫的幸福,做出傷害自然萬物的行為,因為破壞自然環境,萬物循環往復,人類終究難以收拾破壞之後的結果。

從陽明的人與親情的聯結來說,依陽明的思想,在他生命中的三個事件中,「禪僧坐關事件」、「遇鐵柱宮道士事件」、「龍場悟道事件」,王陽明「心外無物」的思想,與親情的聯結,自然也是在天地人三才下而說的,並未脫離三才的範疇,林安梧教授在對此有深刻的反省,林教授曰:

> 一個是「天」、一個是「地」、一個是「人」,這「天」、「地」、「人」,在漢文化的古傳統中就將它說成「三才」,在《三字經》上說「三才者,天地人」即指此。「天氣好啊!」這指的是一自然環境如何的問題,「吃飽了沒有?」這指的是生命的自我保存問題。這可以說漢文化下的族群彼此都極為關心注意

生存與生命，外在與內在的種種問題。[1]

林教授又提到：

> 漢文化義下的「人」是擺在「家」裡頭的，這是就一個「血緣
> 性的自然連結」而成的一個整體，就此整體而說的「人」。或
> 者，我們可以清楚的指出，在漢文化下，一說到「個人」就是
> 在「家庭」乃至「家族」中的個人，而不是可以隔離開來而說
> 的單獨的個人。[2]

誠如上述，漢文化意義下的「人」或「個人」，本身自然包含著「家
庭」乃至「家族」，似乎可以不再特別強調「人與親情的聯結」。然
而，在面對當今社會的種種問題時，不得不使得把這件看似理所當然
的聯結提出，因現今社會的多元價值，許多家庭的結構逐漸改變，未
婚生子、不婚、離婚、單親、隔代教養、新住民、多元成家、同性婚
姻合法化等問題陸續出現，這些問題，伴隨著人與家庭的聯結逐漸改
變，人與親情的聯結也變得不再緊密，因而衍生出許多社會問題。

　　筆者認為，現代社會的家庭問題必須重新討論，不容忽視，必須
隨著時代的變遷，隨著親情倫理結構的改變，社會上應有相應的措
施，而這些措施，是在重視與加強「人與親情的聯結」下所說的，因
為親情是人倫的一環，是社會安定的基礎，「人」若不是在一個
「家」的前提下，便與社會疏離，在天地之間，無所安頓，因此，解

---

1 林安梧：〈「道德與思想之意圖」的背景理解——以「血緣性縱貫軸」為核心的展
　開〉，《「道的錯置——中國政治思想的根本困結》（臺北市：臺灣學生書局，2003
　年），頁163。

2 林安梧：〈「道德與思想之意圖」的背景理解——以「血緣性縱貫軸」為核心的展
　開〉，《「道的錯置——中國政治思想的根本困結》，頁164。

決當今面對的社會問題，道德實踐落實在生活世界，「人與親情的聯結」是不可忽視的一環。

第二節　心外無物的思想，如何面對「自然」與「親情」的危機？

王陽明為什麼講「心外無物」呢？因為，那是陽明看待世界的一個方式，與其說是看待世界，更具體的說，是看待生命的方式，看待人的方式。要注意的是，「心外無物」是一種觀點，一種看待生命、看待人、看待生活世界的方式與態度，「心外無物」彰顯王陽明的「一體觀」，此「一體觀」，從來就不是硬生生的，拿來應付科舉的知識。因此，在儒家的思想中，三才所彰顯的，便有道德包含在其中，因為儒家講的天地，是包括人的，只要包括人，便有道德包含在其中，這便是〈乾卦‧象辭〉的「天行健，君子以自強不息」，〈坤卦‧象辭〉的「地勢坤，君子以厚德載物」。換言之，儒家所談的，不離人，自然也不離道德，這便是孔子說的仁，孟子說的良知。儒家的道德哲學，仁和良知固然是重要的，但不是架空的，只是光談一個仁和良知。儒家的思想，從來都是天地人一起談的，從三才傳統到心外無物，皆是一體觀。林安梧教授對此有深刻的分析，他從宗教的角度切入，認為中國宗教有「絕地天之通」的連續傳統，西方基督宗教則是「巴別塔」的斷裂傳統。[3]林教授所言甚是，中國是天人一體的連續傳統，這不僅是在宗教範疇，也可以在更多範疇中被廣泛的討論。

因此，吾人認為，以王陽明「心外無物」的思想，面對當今的問

3　林安梧：〈「絕地天之通」與「巴別塔」──中西宗教的一個對比切入點的展開〉，《儒學與中國傳統社會之哲學省察》（臺北市：幼獅文化事業公司，1996年），頁247-263。

題，「聖人處此，更有何道」？依王陽明，有兩個關鍵因素極為關鍵，便是人與「自然聯結」以及人與「親情聯結」的危機值得思考與檢討。人與「自然聯結」的危機，便是氣候變遷、全球暖化、空汙、病毒肆虐等人類與自然環境交織而成的問題，這不僅是科學家、醫師的責任，凡與人相關的議題，在哲學上都有值得討論的倫理問題；人與「親情聯結」的危機，便是多元成家、婚姻平權法案、民法九七二條修法的問題，這挑戰了儒家「五倫」關係中「夫婦有別」、「三綱」中「夫為妻綱」，其中「夫妻」的觀念，是值得延伸思考的部分。

一　人與「自然聯結」的危機

　　從環境保護的角度而言，陽明心外無物的思想，使我們去思考，人類與地球環境的關係。環保不只是政府單位的責任，環保是人類的責任，是我們每一個人，現在的、當下的責任。為什麼呢？這個社會，有各行各業，各行各業各司其職，人們常常認為，自己的工作和「環保」的範疇不同，「那不是我的事」。事實上正好相反，不論是各行各業，所謂「各司其職」，其中必然包含著對自身環境，以及周遭環境的關心與保護。例如說，今日舉辦一場研討論，會議中討論人應該行仁云云。但是，會場往往把冷氣開得極冷，會場外的便當、茶點使用完畢，茶水、廚餘和飯盒混在同一個桶子裡，但，能有「不忍人之心」者幾希。因此，陽明學良知與世界萬物一體的精神，環保的議題，必然要在每一個行業，每一個工作，每一個當下去發酵，去實踐。我們無法忍受，當我們大談儒學的仁義時，我們對環境的肆意破壞，卻無動於衷。

　　那麼，如何使環保的議題，在每一個行業，在每一個工作，實踐在每一個當下呢？

（一）教育上的推動

　　從國小到大學，都需要養成對環境保護的責任感。我們的體制教育，重視分數，重視升學，重視名校。但是，環境保護是每一刻都影響著我們的生活。每一個師生，從一早踏進校園，師生共同感受到的校園環境，到中午用餐，我們食用的飲食，無不從這片土地而來。人類與環境必須和諧相處的觀念須一點一滴的帶入教育，從自然環境到人際之間，皆能和平相處是相當重要的一環。換言之，教育不能和天地人的環境脫離。在大學普及率接近百分百的今日，假設到街頭上詢問一個年輕人，我們問道：「你對核能發電有什麼想法？」這位年輕人也許會說：「這不是我的專業，我不知道」，這是極有可能的事情。但是，我們身在這塊土地上，如果我們的教育，所教育出來的學生不關心這塊土地，誰來關心呢？我並非主張人人成為核能專家，我亦非核能專家，但是，如果這位年輕人說：「事實上，我並不十分了解核能。但我知道，核能發電可能是極度危險的。因為，人類不斷的浪費電能、浪費各種資源，導致這個地球上的能源被消耗得太多、太快，以至於人類必須要在地球上得到更多資源與電能，所以人類不得不使用這種危險的能量。人類以為在不得已的情況下只能選擇核能，事實上也許人類改變某些生活方式與想法，人類可以有更多選擇。雖然有些人在其他能源上致力發展太陽能或風力等其他替代方案，但因為費用太高而無法普及，如果我們可以用自然的能源，又可以降低費用，那麼能源的問題便有機會被解決。只可惜，地球環境，不論是空氣、土地或海洋，各方面都被破壞得極度嚴重，導致各地的氣候變遷，加上某些國家極度發展工業，使得問題雪上加霜。」如果我們的教育，能夠使學生關心這一片土地，也許暫時無法解決目前的問題，但教育可以做到的是，讓每一個人關心我們的環境與土地，那麼，破壞環境會趨於緩和，解決環境問題才有可能。

（二）立法上的推動

　　針對生活中製造的汙染加強立法。例如：減少塑膠袋的提供，增加塑膠袋的重複使用率。目前雖有宣導，但因為執法寬鬆，導致成效不彰。除此之外，人在生活中的食衣住行，因為生活，人類可能在無形中接觸了許多有毒的物質、有害的物質、不安全的物質，這些都須從立法上把關。食的方面，食品安全需要由立法把關，我們的食物有許多是來自土地，來自海洋，當我們不重視這些汙染，這些汙染便在自然鏈中吃下肚而不自覺；衣物的方面，我們可以使用更貼近自然環保的材質，我們是否需要貂皮做成的大衣？又或者，為什麼活剝鱷魚皮，只為了做一只包包？當人類背著真皮鱷魚包包或穿著真牛皮製的皮鞋，去參加慈善晚會，無形中，我們不覺得自己做錯了什麼？在模糊的正義裡，人類需要有更清楚的界線，標示出，人類對於美的要求，應該是來自於貼近自然的生活，而不是極度的破壞自然；住的方面，人類居住在都市叢林裡，因為水泥林立，早已沒有叢林。在高度發展的國家中，人們嚮往住在水泥而封閉的房子裡，在金碧輝煌的裝潢中，使用冷氣或暖器的溫度，使自然環境消失在生活中。因為在四周水泥的建築物中，我們使用極強的冷氣，談論正義，談論環保，這是多麼的弔詭！我們沒有認識生活中的樹木，也沒有認識生活中的石頭，大多數的人可能不知道除了水泥與珍貴的樹木之外，什麼是我們可以用來居住的建材，最可怕的是，沒有人告訴我們應該重視這個問題。因此，在有限的預算下，弱勢者大量使用鐵皮，在大太陽底下，因為熱，所以加速了冷氣的運轉。在寒冬時，因為冷，加強了暖器的使用。往往，人便在惡性循環中，因為周遭不安全的原因，喪失了生命。許多人因為居住安全而失去生命者，不計其數。因此，我們必須關心與呼籲，呼籲立法者認識何為安全的建材？有什麼建材可以取代

鐵皮與水泥，比鐵皮更加安全與自然，使弱勢者能安全地居住。當地球熱得無法呼吸，當我們已經知道全球暖化，如果我們仍高喊「心外無物」，而沒有行動，這個世界只會繼續惡化，在蝴蝶效應之下，人類雖然科技日益進步，但卻使生命與幸福越離越遠，有一個重要的關鍵便是，人類對科技進步的重視，遠遠高過關心人與天地自然之間的距離，如果科技無法應用於人與自然萬物的親近，那麼所謂的進步，可能是加速人類毀滅的速度。最後是行的方面，當我們一打開新聞媒體，有很大的比例是車禍。但是，這個社會中很多人在做學術研究，也有很多立法者在立法院聲嘶力竭，但是，我們一出門便有許多危險，嚴重者往往造成死亡。我認為，在王陽明心外無物的思想中，一個重要的精神，便是說，人的生活世界中，所有的事物都是相關聯的，而且我們必須真誠地實踐，讓生活世界變得更好。或許，有人認為，行的方面和天地萬物沒有關係，但是，人只要是在土地生活的一天，不能說這和天地萬物無關，陽明的「遊南鎮」一段，便是呈現出，人的生活世界中，所有的事物都是相關聯的，人所關心的事物，這個事物便會因為人的關心，和之前有所不同。這個事事物物便是陽明所說的花，因為人的關心與在意（意之所在即是物），所以「此花顏色一時明白起來」。人類的食衣住行等事事物物，皆需要靠人類的關心與推動才有可能進行與進步，但是因為在一群人之中，總是有人認為「那和我沒關係」，所以需要立法的推動，當然立法的推動只是輔助，最重要的是，喚起人類對這個地球與世界的責任感，喚起自己與周遭的人對生活世界的關注。

二　人與「親情聯結」的危機

　　二〇一六年十一月十七日，立法院「第九屆第二會期司法及法制

委員會第十五次全體委員會議」召開，場外有上千人集結抗議。因為，立法院正在審查「婚姻平權草案」，這個草案最重要的用意是，促成修改《民法》九七二條。《民法》九七二條的內容是：「婚約，應由男女當事人自行訂定」。依《民法》九七二條所記，婚姻須由「男女」組成，因此，許多團體紛紛表態，認為此排除同志婚姻，違反人權，主張婚姻平權。其中，「臺灣伴侶權益推動聯盟」（簡稱「伴侶盟」）團體主張：「從男女兩性改為中性，將夫妻改為配偶，將父母改為雙親，承認除了傳統異性戀的婚約外，也承認同性戀、跨性別、變性人等性別之間的婚姻關係。」如此，將牽一絲而動全網，牽一髮而動全身，不可不慎。

與其屆時揚揚止沸，不如斧底抽薪從根本上探究，婚姻何以是一男一女，而不是男男或女女呢？從儒家的家庭倫理層面探討，婚姻中，一男一女的夫妻關係是「人」立足於「天」、「地」的基礎，是立於三才之道，是天地之間自然的生成與演化，生生不息的基礎，故《中庸》十二章：「君子之道，造端乎夫婦；及其至也，察乎天地。」又，婚姻中的夫妻關係，是各種社會關係中重要的一環。《中庸》二十章：「天下之達道五，所以行之者三：曰君臣也，父子也，夫婦也，昆弟也，朋友之交也：五者天下之達道也。」雖然，到了西漢董仲舒的《春秋繁露》一書，發展成「三綱」的觀念。「三綱」指：君為臣綱，父為子綱，夫為妻綱。囿於時代的限制，漢代主張「獨尊儒術」，通過「三綱五常」的教化，維護社會的倫理道德、政治制度，在封建社會中起到了重要的作用。[4]很明顯地，「三綱」並不完全適用於當今的民主社會，「君為臣綱」部分，民主制度取代了君

---

4 林安梧教授對「君」、「父」、「聖」三者的關聯有深刻的反省，林教授認為這三者因「血緣性縱貫軸」而帶來「道的錯置」。參見林安梧：《「道的錯置——中國政治思想的根本困結》（臺北市：臺灣學生書局，2003年）。

臣制度,「父為子綱」部分,父子關係的長幼尊卑仍普遍存於社會,大體說來異動不大,「夫妻關係」部分,隨著社會性別平等觀念的普及,如今,夫妻關係從男尊女卑關係逐漸趨近平等。

《孟子》中,有幾段重要的文獻:

> 聖人有憂之,使契為司徒,教以人倫:父子有親,君臣有義,夫婦有別,長幼有序,朋友有信。(〈滕文公章句上〉)

在《中庸》、《孟子》,締結為婚姻的一男一女,稱作「夫婦」,在《春秋繁露》稱作「夫妻」。不論是稱作「夫妻」也好,「夫婦」也好,顯見,婚姻關係中一男一女,各自在家庭中扮演不同的角色,是穩立家庭的重要關鍵,不可忽視。因為,夫妻關係是「人倫」中重要的一環,夫妻關係不僅僅是相愛的兩位成人互結連理而已,在夫妻關係中,夫妻所象徵的不是兩個個體,而是兩個家族的聯結。夫妻在婚姻保障下所生下的婚生子女,將享有繼承家族財產的權利與撫養家族成員的義務。而且,夫妻在婚姻保障下所生下的婚生子女,將繼續維繫整個家庭,人類大多仍仰賴夫妻在婚姻關係下,生生不息。

因此,《孟子》中,對於「舜不告而娶」的記載是:

> 萬章問曰:《詩》云:「娶妻如之何?必告父母。」信斯言也,宜莫如舜。舜之不告而娶,何也?孟子曰:「告則不得娶。男女居室,人之大倫也。如告,則廢人之大倫,以懟父母,是以不告也。」(〈萬章章句上〉)
>
> 孟子曰:「不孝有三,無後為大。舜不告而娶,為無後也,君子以為猶告也。」(〈離婁章句上〉)

《孟子》曰：「不孝有三，無後為大」，從人倫的角度來說，這是重要
的，因此「舜不告而娶，為無後也，君子以為猶告也」。為什麼舜
「不告而娶」，君子以為「猶告」呢？因為「廢人之大倫」是不孝
也，「以懟父母」亦不孝也，兩相權衡輕重之後，「不孝有三，無後為
大」，寧可「不告」，也不可「廢人之大倫」。

　　「人倫」關係，在良知之實踐上至關重要，對此陽明曰：

> 其教之大端，則堯、舜、禹之相授受，所謂「道心惟微，惟精
> 惟一，允執厥中」。而其節目則舜之命契，所謂「父子有親，
> 君臣有義，夫婦有別，長幼有序，朋友有信」五者而已。唐、
> 虞、三代之世，教者惟以此為教，而學者惟以此為學。[5]

堯帝授受舜帝，以及舜帝授受大禹，這十六字心傳最重要的精神，便
是「道心」落實在生活世界，「良知」落實在當下生活、學習、日用
人倫。更重要的，是實踐在「五倫」之中。

　　因此，對於「舜不告而娶」，陽明曰：

> 夫舜之不告而娶，豈舜之前已有不告而娶者為之準則，故舜得
> 以考之何典，問諸何人，而為此邪？抑亦求諸其心一念之良
> 知，權輕重之宜，不得已而為此邪？[6]

依陽明，他認為天下萬事之節目時變，有時無前例可循，只是要「求
諸其心一念之良知，權輕重之宜」。陽明所說的天理、天道，可能會

5　出自〈答顧東橋書〉。參見《王陽明全集》〈語錄二・傳習錄中〉卷2，頁47。
6　出自〈答顧東橋書〉。參見《王陽明全集》〈語錄二・傳習錄中〉卷2，頁43-44。

隨著不同的情況，而有不同的方法，此不能夠「執之以為一定之則」。因此，陽明所說的「天理」，用現在的話說，即是所謂的「正義」，隨著時代的不同，「正義」的內容會隨著時代而改變，但，終究有一些核心的價值是不會改變的。

對於現今社會「婚姻平權」、「同志婚姻」的問題，主要分成兩種聲音，一是，偏向反對「同志婚姻」者，主張維持傳統一夫一妻制的家庭制度，不要修改《民法》九七二條，若是夫妻、父母的性別改變，稱謂改變，恐怕對於下一代的孩子影響極大，主張維持傳統的人認為，他們並未歧視「同志婚姻」，而是對於領養小孩有意見，因為小孩是無辜的，小孩有權利得到來自異性父母的親情，「同志婚姻」若要在法律上得到保障，可以考慮另立「特別法」。

二是，偏向贊成「同志婚姻」者，主張在維持傳統一夫一妻制的家庭制度下，法律上亦能保障「同志婚姻」，使相愛的兩個成人（不論是男男或女女）能夠在法律的保障下「成家」，同時享有領養小孩的權利。持此論點者認為，只要是「人」，都有權利可以擁有「合法的婚姻」，可以享有繼承權以及臨終的醫療決定，不能限定只能是「男女」。若是限定只有「男女」才能組成婚姻，便是打壓「人權」。社會上有些聲音，認為同志婚姻會帶來愛滋病氾濫、青少年對性別價值觀的混淆等疑慮，這些問題，恐怕不能怪罪到同志身上，畢竟，多數同志是站在「愛不分男女」的立場上而主張合法的婚姻制度，保障他們有一個完整的「家」。

然而，「愛不分男女」固然是沒有錯，但是「親親之殺，尊尊之德」，「親親而仁民，仁民而愛物」。在婚姻制度之外，「愛」可以擴及於天地萬物，可以是「一體之仁」，可以是墨子的「兼愛」，可以是基督宗教上，神愛所有的人。但是，在婚姻制度之內，「愛」的對象是「老吾老以及人之老，幼吾幼以及人之幼」，若是「愛」可以無等差

別，不分家庭內外，則如《孟子》所說的「楊氏為我，是無君也；墨氏兼愛，是無父也。無父無君，是禽獸也。」相同的，「家」是奠基在一個有血緣關係的家庭或家族中，而不僅僅是相愛的兩個成人的問題而已。若是以「愛」之名，而尋求法律的保障，恐怕「婚姻制度」形同「無效」。抱持著單身主義者，亦可以主張「愛自己」，不需其他男性或女性之愛，那麼，自己與自己結婚，是否可以呢？抑或者，有人可能對「死去之人」的愛戀，決定與「死去之人」的精神相守一輩子，想要與「死去之人」結婚，是否可以呢？吾人強調，若是以「愛」之名，而尋求法律的保障，恐怕「婚姻制度」形同「無效」。人之所以生生不息，除了「一體之仁」，更重要的原因在於，人是天地之心，惟人者能夠生生不息，惟夫妻關係能夠生生不息，「無父何怙？無母何恃？」若是一個「家」，無「父」無「母」，情何以堪？

　　此外，蔡仁厚教授於二〇一六年五月二十八日，在元亨書院的「儒家心性之學講座」[7]提到這個意思：「人者，仁也」，如同果核中的「仁」，所有果核中的「仁」都具有生生不息的功能。蔡教授點出，人在天地之間，宇宙創生的根源在於生生不息，人之創生如此，天地之間的萬物創生亦是如此，是宇宙天地自然而然的生成，無關乎時代的制度，無關乎人類的歧視，亦關乎家族、種族、國族。

　　換言之，人之創生來自一男一女，而有婚姻制度來保障夫妻關係，穩立的夫妻關係對社會的發展不容置喙，這是天地萬物的創生由來，也是古今中外多數人所抱持的家庭價值。因此，同志爭取婚姻平權，此並非「兩個成人相愛結為連理」而已，所牽涉的範疇極其廣泛，包括下一代的教育、心理健康、社會福利制度、家庭結構改變所

7　蔡仁厚先生，東海大學哲學系教授退休。曾於林安梧教授所創辦的「元亨書院」，固定舉辦「儒家心性之學講座」，蔡仁厚教授於二〇一九年六月四日過世，卒年九十歲。

帶來的社會動盪與社會成本等等,若是倉促修法,恐怕衍生更多社會問題,這些問題,將衝擊家庭、教育、法律、醫療、經濟等各層面。因此,衝擊傳統婚姻制度的性別與稱呼等問題,最好能會同各領域專家學者。在學理上,從倫理學、心理學、社會學等人文領域的各個層面進行討論,分析各種得失利弊。在實務面上,從法律、醫療、教育、社會福利制度等各方面,謹慎評估與考量。

綜觀上述,王陽明「心外無物」的思想,強調只有良知作用於生活世界,生活世界才有意義。而今,國際間戰爭頻傳,致良知之實踐,可說在這個時代下是落空的。由此,我們須重視天地萬物,我們需認識與體會到,人類與天地萬物須共存共生,當人類體會到這一點,人類終有一日,或許會打破種族主義,消弭國族之間的戰爭。因為,人類與天地萬物不僅要共存,還要和平共存、永續共存。吾人從王陽明「心外無物」的思想研究成果中,試圖以王陽明的角度,對當今社會所面對的問題,提出一些省思。

吾人以王陽明的角度,面對的時代問題與危機,儘管這些問題相當多元。但我們仍然必須盡其所學,對當下的困境發現問題,以尋求解決之道。儘管,這些問題仍是進行式,在現實面和法律面都無法即刻解決,但是本書就王陽明的角度,倫理的面向,提出理性的思考與可行的方向,相信這是未來解決問題重要的一環。因此,本書之研究困境,目前還有一些問題尚未完全能夠解決,這是筆者未來尚待努力的方向。

參考文獻

一　古籍

（一）王陽明著作

〔明〕王守仁撰　《王文成公全書》　收入王雲五主編　《四部叢刊・集部》第84冊　臺北市　臺灣商務印書館　1965年　據上海商務印書館縮印明隆慶刊本影印

〔明〕王守仁撰　《王文成全書》　收入清高宗乾隆皇帝敕纂　《景印摛藻堂四庫全書薈要・集部》　臺北市　世界書局　1988年

〔明〕王守仁撰　《陽明全書》　臺北市　臺灣中華書局　1985年　據明隆慶六年（1572年）謝氏刻本之四部備要本

〔明〕王守仁原著　〔明〕施邦曜輯評　王曉昕、趙平略點校　《陽明先生集要》　北京市　中華書局　2010年　據明崇禎八年（1635年）施氏刻本

〔明〕王守仁撰　正中書局編審　《王陽明全書》　臺北市　正中書局　1955年12月

〔明〕王守仁撰　吳光、錢明、董平、姚延福編校　《王陽明全集》　杭州市　浙江古籍出版社　2010年

〔明〕王守仁撰　吳光、錢明、董平、姚延福編校　《王陽明全集》　上海市　上海古籍出版社　2015年

〔明〕王陽明　《陽明先生手批武經七書》　南京市　鳳凰出版社　2015年

〔明〕錢德洪編、羅洪先考訂　《陽明先生年譜》　北京市　北京圖書館出版社　據明嘉靖四十三年刻本

〔明〕馮夢龍　《王陽明出身靖亂錄》　杭州市　浙江古籍出版社　2015年

〔清〕楊希閔編　《明王文成公守仁年譜》　臺北市　臺灣商務印書館　1981年

〔清〕劉宗周　《陽明傳信錄》　收入《明儒學案》　北京市　中華書局　2008年

陳築山輯　《王陽明年譜》　北京市　北京圖書館出版社　1997年

束景南　《陽明佚文輯考編年》　上海市　上海古籍出版社　2015年

（二）經部

〔漢〕孔安國傳　〔唐〕孔穎達疏　《尚書正義》　北京市　北京大學出版社　1999年

〔漢〕鄭玄注　〔唐〕孔穎達疏　《禮記正義》　北京市　北京大學出版社　1999年

〔魏〕王弼注　〔唐〕孔穎達疏　《周易正義》　北京市　北京大學出版社　1999年

〔魏〕何晏注　〔宋〕刑昺疏　《論語注疏》　北京市　北京大學出版社　1999年

〔宋〕朱熹　《周易本義》　臺北市　大安出版社　1999年

〔宋〕程頤　《易程傳》　臺北市　世界書局　1996年

〔宋〕朱熹　《四書章句集註》　臺北市　鵝湖出版社　2000年

〔清〕閻若璩撰　黃懷信、呂翊欣校點　《尚書古文疏證：附古文尚書冤詞》　上海市　上海古籍出版社　2013年

〔清〕戴震著　何文光整理　《孟子字義疏證》　北京市　中華書局　2012年

〔清〕皮錫瑞　《經學通論》　北京市　中華書局　2003年

〔清〕皮錫瑞著　周予同注釋　《經學歷史》　北京市　中華書局　2014年

〔清〕皮錫瑞撰　盛冬鈴等點校　《今文尚書考證》　北京市　中華書局　2015年

(三)史部

〔元〕脫脫等　《宋史》　北京市　中華書局　1997年

〔明〕宋濂等　《元史》　北京市　中華書局　1997年

〔明〕費宏　《明武宗實錄》　臺北市　中央研究院歷史語言研究所　1966年

〔明〕談遷著　張宗祥點校　《國榷》　北京市　中華書局　1958年

〔清〕張廷玉等　《明史》　北京市　中華書局　1997年

〔清〕黃宗羲原著　〔清〕全祖望補修　陳金生、梁運華點校　《宋元學案》　北京市　中華書局　2013年

〔清〕黃宗羲著　沈芝盈點校　《明儒學案》　北京市　中華書局　2008年

〔清〕谷應泰編　《明史紀事本末》　北京市　中華書局　1985年

〔清〕龍文彬　《明會要》　北京市　中華書局　1998年

〔清〕夏燮撰　沈仲九點校　《明通鑑》　北京市　中華書局　2014年

〔日〕瀧川龜太郎　《史記會注考證》　臺北市　文史哲出版社　1997年

（四）子部

〔宋〕張載撰　〔清〕王夫之注　《張子正蒙》　上海市　上海古籍
　　　出版社　2000年

〔宋〕程顥、程頤著　王孝魚點校　《二程集》　北京市　中華書局
　　　2006年

〔宋〕朱熹著　朱傑人、嚴佐之、劉永翔主編　《朱子語類》　上海
　　　市　上海古籍出版社　合肥市　安徽教育出版社　2010年

〔宋〕朱熹、呂祖謙著　張京華輯校　《近思錄集釋》　長沙市　岳
　　　麓書社　2009年

〔明〕羅欽順著　閻韜點校　《困知記》　北京市　中華書局　2013年

〔明〕劉宗周　《劉子全書及遺編》　京都市　中文出版社　1981年

〔明〕李贄著　張建業譯注　《焚書·續焚書》　北京市　中華書局
　　　2012年

〔明〕周汝登撰　曹義昆點校　《聖學宗傳》　南京市　鳳凰出版社
　　　2015年

〔清〕李紱著　段景蓮點校　《朱子晚年全論》　北京市　中華書局
　　　2015年

〔清〕王懋竑　《朱子年譜》　臺北市　世界書局　1984年

〔清〕孫奇逢撰　萬紅點校　《理學宗傳》　南京市　鳳凰出版社
　　　2015年

〔清〕張伯行撰　蘇敏點校　《道統錄》　南京市　鳳凰出版社
　　　2015年

〔清〕熊賜履撰　徐公喜等點校　《學統》　南京市　鳳凰出版社
　　　2011年

（五）集部

〔宋〕陸九淵著　鍾哲點校　《陸九淵集》　北京市　中華書局
　　　2010年

〔宋〕周敦頤著　陳克明點校　《周敦頤集》　北京市　中華書局
　　　2014年

〔宋〕張載著　章錫琛點校　《張載集》　北京市　中華書局　2010年

〔明〕陳獻章著　孫通海點校　《陳獻章集》　北京市　中華書局
　　　1987年

〔明〕王艮　《王心齋全集》　新北市　廣文書局　2012年　日本嘉
　　　永元年刻本

〔明〕陳建撰　黎業明點校　《陳建著作二種》　上海市　上海古籍
　　　出版社　2015年

〔明〕湛若水　《泉翁大全集》　嘉靖19年刻　萬曆21年修補本

〔明〕湛若水　《甘泉先生續編大全》　嘉靖34年刻　萬曆23年修補本

〔明〕湛若水　《湛甘泉先生文集》　收錄於四庫全書存目叢書編纂
　　　委員會　《四庫全書存目叢書・集部》　臺南市　莊嚴文化
　　　事業公司　1997年

〔清〕王士禎撰　靳斯仁點校　《池北偶談》　北京市　中華書局
　　　1982年

〔清〕郭慶藩輯　《莊子集釋》　臺北市　華正書局　1997年

錢明編校整理　《徐愛、錢德洪、董澐集》　南京市　鳳凰出版社
　　　2007年

吳震編校整理　《王畿集》　南京市　鳳凰出版社　2007年

徐儒宗編校整理　《羅洪先集》　南京市　鳳凰出版社　2007年

方祖猷、梁一群等編校整理　《羅汝芳集》　南京市　鳳凰出版社
　　　2007年

吳可為編校整理　《聶豹集》　南京市　鳳凰出版社　2007年

陳永革編校整理　《歐陽德集》　南京市　鳳凰出版社　2007年

董平編校整理　《鄒守益集》　南京市　鳳凰出版社　2007年

二　今人論著（依姓氏筆劃）

（一）專書

于清遠　《王陽明傳習錄注釋》　臺北市　黃埔出版社　1969年

王邦雄　《儒道之間》臺北縣　漢光文化事業公司　1994年

王曉昕主編　《王陽明與陽明文化》　北京市　中華書局　2011年

王曉昕主編　《王學之光》　成都市　西南交通大學出版社　2010年

方克立　《中國哲學史上的知行觀》　北京市　人民出版社　1997年

方爾加　《王陽明心學研究》　長沙市　湖南教育出版社　1989年

左東嶺　《王學與中晚明士人心態》　北京市　人民文學出版社
　　　2000年

牟宗三　《中國哲學十九講》　臺北市　臺灣學生書局　2002年8月

牟宗三　《心體與性體》（一）　臺北市　正中書局　1996年2月

牟宗三　《心體與性體》（三）　臺北市　正中書局　1995年

牟宗三　《從陸象山到劉蕺山》　臺北市　臺灣學生書局　2000年

牟宗三　《王陽明致良知教》　臺北市　中央文物供應社　1954年

牟宗三等　《陽明學學術討論會論文集》　臺北市　臺灣師範大學人
　　　文教育研究所中心　1989年

朱曉鵬　《王陽明與道家道教》　北京市　中國人民大學出版社
　　　2009年

朱秉義　《王陽明入聖的工夫》　臺北市　幼獅文化事業公司　1979年

朱謙之編著　《日本的古學及陽明學》　北京市　人民出版社　2000年

李瑞全　《儒家道德規範根源論》　新北市　鵝湖月刊社　2013年

李瑞全　《儒家生命倫理學》　臺北市　鵝湖出版社　2000年

李福登　《王陽明的政治思想》臺南市　臺南家政專科學校　1977年

但衡今　《王陽明傳習錄札記》　臺北市　齊魯印刷行　1957年

何可永　《王陽明》　香港　中華書局　2003年

何俊、尹曉寧《劉宗周與蕺山學派》　北京市　中國人民大學出版社
　　　2009年

汪傳發　《陸九淵于陽明與中國文化》　貴陽市　貴州人民出版社
　　　2001年

吳震、孫欽香導讀、譯注　《傳習錄》　香港　中華書局　2015年

吳震　《泰州學派研究》　北京市　中國人民大學出版社　2009年

吳震　《《傳習錄》精讀》　上海市　復旦大學出版社　2011年

吳震　《陽明後學研究》　上海市　人民出版社　2003年

吳光　《黃宗羲與清代浙東學派》　北京市　中國人民大學出版社
　　　2009年

吳光主編　《陽明學綜論》　北京市　中國人民大學出版社　2009年
　　　10月

吳光主編　《陽明學研究》　上海市　上海古籍出版社　2000年

呂妙芬　《陽明學士人社群──歷史、思想與實踐》　臺北市　中央
　　　研究院近代史研究所　2003年

林安梧　《儒學與中國傳統社會之哲學省察》　臺北市　幼獅文化事
　　　業公司　1996年

林安梧　《中國宗教與意義治療》　臺北市　明文書局　2001年

林安梧　《人文學方法論：詮釋的存有學探源》　臺北市　讀冊文化
　　　事業公司　2003年

林安梧　《道的錯置——中國政治思想的根本困結》　臺北市　臺灣學生書局　2003年

林安梧　《牟宗三前後——當代新儒家哲學思想史論》　臺北市　臺灣學生書局　2011年

林月惠　《良知學的轉折——聶雙江與羅念菴思想之研究》　臺北市　臺大出版中心　2005年

林繼平　《王學探微十講》　臺北市　蘭臺出版社　2001年

林麗娟　《吾心自有光明月——王陽明詩探究》　高雄市　高雄復文圖書出版社　1998年

姜允明　《王陽明與陳白沙》　臺北市　五南圖書出版公司　2007年

唐君毅　《中國哲學原論‧原性篇》　臺北市　臺灣學生書局　1991年

唐君毅　《中國哲學原論‧原教篇》　臺北市　臺灣學生書局　2004年

唐君毅　《中國哲學原論‧導論篇》　臺北市　臺灣學生書局　1993年

徐儒宗　《江右王學通論》　北京市　中國人民大學出版社　2009年

秦家懿　《王陽明》　臺北市　東大圖書公司　2002年

梁啟超　《王陽明知行合一之教》　臺北市　中華書局　1958年

陳來　《有無之境——王陽明哲學的精神》　北京市　人民出版社　1997年

陳榮捷　《王陽明傳習錄詳註集評》　臺北市　臺灣學生書局　1998年

陳榮捷　《王陽明與禪》　臺北市　臺灣學生書局　1984年

陳永革　《陽明學派與晚明佛教》　北京市　中國人民大學出版社　2009年

陳健夫　《王陽明學說新論》　臺北市　台北書局　1957年

張其昀　《陽明學論文集》　臺北市　華岡出版公司　1977年6月

張靖傑譯注　《明隆慶六年初刻版《傳習錄》》　南京市　江蘇鳳凰文藝出版社　2015年

張祥浩　《王守仁評傳》　南京市　南京大學出版社　1997年

張藝曦　《陽明學的鄉里實踐：以明中晚期江西吉水、安福兩縣為例》　北京市　北京師範大學出版社　2013年

張崑將　《陽明學在東亞：詮釋、交流與行動》　臺北市　臺大出版中心　2011年

張君勱先生遺著編輯委員會編　《比較中日陽明學》　臺北市　臺灣商務印書館　1970年

張新民主編　《陽明學刊》第3輯　成都市　巴蜀書社　2008年

張新民主編　《陽明學刊》第4輯　成都市　巴蜀書社　2009年

張新民主編　《陽明學刊》第5輯　成都市　巴蜀書社　2011年

張新民主編　《陽明學刊》第6輯　成都市　巴蜀書社　2012年

國際陽明學研究中心主辦　《國際陽明學研究》第2卷　上海市　上海古籍出版社　2012年

國際陽明學研究中心主辦　《國際陽明學研究》第3卷　上海市　上海古籍出版社　2013年

國際陽明學研究中心主辦　《國際陽明學研究》第4卷　上海市　上海古籍出版社　2014年

郭齊勇主編　《陽明學研究》　北京市　中華書局　2015年

許葆雲　《王陽明的六次突圍》　桂林市　廣西師範大學出版社　2014年

畢誠　《儒學的轉折——陽明學派教育思想研究》　北京市　中國發展出版社　2010年

曾昭旭　《良心教與人文教：論儒學的宗教面向》　臺北市　臺灣商務印書館　2003年

黃信二　《王陽明「致良知」方法論之研究》　臺北市　文史哲出版社　2006年

彭國翔　《良知學的展開——王龍溪與中晚明的陽明學》　臺北市
　　　臺灣學生書局　2003年

傅正玲　《狂者之歌：王陽明心學之旅》　高雄市　中山大學出版社
　　　2012年

嵇文甫　《左派王學》　臺北市　國文天地雜誌社　1990年

楊祖漢　《儒家的心學傳統》　臺北市　文津出版社　1992年

楊自平　《明代學術論集》　臺北市　萬卷樓圖書公司　2009年

楊國榮　《心學之思——王陽明哲學的闡釋》　北京市　生活・讀
　　　書・新知三聯書店　1997年

楊國榮　《王學通論——從王陽明到熊十力》　臺北市　五南圖書出
　　　版公司　1997年

楊國榮　《良知與心體——王陽明哲學研究》　臺北市　洪葉文化事
　　　業公司　1999年

楊正顯　《覺世之道：王陽明良知說的形成》　北京市　北京師範大
　　　學出版社　2015年

葉紹鈞點註　《傳習錄》　臺北市　臺灣商務印書館　1994年

董平　《王陽明的生活世界》　北京市　中國人民大學出版社　2009
　　　年10月

董平　《傳奇王陽明》　北京市　商務印書館　2013年

賈銳　《朱晦菴與王陽明二氏學術思想之比較研究》　臺北市　臺灣
　　　商務印書館　1973年

熊十力　《十力語要》　北京市　中華書局　1996年

熊十力　《讀經示要》　臺北市　明文書局　1999年

褚柏思　《王陽明新傳》　洛杉磯　美國柏雪文化事業公司　1988年

蔡仁厚　《王陽明哲學》　臺北市　三民書局　1997年

蔡仁厚　《儒家思想的現代意義》　臺北市　文津出版社　1999年

劉述先　《朱子哲學思想的發展與完成》　臺北市　臺灣學生書局　1984年

廣文書局點校　《精校斷句王陽明傳習錄》　臺北市　廣文書局　1994年

黎明文化編輯部　《王陽明傳習錄及大學問》　臺北市　黎明文化事業公司　1997年

鄧艾民　《傳習錄注疏》　基隆市　法嚴出版社　2000年11月

鄧艾民　《傳習錄注疏》　上海市　上海古籍出版社　2015年5月

鄧克銘　《王陽明思想觀念研究》　臺北市　臺大出版中心　2012年

鄧志峰　《王學與晚明的師道復興運動》　北京市　社會科學文獻出版社　2004年

鄭吉雄　《王陽明——躬行實踐的儒者》　臺北市　幼獅文化事業公司　1994年

鄭繼孟　《王陽明傳》　臺南市綜合出版社　1973年

鄭仁在等編　《韓國江華陽明學研究論集》　臺北市　臺大出版中心　2005年

劉宗賢等　《陽明學與當代新儒學》　北京市　中國人民大學出版社　2009年

劉成有　《王陽明》　香港　中華書局　2000年

談遠平　《論陽明哲學之圓融統觀》　臺北市　文史哲出版社　1993年

潘朝陽　《天地人和諧——儒家的環境空間倫理與關懷》　臺北市　臺灣學生書局　2016年

錢穆　《陽明學述要》　臺北市　素書樓文教基金會、蘭臺出版社　2001年

錢明　《陽明學的形成與發展》　南京市　江蘇古籍出版社　2002年

錢明　《王陽明及其學派論考》　北京市　人民出版社　2009年

錢明　《浙中王學研究》　北京市　中國人民大學出版社　2009年

錢明、葉樹望主編　《王陽明的世界：王陽明故居開放典禮暨國際學
　　　術研討會論文集》　杭州市　浙江古籍出版社　2008年10月

鮑世斌　《明代王學研究》　成都市　巴蜀書社　2004年

謝無量　《陽明學派》　臺北縣　廣文書局　1980年

鍾彩鈞　《王陽明思想之進展》　臺北市　文史哲出版社　1993年

戴瑞坤　《中日韓朱子學陽明學之研究》　臺北市　文史哲出版社
　　　2002年

戴瑞坤　《陽明學漢學研究論集》　臺北市　臺灣學生書局　1994年

戴瑞坤　《陽明學說對日本的影響》　臺北市　中國文化大學出版部
　　　1981年

羅永吉　《良知與佛性——陽明心學與真常佛學之比較研究》　臺北
　　　市　萬卷樓圖書公司　2006年

（二）專書論文

牟宗三　〈致知疑難〉　《王陽明致良知教》　臺北市　中央文物供
　　　應社　1954年　頁23-38

牟宗三　〈王學是孟子學〉　《從陸象山到劉蕺山》　臺北市　臺灣
　　　學生書局　2000年　頁216-244

林安梧　〈儒學的轉折：從王陽明的《朱子晚年定論》說起〉　吳光
　　　主編　《陽明學綜論》　北京市　中國人民大學出版社
　　　2009年10月　頁64-73

林安梧　〈王陽明的本體實踐學——以「大學問」為核心的展開〉
　　　《中國宗教與意義治療》　臺北市　明文書局　2001年　頁
　　　81-114

徐復觀　〈王陽明對朱元晦的爭論〉　《中國人性論史》　臺北市
　　　臺灣商務印書館　1969年　頁299-312

徐復觀　〈陸王異同〉　《中國思想史論集》　臺北市　臺灣學生書局　1993年　頁46-53

徐儒宗　〈心物相融之學〉　收入吳光主編　《陽明學研究》　上海市　上海古籍出版社　2000年　頁132-145

唐君毅　〈陽明學與朱子學〉　收入《中國哲學思想論集：宋明篇》　臺北市　水牛圖書出版事業有限公司　1988年　頁251-263

唐君毅　〈原致知格物上：大學章句辨證及格物致知思想之發展〉　《中國哲學原論・導論篇》　臺北市　臺灣學生書局　1993年　頁298-331

唐君毅　〈原致知格物下：大學章句辨證及格物致知思想之發展〉　《中國哲學原論・導論篇》　臺北市　臺灣學生書局　1993年　頁332-367

陳榮捷　〈王陽明與禪〉　《王陽明與禪》　臺北市　臺灣學生書局　1984年　頁73-81

陳來　〈心學傳統中的神秘主義問題〉　《有無之境──王陽明哲學的精神・附錄一》　北京市　人民出版社　1997年　頁582-624

陳來　〈儒學傳統中的神秘主義〉　《中國近世思想史研究》　北京市　商務印書館　2003年　頁307-337

陳來　〈王陽明哲學的心物論〉　《宋明儒學論》　上海市　復旦大學出版社　2010年　頁52-71

張君勱　〈直覺主義研究〉　《王陽明──中國十六世紀的唯心主義哲學家》　臺北市　東大圖書公司　1991年4月　頁55-67

張岱年　〈中國哲學中的心物問題〉　收錄於王博編　《薪火集》　北京市　北京大學出版社　2004年　頁3-9

楊祖漢　〈王陽明的一體觀〉　《儒家的心學傳統》　臺北市　文津出版社　1992年　頁125-136

葛榮晉 〈心和物〉 《中國哲學範疇導論》 臺北市 萬卷樓圖書
公司 1993年 頁295-334

劉述先 〈王學與朱學：陽明心學之再闡釋〉 《朱子哲學思想的發
展與完成》 臺北市 臺灣學生書局 1984年 頁485-520

劉述先 〈論王陽明的最後定見〉 收入吳光主編 《陽明學綜論》
北京市 中國人民大學出版社 2009年10月 頁1-19

錢穆 〈大學格物新釋〉 《中國學術思想史論叢》（二） 臺北市
素書樓文教基金會、蘭臺出版社 2000年 頁178-193

錢穆 〈再論大學格物義〉 《中國學術思想史論叢》（二） 臺北
市 素書樓文教基金會、蘭臺出版社 2000年 頁194-202

錢穆 〈大學格物新義〉 《中國學術思想史論叢》（二） 臺北市
素書樓文教基金會、蘭臺出版社 2000年 頁203-210

羅永吉 〈陽明心學對儒、佛交融的貢獻及其在儒學上的限制與檢
討〉 《良知與佛性——陽明心學與真常佛學之比較研究》
臺北市 萬卷樓圖書公司 2006年 頁285-346

羅永吉 〈陽明心學中的心物關係〉 《良知與佛性——陽明心學與
真常佛學之比較研究》 臺北市 萬卷樓圖書公司 2006年
頁21-97

（三）期刊論文

李瑞全、周琬琳 〈王陽明心外無物之旨——當代新儒學與江華學派
之詮釋〉 《鵝湖月刊》第35卷第10期 總號第418期
2010年4月 頁3-17

林安梧 〈陽明的《朱子晚年定論》與儒學的轉折〉 《鵝湖月刊》
第33卷第8期 總號第392期 2008年1月 頁1-7

林安梧 〈從「以心控身」到「身心一如」——以王夫之哲學為核心

兼及於程朱、陸王的討論〉　《國文學報》第30期　2001年6月　頁77-95

林安梧　〈良知、良知學及其所衍生之道德自虐問題之哲學省察〉　《文明探索叢刊》第32期　2003年1月　頁18-54

林維杰　〈王陽明論知行：一個詮釋倫理學的解讀〉　《臺灣東亞文明研究學刊》第8卷第2期　總第16期　2011年12月　頁205-235

陳復　〈陽明子的冥契主義〉　收入張新民主編　《陽明學刊》第4輯　成都市　巴蜀書社　2009年　頁55-99

曾昭旭　〈朱子、陽明與船山之格物義〉　《鵝湖月刊》第5卷第6期　1979年12月　頁9-14

楊祖漢　〈論陽明的「心外無物」及唐先生所說的「生命之真實存在」之意義〉　《鵝湖月刊》第14卷第8期　總號第164期　1989年2月　頁29-34

楊自平　〈黃梨洲對四句教的理解、批判與創造性詮釋〉　《孔孟月刊》第34卷第2期　總號第398期　1995年10月　頁23-32

楊自平　〈邵雍的觀物思想與由智生樂析論〉　《元亨學刊》第2期　2011年12月　頁17-40

楊正顯　〈王陽明《年譜》與從祀孔廟之研究〉　《漢學研究》第29卷第1期　2011年3月　頁153-187

蔡仁厚　〈王陽明「大學問」思想析論〉　《鵝湖月刊》第12卷第5期　1986年11月　頁21-30

蔡仁厚　〈王陽明辨「心學與禪學」——「重修山陰縣學記」之疏解〉　收入《東海哲學研究集刊》第2卷　1995年6月　頁11-24

談遠平　〈先總統蔣公闡述陽明學說之研究——心物合一思想部分〉　《復興崗學報》第23期　1980年6月　頁37-55

鄧秀梅　〈王陽明論「心外無物　心外無事」之詮解〉　《人文社會
　　　　學報》第1期　2005年3月　頁91-122

〔日〕鍋島亞朱華　〈近一百年日本《大學》研究概況──1900-
　　　　2010年之回顧與展望〉　《中國文哲所通訊》第25卷第4期
　　　　2015年12月　頁47-69

（四）會議論文

吳經熊　〈重讀陽明傳習錄隨筆：（二）陽明與禪學〉　收入《陽明
　　　　學論文集》　臺北市　華岡出版公司　1977年6月　頁29

吳怡　〈陽明思想與禪學〉　收入《陽明學論文集》　臺北市　華岡
　　　　出版公司　1977年6月　頁81-91

〔日〕佐藤煉太郎　〈禪與陽明學〉　收入錢明等主編　《王陽明的
　　　　世界：王陽明故居開放典禮暨國際學術研討會論文集》　杭
　　　　州市　浙江古籍出版社　2008年10月　頁181-189

張其昀　〈圓融統一的陽明學：（三）心與物〉　收入《陽明學論文
　　　　集》　臺北市　華岡出版公司　1977年6月　頁9

陳利權　〈學理的整合與精神的融會──王陽明心學與禪學關係的兩
　　　　個層面〉　收入錢明、葉樹望主編　《王陽明的世界：王陽
　　　　明故居開放典禮暨國際學術研討會論文集》　杭州市　浙江
　　　　古籍出版社　2008年10月　頁173-180

蔡家和　〈朱子《四書章句集註》中的心物關係〉　東海大學哲學系
　　　　「中國哲學中的心與自然國際學術研討會」　2014年4月25
　　　　日　頁1-18

楊正顯　〈死後有責：《王文成公全書》與陽明門人〉　「近世儒學
　　　　與社會研究工作坊」中央研究院近代史研究所　呂妙芬教授
　　　　主持　2018年8月17日　頁1-27

三　翻譯、外文著作

張君勱著，江日新譯　《王陽明──中國十六世紀的唯心主義哲學家》　臺北市　東大圖書公司　1991年4月

〔日〕三輪希賢標註　〔日〕安井小太郎解題　《漢文大系16：傳習錄》　臺北市　慧豐學會　1996年

〔日〕佐藤一齋　《傳習錄欄外書》　東京市　啟新書院　明治30年　1897年

〔日〕佐野公治著　張文朝、莊兵譯　《四書學史的研究》　臺北市　萬卷樓圖書公司　2014年11月

〔日〕岡田武彥著，錢明審校，楊田等譯　《王陽明大傳：知行合一的心學智慧》　重慶市　重慶出版社　2014年1月

〔日〕岡田武彥著　吳光、錢明、屠承先譯　《王陽明與明末儒學》　上海市　上海古籍出版社　2000年

〔日〕島田虔次著　蔣國保譯　《朱子學與陽明學》　西安市　陝西師範大學出版社　1986年

〔日〕荒木見悟著　廖肇亨譯注　《佛教與儒教》　臺北市　聯經出版事業公司　2008年

〔日〕溝口雄三著，孫軍悅、李曉東譯　《李卓吾・兩種陽明學》　北京市　生活・讀書・新知三聯書店　2014年

〔瑞士〕耿寧著，倪梁康譯　《人生第一等事：王陽明及其後學論「致良知」》　北京市　商務印書館　2014年

〔瑞士〕耿寧著，倪梁康、張慶熊、王慶節等譯　《心的現象──耿寧心性現象學研究文集》　北京市　商務印書館　2012年12月

〔韓〕崔在穆著，樸姬福、靳煜譯　《東亞陽明學》　北京市　中國人民大學出版社　2009年

Chan, Wing-tsit (1963). *Instructions For Practical Living and Other Neo-Confucian Writings by Wang Yang-ming.*

Maslow, A.H. (1943). A theory of human motivation. *Psychological Review,* 50, 370-396.

附錄一
王陽明著作「文目繫年」

陽明八歲　明憲宗成化十五年（己亥）　一四七九年

〈資聖寺杏花樓〉[1]。

陽明九歲　明憲宗成化十六年（庚子）　一四八○年

〈寓資聖僧房〉[2]、〈棋落水詩〉[3]。

陽明十一歲　明憲宗成化十八年（壬寅）　一四八二年

〈金山寺〉[4]、〈蔽月山房〉[5]。

陽明十五歲　明憲宗成化二十二年（丙午）　一四八六年

〈夢謁馬伏波廟題辭題詩（二首）〉[6]。

陽明十八歲　明孝宗弘治二年（己酉）　一四八九年

〈書懷素自敘帖〉[7]、〈萬松窩〉[8]。

1　〈資聖寺杏花樓〉，《陽明佚文輯考編年》，頁3-7。
2　〈寓資聖僧房〉，《陽明佚文輯考編年》，頁8。
3　〈棋落水詩〉，《陽明佚文輯考編年》，頁9-10。
4　〈金山寺〉，《陽明佚文輯考編年》，頁11。
5　〈蔽月山房〉，《陽明佚文輯考編年》，頁12-13。
6　〈夢謁馬伏波廟題辭題詩（二首）〉，《陽明佚文輯考編年》，頁14-15。
7　〈書懷素自敘帖〉，《陽明佚文輯考編年》，頁16-17。
8　〈萬松窩〉，《陽明佚文輯考編年》，頁18。

陽明十九歲　明孝宗弘治三年（庚戌）　一四九○年

〈題自作山水畫〉[9]、〈又題自作山水畫〉[10]。

陽明二十一歲　明孝宗弘治五年（壬子）　一四九二年

〈題溫日觀葡萄次韵〉[11]、〈弘治五年鄉試卷《論語》‧志士仁人一節〉[12]、〈弘治五年鄉試卷《中庸》‧《詩》云「鳶飛戾天」一節〉[13]、〈弘治五年鄉試卷《孟子》‧子噲不得與人燕二句〉[14]。

按：王陽明自弘治五年至正德二年，在京師所作的詩文，收錄於《上國遊》。[15]

陽明二十二歲　明孝宗弘治六年（癸丑）　一四九三年

〈毒熱有懷用少陵執熱懷李尚書韵寄年兄程守夫吟伯〉[16]。

陽明二十四歲　明孝宗弘治八年（乙卯）　一四九五年

〈祭外舅介庵先生文〉[17]、〈南野公像贊　公諱縉〉[18]、〈白野公像贊

9　〈題自作山水畫〉，《陽明佚文輯考編年》，頁19。

10　〈又題自作山水畫〉，《陽明佚文輯考編年》，頁20。

11　〈題溫日觀葡萄次韵〉，《陽明佚文輯考編年》，頁21-22。

12　〈弘治五年鄉試卷《論語》‧志士仁人一節〉，《陽明佚文輯考編年》，頁23-24。

13　〈弘治五年鄉試卷《中庸》‧《詩》云「鳶飛戾天」一節〉，《陽明佚文輯考編年》，頁25-26。

14　〈弘治五年鄉試卷《孟子》‧子噲不得與人燕二句〉，《陽明佚文輯考編年》，頁27-28。

15　「《上國遊》，即收集陽明弘治五年至正德二年在京師所作詩文。」參見：〈書懷素自敘帖〉，《陽明佚文輯考編年》，頁16-17。

16　〈毒熱有懷用少陵執熱懷李尚書韵寄年兄程守夫吟伯〉，《陽明佚文輯考編年》，頁29-30。

17　〈祭外舅介庵先生文〉，《陽明佚文輯考編年》，頁31-33。

18　〈南野公像贊　公諱縉〉，《陽明佚文輯考編年》，頁34。

公諱袞〉[19]。

陽明二十五歲　明孝宗弘治九年（丙辰）　一四九六年

〈次張體仁聯句韵〉[20]、〈口訣〉[21]。
※賦騷詩其一：〈太白樓賦　丙辰〉[22]。

陽明二十六歲　明孝宗弘治十年（丁巳）　一四九七年

〈蘭亭次秦行人韵〉[23]。

陽明二十七歲　明孝宗弘治十一年（戊午）　一四九八年

〈登秦望山用壁間韵〉[24]、〈登峨嵋歸經雲門〉[25]、〈留題金粟山〉[26]。

陽明二十八歲　明孝宗弘治十二年（己未）　一四九九年

〈會試卷《禮記》〉[27]、〈會試卷論・君子中立而不倚〉[28]、〈墜馬行〉[29]、〈遊大伾山賦〉[30]、〈遊大伾山詩〉[31]、〈樂陵司訓吳先生墓

19　〈白野公像贊　公諱袞〉，《陽明佚文輯考編年》，頁35。
20　〈次張體仁聯句韵〉，《陽明佚文輯考編年》，頁36-37。
21　〈口訣〉，《陽明佚文輯考編年》，頁38-45。
22　〈太白樓賦　丙辰〉，《王陽明全集》〈外集一・賦騷詩七首〉卷19，頁553-554。
23　〈蘭亭次秦行人韵〉，《陽明佚文輯考編年》，頁46-47。
24　〈登秦望山用壁間韵〉，《陽明佚文輯考編年》，頁48-50。
25　〈登峨嵋歸經雲門〉，《陽明佚文輯考編年》，頁51。
26　〈留題金粟山〉，《陽明佚文輯考編年》，頁52-53。
27　〈會試卷《禮記》〉，《陽明佚文輯考編年》，頁54-56。
28　〈會試卷 論・君子中立而不倚〉，《陽明佚文輯考編年》，頁57-60。
29　〈墜馬行〉，《陽明佚文輯考編年》，頁61-68。
30　〈遊大伾山賦〉，《陽明佚文輯考編年》，頁69-71。
31　〈遊大伾山詩〉，《陽明佚文輯考編年》，頁72。

碑〉[32]、〈武經七書評〉[33]。

陽明二十九歲　明孝宗弘治十三年（庚申）　一五○○年

〈送李貽教歸省圖詩〉[34]、〈時雨賦〉[35]、〈奉和宗一高韵〉[36]。

陽明三十歲　明孝宗弘治十四年（辛酉）　一五○一年

〈奉石谷吳先生書〉[37]、〈登譙樓〉[38]、〈與王侍御書〉[39]、〈清風樓〉[40]、〈地藏塔〉[41]、〈實庵和尚像贊〉[42]、〈和九柏老仙詩〉[43]、〈遊九華賦〉[44]。

陽明三十一歲　明孝宗弘治十五年（壬戌）　一五○二年

〈羅履素詩集序　壬戌〉[45]、〈兩浙觀風詩序　壬戌〉[46]、〈興國守胡孟登生像記　壬戌〉[47]、〈題湯大行殿試策問下　壬戌〉[48]、〈易直先生墓

32　〈樂陵司訓吳先生墓碑〉,《陽明佚文輯考編年》,頁73-75。

33　〈武經七書評〉,《陽明佚文輯考編年》,頁76-98。

34　〈送李貽教歸省圖詩〉,《陽明佚文輯考編年》,頁99-100。

35　〈時雨賦〉,《陽明佚文輯考編年》,頁101-104。

36　〈奉和宗一高韵〉,《陽明佚文輯考編年》,頁105-106。

37　〈奉石谷吳先生書〉,《陽明佚文輯考編年》,頁107-109。

38　〈登譙樓〉,《陽明佚文輯考編年》,頁110-111。

39　〈與王侍御書〉,《陽明佚文輯考編年》,頁112-113。

40　〈清風樓〉,《陽明佚文輯考編年》,頁114。

41　〈地藏塔〉,《陽明佚文輯考編年》,頁116。

42　〈實庵和尚像贊〉,《陽明佚文輯考編年》,頁117。

43　〈和九柏老仙詩〉,《陽明佚文輯考編年》,頁118-119。

44　「作〈遊九華賦〉。」參見《王陽明全集》〈年譜一〉卷33,頁1004。

45　〈羅履素詩集序　壬戌〉,《王陽明全集》〈外集四・序〉卷22,頁690-691。

46　〈兩浙觀風詩序　壬戌〉,《王陽明全集》〈外集四・序〉卷22,頁691-692。

47　〈興國守胡孟登生像記　壬戌〉,《王陽明全集》〈外集五・記〉卷23,頁731-732。

48　〈題湯大行殿試策問下　壬戌〉,《王陽明全集》〈外集六・說・雜著〉卷24,頁750。

誌　壬戌〉[49]。

※賦騷詩其二：〈九華山賦　壬戌〉[50]。

※歸越詩三十五首。弘治壬戌年，以刑部主事告病歸越并楚遊作。〈遊牛峰寺四首　牛峰今改名浮峰〉、〈又四絕句〉、〈姑蘇吳氏海天樓次鄺尹韻〉、〈山中立秋日偶書〉、〈夜雨山翁家偶書〉、〈尋春〉、〈西湖醉中漫書二首〉、〈九華山下柯秀才家〉、〈夜宿無相寺〉、〈題四老圍棋圖〉、〈無相寺三首〉、〈化城寺六首〉、〈李白祠二首〉、〈雙峰〉、〈蓮花峰〉、〈列仙峰〉、〈雲門峰〉、〈芙蓉閣二首〉、〈書梅竹小畫〉[51]。

※〈登螺磯次草泉心劉石門韻二首　二詩壬戌年作，誤入此〉[52]、〈九華山賦　并序〉[53]、〈遊齊山賦　并序〉[54]、〈雲巖〉[55]、〈與舫齋書〉[56]、〈謫仙樓〉[57]、〈遊茅山（二首）〉[58]、〈蓬萊方丈偶書（二首）〉[59]、〈游北固山〉[60]、〈贈京口三山僧（四首）〉[61]、〈屋舟為京口

49　〈易直先生墓誌　壬戌〉，《王陽明全集》〈外集七·墓誌銘·墓表·墓碑·傳碑刻·贊·箴·祭文〉卷25，頁765-766。

50　〈九華山賦　壬戌〉，《王陽明全集》〈外集一·賦騷詩七首〉卷19，頁554-556。

51　《王陽明全集》〈外集一·歸越詩三十五首〉卷19，頁559-563。

52　〈登螺磯次草泉心劉石門韻二首　二詩壬戌年作，誤入此〉，《王陽明全集》〈外集二·江西詩一二○首〉卷20，頁630-631。按：此詩作於明孝宗弘治15年（壬戌），1502年。誤入明武宗正德14年（己卯），1519年，今修正。

53　〈九華山賦并序〉，《陽明佚文輯考編年》，頁120-125。

54　〈遊齊山賦并序〉，《陽明佚文輯考編年》，頁126-127。

55　〈雲巖〉，《陽明佚文輯考編年》，頁128。

56　〈與舫齋書〉，《陽明佚文輯考編年》，頁129-130。

57　〈謫仙樓〉，《陽明佚文輯考編年》，頁131。

58　〈遊茅山（二首）〉，《陽明佚文輯考編年》，頁132。

59　〈蓬萊方丈偶書（二首）〉，《陽明佚文輯考編年》，頁133-134。

60　〈游北固山〉，《陽明佚文輯考編年》，頁135-136。

61　〈贈京口三山僧（四首）〉，《陽明佚文輯考編年》，頁137-139。

錢宗玉作〉[62]、〈仰高亭〉[63]、〈登吳江塔〉[64]、〈贈芳上人歸三塔〉[65]、
〈審山詩〉[66]、〈胡公生像記〉[67]、〈鄉思二首 次韵答黃興〉[68]、〈坐
功〉[69]。

陽明三十二歲　明孝宗弘治十六年（癸亥）　一五○三年

〈答佟太守求雨 癸亥〉[70]、〈新建預備倉記 癸亥〉[71]、〈平山書院記
癸亥〉[72]、〈陳處士墓誌銘 癸亥〉[73]、〈平樂同知尹公墓誌銘 癸亥〉[74]、
〈南鎮禱雨文 癸亥〉[75]。

〈本覺寺〉[76]、〈聖水寺（二首）〉[77]、〈無題道詩〉[78]、〈曹林庵〉[79]、

62　〈屋舟為京口錢宗玉作〉，《陽明佚文輯考編年》，頁140-141。

63　〈仰高亭〉，《陽明佚文輯考編年》，頁142。

64　〈登吳江塔〉，《陽明佚文輯考編年》，頁143。

65　〈贈芳上人歸三塔〉，《陽明佚文輯考編年》，頁144。

66　〈審山詩〉，《陽明佚文輯考編年》，頁145-146。

67　〈胡公生像記〉，《陽明佚文輯考編年》，頁147-149。

68　〈鄉思二首 次韵答黃興〉，《陽明佚文輯考編年》，頁150-152。

69　〈坐功〉，《陽明佚文輯考編年》，頁153。

70　〈答佟太守求雨 癸亥〉，《王陽明全集》〈外集三・書〉卷21，頁660-661。

71　〈新建預備倉記 癸亥〉，《王陽明全集》〈外集五・記〉卷23，頁732-733。

72　〈平山書院記 癸亥〉，《王陽明全集》〈外集五・記〉卷23，頁733-734。

73　〈陳處士墓誌銘 癸亥〉，《王陽明全集》〈外集七・墓誌銘・墓表・墓碑・傳碑刻・
　　贊・箴・祭文〉卷25，頁766-767。

74　〈平樂同知尹公墓誌銘 癸亥〉，《王陽明全集》〈外集七・墓誌銘・墓表・墓碑・傳
　　碑刻・贊・箴・祭文〉卷25，頁767-768。

75　〈南鎮禱雨文 癸亥〉，《王陽明全集》〈外集七・墓誌銘・墓表・墓碑・傳碑刻・
　　贊・箴・祭文〉卷25，頁784-785。

76　〈本覺寺〉，《陽明佚文輯考編年》，頁154。

77　〈聖水寺（二首）〉，《陽明佚文輯考編年》，頁155。

78　〈無題道詩〉，《陽明佚文輯考編年》，頁156-157。

79　〈曹林庵〉，《陽明佚文輯考編年》，頁158-159。

〈覺苑寺〉[80]、〈勝果寺〉[81]、〈春日宿寶界禪房賦〉[82]、〈無題〉[83]、〈答慈雲老師書〉[84]、〈西湖〉[85]、〈無題詩〉[86]、〈夜歸〉[87]、〈答子臺秋元書〉[88]、〈滿庭芳 四時歌〉[89]、〈望江南 西湖四景〉[90]、〈四皓論〉[91]、〈答陳文鳴〉[92]。

陽明三十三歲　明孝宗弘治十七年（甲子）　一五〇四年

〈山東鄉試錄序 甲子〉[93]、〈附山東鄉試錄〉[94]、〈山東鄉試錄後序〉[95]。
※山東詩六首。弘治甲子年起復，主試山東時作。〈登泰山五首其一〉、〈登泰山五首其二〉、〈登泰山五首其三〉、〈登泰山五首其四〉、〈登泰山五首其五〉、〈泰山高次王內翰司獻韻〉[96]。

80　〈覺苑寺〉，《陽明佚文輯考編年》，頁160。

81　〈勝果寺〉，《陽明佚文輯考編年》，頁161。

82　〈春日宿寶界禪房賦〉，《陽明佚文輯考編年》，頁162。

83　〈無題〉，《陽明佚文輯考編年》，頁163-164。

84　〈答慈雲老師書〉，《陽明佚文輯考編年》，頁165。

85　〈西湖〉，《陽明佚文輯考編年》，頁166。

86　〈無題詩〉，《陽明佚文輯考編年》，頁167-168。

87　〈夜歸〉，《陽明佚文輯考編年》，頁169-170。

88　〈答子臺秋元書〉，《陽明佚文輯考編年》，頁171-172。

89　〈滿庭芳 四時歌〉，《陽明佚文輯考編年》，頁173。

90　〈望江南 西湖四景〉，《陽明佚文輯考編年》，頁174。

91　〈四皓論〉，《陽明佚文輯考編年》，頁175-178。

92　〈答陳文鳴〉，《陽明佚文輯考編年》，頁179-181。

93　〈山東鄉試錄序 甲子〉，《王陽明全集》〈外集四‧序〉卷22，頁692-693。

94　〈附山東鄉試錄〉一文，註曰：「本錄原列為隆慶刊本卷31下，然非皆陽明之作，今移置於本卷，附於陽明序文後。」《王陽明全集》〈外集四‧序〉卷22，頁693-718。

95　〈山東鄉試錄後序〉，《王陽明全集》〈外集四‧序〉卷22，頁718。

96　《王陽明全集》〈外集一‧山東詩六首〉卷19，頁563-565。

〈石門晚泊〉[97]、〈別友詩〉[98]、〈若耶溪送友詩〉[99]、〈謁周公廟〉[100]、〈晚堂孤坐吟〉[101]、〈天涯思歸〉[102]、〈酌突泉和趙松雪韵〉[103]、〈泰山高詩碑〉[104]、〈御帳坪〉[105]、〈遊靈巖次蘇穎濱韵〉[106]、〈長方端石硯題字〉[107]、〈端石抄手硯題識〉[108]。

陽明三十四歲　明孝宗弘治十八年（乙丑）　一五〇五年

※京師詩八首。弘治乙丑年改除兵部主事時作。〈憶龍泉山〉、〈憶諸弟〉、〈寄舅〉、〈送人東歸〉、〈寄西湖友〉、〈贈陽伯〉、〈故山〉、〈憶鑒湖友〉[109]。

〈西湖〉[110]、〈古詩〉[111]、〈書扇贈揚伯〉[112]、〈無題文〉[113]、〈書明道延平語跋〉[114]、〈評陳白沙之學語〉[115]。

97　〈石門晚泊〉，《陽明佚文輯考編年》，頁182-183。

98　〈別友詩〉，《陽明佚文輯考編年》，頁184。

99　〈若耶溪送友詩〉，《陽明佚文輯考編年》，頁185-186。

100　〈謁周公廟〉，《陽明佚文輯考編年》，頁187。

101　〈晚堂孤坐吟〉，《陽明佚文輯考編年》，頁188-189。

102　〈天涯思歸〉，《陽明佚文輯考編年》，頁190-192。

103　〈酌突泉和趙松雪韵〉，《陽明佚文輯考編年》，頁193-194。

104　〈泰山高詩碑〉，《陽明佚文輯考編年》，頁195-196。

105　〈御帳坪〉，《陽明佚文輯考編年》，頁197-198。

106　〈遊靈巖次蘇穎濱韵〉，《陽明佚文輯考編年》，頁199-200。

107　〈長方端石硯題字〉，《陽明佚文輯考編年》，頁201。

108　〈端石抄手硯題識〉，《陽明佚文輯考編年》，頁202。

109　《王陽明全集》〈外集一・京師詩八首〉卷19，頁565-566。

110　〈西湖〉，《陽明佚文輯考編年》，頁203-210。

111　〈古詩〉，《陽明佚文輯考編年》，頁211。

112　〈書扇贈揚伯〉，《陽明佚文輯考編年》，頁213。

113　〈無題文〉，《陽明佚文輯考編年》，頁214-215。

114　〈書明道延平語跋〉，《陽明佚文輯考編年》，頁216-218。

115　〈評陳白沙之學語〉，《陽明佚文輯考編年》，頁219-220。

陽明三十五歲　明武宗正德元年（丙寅）　一五〇六年

※賦騷詩其三：〈吊屈平賦　丙寅〉[116]、賦騷詩其五：〈咎言　丙寅〉[117]。

※獄中詩十四首。正德丙寅年十二月，以上疏忤逆瑾，下錦衣獄作。〈不寐〉、〈有室七章〉、〈讀易〉、〈歲暮〉、〈見月〉、〈天涯〉、〈屋罅月〉、〈別友獄中〉[118]。

〈五星硯銘〉[119]、〈論書（一）〉[120]、〈論書（二）〉[121]、〈論書（三）〉[122]、〈題大年畫〉[123]、〈題趙千里畫〉[124]、〈題臨水幽居圖〉[125]、〈山水畫自題〉[126]。

陽明三十六歲　明武宗正德二年（丁卯）　一五〇七年

〈別三子序　丁卯〉[127]、〈示徐曰仁應試　丁卯〉[128]。

※赴謫詩五十五首。正德丁卯年赴謫貴陽龍場驛作。〈答汪抑之三首〉、〈陽明子之南也其友湛元明歌九章以贈崔子鐘和之以五詩於是陽明子作八詠以答之其一〉、〈陽明子之南也其友湛元明歌九章以贈崔子

116　〈吊屈平賦　丙寅〉，《王陽明全集》〈外集一・賦騷詩七首〉卷19，頁556。

117　〈咎言丙寅〉，《王陽明全集》〈外集一・賦騷詩七首〉卷19，頁557-558。

118　《王陽明全集》〈外集一・獄中詩十四首〉卷19，頁567-568。

119　〈五星硯銘〉，《陽明佚文輯考編年》，頁221。

120　〈論書（一）〉，《陽明佚文輯考編年》，頁222-223。

121　〈論書（二）〉，《陽明佚文輯考編年》，頁224。

122　〈論書（三）〉，《陽明佚文輯考編年》，頁225。

123　〈題大年畫〉，《陽明佚文輯考編年》，頁227。

124　〈題趙千里畫〉，《陽明佚文輯考編年》，頁228。

125　〈題臨水幽居圖〉，《陽明佚文輯考編年》，頁229。

126　〈山水畫自題〉，《陽明佚文輯考編年》，頁230-231。

127　〈別三子序　丁卯〉，《王陽明全集》〈文錄四・序記說〉卷7，頁191-192。

128　〈示徐曰仁應試　丁卯〉，《王陽明全集》〈外集六・說・雜著〉卷24，頁750-751。

鐘和之以五詩於是陽明子作八詠以答之其二〉、〈陽明子之南也其友湛元明歌九章以贈崔子鐘和之以五詩於是陽明子作八詠以答之其三〉、〈陽明子之南也其友湛元明歌九章以贈崔子鐘和之以五詩於是陽明子作八詠以答之其四〉、〈陽明子之南也其友湛元明歌九章以贈崔子鐘和之以五詩於是陽明子作八詠以答之其五〉、〈陽明子之南也其友湛元明歌九章以贈崔子鐘和之以五詩於是陽明子作八詠以答之其六〉、〈陽明子之南也其友湛元明歌九章以贈崔子鐘和之以五詩於是陽明子作八詠以答之其七〉、〈陽明子之南也其友湛元明歌九章以贈崔子鐘和之以五詩於是陽明子作八詠以答之其八〉、〈南遊三首其一〉、〈南遊三首其二〉、〈南遊三首其三〉、〈憶昔答喬白巖因寄儲柴墟三首其一〉、〈憶昔答喬白巖因寄儲柴墟三首其二〉、〈憶昔答喬白巖因寄儲柴墟三首其三〉、〈一日懷抑之也抑之之贈既嘗答以三詩意若有歉焉是以賦也其一〉、〈一日懷抑之也抑之之贈既嘗答以三詩意若有歉焉是以賦也其二〉、〈一日懷抑之也抑之之贈既嘗答以三詩意若有歉焉是以賦也其三〉、〈夢與抑之昆季語湛崔皆在焉覺而有感因記以詩三首其一〉、〈夢與抑之昆季語湛崔皆在焉覺而有感因記以詩三首其二〉、〈夢與抑之昆季語湛崔皆在焉覺而有感因記以詩三首其三〉、〈因雨和杜韻〉、〈赴謫次北新關喜見諸弟〉、〈南屏〉、〈臥病靜慈寫懷〉、〈移居勝果寺二首〉、〈憶別〉、〈泛海〉、〈武夷次壁間韻〉、〈草萍驛次林見素韻奉寄〉、〈玉山東嶽廟遇舊識嚴星士〉、〈廣信元夕蔣太守舟中夜話〉、〈夜泊石亭寺用韻呈陳婁諸公因寄儲柴墟都憲及喬白巖太常諸友〉、〈過分宜望鈐岡廟〉、〈雜詩三首其一〉、〈雜詩三首其二〉、〈雜詩三首其三〉、〈袁州府宜春臺四絕〉、〈夜宿宣風館〉、〈萍鄉道中謁濂溪祠〉、〈宿萍鄉武雲觀〉、〈醴陵道中風雨夜宿泗州寺次韻〉、〈長沙答周生〉、〈陟湘於邁岳麓是尊仰止先哲因懷友生麗澤興感伐木寄言二首其一〉、〈陟湘於邁岳麓是尊仰止先哲因懷友生麗澤興感伐木寄言二首其

二〉、〈遊岳麓書事〉、〈次韻答趙太守王推官〉、〈天心湖阻泊既濟書事〉[129]。

《上國遊》[130]、〈贈劉秋佩〉[131]、〈又贈劉秋佩〉[132]、〈雲龍山次喬宇韵〉[133]、〈題吳五峰大參甘棠遺愛卷　五峰衡山人〉[134]、〈套數·歸隱〉[135]、〈于公祠享堂柱銘〉[136]、〈于忠肅像贊〉[137]、〈遊海詩（三詩一文）〉[138]、〈中和堂主贈詩〉[139]、〈田橫論〉[140]、〈又臨懷素自敘帖〉[141]、〈大中祥符禪寺〉[142]、〈舍利寺〉[143]、〈題蘭溪聖壽教寺壁〉[144]。

《湛若水年譜》：「先生有〈九章贈別并序〉以贈陽明。」[145]《湛若水年譜》：「陽明先生有答詩，題為〈陽明子之南也，其友湛元明歌九章以贈，崔子鍾和之以五詩，於是陽明子作八詠以答之〉。」[146]按：王

129　《王陽明全集》〈外集一·赴謫詩五十五首〉卷19，頁569-580。

130　「《上國遊》，即收集陽明弘治五年至正德二年在京師所作詩文。」參見：〈書懷素自敘帖〉，《陽明佚文輯考編年》，頁16-17。

131　〈贈劉秋佩〉，《陽明佚文輯考編年》，頁232。

132　〈又贈劉秋佩〉，《陽明佚文輯考編年》，頁233-235。

133　〈雲龍山次喬宇韵〉，《陽明佚文輯考編年》，頁236-238。

134　〈題吳五峰大參甘棠遺愛卷　五峰衡山人〉，《陽明佚文輯考編年》，頁239-240。

135　〈套數·歸隱〉，《陽明佚文輯考編年》，頁241-243。

136　〈于公祠享堂柱銘〉，《陽明佚文輯考編年》，頁244-245。

137　〈于忠肅像贊〉，《陽明佚文輯考編年》，頁246-247。

138　〈遊海詩（三詩一文）〉，《陽明佚文輯考編年》，頁248-259。

139　〈中和堂主贈詩〉，《陽明佚文輯考編年》，頁260。

140　〈田橫論〉，《陽明佚文輯考編年》，頁261-264。

141　〈又臨懷素自敘帖〉，《陽明佚文輯考編年》，頁265-267。

142　〈大中祥符禪寺〉，《陽明佚文輯考編年》，頁268-269。

143　〈舍利寺〉，《陽明佚文輯考編年》，頁270。

144　〈題蘭溪聖壽教寺壁〉，《陽明佚文輯考編年》，頁271-272。

145　黎業明：《湛若水年譜》，頁35-36。

146　黎業明：《湛若水年譜》，頁37。

陽明作〈陽明子之南也，其友湛元明歌九章以贈，崔子鍾和之以五詩，於是陽明子作八詠以答之〉[147]、〈南遊三首〉[148]、〈夢與抑之昆季語，湛、崔皆在焉，覺而有感，因記以詩三首〉[149]繫於此。

陽明三十七歲　明武宗正德三年（戊辰）　一五○八年

〈答毛憲副　戊辰〉[150]、〈與安宣慰一　戊辰〉[151]、〈與安宣慰二　戊辰〉[152]、〈與安宣慰三　戊辰〉[153]、〈答人問神仙　戊辰〉[154]、〈氣候圖序　戊辰〉[155]、〈送毛憲副致仕歸桐江書院序　戊辰〉[156]、〈恩壽雙慶詩後序　戊辰〉[157]、〈重刊文章軌範序　戊辰〉[158]、〈五經臆說序　戊辰〉[159]、〈何陋軒記　戊辰〉[160]、〈君子亭記　戊辰〉[161]、〈遠俗亭記　戊辰〉[162]、

---

147 〈陽明子之南也其友湛元明歌九章以贈崔子鍾和之以五詩於是陽明子作八詠以答之〉，《王陽明全集》〈外集一・赴謫詩五十五首〉卷19，頁569-570。

148 〈南遊三首〉，《王陽明全集》〈外集一・赴謫詩五十五首〉卷19，頁570-571。

149 〈夢與抑之昆季語湛崔皆在焉覺而有感因記以詩三首〉，《王陽明全集》〈外集一・赴謫詩五十五首〉卷19，頁572-573。

150 〈答毛憲副　戊辰〉，《王陽明全集》〈外集三・書〉卷21，頁661-662。

151 〈與安宣慰一　戊辰〉，《王陽明全集》〈外集三・書〉卷21，頁662。

152 〈與安宣慰二　戊辰〉，《王陽明全集》〈外集三・書〉卷21，頁662-663。

153 〈與安宣慰三　戊辰〉，《王陽明全集》〈外集三・書〉卷1，頁663-664。

154 〈答人問神仙　戊辰〉，《王陽明全集》〈外集三・書〉卷21，頁664。

155 〈氣候圖序　戊辰〉，《王陽明全集》〈外集四・序〉卷22，頁719-720。

156 〈送毛憲副致仕歸桐江書院序　戊辰〉，《王陽明全集》〈外集四・序〉卷22，頁720-721。

157 〈恩壽雙慶詩後序　戊辰〉，《王陽明全集》〈外集四・序〉卷22，頁721-722。

158 〈重刊文章軌範序　戊辰〉，《王陽明全集》〈外集四・序〉卷22，頁722-723。

159 〈五經臆說序　戊辰〉，《王陽明全集》〈外集四・序〉卷22，頁723。

160 〈何陋軒記　戊辰〉，《王陽明全集》〈外集五・記〉卷23，頁735。

161 〈君子亭記　戊辰〉，《王陽明全集》〈外集五・記〉卷23，頁735-736。

162 〈遠俗亭記　戊辰〉，《王陽明全集》〈外集五・記〉卷23，頁736。

〈象祠記　戊辰〉[163]、〈臥馬冢記　戊辰〉[164]、〈賓陽堂記　戊辰〉[165]、〈重修月潭寺建公館記　戊辰〉[166]、〈玩易窩記　戊辰〉[167]、〈龍場生問答　戊辰〉[168]、〈論元年春王正月　戊辰〉[169]、〈瘞旅文　戊辰〉[170]。

※居夷詩一一〇首。〈去婦嘆五首〉、〈羅舊驛〉、〈沅水驛〉、〈鐘鼓洞〉、〈平溪館次王文濟韻〉、〈清平衛即事〉、〈興隆衛書壁〉、〈七盤〉、〈初至龍場無所止結草庵居之〉、〈始得東洞遂改為陽明小洞天三首〉、〈讁居絕糧請學於農將田南山永言寄懷〉、〈觀稼〉、〈採蕨〉、〈猗猗〉、〈南溟〉、〈溪水〉、〈龍岡新構〉、〈諸生來〉、〈西園〉、〈水濱洞〉、〈山石〉、〈無寐二首其一〉、〈無寐二首其二〉、〈諸生夜坐〉、〈艾草次胡少參韻〉、〈鳳雛次韻答胡少參〉、〈鸜鵒和胡韻〉、〈諸生〉、〈遊來仙洞早發道中〉、〈別友〉、〈贈黃太守澍〉、〈寄友用韻〉、〈秋夜〉、〈採薪二首〉、〈龍岡漫興五首〉、〈答毛拙庵見招書院〉、〈老檜〉、〈卻巫〉、〈過天生橋〉、〈南霽雲祠〉、〈春晴〉、〈陸廣曉發〉、〈雪夜〉、〈元夕二首〉、〈家僮作紙燈〉、〈白雲堂〉、〈來仙洞〉、〈木閣道中雪〉、〈元夕雪用蘇韻二首〉、〈曉霽用前韻書懷二首〉、〈次韻陸僉憲元日喜晴〉、〈元夕木閣山火〉、〈夜宿汪氏園〉、〈春行〉、〈村南〉、〈山途二首〉、〈白雲〉、〈答劉美之見寄次韻〉、〈寄徐掌教〉、〈書庭蕉〉、〈送張憲長左遷滇南大參次韻〉、〈南庵次韻二首〉、〈觀傀儡次韻〉、〈徐都憲

163　〈象祠記　戊辰〉，《王陽明全集》〈外集五・記〉卷23，頁737-738。

164　〈臥馬冢記　戊辰〉，《王陽明全集》〈外集五・記〉卷23，頁738。

165　〈賓陽堂記　戊辰〉，《王陽明全集》〈外集五・記〉卷23，頁738-739。

166　〈重修月潭寺建公館記　戊辰〉，《王陽明全集》〈外集五・記〉卷23，頁739-740。

167　〈玩易窩記　戊辰〉，《王陽明全集》〈外集五・記〉卷23，頁740-741。

168　〈龍場生問答　戊辰〉，《王陽明全集》〈外集六・說・雜著〉卷24，頁751-752。

169　〈論元年春王正月　戊辰〉，《王陽明全集》〈外集六・說・雜著〉卷24，頁752-755。

170　〈瘞旅文　戊辰〉，《王陽明全集》〈外集七・墓誌銘・墓表・墓碑・傳碑刻・贊・箴・祭文〉卷25，頁785-786。

同遊南庵次韻〉、〈即席次王文濟少參韻二首〉、〈贈劉侍御二首〉、〈夜
寒〉、〈冬至〉、〈春日花間偶集示門生〉、〈次韻送陸文順僉憲〉、〈次韻
陸僉憲病起見寄〉、〈次韻胡少參見過〉、〈雪中桃次韻〉、〈舟中除夕二
首〉、〈淑浦山夜泊〉、〈過江門崖〉、〈辰州虎溪龍興寺聞楊名父將到留
韻壁間〉、〈武陵潮音閣懷元明〉、〈閣中坐雨〉、〈霽夜〉、〈僧齋〉、〈德
山寺次壁間韻〉、〈沅江晚泊二首〉、〈夜泊江思湖憶元明〉、〈睡起寫
懷〉、〈三山晚眺〉、〈鵝羊山〉、〈泗州寺〉、〈再經武雲觀書林玉璣道士
壁〉、〈再過濂溪祠用前韻〉¹⁷¹。

〈靖興寺〉¹⁷²、〈龍潭〉¹⁷³、〈望赫羲臺〉¹⁷⁴、〈贈龍以昭隱君〉¹⁷⁵、
〈朱張祠書懷示同遊〉¹⁷⁶、〈弔易忠節公墓〉¹⁷⁷、〈晚泊沅江〉¹⁷⁸、
〈始得東洞遂改為陽明小洞天〉¹⁷⁹、〈答文鳴提學〉¹⁸⁰、〈答懋貞少
參〉¹⁸¹、〈士窮見節義論〉¹⁸²、〈游子懷鄉〉¹⁸³、〈棲霞山〉¹⁸⁴、〈何陋
軒記〉¹⁸⁵、〈明封孺人詹母越氏墓志銘〉¹⁸⁶、〈蜀府伴讀曹先生墓志

---

171 《王陽明全集》〈外集一・居夷詩一一〇首〉卷19，頁580-600。
172 〈靖興寺〉，《陽明佚文輯考編年》，頁273。
173 〈龍潭〉，《陽明佚文輯考編年》，頁274。
174 〈望赫羲臺〉，《陽明佚文輯考編年》，頁275。
175 〈贈龍以昭隱君〉，《陽明佚文輯考編年》，頁276。
176 〈朱張祠書懷示同遊〉，《陽明佚文輯考編年》，頁277。
177 〈弔易忠節公墓〉，《陽明佚文輯考編年》，頁278-279。
178 〈晚泊沅江〉，《陽明佚文輯考編年》，頁280。
179 「《王陽明全集》卷十九《居夷詩》中有〈始得東洞遂改為陽明小洞天三首〉，在
《居夷集》卻作〈移居陽明小洞天〉，而此詩方作〈始得東洞遂改為陽明小洞
天〉。」〈始得東洞遂改為陽明小洞天〉，《陽明佚文輯考編年》，頁281-282。
180 〈答文鳴提學〉，《陽明佚文輯考編年》，頁283-285。
181 〈答懋貞少參〉，《陽明佚文輯考編年》，頁286-288。
182 〈士窮見節義論〉，《陽明佚文輯考編年》，頁289-292。
183 〈游子懷鄉〉，《陽明佚文輯考編年》，頁293。
184 〈棲霞山〉，《陽明佚文輯考編年》，頁294。
185 「今《王陽明全集》卷二十三有〈何陋軒記〉，但句有異，且缺最末。」參見〈何
陋軒記〉，《陽明佚文輯考編年》，頁295-298。
186 〈明封孺人詹母越氏墓志銘〉，《陽明佚文輯考編年》，頁299-301。

銘〉¹⁸⁷、〈套數‧恬退〉¹⁸⁸。

《湛若水年譜》:「臘二十七,夜夢陽明先生,有〈戊辰臘廿七日夜夢王伯安兄〉詩。」¹⁸⁹

陽明三十八歲　明武宗正德四年(己巳)　一五〇九年

〈與辰中諸生 己巳〉¹⁹⁰。

〈龍岡謾書〉¹⁹¹、〈寓貴詩〉¹⁹²、〈驄馬歸朝詩敘〉¹⁹³、〈與貴陽書院諸生書(三書)〉¹⁹⁴。

陽明三十九歲　明武宗正德五年(庚午)　　五一〇年

※盧陵詩六首。正德庚午三月遷盧陵尹作。〈遊瑞華二首其一〉、〈遊瑞華二首其二〉、〈古道〉、〈立春日道中短述〉、〈公館午飯偶書〉、〈午憩香社寺〉¹⁹⁵。

※京師詩二十四首。正德庚午年十月,陞南京刑部主事。辛未年入覲,調北京吏部主事作。(按:作於庚午年、辛未年)。〈夜宿功德寺次宗賢二絕〉、〈別方叔賢四首〉、〈白灣六章〉、〈寄隱巖〉、〈香山次韻〉、〈夜宿香山林宗師房次韻二首〉、〈別湛甘泉二首其一〉、〈別湛甘泉二首其二〉、〈贈別黃宗賢〉。¹⁹⁶

187　〈蜀府伴讀曹先生墓志銘〉,《陽明佚文輯考編年》,頁302-304。

188　〈套數‧恬退〉,《陽明佚文輯考編年》,頁305-306。

189　黎業明:《湛若水年譜》,頁39。

190　〈與辰中諸生 己巳〉,《王陽明全集》〈文錄一‧書一 始正德己巳至庚辰〉卷4,頁125。按:王陽明於貴州龍場驛貶謫期滿,陞江西盧陵(今吉安)知縣,於赴任途中,在辰中(辰州,今湖南省懷化市沅陵縣)遇諸友,此書表達對諸友之思。

191　〈龍岡謾書〉,《陽明佚文輯考編年》,頁307。

192　〈寓貴詩〉,《陽明佚文輯考編年》,頁308。

193　〈驄馬歸朝詩敘〉,《陽明佚文輯考編年》,頁309-312。

194　〈與貴陽書院諸生書(三書)〉,《陽明佚文輯考編年》,頁313-316。

195　《王陽明全集》〈外集二‧盧陵詩6首〉卷20,頁601-602。

196　《王陽明全集》〈外集二‧京師詩24首〉卷20,頁602-604。

〈次韵自嘆〉[197]、〈遊鐘鼓洞〉[198]、〈觀音山〉[199]、〈過安福〉[200]、〈滿江紅 題安化縣石橋〉[201]、〈重修廬陵縣署記〉[202]、〈答某人書〉[203]、〈答王應韶〉[204]、〈與辰中諸生〉[205]、〈與某人書〉[206]、〈藥王菩薩化珠保命真經序〉[207]、〈與周道通書（五書）其四〉[208]。

《湛若水年譜》:「秋,〈秋懷三首寄王廬陵陽明子〉。」[209]

陽明四十歲　明武宗正德六年（辛未）　一五一一年

〈答徐成之 辛未〉[210]、〈答黃宗賢應原忠 辛未〉[211]、〈答汪石潭內翰 辛未〉[212]、〈寄諸用明 辛未〉[213]、〈答王虎谷 辛未〉[214]、〈與黃宗賢

---

197 〈次韵自嘆〉,《陽明佚文輯考編年》,頁317-318。

198 〈遊鐘鼓洞〉,《陽明佚文輯考編年》,頁319-320。

199 〈觀音山〉,《陽明佚文輯考編年》,頁321。

200 〈過安福〉,《陽明佚文輯考編年》,頁322。

201 〈滿江紅 題安化縣石橋〉,《陽明佚文輯考編年》,頁323。

202 〈重修廬陵縣署記〉,《陽明佚文輯考編年》,頁324。

203 〈答某人書〉,《陽明佚文輯考編年》,頁325-326。

204 〈答王應韶〉,《陽明佚文輯考編年》,頁327-330。

205 「《王陽明全集》於〈與辰中諸生〉題下注「己巳」作,亦誤》。」參見〈與辰中諸生〉,《陽明佚文輯考編年》,頁331。

206 〈與某人書〉,《陽明佚文輯考編年》,頁332-333。

207 〈藥王菩薩化珠保命真經序〉,《陽明佚文輯考編年》,頁334-336。

208 〈與周道通書（五書）其四〉,《陽明佚文輯考編年》,頁792-798。

209 黎業明:《湛若水年譜》,頁40。

210 〈答徐成之 辛未〉,《王陽明全集》〈文錄一·書一 始正德己巳至庚辰〉卷4,頁125-126。

211 〈答黃宗賢應原忠 辛未〉,《王陽明全集》〈文錄一·書一 始正德己巳至庚辰〉卷4,頁126-127。

212 〈答汪石潭內翰 辛未〉,《王陽明全集》〈文錄一·書一 始正德己巳至庚辰〉卷4,頁127-128。

213 〈寄諸用明 辛未〉,《王陽明全集》〈文錄一·書一 始正德己巳至庚辰〉卷4,頁128。

214 〈答王虎谷 辛未〉,《王陽明全集》〈文錄一·書一 始正德己巳至庚辰〉卷4,頁128-129。

一 辛未〉²¹⁵、〈贈林以吉歸省序 辛未〉²¹⁶、〈送宗伯喬白巖序 辛未〉²¹⁷、〈贈王堯卿序 辛未〉²¹⁸、〈別張常甫序 辛未〉²¹⁹、〈別方叔賢序 辛未〉²²⁰、〈別王純甫序 辛未〉²²¹、〈梁仲用默齋說 辛未〉²²²、〈潘氏四封錄序 辛未〉²²³、〈送章達德歸東雁序 辛未〉²²⁴、〈徐昌國墓誌 辛未〉²²⁵。

※京師詩二十四首。正德庚午年十月，陞南京刑部主事。辛未年入覲，調北京吏部主事作。（按：作於庚午年、辛未年）。〈夜宿功德寺次宗賢二絕〉、〈別方叔賢四首〉、〈白灣六章〉、〈寄隱巖〉、〈香山次韻〉、〈夜宿香山林宗師房次韻二首〉、〈別湛甘泉二首其一〉、〈別湛甘泉二首其二〉、〈贈別黃宗賢〉²²⁶。

〈寓都下上大人書〉²²⁷、〈遊焦山次邃庵韵（三首）〉²²⁸、〈聽潮軒〉²²⁹、〈崇玄道院〉²³⁰、〈硯銘〉²³¹、〈正德六年會試卷批語〉²³²、〈與徐曰

---

215 〈與黃宗賢一 辛未〉，《王陽明全集》〈文錄一・書一 始正德己巳至庚辰〉卷4，頁129。

216 〈贈林以吉歸省序 辛未〉，《王陽明全集》〈文錄四・序記說〉卷7，頁192-193。

217 〈送宗伯喬白巖序 辛未〉，《王陽明全集》〈文錄四・序記說〉卷7，頁193。

218 〈贈王堯卿序 辛未〉，《王陽明全集》〈文錄四・序記說〉卷7，頁193-194。

219 〈別張常甫序 辛未〉，《王陽明全集》〈文錄四・序記說〉卷7，頁194。

220 〈別方叔賢序 辛未〉，《王陽明全集》〈文錄四・序記說〉卷7，頁195-196。

221 〈別王純甫序 辛未〉，《王陽明全集》〈文錄四・序記說〉卷7，頁196。

222 〈梁仲用默齋說 辛未〉，《王陽明全集》〈文錄四・序記說〉卷7，頁218。

223 〈潘氏四封錄序 辛未〉，《王陽明全集》〈外集四・序〉卷22，頁723-724。

224 〈送章達德歸東雁序 辛未〉，《王陽明全集》〈外集四・序〉卷22，頁724。

225 〈徐昌國墓誌 辛未〉，《王陽明全集》〈外集七・墓誌銘・墓表・墓碑・傳碑刻・贊・箴・祭文〉卷25，頁768-770。

226 《王陽明全集》〈外集二・京師詩二十四首〉卷20，頁602-604。

227 〈寓都下上大人書〉，《陽明佚文輯考編年》，頁337-338。

228 〈遊焦山次邃庵韵（三首）〉，《陽明佚文輯考編年》，頁339-341。

229 〈聽潮軒〉，《陽明佚文輯考編年》，頁342。

230 〈崇玄道院〉，《陽明佚文輯考編年》，頁343-344。

231 〈硯銘〉，《陽明佚文輯考編年》，頁345。

232 〈正德六年會試卷批語〉，《陽明佚文輯考編年》，頁346-348。

仁書〉[233]、〈彰孝坊〉[234]。

《湛若水年譜》:「八月,陽明先生為作〈贈翰林院編修湛公墓表〉。」[235]《湛若水年譜》:「晦日,陽明先生有〈別湛甘泉序〉、〈別湛甘泉二首〉。」[236]按:王陽明作〈別湛甘泉二首〉[237]繫於此。

陽明四十一歲　明武宗正德七年（壬申）　一五一二年

〈與黃宗賢二　壬申〉[238]、〈與王純甫一　壬申〉[239]、〈寄希淵一　壬申〉[240]、〈寄希淵二　壬申〉[241]、〈別湛甘泉序　壬申〉[242]、〈別黃宗賢歸天台序　壬申〉[243]、〈答儲柴墟一　壬申〉[244]、〈答儲柴墟二　壬申〉[245]、

233　〈與徐曰仁書〉,《陽明佚文輯考編年》,頁349-350。
234　〈彰孝坊〉,《陽明佚文輯考編年》,頁351-356。
235　黎業明:《湛若水年譜》,頁42-43。
236　黎業明:《湛若水年譜》,頁44-45。
237　〈別湛甘泉二首〉,《王陽明全集》〈外集二・京師詩二十四首〉卷20,頁604。
238　〈與黃宗賢二　壬申〉,《王陽明全集》〈文錄一・書一　始正德己巳至庚辰〉卷4,頁129-130。
239　〈與王純甫一　壬申〉,《王陽明全集》〈文錄一・書一　始正德己巳至庚辰〉卷4,頁133-134。
240　〈寄希淵一　壬申〉,《王陽明全集》〈文錄一・書一　始正德己巳至庚辰〉卷4,頁136。
241　〈寄希淵二　壬申〉,《王陽明全集》〈文錄一・書一　始正德己巳至庚辰〉卷4,頁136。
242　〈別湛甘泉序　壬申〉,《王陽明全集》〈文錄四・序記說〉卷7,頁194-195。按:〈別湛甘泉序　壬申〉一文,篇名顯示應為壬申年,陽明四十一歲時所寫。但在《年譜》中,陽明四十歲條下有記,「甘泉出使安南封國,將行,先生懼聖學難明而易惑,人生別易而會難也,乃為文以贈。」參見《王陽明全集》〈年譜一〉卷33,頁1011。
243　〈別黃宗賢歸天台序　壬申〉,《王陽明全集》〈文錄四・序記說〉卷7,頁197。
244　〈答儲柴墟一　壬申〉,《王陽明全集》〈外集三・書〉卷21,頁669-671。
245　〈答儲柴墟二　壬申〉,《王陽明全集》〈外集三・書〉卷21,頁671-672。

〈答何子元　壬申〉[246]、〈贈翰林院編修湛公墓表　壬申〉[247]。

※歸越詩五首。正德壬申年陞南京太僕寺少卿，便道歸越作。〈四明觀白水二首〉、〈杖錫道中用張憲使韻〉、〈又用曰仁韻〉、〈書杖錫寺〉[248]。〈觀善巖小序〉[249]、〈與湛甘泉（二首）〉[250]、〈寄貴陽諸生〉[251]、〈上海日翁大人札〉[252]、〈上大人書〉[253]、〈又上海日翁大人札〉[254]、〈與諸門人夜話〉[255]。

陽明四十二歲　明武宗正德八年（癸酉）　一五一三年

〈與黃宗賢三　癸酉〉[256]、〈與黃宗賢四　癸酉〉[257]、〈與黃宗賢五　癸酉〉[258]、〈與王純甫二　癸酉〉[259]、〈寄希淵三　癸酉〉[260]、〈與戴子良

246　〈答何子元　壬申〉，《王陽明全集》〈外集三・書〉卷21，頁672-673。

247　〈贈翰林院編修湛公墓表　壬申〉，《王陽明全集》〈外集七・墓誌銘・墓表・墓碑・傳碑刻・贊・箴・祭文〉卷25，頁775-776。

248　《王陽明全集》〈外集二・歸越詩五首〉卷20，頁604-605。

249　〈觀善巖小序〉，《陽明佚文輯考編年》，頁357-360。

250　〈與湛甘泉（二首）〉，《陽明佚文輯考編年》，頁361-363。

251　〈寄貴陽諸生〉，《陽明佚文輯考編年》，頁364-366。

252　〈上海日翁大人札〉，《陽明佚文輯考編年》，頁367-371。

253　〈上大人書〉，《陽明佚文輯考編年》，頁372-375。

254　〈又上海日翁大人札〉，《陽明佚文輯考編年》，頁376-377。

255　〈與諸門人夜話〉，《陽明佚文輯考編年》，頁378-379。

256　〈與黃宗賢三　癸酉〉，《王陽明全集》〈文錄一・書一　始正德己巳至庚辰〉卷4，頁130。

257　〈與黃宗賢四　癸酉〉，《王陽明全集》〈文錄一・書一　始正德己巳至庚辰〉卷4，頁130-131。

258　〈與黃宗賢五　癸酉〉，《王陽明全集》〈文錄一・書一　始正德己巳至庚辰〉卷4，頁131-132。

259　〈與王純甫二　癸酉〉，《王陽明全集》〈文錄一・書一　始正德己巳至庚辰〉卷4，頁134-135。

260　〈寄希淵三　癸酉〉，《王陽明全集》〈文錄一・書一　始正德己巳至庚辰〉卷4，頁136-137。

癸西〉²⁶¹、〈與胡伯忠 癸西〉²⁶²、〈與黃誠甫一 癸西〉²⁶³、〈書汪汝成格物卷 癸西〉²⁶⁴、〈東林書院記 癸西〉²⁶⁵、〈悔齋說 癸西〉²⁶⁶、〈書東齋風雨卷後 癸西〉²⁶⁷。

※滁州詩三十六首。正德癸西年到太僕寺作。〈梧桐江用韻〉、〈林間睡起〉、〈贈熊彰歸〉、〈別易仲〉、〈送守中至龍盤山中〉、〈龍蟠山中用韻〉、〈瑯琊山中三首〉、〈答朱汝德用韻〉、〈送惟乾二首〉、〈別希顏二首〉、〈山中示諸生五首〉、〈龍潭夜坐〉、〈送德觀歸省二首〉、〈送蔡希顏三首〉、〈贈守中北行二首〉、〈鄭伯興謝病還鹿門雪夜過別賦贈三首〉、〈門人王嘉秀實夫蕭琦子玉告歸書此見別意兼寄聲辰陽諸賢〉、〈滁陽別諸友〉、〈寄浮峰詩社〉、〈棲雲樓坐雪二首〉、〈與商貢士二首其一〉、〈與商貢士二首其二〉²⁶⁸。

〈紫陽書院集序原稿〉²⁶⁹、〈送日東正使了庵和尚歸國序〉²⁷⁰、〈寄蕙皋書札〉²⁷¹、〈寶林寺〉²⁷²、〈詠釣臺石筍〉²⁷³、〈遊雪竇（三首）〉²⁷⁴、

---

261 〈與戴子良 癸西〉,《王陽明全集》〈文錄一·書一 始正德己巳至庚辰〉卷4,頁138。

262 〈與胡伯忠 癸西〉,《王陽明全集》〈文錄一·書一 始正德己巳至庚辰〉卷4,頁138-139。

263 〈與黃誠甫一 癸西〉,《王陽明全集》〈文錄一·書一 始正德己巳至庚辰〉卷4,頁139。

264 〈書汪汝成格物卷 癸西〉,《王陽明全集》〈文錄五·雜著〉卷8,頁227。

265 〈東林書院記 癸西〉,《王陽明全集》〈外集五·記〉卷23,頁741-742。

266 〈悔齋說 癸西〉,《王陽明全集》〈外集六·說·雜著〉卷24,頁749-750。

267 〈書東齋風雨卷後 癸西〉,《王陽明全集》〈外集六·說·雜著〉卷24,頁755。

268 《王陽明全集》〈外集二·滁州詩三十六首〉卷20,頁605-611。

269 〈紫陽書院集序原稿〉,《陽明佚文輯考編年》,頁380-382。

270 〈送日東正使了庵和尚歸國序〉,《陽明佚文輯考編年》,頁383-386。

271 〈寄蕙皋書札〉,《陽明佚文輯考編年》,頁387-389。

272 〈寶林寺〉,《陽明佚文輯考編年》,頁390。

273 〈詠釣臺石筍〉,《陽明佚文輯考編年》,頁391。

274 〈遊雪竇（三首）〉,《陽明佚文輯考編年》,頁392-393。

〈烏斯道《春草齋集》題辭〉²⁷⁵、〈寄原忠太史〉²⁷⁶、〈答汪抑之書一〉²⁷⁷、〈答汪抑之書二〉²⁷⁸、〈題陳瓚所藏《雁啣蘆圖》詩〉²⁷⁹。

陽明四十三歲　明武宗正德九年（甲戌）　一五一四年

〈與王純甫三 甲戌〉²⁸⁰、〈與王純甫四 甲戌〉²⁸¹、〈答王天宇一 甲戌〉²⁸²、〈答王天宇二 甲戌〉²⁸³、〈約齋說 甲戌〉²⁸⁴、〈書石川卷 甲戌〉²⁸⁵、〈與傅生鳳 甲戌〉²⁸⁶、〈書王天宇卷 甲戌〉²⁸⁷、〈書王嘉秀請益卷 甲戌〉²⁸⁸、〈壽湯雲谷序 甲戌〉²⁸⁹、〈文山別集序 甲戌〉²⁹⁰、〈應天府重修儒學記 甲戌〉²⁹¹、〈竹江劉氏族譜跋 甲戌〉²⁹²、〈湛賢

275　〈烏斯道《春草齋集》題辭〉，《陽明佚文輯考編年》，頁394。

276　〈寄原忠太史〉，《陽明佚文輯考編年》，頁395-396。

277　〈答汪抑之書一〉，《陽明佚文輯考編年》，頁397。

278　〈答汪抑之書二〉，《陽明佚文輯考編年》，頁398-400。

279　〈題陳瓚所藏《雁啣蘆圖》詩〉，《陽明佚文輯考編年》，頁401。

280　〈與王純甫三 甲戌〉，《王陽明全集》〈文錄一‧書一 始正德己巳至庚辰〉卷4，頁135。

281　〈與王純甫四 甲戌〉，《王陽明全集》〈文錄一‧書一 始正德己巳至庚辰〉卷4，頁135。

282　〈答王天宇一 甲戌〉，《王陽明全集》〈文錄一‧書一 始正德己巳至庚辰〉卷4，頁139-140。

283　〈答王天宇二 甲戌〉，《王陽明全集》〈文錄一‧書一 始正德己巳至庚辰〉卷4，頁140-142。

284　〈約齋說 甲戌〉，《王陽明全集》〈文錄四‧序記說〉卷7，頁220-221。

285　〈書石川卷 甲戌〉，《王陽明全集》〈文錄五‧雜著〉卷8，頁227-228。

286　〈與傅生鳳 甲戌〉，《王陽明全集》〈文錄五‧雜著〉卷8，頁228。

287　〈書王天宇卷 甲戌〉，《王陽明全集》〈文錄五‧雜著〉卷8，頁229。

288　〈書王嘉秀請益卷 甲戌〉，《王陽明全集》〈文錄五‧雜著〉卷8，頁229-230。

289　〈壽湯雲谷序 甲戌〉，《王陽明全集》〈外集四‧序〉卷22，頁725-726。

290　〈文山別集序 甲戌〉，《王陽明全集》〈外集四‧序〉卷22，頁726-727。

291　〈應天府重修儒學記 甲戌〉，《王陽明全集》〈外集五‧記〉卷23，頁742-743。

292　〈竹江劉氏族譜跋 甲戌〉，《王陽明全集》〈外集六‧說‧雜著〉卷24，頁755-756。

母陳太孺人墓碑 甲戌〉[293]、〈祭鄭朝朔文 甲戌〉[294]。

※南都詩四十七首。正德甲戌年四月陞南京鴻臚寺卿作。〈題歲寒亭贈汪尚和〉、〈與徽州程畢二子〉、〈山中懶睡四首〉、〈題灌山小隱二絕〉、〈六月五章〉、〈守文弟歸省攜其手歌以別之〉、〈書扇面寄館賓〉、〈用實夫韻〉、〈遊牛首山〉、〈送徽州洪侹承瑞〉、〈病中大司馬喬公有詩見懷次韻奉答二首〉、〈送諸伯生歸省〉、〈寄馮雪湖二首〉、〈諸用文歸用子美韻為別〉、〈題王實夫畫〉、〈贈潘給事〉、〈與沅陵郭掌教〉、〈別族太叔克彰〉、〈登憑虛閣和石少宰韻〉、〈登閱江樓〉、〈獅子山〉、〈遊清涼寺三首〉、〈寄張東所次前韻〉、〈別余縉子紳〉、〈送劉伯光〉、〈冬夜偶書〉、〈寄潘南山〉、〈送胡廷尉〉、〈與郭子全〉、〈次欒子仁韻送別四首〉、〈書悟真篇答張太常二首〉[295]。

〈瑯琊題名〉[296]、〈矯亭說原稿〉[297]、〈與方矯亭〉[298]、〈于廷尉鳳喈墓志銘〉[299]、〈贈朱克明南歸言〉[300]、〈與路賓陽書（四首）其一〉[301]、〈致舫齋書〉[302]、〈別諸伯生〉[303]、〈題靜觀樓〉[304]。

---

293 〈湛賢母陳太孺人墓碑 甲戌〉,《王陽明全集》〈外集七·墓誌銘·墓表·墓碑·傳碑刻·贊·箴·祭文〉卷25,頁777-778。

294 〈祭鄭朝朔文 甲戌〉,《王陽明全集》〈外集七·墓誌銘·墓表·墓碑·傳碑刻·贊·箴·祭文〉卷25,頁786-787。

295 《王陽明全集》〈外集二·南都詩四十七首〉卷20,頁611-619。

296 〈瑯琊題名〉,《陽明佚文輯考編年》,頁402-404。

297 〈矯亭說原稿〉,《陽明佚文輯考編年》,頁405-406。

298 〈與方矯亭〉,《陽明佚文輯考編年》,頁407。

299 〈于廷尉鳳喈墓志銘〉,《陽明佚文輯考編年》,頁408-409。

300 〈贈朱克明南歸言〉,《陽明佚文輯考編年》,頁410-414。

301 〈與路賓陽書（四首）其一〉,《陽明佚文輯考編年》,頁415-419。

302 〈致舫齋書〉,《陽明佚文輯考編年》,頁420-421。

303 〈別諸伯生〉,《陽明佚文輯考編年》,頁422-423。

304 〈題靜觀樓〉,《陽明佚文輯考編年》,頁424。

陽明四十四歲　明武宗正德十年（乙亥）　一五一五年

〈寄李道夫　乙亥〉[305]、〈贈周瑩歸省序　乙亥〉[306]、〈贈林典卿歸省序 乙亥〉[307]、〈贈陸清伯歸省序　乙亥〉[308]、〈贈周以善歸省序　乙亥〉[309]、〈贈郭善甫歸省序　乙亥〉[310]、〈贈鄭德夫歸省序　乙亥〉[311]、〈紫陽書院集序　乙亥〉[312]、〈示弟立志說　乙亥〉[313]、〈見齋說　乙亥〉[314]、〈矯亭說　乙亥〉[315]、〈謹齋說　乙亥〉[316]、〈夜氣說　乙亥〉[317]、〈書孟源卷 乙亥〉[318]、〈書楊思元卷　乙亥〉[319]、〈書玄默卷　乙亥〉[320]、〈金壇縣志序　乙亥〉[321]、〈重修六合縣儒學記　乙亥〉[322]、〈白說字貞夫說　乙亥〉[323]、〈劉氏三子字說　乙亥〉[324]、〈凌孺人楊氏墓誌銘　乙亥〉[325]、

305　〈寄李道夫　乙亥〉，《王陽明全集》〈文錄一・書一　始正德己巳至庚辰〉卷4，頁142。

306　〈贈周瑩歸省序　乙亥〉，《王陽明全集》〈文錄四・序記說〉卷7，頁197-198。

307　〈贈林典卿歸省序　乙亥〉，《王陽明全集》〈文錄四・序記說〉卷7，頁198-199。

308　〈贈陸清伯歸省序　乙亥〉，《王陽明全集》〈文錄四・序記說〉卷7，頁199。

309　〈贈周以善歸省序　乙亥〉，《王陽明全集》〈文錄四・序記說〉卷7，頁199-200。

310　〈贈郭善甫歸省序　乙亥〉，《王陽明全集》〈文錄四・序記說〉卷7，頁200-201。

311　〈贈鄭德夫歸省序　乙亥〉，《王陽明全集》〈文錄四・序記說〉卷7，頁201。

312　〈紫陽書院集序　乙亥〉，《王陽明全集》〈文錄四・序記說〉卷7，頁201-202。

313　〈示弟立志說　乙亥〉，《王陽明全集》〈文錄四・序記說〉卷7，頁218-220。

314　〈見齋說　乙亥〉，《王陽明全集》〈文錄四・序記說〉卷7，頁221-222。

315　〈矯亭說　乙亥〉，《王陽明全集》〈文錄四・序記說〉卷7，頁222。

316　〈謹齋說　乙亥〉，《王陽明全集》〈文錄四・序記說〉卷7，頁222-223。

317　〈夜氣說　乙亥〉，《王陽明全集》〈文錄四・序記說〉卷7，頁223。

318　〈書孟源卷　乙亥〉，《王陽明全集》〈文錄五・雜著〉卷8，頁230。

319　〈書楊思元卷　乙亥〉，《王陽明全集》〈文錄五・雜著〉卷8，頁230。

320　〈書玄默卷　乙亥〉，《王陽明全集》〈文錄五・雜著〉卷8，頁231。

321　〈金壇縣志序　乙亥〉，《王陽明全集》〈外集四・序〉卷22，頁727-728。

322　〈重修六合縣儒學記　乙亥〉，《王陽明全集》〈外集五・記〉卷23，頁743-744。

323　〈白說字貞夫說　乙亥〉，《王陽明全集》〈外集六・說・雜著〉卷24，頁747-748。

324　〈劉氏三子字說　乙亥〉，《王陽明全集》〈外集六・說・雜著〉卷24，頁748。

325　〈凌孺人楊氏墓誌銘　乙亥〉，《王陽明全集》〈外集七・墓誌銘・墓表・墓碑・傳碑刻・贊・箴・祭文〉卷25，頁770-771。

〈文橘庵墓誌 乙亥〉[326]。

〈寄梁郡伯手札〉[327]、〈又寄梁郡伯手札〉[328]、〈與邦相書〉[329]、〈七律二首〉[330]、〈寄葉子蒼〉[331]、〈夢遊黃鶴樓奉答鳳山院長〉[332]、〈跋范君山憲副絕筆詩後〉[333]、〈半江趙先生文集敘〉[334]、〈楊瑛《庭訓錄》序〉[335]、〈自作山水畫并題〉[336]。

《王陽明全集》〈年譜〉:「八月,擬〈諫迎佛疏〉。」[337]按:〈諫迎佛疏 稿具未上〉[338]繫於此。

《湛若水年譜》:「與陽明先生龍江關別後、扶柩回到增城甘泉都前,先後有〈與陽明鴻臚〉、〈與王陽明先生鴻臚〉、〈寄陽明王先生〉。」[339]

《湛若水年譜》:「是月(七月),有〈寄陽明〉。」[340]

陽明四十五歲　明武宗正德十一年（丙子）　一五一六年

326　〈文橘庵墓誌 乙亥〉,《王陽明全集》〈外集七・墓誌銘・墓表・墓碑・傳碑刻・贊・箴・祭文〉卷25,頁771。

327　〈寄梁郡伯手札〉,《陽明佚文輯考編年》,頁425-427。

328　〈又寄梁郡伯手札〉,《陽明佚文輯考編年》,頁428-429。

329　〈與邦相書〉,《陽明佚文輯考編年》,頁430。

330　〈七律二首〉,《陽明佚文輯考編年》,頁431-433。

331　〈寄葉子蒼〉,《陽明佚文輯考編年》,頁434-435。

332　〈夢遊黃鶴樓奉答鳳山院長〉,《陽明佚文輯考編年》,頁436-440。

333　〈跋范君山憲副絕筆詩後〉,《陽明佚文輯考編年》,頁441-444。

334　〈半江趙先生文集敘〉,《陽明佚文輯考編年》,頁445-448。

335　〈楊瑛《庭訓錄》序〉,《陽明佚文輯考編年》,頁449-450。

336　〈自作山水畫并題〉,《陽明佚文輯考編年》,頁451。

337　《王陽明全集》〈年譜一〉卷33,頁1015。

338　〈諫迎佛疏 稿具未上〉,《王陽明全集》〈別錄一・奏疏一〉卷9,頁246-249。

339　黎業明:《湛若水年譜》,頁51-52。

340　黎業明:《湛若水年譜》,頁54。

〈與黃宗賢六　丙子〉[341]、〈與陸原靜一　丙子〉[342]、〈登仕郎馬文重墓誌銘　丙子〉[343]、〈明封刑部主事浩齋陸君墓碑誌　丙子〉[344]。

※賦騷詩其七：〈祈雨辭　正德丙子南贛作〉[345]。

※贛州詩三十六首。正德丙子年九月陞南贛僉都御史以後作。〈丁丑二月征漳寇進兵長汀道中有感〉、〈回軍上杭〉、〈喜雨三首〉、〈聞曰仁買田霅上攜同志待予歸二首〉、〈祈雨二首〉、〈還贛〉、〈借山亭〉、〈桶岡和邢太守韻二首〉、〈通天巖〉、〈遊通天巖次鄒謙之韻〉、〈又次陳惟濬韻〉、〈忘言巖次謙之韻〉、〈圓明洞次謙之韻〉、〈潮頭巖次謙之韻〉、〈大成臨別索贈〉、〈坐忘言巖問二二了〉、〈留陳惟濬〉、〈棲禪寺雨中與惟乾同登〉、〈茶寮紀事〉、〈回軍九連山道中短述〉、〈回軍龍南小憩玉石巖雙洞絕奇徘徊不忍去因寓以陽明別洞之號兼留此作三首〉、〈再至陽明別洞和邢太守韻二首〉、〈夜坐偶懷故山〉、〈懷歸二首〉、〈送德聲叔父歸姚　并序〉、〈示憲兒〉、〈贈陳東川〉[346]。

〈與路賓陽書（四首）其二〉[347]、〈與路賓陽書（四首）其三〉[348]、

341　〈與黃宗賢六　丙子〉，《王陽明全集》〈文錄一・書一　始正德己巳至庚辰〉卷4，頁132。

342　〈與陸原靜一　丙子〉，《王陽明全集》〈文錄一・書一　始正德己巳至庚辰〉卷4，頁142-143。

343　〈登仕郎馬文重墓誌銘　丙子〉，《王陽明全集》〈外集七・墓誌銘・墓表・墓碑・傳碑刻・贊・箴・祭文〉卷25，頁771-772。

344　〈明封刑部主事浩齋陸君墓碑誌　丙子〉，《王陽明全集》〈外集七・墓誌銘・墓表・墓碑・傳碑刻・贊・箴・祭文〉卷25，頁772-773。

345　〈祈雨辭　正德丙子南贛作〉，《王陽明全集》〈外集一・賦騷詩七首〉卷19，頁558-559。

346　《王陽明全集》〈外集二・贛州詩三十六首〉卷20，頁619-625。

347　〈與路賓陽書（四首）其二〉，《陽明佚文輯考編年》，頁415-419。

348　〈與路賓陽書（四首）其三〉，《陽明佚文輯考編年》，頁415-419。

〈答汪進之書〉[349]、〈壽西岡羅老先生尊丈〉[350]、〈與弟書〉[351]、〈與弟伯顯札一〉[352]、〈與弟伯顯札二〉[353]、〈跋楓山四友亭記〉[354]、〈寄雲卿〉[355]、〈寄滁陽諸生（二首）〉[356]、〈憶滁陽諸生〉[357]、〈姚瑛贊〉[358]、〈書四箴贈別白貞夫〉[359]、〈和大司馬白巖喬公諸人送別〉[360]、〈小園睡起次韻寄鄉友〉[361]、〈龍江舟次與某人書〉[362]、〈參政拙庵公像贊〉[363]、〈鐵松公詩贊〉[364]、〈簡卿公像贊〉[365]、〈公贊公像贊〉[366]。

陽明四十六歲　明武宗正德十二年（丁丑）　一五一七年

〈與黃誠甫二　丁丑〉[367]、〈與希顏臺仲明德尚謙原靜　丁丑〉[368]、〈與

349　〈答汪進之書〉，《陽明佚文輯考編年》，頁452-454。

350　〈壽西岡羅老先生尊丈〉，《陽明佚文輯考編年》，頁455-457。

351　〈與弟書〉，《陽明佚文輯考編年》，頁458-460。

352　〈與弟伯顯札一〉，《陽明佚文輯考編年》，頁461。

353　〈與弟伯顯札二〉，《陽明佚文輯考編年》，頁462-463。

354　〈跋楓山四友亭記〉，《陽明佚文輯考編年》，頁464-465。

355　〈寄雲卿〉，《陽明佚文輯考編年》，頁466-467。

356　〈寄滁陽諸生（二首）〉，《陽明佚文輯考編年》，頁468。

357　〈憶滁陽諸生〉，《陽明佚文輯考編年》，頁469-471。

358　〈姚瑛贊〉，《陽明佚文輯考編年》，頁472。

359　〈書四箴贈別白貞夫〉，《陽明佚文輯考編年》，頁473-475。

360　〈和大司馬白巖喬公諸人送別〉，《陽明佚文輯考編年》，頁476-478。

361　〈小園睡起次韻寄鄉友〉，《陽明佚文輯考編年》，頁479-480。

362　〈龍江舟次與某人書〉，《陽明佚文輯考編年》，頁481-483。

363　〈參政拙庵公像贊〉，《陽明佚文輯考編年》，頁484-485。

364　〈鐵松公詩贊〉，《陽明佚文輯考編年》，頁486。

365　〈簡卿公像贊〉，《陽明佚文輯考編年》，頁487。

366　〈公贊公像贊〉，《陽明佚文輯考編年》，頁488。

367　〈與黃誠甫二　丁丑〉，《王陽明全集》〈文錄一·書一　始正德己巳至庚辰〉卷4，頁139。

368　〈與希顏台仲明德尚謙原靜　丁丑〉，《王陽明全集》〈文錄一·書一　始正德己巳至庚辰〉卷4，頁143-144。

楊仕德薛尚謙　丁丑〉³⁶⁹、〈時雨堂記　丁丑〉³⁷⁰、〈書察院行臺壁　丁丑〉³⁷¹、〈諭俗四條　丁丑〉³⁷²、〈平茶寮碑　丁丑〉³⁷³、〈平浰頭碑　丁丑〉³⁷⁴。

〈游南岡寺〉³⁷⁵、〈答徐子積〉³⁷⁶、〈致秦國聲札〉³⁷⁷、〈示諭城中文〉³⁷⁸、〈陽明先生與晉溪書（十五首）其一〉³⁷⁹、〈陽明先生與晉溪書（十五首）其二〉³⁸⁰、〈陽明先生與晉溪書（十五首）其三〉³⁸¹、〈陽明先生與晉溪書（十五首）其四〉³⁸²、〈陽明先生與晉溪書（十五首）其五〉³⁸³、〈陽明先生與晉溪書（十五首）其六〉³⁸⁴、〈陽明先生與晉溪書（十五首）其十一〉³⁸⁵、〈陽明先生與晉溪書（十五首）其十二〉³⁸⁶、〈告諭部轄庭誓〉³⁸⁷、〈破桶岡誓眾〉³⁸⁸、〈與徐曰仁

369　〈與楊仕德薛尚謙　丁丑〉，《王陽明全集》〈文錄一・書一　始正德己巳至庚辰〉卷4，頁144。
370　〈時雨堂記　丁丑〉，《王陽明全集》〈外集五・記〉卷23，頁744-745。
371　〈書察院行臺壁　丁丑〉，《王陽明全集》〈外集六・說・雜著〉卷24，頁756。
372　〈諭俗四條　丁丑〉，《王陽明全集》〈外集六・說・雜著〉卷24，頁756-757。
373　〈平茶寮碑　丁丑〉，《王陽明全集》〈外集七・墓誌銘・墓表・墓碑・傳碑刻・贊・箴・祭文〉卷25，頁782。
374　〈平浰頭碑　丁丑〉，《王陽明全集》〈外集七・墓誌銘・墓表・墓碑・傳碑刻・贊・箴・祭文〉卷25，頁782。
375　〈游南岡寺〉，《陽明佚文輯考編年》，頁489。
376　〈答徐子積〉，《陽明佚文輯考編年》，頁490-494。
377　〈致秦國聲札〉，《陽明佚文輯考編年》，頁495-496。
378　〈示諭城中文〉，《陽明佚文輯考編年》，頁497-498。
379　〈陽明先生與晉溪書（十五首）其一〉，《陽明佚文輯考編年》，頁499-516。
380　〈陽明先生與晉溪書（十五首）其二〉，《陽明佚文輯考編年》，頁499-516。
381　〈陽明先生與晉溪書（十五首）其三〉，《陽明佚文輯考編年》，頁499-516。
382　〈陽明先生與晉溪書（十五首）其四〉，《陽明佚文輯考編年》，頁499-516。
383　〈陽明先生與晉溪書（十五首）其五〉，《陽明佚文輯考編年》，頁499-516。
384　〈陽明先生與晉溪書（十五首）其六〉，《陽明佚文輯考編年》，頁499-516。
385　〈陽明先生與晉溪書（十五首）其十一〉，《陽明佚文輯考編年》，頁499-516。
386　〈陽明先生與晉溪書（十五首）其十二〉，《陽明佚文輯考編年》，頁499-516。
387　〈告諭部轄庭誓〉，《陽明佚文輯考編年》，頁517。
388　〈破桶岡誓眾〉，《陽明佚文輯考編年》，頁518。

書〉[389]、〈長汀道中□□詩〉[390]、〈題察院壁〉[391]、〈四月壬戌復過行
臺□□□〉[392]、〈夜坐有懷故□□□次韻〉[393]、〈南泉庵漫書〉[394]、
〈題察院時雨堂〉[395]、〈感夢有題〉[396]、〈東山寺謝雨文〉[397]、〈昭告
會昌顯靈賴公辭〉[398]、〈游羅田巖懷濂溪先生遺詠詩〉[399]、〈祭徐曰仁
文〉[400]、〈與黃宗賢書〉[401]、〈致毛紀信札〉[402]、〈書劉生卷〉[403]、〈與
黃誠甫〉[404]、〈平茶寮碑〉。[405]

《湛若水年譜》:「夏,有〈答王陽明書〉。」[406]《湛若水年譜》:「是年
冬,先後有〈寄陽明都憲〉、〈寄王陽明都憲〉、〈寄王陽明都憲〉。」[407]

陽明四十七歲　明武宗正德十三年（戊寅）　一五一八年

〈與黃宗賢七 戊寅〉[408]、〈與陸原靜二 戊寅〉[409]、〈寄聞人邦英邦正

389　〈與徐曰仁書〉,《陽明佚文輯考編年》,頁519-522。
390　〈長汀道中□□詩〉,《陽明佚文輯考編年》,頁523。
391　〈題察院壁〉,《陽明佚文輯考編年》,頁524。
392　〈四月壬戌復過行臺□□□〉,《陽明佚文輯考編年》,頁525。
393　〈夜坐有懷故□□□次韻〉,《陽明佚文輯考編年》,頁526。
394　〈南泉庵漫書〉,《陽明佚文輯考編年》,頁527-528。
395　〈題察院時雨堂〉,《陽明佚文輯考編年》,頁529。
396　〈感夢有題〉,《陽明佚文輯考編年》,頁530。
397　〈東山寺謝雨文〉,《陽明佚文輯考編年》,頁531-532。
398　〈昭告會昌顯靈賴公辭〉,《陽明佚文輯考編年》,頁533。
399　〈游羅田巖懷濂溪先生遺詠詩〉,《陽明佚文輯考編年》,頁534-535。
400　〈祭徐曰仁文〉,《陽明佚文輯考編年》,頁536。
401　〈與黃宗賢書〉,《陽明佚文輯考編年》,頁537。
402　〈致毛紀信札〉,《陽明佚文輯考編年》,頁538-541。
403　〈書劉生卷〉,《陽明佚文輯考編年》,頁542。
404　〈與黃誠甫〉,《陽明佚文輯考編年》,頁543-544。
405　〈平茶寮碑〉,《陽明佚文輯考編年》,頁545-546。
406　黎業明:《湛若水年譜》,頁57。
407　黎業明:《湛若水年譜》,頁61-62。
408　〈與黃宗賢七 戊寅〉,《王陽明全集》〈文錄一‧書一 始正德己巳至庚辰〉卷4,
　　頁132-133。
409　〈與陸原靜二 戊寅〉,《王陽明全集》〈文錄一‧書一 始正德己巳至庚辰〉卷4,
　　頁143。

一　戊寅〉⁴¹⁰、〈寄聞人邦英邦正二　戊寅〉⁴¹¹、〈寄薛尚謙一　戊寅〉⁴¹²、〈寄薛尚謙二　戊寅〉⁴¹³、〈寄薛尚謙三　戊寅〉⁴¹⁴、〈寄諸弟戊寅〉⁴¹⁵、〈朱子晚年定論序　戊寅〉⁴¹⁶、〈別梁日孚序　戊寅〉⁴¹⁷、〈大學古本序　戊寅〉⁴¹⁸、〈觀德亭記　戊寅〉⁴¹⁹、〈重修文山祠記　戊寅〉⁴²⁰、〈修道說　戊寅〉⁴²¹、〈上晉溪司馬一　戊寅〉⁴²²、〈題遙祝圖戊寅〉⁴²³、〈書諸陽伯卷　戊寅〉⁴²⁴、〈祭浰頭山神文　戊寅〉⁴²⁵、〈祭徐曰仁文　戊寅〉⁴²⁶。

410　〈寄聞人邦英邦正一　戊寅〉,《王陽明全集》〈文錄一‧書一　始正德己巳至庚辰〉卷4,頁144。

411　〈寄聞人邦英邦正二　戊寅〉,《王陽明全集》〈文錄一‧書一　始正德己巳至庚辰〉卷4,頁145。

412　〈寄薛尚謙一　戊寅〉,《王陽明全集》〈文錄一‧書一　始正德己巳至庚辰〉卷4,頁145-146。

413　〈寄薛尚謙二　戊寅〉,《王陽明全集》〈文錄一‧書一　始正德己巳至庚辰〉卷4,頁146。

414　〈寄薛尚謙三　戊寅〉,《王陽明全集》〈文錄一‧書一　始正德己巳至庚辰〉卷4,頁146-147。

415　〈寄諸弟　戊寅〉,《王陽明全集》〈文錄一‧書一　始正德己巳至庚辰〉卷4,頁147。

416　〈朱子晚年定論序　戊寅〉,《王陽明全集》〈文錄四‧序記說〉卷7,頁202-203。

417　〈別梁日孚序　戊寅〉,《王陽明全集》〈文錄四‧序記說〉卷7,頁203-204。

418　〈大學古本序　戊寅〉,《王陽明全集》〈文錄四‧序記說〉卷7,頁204-205。

419　〈觀德亭記　戊寅〉,《王陽明全集》〈文錄四‧序記說〉卷7,頁207-208。

420　〈重修文山祠記　戊寅〉,《王陽明全集》〈文錄四‧序記說〉卷7,頁208-209。

421　〈修道說　戊寅〉,《王陽明全集》〈文錄四‧序記說〉卷7,頁223-224。

422　〈上晉溪司馬一　戊寅〉,《王陽明全集》〈外集三‧書〉卷21,頁673-674。

423　〈題遙祝圖　戊寅〉,《王陽明全集》〈外集六‧說‧雜著〉卷24,頁757。

424　〈書諸陽伯卷　戊寅〉,《王陽明全集》〈外集六‧說‧雜著〉卷24,頁757。

425　〈祭浰頭山神文　戊寅〉,《王陽明全集》〈外集七‧墓誌銘‧墓表‧墓碑‧傳碑刻‧贊‧箴‧祭文〉卷25,頁787-788。

426　〈祭徐曰仁文　戊寅〉,《王陽明全集》〈外集七‧墓誌銘‧墓表‧墓碑‧傳碑刻‧贊‧箴‧祭文〉卷25,頁788-789。

〈與路賓陽書（四首）其四〉[427]、〈陽明先生與晉溪書（十五首）其七〉[428]、〈陽明先生與晉溪書（十五首）其八〉[429]、〈陽明先生與晉溪書（十五首）其九〉[430]、〈過梅嶺〉[431]、〈回軍龍南小憩玉石巖雙洞絕奇繾綣不能去寓以陽明別洞之名兼留是作（三首）〉[432]、〈平浰記〉[433]、〈致礫齋書〉[434]、〈祭徐曰仁文〉[435]、〈寓贛州上海日翁手札〉[436]、〈與諸弟書〉[437]、〈祭俞子有文〉[438]、〈大學古本傍釋原序〉[439]、〈大學古本傍釋後跋〉[440]、〈蒙岡書屋銘 為學益作〉[441]、〈跋趙松雪遊天冠山詩卷〉[442]、〈示學者〉[443]、〈書周子太極圖說通書跋〉[444]、〈書愛蓮說〉[445]、〈與陳以先手札〉[446]、〈附 初本大學古本傍釋〉[447]。

---

427 〈與路賓陽書（四首）其四〉，《陽明佚文輯考編年》，頁415-419。

428 〈陽明先生與晉溪書（十五首）其七〉，《陽明佚文輯考編年》，頁499-516。

429 〈陽明先生與晉溪書（十五首）其八〉，《陽明佚文輯考編年》，頁499-516。

430 〈陽明先生與晉溪書（十五首）其九〉，《陽明佚文輯考編年》，頁499-516。

431 〈過梅嶺〉，《陽明佚文輯考編年》，頁547-548。

432 〈回軍龍南小憩玉石巖雙洞絕奇繾綣不能去寓以陽明別洞之名兼留是作（三首）〉，《陽明佚文輯考編年》，頁549-550。

433 〈平浰記〉，《陽明佚文輯考編年》，頁551。

434 〈致礫齋書〉，《陽明佚文輯考編年》，頁552-554。

435 〈祭徐曰仁文〉，《陽明佚文輯考編年》，頁555-556。

436 〈寓贛州上海日翁手札〉，《陽明佚文輯考編年》，頁557-558。

437 〈與諸弟書〉，《陽明佚文輯考編年》，頁559-561。

438 〈祭俞子有文〉，《陽明佚文輯考編年》，頁562。

439 〈大學古本傍釋原序〉，《陽明佚文輯考編年》，頁563-566。

440 〈大學古本傍釋後跋〉，《陽明佚文輯考編年》，頁567。

441 〈蒙岡書屋銘 為學益作〉，《陽明佚文輯考編年》，頁568-569。

442 〈跋趙松雪遊天冠山詩卷〉，《陽明佚文輯考編年》，頁570-574。

443 〈示學者〉，《陽明佚文輯考編年》，頁575-576。

444 〈書周子太極圖說通書跋〉，《陽明佚文輯考編年》，頁577-578。

445 〈書愛蓮說〉，《陽明佚文輯考編年》，頁579。

446 〈與陳以先手札〉，《陽明佚文輯考編年》，頁580-581。

447 〈附 初本大學古本傍釋〉，《陽明佚文輯考編年》，頁742-750。

《王陽明全集》〈年譜〉:「七月,刻古本《大學》。」[448]〈大學古本原序〉之注:「〈大學古本原序〉作於正德十三年。今《陽明全書》所載〈大學古本序〉係嘉靖二年改作。今據羅欽順《困知記》三續二十章移錄。標題係編者所加。」[449]按:〈大學古本原序〉[450]繫於此。〈大學古本傍釋〉之注:「王陽明〈大學古本傍釋〉有明隆慶刻本、清愛古香齋藏刻本。今據一九三八年上海涵芬樓影印隆慶刻本移錄。移錄時,對《大學》古本原文略有刪節。刪節處用省略號『……』代替。」[451]按:〈大學古本傍釋〉[452]繫於此。《王陽明全集》〈年譜〉:「(七月),刻〈朱子晚年定論〉。」[453]

《湛若水年譜》:「下半年,陽明有〈答甘泉〉書。」[454]《湛若水年譜》:「同時寄給甘泉者還有〈朱子晚年定論〉。」[455]

陽明四十八歲　明武宗正德十四年(己卯)　一五一九年

〈寄希淵四　己卯〉[456]、〈與安之　己卯〉[457]、〈答甘泉一　己卯〉[458]、

---

448 「七月,刻古本《大學》。」參見《王陽明全集》〈年譜一〉卷33,頁1029。

449 〈大學古本原序〉,《王陽明全集·補錄》卷32(1992年),頁1197。按:此段文字,今《王陽明全集》2015年版不存。

450 〈大學古本原序〉,《王陽明全集·補錄》卷32,頁984。

451 〈大學古本傍釋〉,《王陽明全集·補錄》卷32,頁981。

452 〈大學古本傍釋〉,《王陽明全集·補錄》卷32,頁981。

453 「刻〈朱子晚年定論〉。」參見《王陽明全集》〈年譜一〉卷33,頁1029。

454 「王陽明此信,題下標示為『己卯』年作,非是。」參見:黎業明:《湛若水年譜》,頁63。

455 黎業明:《湛若水年譜》,頁65。

456 〈寄希淵四　己卯〉,《王陽明全集》〈文錄一·書一　始正德己巳至庚辰〉卷4,頁137-138。

457 〈與安之　己卯〉,《王陽明全集》〈文錄一·書一　始正德己巳至庚辰〉卷4,頁148。

458 〈答甘泉一　己卯〉,《王陽明全集》〈文錄一·書一　始正德己巳至庚辰〉卷4,頁148-149。

〈答方叔賢 己卯〉[459]、〈上晉溪司馬二 己卯〉[460]、〈寄孫中丞文 己卯〉[461]。

※江西詩一二〇首。正德己卯年,奉敕往福建處叛軍。至豐城,遭宸濠之變,趨還吉安,集兵平之。八月,陞副都御史,巡按江西作。〈鄱陽戰捷〉、〈書草萍驛二首〉、〈西湖〉、〈寄江西諸士夫〉、〈太息〉、〈宿淨寺四首〉、〈歸興〉、〈即事漫述四首〉、〈泊金山寺二首十月將趨行在〉、〈舟夜〉、〈舟中至日〉、〈阻風〉、〈用韻答伍汝真〉、〈過鞋山戲題〉、〈楊邃庵待隱園次韻五首其一〉、〈楊邃庵待隱園次韻五首其二〉、〈楊邃庵待隱園次韻五首其三〉、〈楊邃庵待隱園次韻五首其四〉、〈楊邃庵待隱園次韻五首其五〉、〈登小孤書壁〉、〈登蠏磯次草泉心劉石門韻二 首二詩壬戌年作,誤入此〉[462]、〈望廬山〉、〈除夕伍汝真用待隱園韻即席次答五首其一〉、〈除夕伍汝真用待隱園韻即席次答五首其二〉、〈除夕伍汝真用待隱園韻即席次答五首其三〉、〈除夕伍汝真用待隱園韻即席次答五首其四〉、〈除夕伍汝真用待隱園韻即席次答五首其五〉、〈元日霧〉、〈二日雨〉、〈三日風〉、〈立春二首〉、〈遊廬山開先寺〉、〈又次壁間杜牧韻〉、〈舟過銅陵野雲縣東小山有鐵船因往觀之果見其彷彿因題石上〉、〈山僧〉、〈江上望九華山二首〉、〈觀九華龍潭〉、〈廬山東林寺次韻〉、〈又次邵二泉韻〉、〈遠公講經臺〉、〈太平宮白雲〉、〈書九江行臺壁〉、〈又次李僉事素韻〉、〈繁昌道中阻風二

459　〈答方叔賢 己卯〉,《王陽明全集》〈文錄一・書一 始正德己巳至庚辰〉卷4,頁149-150。

460　〈上晉溪司馬二 己卯〉,,《王陽明全集》〈外集三・書〉卷21,頁675。

461　〈寄孫中丞文 己卯〉,《王陽明全集》〈外集七・墓誌銘・墓表・墓碑・傳碑刻・贊・箴・祭文〉卷25,頁789。

462　〈登蠏磯次草泉心劉石門韻二首 二詩壬戌年作,誤入此〉,《王陽明全集》〈外集二・江西詩一二〇首〉卷20,頁630-631。按:此詩作於明孝宗弘治十五年(壬戌)。1502年。誤入明武宗正德14年(己卯)。1519年,今修正。

首〉、〈江邊阻風散步至靈山寺〉、〈泊舟大同山溪間諸生聞之有挾冊來尋者〉、〈巖下桃花盛開攜酒獨酌〉、〈白鹿洞獨對亭〉、〈豐城阻風前歲遇難於此，得北風倖免〉、〈江上望九華不見〉、〈江施二生與醫官陶野冒雨登山人多笑之戲作歌〉、〈遊九華道中〉、〈芙蓉閣〉、〈重遊無相寺次韻四首〉、〈登蓮花峰〉、〈重遊無相寺次舊韻〉、〈登雲峰望始盡九華之勝因復作歌〉、〈雙峰遺柯生喬〉、〈歸途有僧自望華亭來迎且請詩〉、〈無相寺金沙泉次韻〉、〈夜宿天池月下聞雷次早知山下大雨三首〉、〈文殊臺夜觀佛燈〉、〈書汪進之太極巖二首〉、〈勸酒〉、〈重遊化城寺二首〉、〈遊九華〉、〈弘治壬戌嘗遊九華值時陰霧竟無所睹至是正德庚辰復往遊之風日清朗盡得其勝喜而作歌〉、〈巖頭閒坐漫成〉、〈將遊九華移舟宿寺山二首其一〉、〈將遊九華移舟宿寺山二首其二〉、〈登雲峰二三子詠歌以從欣然成謠二首〉、〈有僧坐巖中已三年詩以勵吾黨〉、〈春日遊齊山寺用杜牧之韻二首〉、〈重遊開先寺戲題壁〉、〈賈胡行〉、〈送邵文實方伯致仕〉、〈紀夢　并序〉、〈無題〉、〈遊落星寺〉、〈遊通天巖示鄒陳二子〉、〈青原山次黃山谷韻〉、〈睡起偶成〉、〈立春〉、〈遊廬山開先寺〉、〈登小孤次陸良弼韻〉、〈月下吟三首〉、〈月夜二首〉、〈雪望四首〉、〈火秀宮次一峰韻三首其一〉、〈火秀宮次一峰韻三首其二〉、〈火秀宮次一峰韻三首其三〉、〈歸懷〉、〈啾啾吟〉[463]。

〈陽明先生與晉溪書（十五首）其十三〉[464]、〈陽明先生與晉溪書（十五首）其十四〉[465]、〈思歸軒賦原稿〉[466]、〈與二位周侍郎手札〉[467]、

463　《王陽明全集》〈外集二・江西詩一二〇首〉卷20，頁626-648。

464　〈陽明先生與晉溪書（十五首）其十三〉，《陽明佚文輯考編年》，頁499-516。

465　〈陽明先生與晉溪書（十五首）其十四〉，《陽明佚文輯考編年》，頁499-516。

466　〈思歸軒賦原稿〉，《陽明佚文輯考編年》，頁582-584。

467　〈與二位周侍郎手札〉，《陽明佚文輯考編年》，頁585-588。

〈與周文儀手札〉[468]、〈與世亨侍御書〉[469]、〈與朱守忠書〉[470]、〈與朱守忠手札（三札）〉[471]、〈謁文山祠〉[472]、〈答友人詩〉[473]、〈哭孫燧許逵二公詩〉[474]、〈又答汪進之書〉[475]、〈兩廣都御史火牌〉[476]、〈迎接京軍文書〉[477]、〈報李士實書〉[478]、〈府縣報帖〉[479]、〈祭袁德彰文〉[480]、〈祭寧都知縣王天與文〉[481]、〈獻浮南都回還登石鐘山次深字韵〉[482]、〈題唐子畏山靜日長圖玉露文（十二幅）〉[483]、〈題唐子畏畫〉[484]、〈題倪雲林春江煙霧圖〉[485]、〈錢碩人壽序〉[486]、〈罷兵濟幽榜文〉[487]、〈與劉仲賢書〉[488]。

《湛若水年譜》：「去年底或是年初，湛甘泉在收到陽明先生書信及〈朱子晚年定論〉後，有〈答陽明都憲〉。」[489]《湛若水年譜》：「是

468　〈與周文儀手札〉，《陽明佚文輯考編年》，頁589-590。

469　〈與世亨侍御書〉，《陽明佚文輯考編年》，頁591。

470　〈與朱守忠書〉，《陽明佚文輯考編年》，頁592-593。

471　〈與朱守忠手札（三札）〉，《陽明佚文輯考編年》，頁594-599。

472　〈謁文山祠〉，《陽明佚文輯考編年》，頁600-601。

473　〈答友人詩〉，《陽明佚文輯考編年》，頁602。

474　〈哭孫燧許逵二公詩〉，《陽明佚文輯考編年》，頁603-604。

475　〈又答汪進之書〉，《陽明佚文輯考編年》，頁605-610。

476　〈兩廣都御史火牌〉，《陽明佚文輯考編年》，頁611-612。

477　〈迎接京軍文書〉，《陽明佚文輯考編年》，頁613-614。

478　〈報李士實書〉，《陽明佚文輯考編年》，頁615-616。

479　〈府縣報帖〉，《陽明佚文輯考編年》，頁617-618。

480　〈祭袁德彰文〉，《陽明佚文輯考編年》，頁619-621。

481　〈祭寧都知縣王天與文〉，《陽明佚文輯考編年》，頁622-623。

482　〈獻浮南都回還登石鐘山次深字韵〉，《陽明佚文輯考編年》，頁624-625。

483　〈題唐子畏山靜日長圖玉露文（十二幅）〉，《陽明佚文輯考編年》，頁626-631。

484　〈題唐子畏畫〉，《陽明佚文輯考編年》，頁632-633。

485　〈題倪雲林春江煙霧圖〉，《陽明佚文輯考編年》，頁634。

486　〈錢碩人壽序〉，《陽明佚文輯考編年》，頁635-636。

487　〈罷兵濟幽榜文〉，《陽明佚文輯考編年》，頁637-639。

488　〈與劉仲賢書〉，《陽明佚文輯考編年》，頁640-641。

489　黎業明：《湛若水年譜》，頁66。

年，先生先後有〈答王陽明〉。」[490]

陽明四十九歲　明武宗正德十五年（庚辰）　一五二〇年

〈寄聞人邦英邦正三　庚辰〉[491]、〈答甘泉二　庚辰〉[492]、〈與陳國英
庚辰〉[493]、〈復唐虞佐　庚辰〉[494]、〈禮記纂言序　庚辰〉[495]、〈象山文
集序　庚辰〉[496]、〈書陳世傑卷　庚辰〉[497]、〈諭泰和楊茂〉[498]、〈書欒惠
卷　庚辰〉[499]、〈書佛郎機遺事　庚辰〉[500]、〈題壽外母蟠桃圖　庚辰〉[501]。
※賦騷詩其四：〈思歸軒賦　庚辰〉[502]。
〈陽明先生與晉溪書（十五首）其十〉[503]、〈檄祀康齋鄉祠〉[504]、〈題
仁峰精舍（二首）〉[505]、〈練潭館（二首）〉[506]、〈遊龍山〉[507]、〈梵天

---

490 黎業明：《湛若水年譜》，頁67。

491 〈寄聞人邦英邦正三　庚辰〉，《王陽明全集》〈文錄一・書一　始正德己巳至庚辰〉
卷4，頁145。

492 〈答甘泉二　庚辰〉，《王陽明全集》〈文錄一・書一　始正德己巳至庚辰〉卷4，頁
149。

493 〈與陳國英　庚辰〉，《王陽明全集》〈文錄一・書一　始正德己巳至庚辰〉卷4，頁
150。

494 〈復唐虞佐　庚辰〉，《王陽明全集》〈文錄一・書一　始正德己巳至庚辰〉卷4，頁
150-151。

495 〈禮記纂言序　庚辰〉，《王陽明全集》〈文錄四・序記說〉卷7，頁205-206。

496 〈象山文集序　庚辰〉，《王陽明全集》〈文錄四・序記說〉卷7，頁206-207。

497 〈書陳世傑卷　庚辰〉，《王陽明全集》〈外集六・說・雜著〉卷24，頁757。

498 〈諭泰和楊茂〉，《王陽明全集》〈外集六・說・雜著〉卷24，頁758。

499 〈書欒惠卷　庚辰〉，《王陽明全集》〈外集六・說・雜著〉卷24，頁759。

500 〈書佛郎機遺事　庚辰〉，《王陽明全集》〈外集六・說・雜著〉卷24，頁759-760。

501 〈題壽外母蟠桃圖　庚辰〉，《王陽明全集》〈外集六・說・雜著〉卷24，頁760。

502 〈思歸軒賦　庚辰〉，《王陽明全集》〈外集一・賦騷詩七首〉卷19，頁557。

503 〈陽明先生與晉溪書（十五首）其十〉，《陽明佚文輯考編年》，頁499-516。

504 〈檄祀康齋鄉祠〉，《陽明佚文輯考編年》，頁642-643。

505 〈題仁峰精舍（二首）〉，《陽明佚文輯考編年》，頁644-645。

506 〈練潭館（二首）〉，《陽明佚文輯考編年》，頁646-647。

507 〈遊龍山〉，《陽明佚文輯考編年》，頁648。

寺〉[508]、〈靈山寺〉[509]、〈敬齋白公墓志銘〉[510]、〈青玉峽龍潭題名〉[511]、〈銅陵觀鐵船〉[512]、〈書近作贈顧惟賢〉[513]、〈與謝士潔書（五首）其一〉[514]、〈與謝士潔書（五首）其二〉[515]、〈贈周經和尚偈〉[516]、〈送周經和尚〉[517]、〈地藏洞再訪異僧不遇〉[518]、〈游東林次邵二泉韻〉[519]、〈天池寺題刻〉[520]、〈書《桃源行》於廬山五老峰〉[521]、〈端陽日次陳時雨寫懷寄程克光金吾〉[522]、〈贈陳惟浚詩〉[523]、〈宗忠簡公象贊〉[524]、〈石屋山詩〉[525]、〈廬山讀書臺摩崖題識〉[526]、〈復羅整庵太宰書〉[527]、〈雲騰颷馭祠詩〉[528]、〈石溪寺〉[529]、〈祭劉養正母文〉[530]、

---

508 〈梵天寺〉，《陽明佚文輯考編年》，頁649。

509 〈靈山寺〉，《陽明佚文輯考編年》，頁650。

510 〈敬齋白公墓志銘〉，《陽明佚文輯考編年》，頁651-654。

511 〈青玉峽龍潭題名〉，《陽明佚文輯考編年》，頁655。

512 〈銅陵觀鐵船〉，《陽明佚文輯考編年》，頁656-658。

513 〈書近作贈顧惟賢〉，《陽明佚文輯考編年》，頁659-661。

514 〈與謝士潔書（五首）其一〉，《陽明佚文輯考編年》，頁662-670。

515 〈與謝士潔書（五首）其二〉，《陽明佚文輯考編年》，頁662-670。

516 〈贈周經和尚偈〉，《陽明佚文輯考編年》，頁671-672。

517 〈送周經和尚〉，《陽明佚文輯考編年》，頁673-674。

518 〈地藏洞再訪異僧不遇〉，《陽明佚文輯考編年》，頁675-676。

519 〈游東林次邵二泉韻〉，《陽明佚文輯考編年》，頁677-678。

520 〈天池寺題刻〉，《陽明佚文輯考編年》，頁679。

521 〈書《桃源行》於廬山五老峰〉，《陽明佚文輯考編年》，頁680。

522 〈端陽日次陳時雨寫懷寄程克光金吾〉，《陽明佚文輯考編年》，頁681-683。

523 〈贈陳惟浚詩〉，《陽明佚文輯考編年》，頁684-685。

524 〈宗忠簡公象贊〉，《陽明佚文輯考編年》，頁686-688。

525 〈石屋山詩〉，《陽明佚文輯考編年》，頁689。

526 〈廬山讀書臺摩崖題識〉，《陽明佚文輯考編年》，頁690。

527 〈復羅整庵太宰書〉，《陽明佚文輯考編年》，頁691-696。

528 〈雲騰颷馭祠詩〉，《陽明佚文輯考編年》，頁697-698。

529 〈石溪寺〉，《陽明佚文輯考編年》，頁699-700。

530 〈祭劉養正母文〉，《陽明佚文輯考編年》，頁701-703。

〈奠楊士德文〉[531]、〈忘歸巖題壁〉[532]、〈紀夢題郭景純詩於壁〉[533]、〈送王巴山學憲歸六合〉[534]、〈吊疊山先生〉[535]、〈與鄒謙之〉[536]、〈與霍渭先書〉[537]、〈論心學文〉[538]、〈復唐虞佐〉[539]、〈游寄隱巖題刻〉[540]、〈何石山招遊燕子洞〉[541]、〈批興國縣移易風俗申文〉[542]、〈辭爵賞救張鼇山疏〉[543]。

《王陽明全集》〈年譜〉:「行至泰和,少宰羅欽順以書問學。先生答曰:『來教訓某《大學》古本之復』。」[544]按:〈答羅整庵少宰書〉[545]繫於此。

《湛若水年譜》:「是年,陽明先生有〈答甘泉〉書。」[546]《湛若水年譜》:「是年,甘泉先生還有〈答陽明〉。」[547]

陽明五十歲　明武宗正德十六年（辛巳）　一五二一年

531　〈奠楊士德文〉,《陽明佚文輯考編年》,頁704-705。

532　〈忘歸巖題壁〉,《陽明佚文輯考編年》,頁706-707。

533　〈紀夢題郭景純詩於壁〉,《陽明佚文輯考編年》,頁708-709。

534　〈送王巴山學憲歸六合〉,《陽明佚文輯考編年》,頁710-712。

535　〈吊疊山先生〉,《陽明佚文輯考編年》,頁713-714。

536　〈與鄒謙之〉,《陽明佚文輯考編年》,頁715。

537　〈與霍渭先書〉,《陽明佚文輯考編年》,頁716-717。

538　〈論心學文〉,《陽明佚文輯考編年》,頁718-719。

539　〈復唐虞佐〉,《陽明佚文輯考編年》,頁720-721。

540　〈游寄隱巖題刻〉,《陽明佚文輯考編年》,頁722-723。

541　〈何石山招遊燕子洞〉,《陽明佚文輯考編年》,頁724-725。

542　〈批興國縣移易風俗申文〉,《陽明佚文輯考編年》,頁726-729。

543　〈辭爵賞救張鼇山疏〉,《陽明佚文輯考編年》,頁730-731。

544　「行至泰和,少宰羅欽順以書問學。先生答曰:『來教訓某《大學》古本之復』。」參見《王陽明全集》〈年譜二〉卷34,頁1044。

545　〈答羅整庵少宰書〉,《王陽明全集》〈語錄二・傳習錄中〉卷2,頁65-69。

546　黎業明:《湛若水年譜》,頁70。

547　黎業明:《湛若水年譜》,頁71。

〈與鄒謙之一 辛巳〉[548]、〈與夏敦夫 辛巳〉[549]、〈與朱守忠 辛巳〉[550]、〈與席元山 辛巳〉[551]、〈答甘泉 辛巳〉[552]、〈答倫彥式 辛巳〉[553]、〈與唐虞佐侍御 辛巳〉[554]、〈答方叔賢一 辛巳〉[555]、〈與楊仕鳴一 辛巳〉[556]、〈與陸原靜一 辛巳〉[557]、〈書顧維賢卷 辛巳〉[558]、〈祭外舅介庵先生文 辛巳〉[559]、〈祭文相文〉[560]。

※居越詩三十四首。正德辛巳年歸越後作。〈歸興二首其一〉、〈歸興二首其二〉、〈次謙之韻〉、〈再遊浮峰次韻〉、〈夜宿浮峰次謙之韻〉、〈再遊延壽寺次舊韻〉、〈碧霞池夜坐〉、〈秋聲〉、〈林汝桓以二詩寄次

---

548 〈與鄒謙之一 辛巳〉,《王陽明全集》〈文錄二‧書二 始正德辛巳至嘉靖乙酉〉卷5,頁152。

549 〈與夏敦夫 辛巳〉,《王陽明全集》〈文錄二‧書二 始正德辛巳至嘉靖乙酉〉卷5,頁153。

550 〈與朱守忠 辛巳〉,《王陽明全集》〈文錄二‧書二 始正德辛巳至嘉靖乙酉〉卷5,頁153。

551 〈與席元山 辛巳〉,《王陽明全集》〈文錄二‧書二 始正德辛巳至嘉靖乙酉〉卷5,頁153-154。

552 〈答甘泉 辛巳〉,《王陽明全集》〈文錄二‧書二 始正德辛巳至嘉靖乙酉〉卷5,頁154-155。

553 〈答倫彥式 辛巳〉,《王陽明全集》〈文錄二‧書二 始正德辛巳至嘉靖乙酉〉卷5,頁155。

554 〈與唐虞佐侍御 辛巳〉,《王陽明全集》〈文錄二‧書二 始正德辛巳至嘉靖乙酉〉卷5,頁155-156。

555 〈答方叔賢一 辛巳〉,《王陽明全集》〈文錄二‧書二 始正德辛巳至嘉靖乙酉〉卷5,頁156-157。

556 〈與楊仕鳴一 辛巳〉,《王陽明全集》〈文錄二‧書二 始正德辛巳至嘉靖乙酉〉卷5,頁157-158。

557 〈與陸原靜一 辛巳〉,《王陽明全集》〈文錄二‧書二 始正德辛巳至嘉靖乙酉〉卷5,頁159。

558 〈書顧維賢卷 辛巳〉,《王陽明全集》〈文錄五‧雜著〉卷8,頁231-232。

559 〈祭外舅介庵先生文 辛巳〉,《王陽明全集》〈外集七‧墓誌銘‧墓表‧墓碑‧傳碑刻‧贊‧箴‧祭文〉卷25,頁789-790。

560 〈祭文相文〉,《王陽明全集》〈外集七‧墓誌銘‧墓表‧墓碑‧傳碑刻‧贊‧箴‧祭文〉卷25,頁790。

韻為別〉、〈月夜二首與諸生歌於天泉橋〉、〈秋夜〉、〈夜坐〉、〈心漁歌為錢翁希明別號題〈登香爐峰次蘿石韻〉、〈觀從吾登爐峰絕頂戲贈〉、〈書扇贈從吾〉、〈嘉靖甲申冬二十一日再登秦望自弘治戊午登後二十七年矣將下適董蘿石與二三子來復坐久之暮歸同宿雲門僧舍〉、〈山中漫興〉、〈挽潘南山〉、〈和董蘿石菜花韻〉、〈天泉樓夜坐和蘿石韻〉、〈詠良知四首示諸生〉、〈示諸生三首〉、〈答人問良知二首〉、〈答人問道〉、〈寄題玉芝庵　丙戌〉、〈別諸生〉、〈後中秋望月歌〉、〈書扇示正憲〉、〈送蕭子雝憲副之任〉、〈中秋〉、〈嘉靖丙戌十二月庚申始得子年已五十有五矣六月靜齊二丈昔與先公同舉於鄉聞之而喜各以詩來賀藹然世交之誼也次韻為謝二首其一〉、〈嘉靖丙戌十二月庚申始得子年已五十有五矣六月靜齊二丈昔與先公同舉於鄉聞之而喜各以詩來賀藹然世交之誼也次韻為謝二首其二〉[561]。

〈陽明先生與晉溪書（十五首）其十五〉[562]、〈與謝士潔書（五首）其三〉[563]、〈與謝士潔書（五首）其四〉[564]、〈與謝士潔書（五首）其五〉[565]、〈定本大學古本傍釋〉[566]、〈答時振書〉[567]、〈又答時振書〉[568]、〈與邦相書〉[569]、〈簡施聘之〉[570]、〈再與鄒謙之〉[571]、〈吊孫

561　《王陽明全集》〈外集二・居越詩三十四首〉卷20，頁648-655。

562　〈陽明先生與晉溪書（十五首）其十五〉，《陽明佚文輯考編年》，頁499-516。

563　〈與謝士潔書（五首）其三〉，《陽明佚文輯考編年》，頁662-670。

564　〈與謝士潔書（五首）其四〉，《陽明佚文輯考編年》，頁662-670。

565　〈與謝士潔書（五首）其五〉，《陽明佚文輯考編年》，頁662-670。

566　〈定本大學古本傍釋〉，《陽明佚文輯考編年》，頁732-741。

567　〈答時振書〉，《陽明佚文輯考編年》，頁751-754。

568　〈又答時振書〉，《陽明佚文輯考編年》，頁755。

569　〈與邦相書〉，《陽明佚文輯考編年》，頁756-757。

570　〈簡施聘之〉，《陽明佚文輯考編年》，頁758-759。

571　〈再與鄒謙之〉，《陽明佚文輯考編年》，頁760-761。

忠烈文〉[572]、〈與唐虞佐侍御〉[573]、〈重刊象山文集序〉[574]、〈寄薛尚謙〉[575]、〈吊蕙皋府君文〉[576]、〈題倪小野清暉樓〉[577]、〈寄顧惟賢手札〉[578]、〈賀孫老先生入泮〉[579]、〈寄餘姚諸弟手札〉[580]、〈祭張淑人文〉[581]、〈送人致仕〉[582]。

《王陽明全集》〈年譜〉:「刻〈象山文集〉,為序以表彰之。」[583]

《湛若水年譜》:「陽明先生有〈答甘泉〉書。」[584]《湛若水年譜》:「得知陽明升任南京兵部尚書之前,有〈答陽明王都憲論格物〉。」[585]

《湛若水年譜》:「十二月,陽明先生封新建伯。甘泉先生得知消息後有〈寄陽明〉書道賀。」[586]

陽明五十一歲　明世宗嘉靖元年（壬午）　一五二二年

〈與陸原靜二 壬午〉[587]、〈壁帖 壬午〉[588]、〈答徐成之一 壬午〉[589]、

572　〈吊孫忠烈文〉,《陽明佚文輯考編年》,頁762。

573　〈與唐虞佐侍御〉,《陽明佚文輯考編年》,頁763-765。

574　〈重刊象山文集序〉,《陽明佚文輯考編年》,頁766-768。

575　〈寄薛尚謙〉,《陽明佚文輯考編年》,頁769-770。

576　〈吊蕙皋府君文〉,《陽明佚文輯考編年》,頁771-772。

577　〈題倪小野清暉樓〉,《陽明佚文輯考編年》,頁773-776。

578　〈寄顧惟賢手札〉,《陽明佚文輯考編年》,頁777-779。

579　〈賀孫老先生入泮〉,《陽明佚文輯考編年》,頁780-781。

580　〈寄餘姚諸弟手札〉,《陽明佚文輯考編年》,頁782-783。

581　〈祭張淑人文〉,《陽明佚文輯考編年》,頁784-785。

582　〈送人致仕〉,《陽明佚文輯考編年》,頁786。

583　「刻〈象山文集〉,為序以表彰之。」參見《王陽明全集》〈年譜二〉卷34,頁1051。

584　黎業明:《湛若水年譜》,頁74。

585　黎業明:《湛若水年譜》,頁75-78。

586　黎業明:《湛若水年譜》,頁81。

587　〈與陸原靜二 壬午〉,《王陽明全集》〈文錄二‧書二 始正德辛巳至嘉靖乙酉〉卷5,頁159-161。

588　〈壁帖 壬午〉,《王陽明全集》〈文錄五‧雜著〉卷8,頁232。

589　〈答徐成之一 壬午〉,《王陽明全集》〈外集三‧書〉卷21,頁665-666。

〈答徐成之二　壬午〉[590]、〈上彭幸庵　壬午〉[591]、〈寄楊邃庵閣老一壬午〉[592]。

〈與宰輔書〉[593]、〈上公卿書〉[594]、〈與周道通書（五書）其一〉[595]、〈與毛憲清書〉[596]、〈與友〉[597]、〈與友人〉[598]、〈倪小野《突兀稿》評點〉[599]、〈再辭封爵普恩賞以彰國典疏稿〉[600]、〈與子宿司諫〉[601]、〈書唐人七律二首〉[602]、〈致嚴應階書〉[603]、〈春暉堂〉[604]、〈答張汝立書（三首）〉[605]、〈與王汝中〉[606]。

陽明五十二歲　明世宗嘉靖二年（癸未）　一五二三年

〈答方叔賢二　癸未〉[607]、〈與楊仕鳴二　癸未〉[608]、〈與楊仕鳴三　癸

590　〈答徐成之二　壬午〉，《王陽明全集》〈外集三・書〉卷21，頁666-669。

591　〈上彭幸庵　壬午〉，《王陽明全集》〈外集三・書〉卷21，頁675-676。

592　〈寄楊邃庵閣老一　壬午〉，《王陽明全集》〈外集三・書〉卷21，頁676。

593　〈與宰輔書〉，《陽明佚文輯考編年》，頁787-788。

594　〈上公卿書〉，《陽明佚文輯考編年》，頁789-791。

595　〈與周道通書（五書）其一〉，《陽明佚文輯考編年》，頁792-798。

596　〈與毛憲清書〉，《陽明佚文輯考編年》，頁799。

597　〈與友〉，《陽明佚文輯考編年》，頁801。

598　〈與友人〉，《陽明佚文輯考編年》，頁802。

599　〈倪小野《突兀稿》評點〉，《陽明佚文輯考編年》，頁803-805。

600　〈再辭封爵普恩賞以彰國典疏稿〉，《陽明佚文輯考編年》，頁806-812。

601　〈與子宿司諫〉，《陽明佚文輯考編年》，頁813-815。

602　〈書唐人七律二首〉，《陽明佚文輯考編年》，頁816-817。

603　〈致嚴應階書〉，《陽明佚文輯考編年》，頁818-819。

604　〈春暉堂〉，《陽明佚文輯考編年》，頁820-822。

605　〈答張汝立書（三首）〉，《陽明佚文輯考編年》，頁823-825。

606　〈與王汝中〉，《陽明佚文輯考編年》，頁826。

607　〈答方叔賢二　癸未〉，《王陽明全集》〈文錄二・書二　始正德辛巳至嘉靖乙酉〉卷5，頁157。

608　〈與楊仕鳴二　癸未〉，《王陽明全集》〈文錄二・書二　始正德辛巳至嘉靖乙酉〉卷5，頁158。

未〉[609]、〈答舒國用 癸未〉[610]、〈與劉元道 癸未〉[611]、〈答路賓陽 癸
未〉[612]、〈與黃宗賢 癸未〉[613]、〈寄薛尚謙 癸未〉[614]、〈書王一為卷
癸未〉[615]、〈寄楊邃庵閣老二 癸未〉[616]、〈寄席元山 癸未〉[617]、〈書
徐汝佩卷 癸未〉[618]。

〈與薛尚謙手札（二首）〉[619]、〈與某人書〉[620]、〈與黃宗賢書一〉[621]、
〈與黃宗賢書〉[622]、〈與薛尚謙書〉[623]、〈鎮海樓〉[624]、〈與薛子修
書〉[625]、〈與顧惟賢書〉[626]、〈與歐陽崇一書〉[627]、〈答歐陽崇一問致

609 〈與楊仕鳴三 癸未〉,《王陽明全集》〈文錄二・書二 始正德辛巳至嘉靖乙酉〉卷 5,頁158-159。

610 〈答舒國用 癸未〉,《王陽明全集》〈文錄二・書二 始正德辛巳至嘉靖乙酉〉卷 5,頁161-162。

611 〈與劉元道 癸未〉,《王陽明全集》〈文錄二・書二 始正德辛巳至嘉靖乙酉〉卷 5,頁162-163。

612 〈答路賓陽 癸未〉,《王陽明全集》〈文錄二・書二 始正德辛巳至嘉靖乙酉〉卷 5,頁163。

613 〈與黃宗賢 癸未〉,《王陽明全集》〈文錄二・書二 始正德辛巳至嘉靖乙酉〉卷 5,頁169。

614 〈寄薛尚謙 癸未〉,《王陽明全集》〈文錄二・書二 始正德辛巳至嘉靖乙酉〉卷 5,頁169。

615 〈書王一為卷 癸未〉,《王陽明全集》〈文錄五・雜著〉卷8,頁232。

616 〈寄楊邃庵閣老二 癸未〉,《王陽明全集》〈外集三・書〉卷21,頁676-678。

617 〈寄席元山 癸未〉,《王陽明全集》〈外集三・書〉卷21,頁679。

618 〈書徐汝佩卷 癸未〉,《王陽明全集》〈外集六・說・雜著〉卷24,頁760-762。

619 〈與薛尚謙手札（二首）〉,《陽明佚文輯考編年》,頁827-829。

620 〈與某人書〉,《陽明佚文輯考編年》,頁830-831。

621 〈與黃宗賢書一〉,《陽明佚文輯考編年》,頁832。

622 〈與黃宗賢書〉,《陽明佚文輯考編年》,頁833。

623 〈與薛尚謙書〉,《陽明佚文輯考編年》,頁834。

624 〈鎮海樓〉,《陽明佚文輯考編年》,頁835-836。

625 〈與薛子修書〉,《陽明佚文輯考編年》,頁837-838。

626 〈與顧惟賢書〉,《陽明佚文輯考編年》,頁839。

627 〈與歐陽崇一書〉,《陽明佚文輯考編年》,頁840。

良知書〉⁶²⁸、〈回董山先生札〉⁶²⁹、〈贈新昌襲怡處士夫婦九秩慶壽圖詩序〉⁶³⁰、〈答既白先生書〉⁶³¹。

陽明五十三歲　明世宗嘉靖三年（甲申）　一五二四年

〈與黃勉之一　甲申〉⁶³²、〈與黃勉之二　甲申〉⁶³³、〈自得齋說　甲申〉⁶³⁴、〈書朱守諧卷　甲申〉⁶³⁵、〈書諸陽伯卷　甲申〉⁶³⁶、〈書朱子禮卷　甲申〉⁶³⁷、〈答王霽庵中丞　甲申〉⁶³⁸、〈與陸清伯　甲申〉⁶³⁹、〈與黃誠甫一　甲申〉⁶⁴⁰、〈與黃誠甫二　甲申〉⁶⁴¹、〈程守夫墓碑　甲申〉⁶⁴²、〈又祭徐曰仁文　甲申〉⁶⁴³、〈祭國子助教薛尚哲文　甲申〉⁶⁴⁴、

628　〈答歐陽崇一問致良知書〉，《陽明佚文輯考編年》，頁841。

629　〈回董山先生札〉，《陽明佚文輯考編年》，頁842-844。

630　〈贈新昌襲怡處士夫婦九秩慶壽圖詩序〉，《陽明佚文輯考編年》，頁845-847。

631　〈答既白先生書〉，《陽明佚文輯考編年》，頁848-849。

632　〈與黃勉之一　甲申〉，《王陽明全集》〈文錄二・書二　始正德辛巳至嘉靖乙酉〉卷5，頁163。

633　〈與黃勉之二　甲申〉，《王陽明全集》〈文錄二・書二　始正德辛巳至嘉靖乙酉〉卷5，頁164-166。

634　〈自得齋說　甲申〉，《王陽明全集》〈文錄四・序記說〉卷7，頁224。

635　〈書朱守諧卷　甲申〉，《王陽明全集》〈文錄五・雜著〉卷8，頁232-233。

636　〈書諸陽伯卷　甲申〉，《王陽明全集》〈文錄五・雜著〉卷8，頁233-234。

637　〈書朱子禮卷　甲申〉，《王陽明全集》〈文錄五・雜著〉卷8，頁236-237。

638　〈答王霽庵中丞　甲申〉，《王陽明全集》〈外集三・書〉卷21，頁679-680。

639　〈與陸清伯　甲申〉，《王陽明全集》〈外集三・書〉卷21，頁680。

640　〈與黃誠甫一　甲申〉，《王陽明全集》〈外集三・書〉卷21，頁680。

641　〈與黃誠甫二　甲申〉，《王陽明全集》〈外集三・書〉卷21，頁680。

642　〈程守夫墓碑　甲申〉，《王陽明全集》〈外集七・墓誌銘・墓表・墓碑・傳碑刻・贊・箴・祭文〉卷25，頁778-779。

643　〈又祭徐曰仁文　甲申〉，《王陽明全集》〈外集七・墓誌銘・墓表・墓碑・傳碑刻・贊・箴・祭文〉卷25，頁790。

644　〈祭國子助教薛尚哲文　甲申〉，《王陽明全集》〈外集七・墓誌銘・墓表・墓碑・傳碑刻・贊・箴・祭文〉卷25，頁791。

〈祭朱守忠文 甲申〉[645]、〈祭洪襄惠公文〉[646]。

〈與周道通書（五書）其二〉[647]、〈與周道通書（五書）其三〉[648]、〈答伍汝真僉憲〉[649]、〈策問〉[650]、〈與尚謙誠甫世寧書〉[651]、〈祭孫安人文〉[652]、〈咏萬物一體詩〉[653]、〈答方思道僉憲〉[654]、〈與友〉[655]、〈與尚謙尚遷子修書〉[656]、〈與王公弼（二首）其一〉[657]、〈方氏重修家譜序〉[658]、〈方孝孺像贊〉[659]、〈與王邦相書（三首）其一〉[660]。

陽明五十四歲　明世宗嘉靖四年（乙酉）　一五二五年

〈與鄒謙之二乙酉〉[661]、〈答劉內重乙酉〉[662]、〈與王公弼乙酉〉[663]、

---

645 〈祭朱守忠文 甲申〉，《王陽明全集》〈外集七‧墓誌銘‧墓表‧墓碑‧傳碑刻‧贊‧箴‧祭文〉卷25，頁791-792。

646 〈祭洪襄惠公文〉，《王陽明全集》〈外集七‧墓誌銘‧墓表‧墓碑‧傳碑刻‧贊‧箴‧祭文〉卷25，頁792-793。

647 〈與周道通書（五書）其二〉，《陽明佚文輯考編年》，頁792-798。

648 〈與周道通書（五書）其三〉，《陽明佚文輯考編年》，頁792-798。

649 〈答伍汝真僉憲〉，《陽明佚文輯考編年》，頁850-852。

650 〈策問〉，《陽明佚文輯考編年》，頁853-854。

651 〈與尚謙誠甫世寧書〉，《陽明佚文輯考編年》，頁855-856。

652 〈祭孫安人文〉，《陽明佚文輯考編年》，頁857-858。

653 〈咏萬物一體詩〉，《陽明佚文輯考編年》，頁859。

654 〈答方思道僉憲〉，《陽明佚文輯考編年》，頁860-861。

655 〈與友〉，《陽明佚文輯考編年》，頁862。

656 〈與尚謙尚遷子修書〉，《陽明佚文輯考編年》，頁863-864。

657 〈與王公弼（二首）其一〉，《陽明佚文輯考編年》，頁865-868。

658 〈方氏重修家譜序〉，《陽明佚文輯考編年》，頁869-870。

659 〈方孝孺像贊〉，《陽明佚文輯考編年》，頁871。

660 〈與王邦相書（三首）其一〉，《陽明佚文輯考編年》，頁872-875。

661 〈與鄒謙之二 乙酉〉，《王陽明全集》〈文錄二‧書二 始正德辛巳至嘉靖乙酉〉卷5，頁152。

662 〈答劉內重 乙酉〉，《王陽明全集》〈文錄二‧書二 始正德辛巳至嘉靖乙酉〉卷5，頁166-167。

663 〈與王公弼 乙酉〉，《王陽明全集》〈文錄二‧書二 始正德辛巳至嘉靖乙酉〉卷5，頁167-168。

〈答董澐蘿石 乙酉〉[664]、〈從吾道人記 乙酉〉[665]、〈觀民堂記 乙酉〉[666]、〈萬松書院記 乙酉〉[667]、〈稽山書院尊經閣記 乙酉〉[668]、〈重修山陰縣學記 乙酉〉[669]、〈博約說 乙酉〉[670]、〈書張思欽卷 乙酉〉[671]、〈書中天閣勉諸生 乙酉〉[672]、〈書朱守乾卷 乙酉〉[673]、〈書正憲扇 乙酉〉[674]、〈書魏師孟卷 乙酉〉[675]、〈與黃誠甫三 乙酉〉[676]、〈與黃勉之 乙酉〉[677]、〈復童克剛 乙酉〉[678]、〈送南元善入覲序 乙酉〉[679]、〈重修浙江貢院記 乙酉〉[680]、〈濬河記 乙酉〉[681]、〈題夢槎奇游詩卷 乙酉〉[682]、〈節庵方公墓表 乙酉〉[683]。

〈與王邦相書（三首）其二〉[684]、〈與王邦相書（三首）其三〉[685]、

---

664 〈答董澐蘿石 乙酉〉,《王陽明全集》〈文錄二・書二 始正德辛巳至嘉靖乙酉〉卷5，頁168-169。

665 〈從吾道人記 乙酉〉,《王陽明全集》〈文錄四・序記說〉卷7，頁209-211。

666 〈觀民堂記 乙酉〉,《王陽明全集》〈文錄四・序記說〉卷7，頁211-212。

667 〈萬松書院記 乙酉〉,《王陽明全集》〈文錄四・序記說〉卷7，頁213-214。

668 〈稽山書院尊經閣記 乙酉〉,《王陽明全集》〈文錄四・序記說〉卷7，頁214-216。

669 〈重修山陰縣學記 乙酉〉,《王陽明全集》〈文錄四・序記說〉卷7，頁216-218。

670 〈博約說 乙酉〉,《王陽明全集》〈文錄四・序記說〉卷7，頁224-225。

671 〈書張思欽卷 乙酉〉,《王陽明全集》〈文錄五・雜著〉卷8，頁234。

672 〈書中天閣勉諸生 乙酉〉,《王陽明全集》〈文錄五・雜著〉卷8，頁234-235。

673 〈書朱守乾卷 乙酉〉,《王陽明全集》〈文錄五・雜著〉卷8，頁235。

674 〈書正憲扇 乙酉〉,《王陽明全集》〈文錄五・雜著〉卷8，頁235-236。

675 〈書魏師孟卷 乙酉〉,《王陽明全集》〈文錄五・雜著〉卷8，頁236。

676 〈與黃誠甫三 乙酉〉,《王陽明全集》〈外集三・書〉卷21，頁680-681。

677 〈與黃勉之 乙酉〉,《王陽明全集》〈外集三・書〉卷21，頁681。

678 〈復童克剛 乙酉〉,《王陽明全集》〈外集三・書〉卷21，頁681-682。

679 〈送南元善入覲序 乙酉〉,《王陽明全集》〈外集四・序〉卷22，頁728-729。

680 〈重修浙江貢院記 乙酉〉,《王陽明全集》〈外集五・記〉卷23，頁745-746。

681 〈濬河記 乙酉〉,《王陽明全集》〈外集五・記〉卷23，頁746。

682 〈題夢槎奇游詩卷 乙酉〉,《王陽明全集》〈外集六・說・雜著〉卷24，頁762-763。

683 〈節庵方公墓表 乙酉〉,《王陽明全集》〈外集七・墓誌銘・墓表・墓碑・傳碑刻・贊・箴・祭文〉卷25，頁776-777。

684 〈與王邦相書（三首）其二〉,《陽明佚文輯考編年》，頁872-875。

685 〈與王邦相書（三首）其三〉,《陽明佚文輯考編年》，頁872-875。

〈與鄭邦瑞書（三札）〉[686]、〈寄伯敬弟手札〉[687]、〈京師地震上皇帝疏〉[688]、〈草書《次張體仁聯句韵》寄答宋孔瞻書（二首）〉[689]、〈批董蘿石日省錄〉[690]、〈陽明九聲四氣歌法〉[691]。

《王陽明全集》〈年譜〉：「答顧東橋璘書有曰。」[692]按：〈答顧東橋書〉[693]繫於此。

陽明五十五歲　明世宗嘉靖五年（丙戌）　一五二六年

〈寄鄒謙之一 丙戌〉[694]、〈寄鄒謙之二 丙戌〉[695]、〈寄鄒謙之三 丙戌〉[696]、〈寄鄒謙之四 丙戌〉[697]、〈寄鄒謙之五 丙戌〉[698]、〈答友人

686　〈與鄭邦瑞書（三札）〉，《陽明佚文輯考編年》，頁876-879。

687　〈寄伯敬弟手札〉，《陽明佚文輯考編年》，頁880-882。

688　〈京師地震上皇帝疏〉，《陽明佚文輯考編年》，頁883-887。

689　〈草書《次張體仁聯句韵》寄答宋孔瞻書（二首）〉，《陽明佚文輯考編年》，頁888-890。

690　〈批董蘿石日省錄〉，《陽明佚文輯考編年》，頁891-894。

691　〈陽明九聲四氣歌法〉，《陽明佚文輯考編年》，頁895-901。

692　「答顧東橋璘書有曰：『朱子所謂格物云者，是以吾心而求理於事事物物之中，如求孝子之理於其親之謂也。』」參見《王陽明全集》〈年譜三〉卷35，頁1064-1066。

693　〈答顧東橋書〉，《王陽明全集》〈語錄二・傳習錄中〉卷2，頁36-50。

694　〈寄鄒謙之一 丙戌〉，《王陽明全集》〈文錄三・書三 嘉靖丙戌至戊子〉卷6，頁170。

695　〈寄鄒謙之二 丙戌〉，《王陽明全集》〈文錄三・書三 嘉靖丙戌至戊子〉卷6，頁170-172。

696　〈寄鄒謙之三 丙戌〉，《王陽明全集》〈文錄三・書三 嘉靖丙戌至戊子〉卷6，頁172-173。

697　〈寄鄒謙之四 丙戌〉，《王陽明全集》〈文錄三・書三 嘉靖丙戌至戊子〉卷6，頁173-174。

698　〈寄鄒謙之五 丙戌〉，《王陽明全集》〈文錄三・書三 嘉靖丙戌至戊子〉卷6，頁174-175。

丙戌〉⁶⁹⁹、〈答友人問 丙戌〉⁷⁰⁰、〈答南元善一 丙戌〉⁷⁰¹、〈答南元
善二 丙戌〉⁷⁰²、〈答季明德 丙戌〉⁷⁰³、〈與王公弼一 丙戌〉⁷⁰⁴、〈與
歐陽崇一 丙戌〉⁷⁰⁵、〈寄陸原靜 丙戌〉⁷⁰⁶、〈答甘泉 丙戌〉⁷⁰⁷、〈惜
陰說 丙戌〉⁷⁰⁸、〈書林司訓卷 丙戌〉⁷⁰⁹、〈南岡說 丙戌〉⁷¹⁰、〈田州
立碑 丙戌〉⁷¹¹、〈田州石刻〉⁷¹²、〈陳直夫南宮像贊〉⁷¹³、〈三箴〉⁷¹⁴、
〈寄楊士鳴文 丙戌〉⁷¹⁵。

699　〈答友人 丙戌〉,《王陽明全集》〈文錄三・書三 嘉靖丙戌至戊子〉卷6,頁175-176。

700　〈答友人問 丙戌〉,《王陽明全集》〈文錄三・書三 嘉靖丙戌至戊子〉卷6,頁176-177。

701　〈答南元善一 丙戌〉,《王陽明全集》〈文錄三・書三 嘉靖丙戌至戊子〉卷6,頁177-179。

702　〈答南元善二 丙戌〉,《王陽明全集》〈文錄三・書三 嘉靖丙戌至戊子〉卷6,頁179。

703　〈答季明德 丙戌〉,《王陽明全集》〈文錄三・書三 嘉靖丙戌至戊子〉卷6,頁180-181。

704　〈與王公弼一 丙戌〉,《王陽明全集》〈文錄三・書三 嘉靖丙戌至戊子〉卷6,頁181。

705　〈與歐陽崇一 丙戌〉,《王陽明全集》〈文錄三・書三 嘉靖丙戌至戊子〉卷6,頁182。按:此書與《傳習錄》之〈答歐陽崇一〉非同一書。

706　〈寄陸原靜 丙戌〉,《王陽明全集》〈文錄三・書三 嘉靖丙戌至戊子〉卷6,頁182。

707　〈答甘泉 丙戌〉,《王陽明全集》〈文錄三・書三 嘉靖丙戌至戊子〉卷6,頁183。

708　〈惜陰說 丙戌〉,《王陽明全集》〈文錄四・序記說〉卷7,頁225-226。

709　〈書林司訓卷 丙戌〉,《王陽明全集》〈文錄五・雜著〉卷8,頁237。

710　〈南岡說 丙戌〉,《王陽明全集》〈外集六・說・雜著〉卷24,頁748-749。

711　〈田州立碑 丙戌〉,《王陽明全集》〈外集七・墓誌銘・墓表・墓碑・傳碑刻・贊・箴・祭文〉卷25,頁782-783。

712　〈田州石刻〉,《王陽明全集》〈外集七・墓誌銘・墓表・墓碑・傳碑刻・贊・箴・祭文〉卷25,頁783。

713　〈陳直夫南宮像贊〉,《王陽明全集》〈外集七・墓誌銘・墓表・墓碑・傳碑刻・贊・箴・祭文〉卷25,頁783。

714　〈三箴〉,《王陽明全集》〈外集七・墓誌銘・墓表・墓碑・傳碑刻・贊・箴・祭文〉卷25,頁783-784。

715　〈寄楊士鳴文 丙戌〉,《王陽明全集》〈外集七・墓誌銘・墓表・墓碑・傳碑刻・贊・箴・祭文〉卷25,頁793-794。

〈與王公弼（二首）其二〉[716]、〈玉山斗門〉[717]、〈與歐陽崇一（三首）其一〉[718]、〈答聶文蔚論良知書〉[719]、〈贈岑東隱先生（二首）〉[720]、〈合族名行格言〉[721]、〈柬友〉[722]、〈湖海集序〉[723]、〈答楊邃庵閣老書〉[724]、〈祭柴太安人文〉[725]。

《王陽明全集》〈年譜〉：「答歐陽德書。」[726]按：〈答歐陽崇一〉[727]繫於此。

《湛若水年譜》：「是年，應鄒守益之請，（湛若水）作〈廣德州儒學新建尊經閣記〉。」[728]《湛若水年譜》：「是年，陽明先生有〈答甘

---

716 〈與王公弼（二首）其二〉，《陽明佚文輯考編年》，頁865-868。

717 〈玉山斗門〉，《陽明佚文輯考編年》，頁902。

718 〈與歐陽崇一（三首）其一〉，《陽明佚文輯考編年》，頁906-910。

719 〈答聶文蔚論良知書〉，《陽明佚文輯考編年》，頁911-913。

720 〈贈岑東隱先生（二首）〉，《陽明佚文輯考編年》，頁914-915。

721 〈合族名行格言〉，《陽明佚文輯考編年》，頁916。

722 〈柬友〉，《陽明佚文輯考編年》，頁917-918。

723 〈湖海集序〉，《陽明佚文輯考編年》，頁919-920。

724 〈答楊邃庵閣老書〉，《陽明佚文輯考編年》，頁921-923。

725 〈祭柴太安人文〉，《陽明佚文輯考編年》，頁924-925。

726 「答歐陽德書。……良知不因見聞而有，而見聞莫非良知之用。」參見《王陽明全集》〈年譜三〉卷35，頁1069。又，陳氏曰：「年譜繫此書于嘉靖五年（1526）。是年陽明五十五在越。然南元善刻傳習錄先此一年，為嘉靖四年。二者必有一誤。」參見陳榮捷：《王陽明傳習錄詳註集評》，頁240。按：陳氏指出此書〈答歐陽崇一〉繫年可能有誤，或許未必。吾持理由如下：一是，陳氏曰南元善刻傳習錄嘉靖四年，有待商榷。據《年譜》，《續刻傳習錄》「南本」刻於嘉靖三年，非嘉靖四年。二是，《續刻傳習錄》「南本」收錄王陽明論學書僅五卷，〈答歐陽崇一〉也許是嘉靖三十三年《續刻傳習錄》「閭東本」才收錄，錢氏嘉靖四十二年完成《年譜》，將〈答歐陽崇一〉繫於嘉靖五年，是符合邏輯的。三是，若錢氏嘉靖四十二年完成《年譜》，將〈答歐陽崇一〉繫於嘉靖五年為錯誤之繫年，距今相去甚遠，實難推論《年譜》繫年有誤。

727 〈答歐陽崇一〉，《王陽明全集》〈語錄二·傳習錄中〉卷2，頁62-65。

728 黎氏：「王陽明先生丙戌年《寄鄒謙之（五）》曾提及甘泉先生此文，且因甘泉先生此文與其去年正月所作〈稽山書院尊經閣記〉不合而頗為不滿。」參見黎業明：《湛若水年譜》，頁134。

泉〉書。」[729]

陽明五十六歲　明世宗嘉靖六年（丁亥）　一五二七年

〈與王公弼二　丁亥〉[730]、〈答魏師說　丁亥〉[731]、〈與馬子莘　丁亥〉[732]、〈與毛古庵憲副　丁亥〉[733]、〈與黃宗賢　丁亥〉[734]、〈答以乘憲副　丁亥〉[735]、〈與戚秀夫　丁亥〉[736]、〈與陳惟濬　丁亥〉[737]、〈寄安福諸同志　丁亥〉[738]、〈與錢德洪王汝中一　丁亥〉[739]、〈書黃夢星卷　丁亥〉[740]、〈寄楊邃庵閣老三　丁亥〉[741]、〈寄楊邃庵閣老四　丁亥〉[742]、

---

729 黎業明：《湛若水年譜》，頁135。

730 〈與王公弼二　丁亥〉，《王陽明全集》〈文錄三・書三　嘉靖丙戌至戊子〉卷6，頁181-182。

731 〈答魏師說　丁亥〉，《王陽明全集》〈文錄三・書三　嘉靖丙戌至戊子〉卷6，頁183。

732 〈與馬子莘　丁亥〉，《王陽明全集》〈文錄三・書三　嘉靖丙戌至戊子〉卷6，頁184。

733 〈與毛古庵憲副　丁亥〉，《王陽明全集》〈文錄三・書三　嘉靖丙戌至戊子〉卷6，頁184-185。

734 〈與黃宗賢　丁亥〉，《王陽明全集》〈文錄三・書三　嘉靖丙戌至戊子〉卷6，頁185-186。

735 〈答以乘憲副　丁亥〉，《王陽明全集》〈文錄三・書三　嘉靖丙戌至戊子〉卷6，頁186。

736 〈與戚秀夫　丁亥〉，《王陽明全集》〈文錄三・書三　嘉靖丙戌至戊子〉卷6，頁186-187。

737 〈與陳惟濬　丁亥〉，《王陽明全集》〈文錄三・書三　嘉靖丙戌至戊子〉卷6，頁187-188。

738 〈寄安福諸同志　丁亥〉，《王陽明全集》〈文錄三・書三　嘉靖丙戌至戊子〉卷6，頁188。

739 〈與錢德洪王汝中一　丁亥〉，《王陽明全集》〈文錄三・書三　嘉靖丙戌至戊子〉卷6，頁188。

740 〈書黃夢星卷　丁亥〉，《王陽明全集》〈文錄五・雜著〉卷8，頁237-238。

741 〈寄楊邃庵閣老三　丁亥〉，《王陽明全集》〈外集三・書〉卷21，頁678。

742 〈寄楊邃庵閣老四　丁亥〉，《王陽明全集》〈外集三・書〉卷21，頁678-679。

〈與鄭啟範侍御 丁亥〉[743]、〈答方叔賢一 丁亥〉[744]、〈答方叔賢二 丁亥〉[745]、〈與黃宗賢一 丁亥〉[746]、〈與黃宗賢二 丁亥〉[747]、〈與黃宗賢三 丁亥〉[748]、〈答見山冢宰 丁亥〉[749]、〈與霍兀厓宮端 丁亥〉[750]、〈答潘直卿 丁亥〉[751]、〈為善最樂文 丁亥〉[752]、〈客坐私祝 丁亥〉[753]、〈太傅王文恪公傳 丁亥〉[754]、〈祭元山席尚書文 丁亥〉[755]、〈祭吳東湖文 丁亥〉[756]。

※兩廣詩二十一首。嘉靖丁亥起，平思田之亂。〈秋日飲月巖新構別王侍御〉、〈復過釣臺〉、〈方思道送西峰〉、〈西安雨中諸生出候因寄德洪汝中并示書院諸生〉、〈德洪汝中方卜書院盛稱天真之奇并寄及之〉、〈寄石潭二絕〉、〈長生〉、〈南浦道中〉、〈重登黃土腦〉、〈過新溪驛〉、〈夢中絕句〉、〈謁伏波廟二首〉、〈破斷藤峽〉、〈平八寨〉、〈南寧二首〉、〈往歲破桶岡宗舜祖世麟老宣慰實來督兵今茲思田之役乃隨父致仕宣慰明輔來從事目擊其父子孫三世皆以忠孝相承相尚也詩以嘉

---

743 〈與鄭啟範侍御 丁亥〉，《王陽明全集》〈外集三・書〉卷21，頁682-683。

744 〈答方叔賢一 丁亥〉，《王陽明全集》〈外集三・書〉卷21，頁683。

745 〈答方叔賢二 丁亥〉，《王陽明全集》〈外集三・書〉卷21，頁683-684。

746 〈與黃宗賢一 丁亥〉，《王陽明全集》〈外集三・書〉卷21，頁684。

747 〈與黃宗賢二 丁亥〉，《王陽明全集》〈外集三・書〉卷21，頁684-685。

748 〈與黃宗賢三 丁亥〉，《王陽明全集》〈外集三・書〉卷21，頁685-686。

749 〈答見山冢宰 丁亥〉，《王陽明全集》〈外集三・書〉卷21，頁687-688。

750 〈與霍兀厓宮端 丁亥〉，《王陽明全集》〈外集三・書〉卷21，頁688。

751 〈答潘直卿 丁亥〉，《王陽明全集》〈外集三・書〉卷21，頁688。

752 〈為善最樂文 丁亥〉，《王陽明全集》〈外集六・說・雜著〉卷24，頁763。

753 〈客坐私祝 丁亥〉，《王陽明全集》〈外集六・說・雜著〉卷24，頁763-764。

754 〈太傅王文恪公傳 丁亥〉，《王陽明全集》〈外集七・墓誌銘・墓表・墓碑・傳碑刻・贊・箴・祭文〉卷25，頁779-781。

755 〈祭元山席尚書文 丁亥〉，《王陽明全集》〈外集七・墓誌銘・墓表・墓碑・傳碑刻・贊・箴・祭文〉卷25，頁794-795。

756 〈祭吳東湖文 丁亥〉，《王陽明全集》〈外集七・墓誌銘・墓表・墓碑・傳碑刻・贊・箴・祭文〉卷25，頁795。

之〉、〈題甘泉居〉、〈書泉翁壁〉⁷⁵⁷。

〈與周道通書（五書）其五〉⁷⁵⁸、〈守歲詩并序〉⁷⁵⁹、〈與歐陽崇一（三首）其二〉⁷⁶⁰、〈與歐陽崇一（三首）其三〉⁷⁶¹、〈與聶雙江先生書〉⁷⁶²、〈與黃宗賢書〉⁷⁶³、〈與許杞山書〉⁷⁶⁴、〈與鄒謙之書〉⁷⁶⁵、〈與錢德洪書〉⁷⁶⁶、〈送蕭子雍詩〉⁷⁶⁷、〈與張羅峰（二首）〉⁷⁶⁸、〈與周道通答問書〉⁷⁶⁹、〈與鄒謙之書〉⁷⁷⁰、〈御校場詩〉⁷⁷¹、〈恭吊忠懿夫人〉⁷⁷²、〈寄正憲男手墨二卷（五札）〉⁷⁷³、〈和理齋同年浩歌樓韻〉⁷⁷⁴、〈宿新城〉⁷⁷⁵、〈遊端州石室題刻〉⁷⁷⁶、〈梧山集序〉⁷⁷⁷、〈與霍兀厓宮端書〉⁷⁷⁸。

《大學問》題下：「師征思、田將發，先授《大學問》，德洪受而錄

---

[757] 《王陽明全集》〈外集二·兩廣詩二十一首〉卷20，頁655-659。

[758] 〈與周道通書（五書）其五〉，《陽明佚文輯考編年》，頁792-798。

[759] 〈守歲詩 并序〉，《陽明佚文輯考編年》，頁903-905。

[760] 〈與歐陽崇一（三首）其二〉，《陽明佚文輯考編年》，頁906-910。

[761] 〈與歐陽崇一（三首）其三〉，《陽明佚文輯考編年》，頁906-910。

[762] 〈與聶雙江先生書〉，《陽明佚文輯考編年》，頁926-927。

[763] 〈與黃宗賢書〉，《陽明佚文輯考編年》，頁928-930。

[764] 〈與許杞山書〉，《陽明佚文輯考編年》，頁931-933。

[765] 〈與鄒謙之書〉，《陽明佚文輯考編年》，頁934。

[766] 〈與錢德洪書〉，《陽明佚文輯考編年》，頁935-936。

[767] 〈送蕭子雍詩〉，《陽明佚文輯考編年》，頁937-938。

[768] 〈與張羅峰（二首）〉，《陽明佚文輯考編年》，頁939-941。

[769] 〈與周道通答問書〉，《陽明佚文輯考編年》，頁942-951。

[770] 〈與鄒謙之書〉，《陽明佚文輯考編年》，頁952。

[771] 〈御校場詩〉，《陽明佚文輯考編年》，頁953-954。

[772] 〈恭吊忠懿夫人〉，《陽明佚文輯考編年》，頁955。

[773] 〈寄正憲男手墨二卷（五札）〉，《陽明佚文輯考編年》，頁956-961。

[774] 〈和理齋同年浩歌樓韻〉，《陽明佚文輯考編年》，頁962-965。

[775] 〈宿新城〉，《陽明佚文輯考編年》，頁966。

[776] 〈遊端州石室題刻〉，《陽明佚文輯考編年》，頁967。

[777] 〈梧山集序〉，《陽明佚文輯考編年》，頁968-970。

[778] 〈與霍兀厓宮端書〉，《陽明佚文輯考編年》，頁971-973。

之。」[779]按：《大學問》[780]繫於此。

陽明五十七歲　明世宗嘉靖七年（戊子）　一五二八年

〈與錢德洪王汝中二 戊子〉[781]、〈與錢德洪王汝中三 戊子〉[782]、〈答何廷仁 戊子〉[783]、〈與黃宗賢四 戊子〉[784]、〈與黃宗賢五 戊子〉[785]、〈寄翟石門閣老 戊子〉[786]、〈寄何燕泉 戊子〉[787]、〈送別省吾林都憲序 戊子〉[788]、〈祭永順寶靖土兵文 戊子〉[789]、〈祭軍牙六纛之神文 戊子〉[790]、〈祭南海文 戊子〉[791]、〈祭六世祖廣東參議性常府君文 戊子〉[792]。

779　「師征思、田將發，先授〈大學問〉，德洪受而錄之。」參見〈大學問〉，《王陽明全集・續編一》卷26，頁798-804。

780　〈大學問〉，《王陽明全集・續編一》卷26，頁798-804。

781　〈與錢德洪王汝中二 戊子〉，《王陽明全集》〈文錄三・書三 嘉靖丙戌至戊子〉卷6，頁189。

782　〈與錢德洪王汝中三 戊子〉，《王陽明全集》〈文錄三・書三 嘉靖丙戌至戊子〉卷6，頁189。

783　〈答何廷仁 戊子〉，《王陽明全集》〈文錄三・書三 嘉靖丙戌至戊子〉卷6，頁189-190。

784　〈與黃宗賢四 戊子〉，《王陽明全集》〈外集三・書〉卷21，頁686。

785　〈與黃宗賢五 戊子〉，《王陽明全集》〈外集三・書〉卷21，頁687。

786　〈寄翟石門閣老 戊子〉，《王陽明全集》〈外集三・書〉卷21，頁689。

787　〈寄何燕泉 戊子〉，《王陽明全集》〈外集三・書〉卷21，頁689。

788　〈送別省吾林都憲序 戊子〉，《王陽明全集》〈外集四・序〉卷22，頁729-730。

789　〈祭永順寶靖土兵文 戊子〉，《王陽明全集》〈外集七・墓誌銘・墓表・墓碑・傳碑刻・贊・箴・祭文〉卷25，頁795-796。

790　〈祭軍牙六纛之神文 戊子〉，《王陽明全集》〈外集七・墓誌銘・墓表・墓碑・傳碑刻・贊・箴・祭文〉卷25，頁796。

791　〈祭南海文 戊子〉，《王陽明全集》〈外集七・墓誌銘・墓表・墓碑・傳碑刻・贊・箴・祭文〉卷25，頁796-797。

792　〈祭六世祖廣東參議性常府君文 戊子〉，《王陽明全集》〈外集七・墓誌銘・墓表・墓碑・傳碑刻・贊・箴・祭文〉卷25，頁797。

〈地方急缺官員疏稿〉[793]、〈泗城土府世系考〉[794]、〈田州立碑〉[795]、〈答某人書（八首）〉[796]、〈歷朝武機捷錄序〉[797]、〈與夏德潤朱克明手札〉[798]、〈與德洪汝中書〉[799]、〈寄何燕泉手札〉[800]、〈南寧新建敷文書院記碑〉[801]、〈答聘之書〉[802]、〈行書良知說四絕示馮子仁〉[803]、〈寄何燕泉書〉[804]、〈與黃才伯書〉[805]、〈與鄒謙之書〉[806]、〈與提學副使蕭鳴鳳〉[807]、〈重刻廣東參議王公傳碑後題〉[808]、〈謁增江祖祠〉[809]。《湛若水年譜》：「陽明先生至增城祀其先廟，過甘泉先生廬，有〈題甘泉居〉、〈書泉翁壁〉詩。」[810]《王陽明全集》〈年譜〉：「先生謁祠奉祀。過甘泉先生廬，題詩於壁。」[811]按：王陽明作〈題甘泉居〉[812]、〈書泉翁壁〉[813]繫於此。

793　〈地方急缺官員疏稿〉，《陽明佚文輯考編年》，頁974-976。

794　〈泗城土府世系考〉，《陽明佚文輯考編年》，頁977-979。

795　「《王陽明全集》卷二十五有〈田州立碑〉，即此碑文，但無最後，致誤注此碑文為嘉靖五年丙戌作。」參見〈田州立碑〉，《陽明佚文輯考編年》，頁980-981。

796　〈答某人書（八首）〉，《陽明佚文輯考編年》，頁982-985。

797　〈歷朝武機捷錄序〉，《陽明佚文輯考編年》，頁986-988。

798　〈與夏德潤朱克明手札〉，《陽明佚文輯考編年》，頁989-990。

799　〈與德洪汝中書〉，《陽明佚文輯考編年》，頁991-992。

800　〈寄何燕泉手札〉，《陽明佚文輯考編年》，頁993-994。

801　〈南寧新建敷文書院記碑〉，《陽明佚文輯考編年》，頁995-996。

802　〈答聘之書〉，《陽明佚文輯考編年》，頁997-998。

803　〈行書良知說四絕示馮子仁〉，《陽明佚文輯考編年》，頁999-1000。

804　〈寄何燕泉書〉，《陽明佚文輯考編年》，頁1001-1002。

805　〈與黃才伯書〉，《陽明佚文輯考編年》，頁1003-1005。

806　〈與鄒謙之書〉，《陽明佚文輯考編年》，頁1006-1009。

807　〈與提學副使蕭鳴鳳〉，《陽明佚文輯考編年》，頁1010-1012。

808　〈重刻廣東參議王公傳碑後題〉，《陽明佚文輯考編年》，頁1013。

809　〈謁增江祖祠〉，《陽明佚文輯考編年》，頁1014。

810　黎業明：《湛若水年譜》，頁151-152。

811　《王陽明全集》〈年譜三〉卷35，頁1089。

812　〈題甘泉居〉，《王陽明全集》〈外集二·兩廣詩二十一首〉卷20，頁659。

813　〈書泉翁壁〉，《王陽明全集》〈外集二·兩廣詩二十一首〉卷20，頁659。

陽明死後一年　明世宗嘉靖八年（己丑）　一五二九年

《王陽明全集》〈年譜〉：「正月三日成喪於廣信，訃告同門。」[814]
按：〈訃告同門〉[815]繫於此。

《湛若水年譜》：「三月，〈奠王陽明先生文〉。」[816]按：湛若水作〈奠
王陽明先生文〉[817]繫於此。

陽明死後十八年　明世宗嘉靖二十五年（丙午）　一五四六年

《湛若水年譜》：「八月，〈明故總制兩廣江西湖廣等處地方提督軍務
奉天翊衛推誠宣力守正文臣特進光祿大夫柱國少保新建伯南京兵部尚
書兼都察院左都御史陽明先生王公墓誌銘〉。」[818]按：〈陽明先生墓誌
銘〉[819]繫於此。

814　「八年己丑（嘉靖8年，1529年）喪發南昌。……正月三日成喪於廣信，訃告同
　　門。」參見《王陽明全集》〈年譜三〉卷35，頁1091。

815　〈訃告同門〉，《王陽明全集》〈世德紀・訃告〉卷38，頁1194-1196。

816　黎業明：《湛若水年譜》，頁157。

817　〈奠王陽明先生文〉，《王陽明全集》〈誥命・祭文增補・傳記增補〉卷40，頁
　　1258。以及《泉翁大全集》卷57，頁15-17。

818　黎業明：《湛若水年譜》，頁298-303。

819　〈陽明先生墓誌銘〉，《王陽明全集》〈世德紀・墓誌銘〉卷38，頁1148-1153。

附錄二
王陽明著作「編輯繫年」

陽明四十七歲　明武宗正德十三年（戊寅）　一五一八年

薛侃刻《傳習錄》於虔州（贛）（今江西省），稱《初刻傳習錄》、「薛本」、「虔本」。

陽明五十三歲　明世宗嘉靖三年（甲申）　一五二四年

南大吉、南逢吉刻《傳習錄》於越（今浙江省紹興市），稱《續刻傳習錄》、「南本」。

陽明五十六歲　明世宗嘉靖六年（丁亥）　一五二七年

鄒守益刻《陽明先生文錄》於廣德州（南京廣德州廣德），稱為《陽明先生文錄》「廣德本」。此為「人大本」的底本[1]。

陽明死後二年　明世宗嘉靖九年（庚寅）　一五三〇年

岑莊、岑初、徐學等人校刻《陽明先生文錄》，日本九州大學藏有四卷，稱「九州本」、「九大本」[2]。

1　中國人民大學，二〇一二年出版《陽明先生文錄》，稱《陽明先生文錄》「人大本」。楊正顯教授認為，「人大本」依據的底本，即是「廣德本」的內容。參氏著：〈死後有責：《王文成公全書》與陽明門人〉，發表於「近世儒學與社會研究工作坊」中央研究院近代史研究所（呂妙芬教授主持）2018年8月17日，頁1-27。

2　〔日〕水野實、永富青地：〈九大本文錄における王守仁の遺詩文〉，《汲古》第33號，汲古書院1998年刊。

陽明死後五年　明世宗嘉靖十二年（癸巳）　一五三三年

有《陽明先生文錄》，稱「黃綰序刊本」[3]。

陽明死後七年　明世宗嘉靖十四年（乙未）　一五三五年

一、錢德洪刻《傳習錄》於吳（姑蘇），稱《傳習錄》「姑蘇本」。

二、錢德洪、黃綰、歐陽崇一、黃正之編《陽明先生存稿》。

三、錢德洪、黃綰、聞人詮刻《陽明先生文錄》於吳（姑蘇），收錄《陽明先生存稿》、《居夷集》、《購遺文疏》，稱《陽明先生文錄》「姑蘇本」、「聞人詮刻本」。

四、有《陽明先生文錄續編》，稱「王杏序刊本」。

陽明死後九年　明世宗嘉靖十六年（丁酉）　一五三七年

薛侃刻《陽明先生則言》，嘉靖二十九年收入《陽明先生文集》「閭東本」。

陽明死後十九年　明世宗嘉靖二十六年（丁未）　一五四七年

范慶刻《陽明先生文錄》，稱「范慶刻本」。[4]

陽明死後二十二年　明世宗嘉靖二十九年（庚戌）　一五五○年

閭東刻《陽明先生文集》，為《陽明先生文集》「閭東本」，收錄《陽明先生文錄》、《傳習錄》、《陽明先生則言》。

3　劉昊：〈關於《陽明先生文錄》的文獻新考察──就新發現的《文錄》三卷本及黃綰《文錄》本而談〉《中國哲學史》第3期（2018年8月），頁73-80、87。

4　「《陽明先生文錄》十七卷、《語錄》三卷，明嘉靖二十六年范慶刻本，北京圖書館藏。」引自〈編校說明〉，《王陽明全集·新編本》（杭州市：浙江古籍出版社，2010年12月，54卷本），頁1-7。

陽明死後二十三年　明世宗嘉靖三十年（辛亥）　一五五一年

蔡汝楠刻《傳習錄》於石鼓書院（今湖南省衡陽市），為《傳習錄》
「石鼓書院本」。

陽明死後二十五年　明世宗嘉靖三十二年（癸丑）　一五五三年

宋儀望刻《陽明先生文錄》於河東，稱《陽明先生文錄》「宋本」。[5]

陽明死後二十六年　明世宗嘉靖三十三年（甲寅）　一五五四年

一、閭東、劉起宗刻《傳習錄》於水西精舍（南京寧國府涇縣），稱
《續刻傳習錄》「閭東本」。

二、依學者研究，此《續刻傳習錄》「閭東本」收錄《陽明先生遺言
錄》與《稽山承語》。[6]

陽明死後二十七年　明世宗嘉靖三十四年（乙卯）　一五五五年

一、錢德洪復刻《傳習錄》，於水西精舍（南京寧國府涇縣），稱《傳
習續錄》。

二、《傳習續錄》收錄曾才漢得到錢德洪手抄，復傍為采輯，名曰
《遺言》。

5　「宋儀望（字望之，嘉靖丁未，1547，進士）校，河東重刻陽明先生文錄，20冊。
　　文錄5卷，外集9卷，別錄10卷。卷首有嘉靖癸丑（32年，1553）序。是年刻于河
　　東。」引自陳榮捷：《王陽明傳習錄詳註集評》，頁12。

6　「『閭本』中收錄了《遺言錄》二卷、《稽山承語》一卷。」參見：〔日〕水野實、永
　　富青地、三澤三知夫校注，張文朝譯：〈《陽明先生遺言錄》解題〉，《中國文哲研究
　　通訊》（1998年9月）第8卷第3期，頁3-52。按：但，據錢德洪作〈《傳習錄》下跋〉，
　　嘉靖三十四年，曾才漢得到錢德洪手抄，復傍為採輯，名曰《遺言》。若嘉靖三十三
　　年之《續刻傳習錄》「閭東本」中收錄《遺言》，似乎不合邏輯，此問題有待深究。

陽明死後二十八年　明世宗嘉靖三十五年（丙辰）　一五五六年

嘉靖三十五年，錢德洪整理《傳習錄》於蘄（湖廣蘄州）之崇正書院，為《傳習錄》「三卷本」。

陽明死後二十九年　明世宗嘉靖三十六年（丁巳）　一五五七年

一、胡宗憲命杭二守、唐堯臣重刻《傳習錄》、《陽明先生文錄》於天真書院（浙江杭州府天真山）。
二、有《陽明先生全錄》「贛州董氏刻本」。[7]

陽明死後三十五年　明世宗嘉靖四十二年（癸亥）　一五六三年

錢德洪等人編訂，完成《年譜》。

陽明死後三十八年　明世宗嘉靖四十五年（丙寅）　一五六六年

一、錢德洪刻《陽明先生文錄續編》。
二、王陽明嗣子王正億收錄《陽明先生家乘》三卷，錢德洪編次之。
三、《陽明先生文錄續編》與《陽明先生家乘》三卷並行於世。

陽明死後四十四年　明穆宗隆慶六年（壬申）　一五七二年

御史謝廷傑集王陽明著作，將《傳習錄》、《陽明先生文錄》、《陽明先生文錄續編》、《年譜》彙集成書，併刻《陽明先生家乘》，更名為《世德紀》，共編成三十八卷，命為《全書》，此本稱「謝氏刻本」、「隆慶六年刻本」、「謝廷傑刻本」、「三十八卷本」、「原本」。

7　「《陽明先生全錄》二十七卷，明嘉靖三十六年贛州董氏刻本，同上藏。（臺灣國家圖書館藏）」引自〈編校說明〉，《王陽明全集·新編本》（杭州市：浙江古籍出版社，2010年12月，54卷本），頁1-7。

陽明死後六十五年　明神宗萬曆二十一年（癸巳）　一五九三年

朱文啟、朱文教編《王陽明先生傳習錄》，陳九敘作序文[8]，稱《傳習錄》「朱本」。[9]

陽明死後七十四年　明神宗萬曆三十年（壬寅）　一六○二年

楊荊山刻《傳習錄》，稱《傳習錄》「楊本」。[10]

陽明死後八十一年　明神宗萬曆三十七年（己酉）　一六○九年

李贄編《陽明先生道學鈔》。[11]

陽明死後一○四年　明思宗崇禎五年（壬申）　一六三二年

陳龍正、葉紹顒刻《陽明要書》，為「陳本」。[12]

8　陳九敘〈重刻傳習錄引〉：「夫考衷於《傳習》，以識其宗，參伍於〈晚年定論〉，以識其謬，而於是乎因考亭以得先生，因先生以得吾夫子一貫之旨也，亦在乎學者之自得之而已矣。論之定與不定，年之晚與不晚，未足深辨也。萬曆癸巳陽月既望漳平後學陳九敘撰。」參見《王陽明全集》〈序說‧序跋增補‧增補序跋三十八篇〉卷41，頁1332。按：陳九敘在此序文強調「論之定與不定，年之晚與不晚，未足深辨也」，重點不在於王陽明的一貫之旨，是否為朱子的晚年定論。

9　「明人朱文啟朱文教同編，王陽明先生傳習錄四卷。萬曆二十一年（1593）陳九敘序，同年校刊，四卷。」引自陳榮捷：《王陽明傳習錄詳註集評》，頁12-13。

10　「嘉靖三十年（1602）楊荊山，字嘉猷，刻錢德洪原本，並附錄詠學詩，示徐曰仁應試，諭俗四條，客坐私祝諸篇，總名傳習錄。」引自陳榮捷：《王陽明傳習錄詳註集評》，頁13。

11　書目參見《續修四庫全書總目錄》。《陽明先生道學鈔》今收錄於《續修四庫全書》〈子部‧第937冊〉（影印北京大學圖書館藏明萬曆三十七年刻本）。或參見李贄：〈陽明先生道學鈔序〉，《王陽明全集》〈序說‧序跋增補‧增補序跋三十八篇〉卷41，頁1329。

12　「陳龍正（字惕龍，號幾亭，崇禎4年，1637，進士）葉紹顒同編，陽明要書。崇禎五年（1632）為序。」引自陳榮捷：《王陽明傳習錄詳註集評》，頁13。

陽明死後一〇五年　明思宗崇禎六年（癸酉）　一六三三年

王畿編，鍾惺評《王文成公文選》，為「陶圭父刻本」。[13]

陽明死後一〇七年　明思宗崇禎八年（乙亥）　一六三五年

施邦曜編《陽明先生集要》十五卷本，初刊於閩，稱「施氏刻本」、「崇禎八年刻本」、「施邦曜刻本」、「集要」。

陽明死後一二四年　清世祖順治九年（壬辰）　一六五二年

日本刊行《傳習則言》一卷。[14]按：此書乃嘉靖十六年，薛侃所刻《陽明先生則言》。

陽明死後一四五年　清聖祖康熙十二年（癸丑）　一六七三年

俞嶙編《陽明全集》，刻於江州（今江西九江）匡山書院，稱「俞本」。[15]

---

13 「《王文成公文選》八卷，明王畿編，鍾惺評，崇禎六年陶圭父刻本，北京圖書館藏。」引自〈編校說明〉，《王陽明全集·新編本》（杭州市：浙江古籍出版社，2010年12月，54卷本），頁1-7。

14 「日本內閣文庫藏有陽明則言。乃薛侃與王畿由傳習錄，文錄，別錄中選萃編為二帙者。……卷首有嘉靖十六年薛侃序。慶安五年（1652）刊行。此與傳習則言雖同名則言，然是全集之縮本，非傳習錄之版本也。」引自陳榮捷：《王陽明傳習錄詳註集評》，頁15。按：《陽明則言》刊行時間是清順治九年，相當於慶安五年，「慶安」是日本「後光明天皇」的年號。日本學者吉田公平於《日本における陽明學》指出，陽明學之開宗，是在十七世紀，開啟日本陽明學的是中江藤樹（1608-1648），他在十七世紀前半葉最早提倡陽明學，其弟子如淵岡山（1617-1686）、熊澤蕃山（1619-1691）則發揚於十七世紀後半葉。轉引自張崑將：《陽明學在東亞：詮釋、交流與行動》《東亞文明研究叢書10》（臺北市：臺大出版中心，2011年），頁23-25。故，陽明學在十七世紀流傳至日本，可能在明末萬曆、天啟、崇禎年間流傳至日本，而清順治九年（1652），日本已刻有此本《陽明則言》。

15 「俞嶙（字仲高，號嵩菴）編，陽明全集，二十二卷，內傳習錄一卷，語錄一卷。

陽明死後一五二年　清聖祖康熙十九年（庚申）　一六八〇年

王貽樂編《王陽明先生全集》，稱「王本」。[16]

陽明死後一六一年　清聖祖康熙二十八年（己巳）　一六八九年

張問達編《陽明文鈔》二十卷，稱「張本」[17]。

陽明死後一八五年　清聖祖康熙五十二年（癸巳）　一七一三年

三輪執齋（名希賢）編《標註傳習錄》。[18]

陽明死後二十五年　清高宗乾隆四十三年（戊戌）　一七七八年

「謝氏刻本」之《四庫全書》本，稱為《王文成全書》。此時，明代隆慶六年（壬申）（1572）「謝氏刻本」已亡佚，由紀昀等人重新刊行。因此，明代隆慶六年刻本，取而代之的是清代乾隆四十三年（戊

康熙十二年（1673），刻于江州（今江西九江）匡山書院。」引自陳榮捷：《王陽明傳習錄詳註集評》，頁13。

16 「王貽樂（壯年1680）編，王陽明先生全集。康熙十九年（1680）序。貽樂為陽明五世孫。是年得『陽明集要』三編，互參正訛，分別類序，合為一部，共十六卷。……後清人陶潯霍（字春田）加以批註。」引自陳榮捷：《王陽明傳習錄詳註集評》，頁13-14。

17 「張問達（字天民，壯年1679）編，陽明文鈔二十卷。康熙二十八年（1689）序。」引自陳榮捷：《王陽明傳習錄詳註集評》，頁14。

18 「三輪執齋（名希賢，字善藏，號執齋，1669-1744）日本正德三年（1713）編。……此標註傳習錄乃日本二三百年以來之基本版本。」引自陳榮捷：《王陽明傳習錄詳註集評》，頁14。按：此本《傳習錄》可參見〔日〕三輪希賢標註，〔日〕安井小太郎解題：《漢文大系16：傳習錄》（臺北市：慧豐學會，1996年）。日本學者吉田公平於《日本における陽明學》指出，陽明學之繼承，是在十八世紀，主要由三輪執齋所提倡。轉引自張崑將：《陽明學在東亞：詮釋、交流與行動》《東亞文明研究叢書10》（臺北市：臺大出版中心，2011年），頁23-25。故，陽明學在十七世紀流傳至日本，在十八世紀由三輪執齋發揚光大。

戌）（1778）刻本。現今所見「謝氏刻本」之《四庫全書》本，多為清代乾隆四十三年刻本。

陽明死後二五九年　清高宗乾隆五十二年（丁未）　一七八七年

「施氏刻本」因「國變版毀」，於清代乾隆五十二年重刻，目前所見的「施氏刻本」，皆為清代乾隆五十二年的重刻本。

陽明死後二九八年　清宣宗道光六年（丙戌）　一八二六年

王貽樂編《王陽明先生全集》，道光六年刻本。[19]

陽明死後三〇二年　清宣宗道光十年（庚寅）　一八三〇年

佐藤一齋編《傳習錄欄外書》。[20]

---

19 「《王陽明先生全集》十六卷，清王貽樂編，道光六年刻本。又有據『新建謝氏原本』影印的《王陽明先生全集》三十八卷本。」引自〈編校說明〉，《王陽明全集·新編本》（杭州市：浙江古籍出版社，2010年12月，54卷本），頁1-7。又，「王貽樂（壯年1680）編，王陽明先生全集。康熙十九年（1680）序。貽樂為陽明五世孫。是年得『陽明集要』三編，互參正訛，分別類序，合為一部，共十六卷。……後清人陶濤霍（字春田）加以批註。」引自陳榮捷：《王陽明傳習錄詳註集評》，頁13-14。

20 「佐藤一齋（名坦，字大道，號一齋，1772-1859）日本天保元年（1830）編。……標註與欄外書在日本影響甚大。」引自陳榮捷：《王陽明傳習錄詳註集評》，頁15。此本《傳習錄》可參見〔日〕佐藤一齋：《傳習錄欄外書》1-3冊（東京：啟新書院，明治30年，1897年）。日本學者吉田公平於《日本における陽明學》指出，陽明學之風潮，是在19世紀，主要由佐藤一齋、大塩中齋（1793-1837）等人提倡。轉引自張崑將：《陽明學在東亞：詮釋、交流與行動》《東亞文明研究叢書10）（臺北市：臺大出版中心，2011年），頁23-25。按，王陽明學術在日本的發展脈絡，簡言之，陽明學之開宗，在十七世紀由中江藤樹最早流傳至日本；陽明學之繼承，是十八世紀由三輪執齋發揚光大；陽明學之風潮，是十九世紀由佐藤一齋等人所掀起的王學風潮。

哲學研究叢書 · 學術思想叢刊 0701021

當一片落葉飄下時——王陽明「心外無物」的思想探賾

作　　者	張雅評
責任編輯	宋亦勤
特約校稿	林秋芬

發 行 人	林慶彰
總 經 理	梁錦興
總 編 輯	張晏瑞
編 輯 所	萬卷樓圖書股份有限公司
	臺北市羅斯福路二段 41 號 6 樓之 3
	電話 (02)23216565
	傳真 (02)23218698

發　　行	萬卷樓圖書股份有限公司
	臺北市羅斯福路二段 41 號 6 樓之 3
	電話 (02)23216565
	傳真 (02)23218698
	電郵 SERVICE@WANJUAN.COM.TW
香港經銷	香港聯合書刊物流有限公司
	電話 (852)21502100
	傳真 (852)23560735

ISBN 978-986-478-370-0
2020 年 8 月初版
定價：新臺幣 560 元

如何購買本書：

1. 劃撥購書，請透過以下郵政劃撥帳號：
   帳號：15624015
   戶名：萬卷樓圖書股份有限公司
2. 轉帳購書，請透過以下帳戶
   合作金庫銀行 古亭分行
   戶名：萬卷樓圖書股份有限公司
   帳號：0877717092596
3. 網路購書，請透過萬卷樓網站
   網址 WWW.WANJUAN.COM.TW

大量購書，請直接聯繫我們，將有專人為
您服務。客服：(02)23216565 分機 610

如有缺頁、破損或裝訂錯誤，請寄回更換

版權所有 · 翻印必究
Copyright©2020 by WanJuanLou Books CO., Ltd.
All Rights Reserved　　　**Printed in Taiwan**

國家圖書館出版品預行編目資料

當一片落葉飄下時 : 王陽明「心外無物」的
思想探賾 / 張雅評著. -- 初版. -- 臺北市 : 萬
卷樓, 2020.08
面 ;　公分. -- (哲學研究叢書. 學術思想叢
刊 ; 701021)
ISBN 978-986-478-370-0(平裝)

1.(明)王守仁 2.學術思想 3.陽明學

126.4　　　　　　　　　　　　　109011567